Ullstein

ÜBER DAS BUCH

New York, John F. Kennedy Airport: Um 5.45 Uhr startet, fünfmal in der Woche, eine Boeing 767, Delta Flight 30, nach Moskau. An Bord: Hundertdollarscheine – bis zu 100 Millionen Dollar pro Flug. Empfänger in Moskau: Banken, fast alle im Besitz der Russenmafia.

Die Russenmafia ist *die* kriminelle Supermacht der Welt geworden. 352 000 Tote in nur vier Jahren: ein krimineller Weltrekord. Nachdem die Russenmafia sich mit der alten kommunistischen Nomenklatura verbündet und die wirtschaftliche Macht in Rußland und den anderen GUS-Staaten erobert hat, ist sie dabei, ihren Siegeszug in Europa fortzusetzen.

DER AUTOR

Jürgen Roth, Jahrgang 1945, lebt als freier Schriftsteller in Frankfurt am Main. Sein Spezialgebiet ist das Organisierte Verbrechen. In zahlreichen Fernsehdokumentationen und Büchern warnte Roth vor der Gefährdung der Demokratie durch den wachsenden Einfluß der kriminellen Schattenwelt. Sein Buch »Der Sumpf – Korruption in Deutschland« (1995) wurde zum Bestseller.

Jürgen Roth

DIE RUSSENMAFIA

Das gefährlichste
Verbrechersyndikat der Welt

Ullstein

Ullstein Buchverlage GmbH,
Berlin
Taschenbuchnummer: 35713

Überarbeitete Ausgabe
Oktober 1997

Umschlagentwurf:
Simone Fischer und Christof Berndt
Foto: Bilderberg
Alle Rechte vorbehalten
© 1996 by Rasch und Röhring Verlag, Hamburg
Printed in Germany 1997
Gesamtherstellung:
Ebner Ulm
ISBN 3 548 35713 X

Gedruckt auf alterungsbeständigem
Papier mit chlorfrei
gebleichtem Zellstoff

Die Deutsche Bibliothek – CIP-Einheitsaufnahme

Roth, Jürgen:
Die Russen-Mafia: das gefährlichste Verbrechersyndikat
der Welt / Jürgen Roth. – Überarb. Ausg. –
Berlin: Ullstein, 1997
(Ullstein-Buch; Nr. 35713)
ISBN 3-548-35713-X

Inhalt

Vorwort	7
Wer befahl die Ermordung des Journalisten Listjew?	11
Flüchtige Blicke ins kriminelle Labyrinth	18
Ein »Dieb im Gesetz«	23
Laßt den Champagner fließen – oder die Herrschaft von Mafia und Nomenklatura	27
Geschäfte eines deutschen Bankers	38
Die Verwirrung der Begriffe	44
Erste Einblicke in die Exilrussenmafia	47
Die Israel-Connection	50
Verbindungen zur italienischen Mafia	53
Ein Griff zur Macht	58
Gedanken eines Anti-Mafia-Kämpfers	64
Moskauer Schattenwelt	67
Lagebericht aus Moskau und Stützpunkt Deutschland	74
Die innere Struktur der Solnzewskaja	88
Enthüllungen über Paten der Russenmafia in Europa	93
Was verbindet einen Moskauer Veteranenverband mit Deutschland?	104
Rückblick auf die Geschichte und Konsequenzen	112
Die Schattenwirtschaft	114
Zeit der Millionäre	126
Die neue Macht, Fluchtkapital und Eindrücke eines Raubzuges	131
Schmutziges Geld	137
Die Felix-Gruppe	145

Der Staat geht – die Gangster bleiben	148
Die Abgeordneten, die Regierung und die Mafia	154
Die Spur der Tschetschenen-Mafia	166
Gibt es eine Atommafia?	172
Mafiastrukturen beim Atomgeschäft	183
Die kriminelle Struktur der Atomhändler	189
Mafia in Uniform	202
Wenn Gangster Patrioten werden: Belgrader Zustände	212
Mord auf Anweisung der Staatssicherheit	218
Mafiosi und die Kriegsbeutezüge	222
Kriminalitätsboom in Prag, Bratislava, Bukarest . . .	228
Bulgarische Eigenheiten	233
Die polnische Variante	236
Wenn es Nacht wird in Budapest	240
Die Russenmafia auf dem Weg in den Westen: Station Wien	244
Gold, Juwelen, Rubel – Finanzplatz Schweiz	247
Zur Erholung an die Côte d'Azur?	250
Nicht nur deutsche Kontakte des »Taiwanesen«	256
Das Netzwerk der Russenmafia in Deutschland	262
Berlin gleich Palermo?	266
Morde und die unbekannten Hintergründe	272
Spuren zu einem Drogenring	276
Der mächtigste russische Mafiaclan in Europa?	282
Verdachtsmomente	292
Weltmacht Russenmafia oder Boten einer neuen Gesellschaft?	297
Tätowierungen russischer Krimineller	311
Anmerkungen	313

Vorwort

Menschenrechte und Selbstbestimmung, soziale Gerechtigkeit, freie Wahlen, demokratische Partizipation der Bürger, Rechtsschutz durch unabhängige Gerichte und die Kontrolle politischer und wirtschaftlicher Macht sind die wesentlichen Punkte der europäischen demokratischen Verfassungsordnung. Es ist nichts Neues, daß Wirtschaftskriminelle oder in Syndikaten organisierte Gangster ständig versuchen, diese Grundrechte und Normen in allen europäischen Ländern außer Kraft zu setzen. Doch noch nie ist es dem Organisierten Verbrechen gelungen, so tief in das gesamte Staatswesen einzudringen wie in den Nachfolgestaaten der UdSSR, Staaten also, von denen einige sogar so schnell wie möglich Mitglied der Europäischen Union werden wollen.

Ein böser Alptraum könnte bald bittere Realität werden: Die westlichen demokratischen Gesellschaften können sich dem Würgegriff der neuen kriminellen Macht aus dem Osten nicht mehr entziehen. Ihr Name: »Russenmafia«. Dahinter verbergen sich kriminelle Organisationen, die in den GUS-Staaten, in Rußland und den neuen Republiken, ein Verbrecherregime aufgebaut haben. Russenmafia, das ist eine Mixtur aus »normalen Kriminellen« und mächtigen Industriekonglomeraten, die einen demokratischen Staat zerstören und die Bevölkerung erpressen.

Die Russenmafia ist nicht mehr darauf angewiesen, Banken zu überfallen, im Gegenteil, sie schützt sie vor Überfällen. Schließlich gehören ihr selbst fast alle Banken in Rußland. Mindestens 200 000 Angehörige des kommunistischen Sicherheitsapparates sowie Offiziere und Generäle der ehemals ruhmreichen Sowjetarmee wurden in den letzten Jahren arbeitslos. Ein großer Teil hat sich, in wirtschaftliche Not geraten, kriminellen Banden angeschlossen. Und das Know-how dieser gutausgebildeten Kader ist einer der Gründe, warum die Russenmafia innerhalb weniger Jahre eine, ja *die* kriminelle Weltmacht werden konnte.

Russenmafia – das sind außerdem Personen und Firmen, die ihren unvorstellbaren Reichtum der Plünderung des Volksvermögens der Ex-UdSSR verdanken, nachdem sie das Milliardenvermögen der KPdSU und des Geheimdienstes KGB illegal im Westen deponiert und investiert haben.

Auf diese Weise sind weltweit agierende mächtige Unternehmenskonglomerate entstanden, die eng mit den »traditionellen« russischen Mafiasyndikaten vernetzt sind. Sie sind unantastbar geworden.

Wenn es einmal keine Trennungslinie mehr zwischen multinationalen Konzernen, die zumindest noch teilweise kontrolliert werden können, und den kriminellen Multis aus den GUS-Staaten gibt, die in Europa mit brutaler Gewalt jegliche Konkurrenz ausschalten, dann wird das fatale Konsequenzen für die demokratische Gesellschaft im Westen haben. Mit dem gewaltigen, kriminell erwirtschafteten Kapital der Russenmafia wird korrumpiert und Politik gemacht, wird die Volkswirtschaft der demokratischen Staaten manipuliert und damit die soziale Stabilität zerstört.

Die traditionellen kriminellen Organisationen der ehemaligen kommunistischen Weltmacht verfügen, im Vergleich zu anderen weltweit operierenden Syndikaten, noch über andere Wettbewerbsvorteile: Sie haben teilweise das staatliche Gewaltmonopol übernommen; sie beuten ungehindert die Rohstoffe der einstigen Supermacht aus; sie lassen das Land ökonomisch ausbluten. Wenn gleichzeitig ein großer Teil der Industriekonglomerate – ob in Rußland, der Ukraine oder Usbekistan – in den Besitz politisch-krimineller Syndikate übergeht, und genau das ist geschehen, dann hat das weitreichende Folgen für die Bürger dieser Staaten. Bereits jetzt lebt ein Drittel der Menschen in Rußland unterhalb der offiziellen Armutsgrenze. Die soziale Katastrophe zerstört zwangsläufig jegliche demokratische Entwicklung.

Im Zusammenhang mit einem anderen Vorgang lassen sich hier

gefährliche politische Entwicklungen ausmachen. Im Oktober 1995 veröffentlichte das Moskauer »Institut für Verteidigungsstudien« einen Bericht. Demnach seien die USA und ihre Alliierten die größte Bedrohung für die nationale Sicherheit Rußlands, und die baltischen Staaten sollten wieder besetzt werden, um den westlichen Versuchen entgegenzuwirken, Rußland zu isolieren und zu zerstören. In dem Bericht wird außerdem eine militärisch-nukleare Allianz mit dem Irak, Iran und Libyen empfohlen. Ein Vorschlag, der sowohl die Meinung der höchsten russischen Militärs widerspiegelt wie auch die des russischen Verteidigungsministers. Und der wiederum hatte in der Vergangenheit beste Kontakte zur russischen Mafia.

Wo sonst auf der Erde hat die Mafia Zugriff auf das Militär samt dessen atomarer Bewaffnung? Die bereits 1994 zu erkennende Tendenz, daß zunehmend Diebstähle von radioaktiven Materialien aus russischen Militärbasen zu registrieren waren, setzte sich 1995 weiter fort. Kriminelle Organisationen haben das lukrative Geschäft mit dem Schmuggel tödlich strahlenden Materials übernommen. »Im Jahr 1995 wurde bekannt, daß größere kriminelle Organisationen in Südosteuropa beim Nuklearschmuggel aktiv geworden sind. Es handelt sich um Banden mit bis zu etwa 50 Mitgliedern, die aufgabenteilig zusammenarbeiten«, meldete Mitte Januar 1996 Konrad Porzner, der Präsident des Bundesnachrichtendienstes (BND).

Wer wundert sich dann, wenn der ehemalige Vorsitzende des staatlichen »Komitees für die Produktion von chemischen und biologischen Waffen« 800 Kilo chemischer Kampfstoffe von Rußland in den Nahen Osten verschiebt?

Die europäischen Sicherheitsbehörden und Politiker sehen dieser Entwicklung wie gelähmt zu. Wer möchte sich schon mit einflußreichen russischen Unternehmern oder Politikern anlegen, die entweder selbst der Mafia angehören oder von ihr gekauft und damit abhängig sind? Natürlich gibt es engagierte Staatsanwälte und Polizeibeamte. Doch die haben weder die technischen Mittel noch die Rückendeckung der politisch Verantwortlichen, um die neu entstandenen kriminellen Syndikate, ihre Stroh- und Hintermänner aus dem Osten bekämpfen zu können. Der Verdacht kommt auf, es könnte den Politikern gleichgültig sein, wenn sich eine kriminelle Nebengesellschaft in Europa etabliert. Ist diese inzwischen doch sogar auf dem besten Weg, Teil der normalen demokratischen Gesellschaft zu werden. Wenn man sie läßt, wird sie diese früher oder später verschlingen. Das ist ihr Ziel. Der demokratische Rechtsstaat wäre dann lediglich noch eine Hülle, völlig bedeutungslos.

Weil das so ist, müßten die Bürger endlich aufbegehren. Sie nehmen die Bedrohung bislang allenfalls am Rande wahr, wenn es zu Raubüberfällen oder Morden kommt. Diese sichtbare Kriminalität ist jedoch vergleichsweise harmlos. In dem Augenblick jedoch, in dem Wirtschaftsunternehmen von der Mafia übernommen, der Staat und seine Bürger durch Atomwaffen erpreßt werden, die Preise für Strom und Erdöl steigen, weil die Mafia das Monopol über die Rohstoffe besitzt und die Preise diktiert: dann versteht man vielleicht, wie mächtig die Russenmafia geworden ist. Dann aber ist es bereits zu spät, den kriminellen Moloch wirkungsvoll zu bekämpfen.

Gerade deshalb ist es an der Zeit und notwendig, diejenigen Polizeibeamten zu unterstützen, die trotz aller Behinderungen noch bereit sind, das neue Verbrecherimperium zu bekämpfen.

Ihnen und ihrem – wie ich leider befürchte aussichtslosen – Kampf ist dieses Buch gewidmet.

Bevor wir uns nun ins scheinbar undurchdringliche Dickicht oder ausweglose Labyrinth der Mafia begeben, noch eine Vorbemerkung zur Klärung der Begriffe. Die Transkription der russischen Namen ist uneinheitlich, da die Namen in den vielen Ländern, in denen ihre Träger aktenkundig sind, ganz unterschiedlich geschrieben werden – im Englischen und Französischen zum Beispiel anders als im Deutschen. Die jeweils herangezogenen befragten oder zitierten Quellen sind also für die Schreibweise verantwortlich.

Wer befahl die Ermordung des Journalisten Listjew?

Moskau, Mittwoch, 1. März 1995, gegen 22.30 Uhr. Wladislaw Listjew betrit das Mietshaus, in dem er wohnt, geht einige Stufen zu seiner Wohnung hinauf. Ein Mann mit einer Pistole kommt ihm entgegen. Listjew versucht zu flüchten. Da treffen ihn schon die Schüsse. Es sind zwei, eine Kugel durchschlägt den Kopf.

Ermordet wurde so – wieder einmal – ein widerborstiger und zugleich einflußreicher Journalist. Listjew leitete seit einigen Monaten als Generaldirektor das Öffentlich Russische Fernsehen (ORT), befand sich damit auf einem höchst gefährlichen Minenfeld.

Boris Jelzin, der russische Präsident, unterbrach, als ihn die Nachricht von der Ermordung Listjews erreichte, eine Sitzung im Außenministerium und eilte zum Fernsehsender nach Ostankino. Er wollte den Mitarbeitern sein »tiefes Mitgefühl« ausdrücken. »Angesichts des Zusammenwachsens von Behörden und kommerziellen Einrichtungen mit der Mafia drücken die Führer dieser Stadt und die Führer ihrer Rechtsorgane die Augen zu«, klagte er und meinte Moskaus Bürgermeister Luschkow.

Wer am Tag danach das staatliche Fernsehprogramm einschaltete, blickte auf einen schwarzen Bildschirm, auf dem immer wieder derselbe Spruch erschien: »Möge unser Schweigen den Regierenden und der Gesellschaft als Warnung dienen: Ein Land, in dem kriminelle Organisationen schrankenlos walten, hat keine Zukunft.«

Warum mußte Wladislaw Listjew sterben? »Er muß jemanden sehr gestört haben«, sagten übereinstimmend Moskauer Journalisten. »Jelzin trägt die Verantwortung für den Mord«, konkretisierte Artjom Borowik, Chefredakteur der Wochenzeitung »Sowerschenno Sekretno«, die Vorwürfe. »Seit Jahren verspricht uns die Regierung, dem Verbrechen ein Ende zu setzen – doch sie kann es nicht, weil sie zur Hälfte selbst mit der Mafia zusammengewachsen ist.« Viele hielten diese Personalisierung der Anklage für weit überzogen. Inzwischen jedoch ist klar, daß tatsächlich prominente Politiker, einflußreiche Wirtschaftsmagnaten und machtbesessene Mafiabosse in den spektakulären Mord verstrickt sind.

Denn sie wollen die Medien in den Griff bekommen. Schon Monate vor dem Mord kämpften Politiker, Unternehmer und Mafiabosse um den politischen Einfluß auf die Fernsehanstalt und um deren profitable Geschäfte. Denn am 1. April 1995 sollte der bisherige staatliche Fernsehgigant Ostankino in eine Aktiengesellschaft umgewandelt werden. 51 Prozent der Anteile übernahm die Regierung, die restlichen 49 Prozent teilten sich zwölf Privatkonzerne, darunter der Mischkonzern Logovaz, das Ölimperium Gasprom, die Kommerzbank und die Stolitschnyj-Bank. Sie sicherten sich damit den Zugriff auf einen Werbemarkt, der 1995 mit rund 170 Millionen Dollar beziffert wurde. Aufsichtsratsvorsitzender des neuen Senders: Boris Jelzin. Und das ist ein erster Hinweis auf kriminelle Verquickungen.

Die Stolitschnyj Bank ist eine der fünf russischen Großbanken. Deren Besitzer ist mit Boris Jelzin eng befreundet und gilt – zumindest glauben das europäische und amerikanische Polizeibehörden – als »Banker eines einflußreichen Moskauer Mafiasyndikats«.

Listjew versuchte, mehr Unabhängigkeit im neuen Medienkonglomerat zu erreichen und jene Vermittlungsfirmen zu vertreiben, die die Sendezeit mit ihrer Werbung vollstopften. Die Journalistin Marina Rumjanzewa sagte über ihren ermordeten Freund Wladislaw Listjew und den Streit um den millionenschweren Werbetrog: »Wlads neues Fernsehen brauchte diese Vermittler nicht. Wlad gab bekannt, daß er den Vertrag mit der Reklameholding, die mehrere Vermittlungsfirmen umfaßte und bis jetzt allein über die Werbezeit des Fernsehens bestimmte, nicht mehr erneuern würde.« Listjew soll überdies eine Finanzrevision angekündigt haben, um die undurchsichtigen Machenschaften der am Fernsehsender beteiligten Machtgruppen aufzuklären. Das hätte er wohl unterlassen sollen – wenn man sich die Namen der Beteiligten anschaut. Die stehen in einem geheimen Bericht, der sowohl einem kundigen Moskauer Journalisten wie den Ermittlungsbehörden vorliegt. Der Moskauer Journalist hat Angst, dessen brisante Aussagen zu veröffentlichen, gleiches gilt für die Ermittlungsbehörden, die deshalb auch kein Interesse haben, den Mord aufzuklären.

Dieser geheime Bericht sagt zwar nichts über die Mörder aus, aber viel über die Hintermänner im Machtkampf um das russische Fernsehen und deren Interessen, sich das Geschäft durch Listjew nicht verderben zu lassen. Da bittet »B.N.« einen »Papa« aus »dem Hintergrund« hervorzutreten. »B.N.« ist Boris Jelzin und »Papa« der Bürgermeister von Moskau, Jurij Luschkow. Und dann werden pikante Details über Verhandlungen um den größten russischen Fernsehsender mitgeteilt: »Nachdem die neue Situation bezüglich der Werbung auf dem Fernsehkanal bekanntgegeben wurde, reiste ›Kitaez‹, der aller Wahrscheinlichkeit nach über ›Premier‹ am Werbegeschäft verdiente, nach Moskau. In Peking findet ein Gespräch zwischen Kitaez, Petrik und B. A. statt.«

Unter dem Kürzel »B.A.« verbirgt sich Boris Beresowski, Aufsichtsratsvorsitzender des milliardenschweren Konzerns Logovaz und einer der einflußreichsten Aktionäre des Fernsehsenders. »Kitaez« (»Chinese«) ist der 55jährige Vyacheslav Ivankov. Er allein kassierte monatlich rund 250 000 Dollar über das lukrative TV-Werbegeschäft. Ivankov ist zu dieser Zeit einer der gefährlichsten russischen Mafiabosse. FBI-Direktor Louis J. Freeh sieht in ihm den »Kopf eines internationalen Gegners, der sehr mächtig ist und weltweit agiert – die Russenmafia«. Diese erwirtschaftet einen geschätzten Jahresumsatz von 100 Milliarden Dollar, herrscht über 1,8 Millionen »Mitarbeiter« und dürfte demnach – ohne Konkurrenz fürchten zu müssen – der größte Konzern der Welt sein.

Von ähnlichem Kaliber wie Ivankov, um dessen Hände sich im Sommer 1995 in New York Handschellen schlossen, ist jener Mann, der in dem erwähnten Dokument als »Premier« auftaucht. Ihn verbindet einiges mit Gangsterboß Ivankov. »Premier« ist Jossif (Josef) Kobson, der »Frank Sinatra Rußlands«, einst ein berühmter Volkssänger und ebenfalls, wie der Mafia-Banker, ein »guter Freund« des Präsidenten Boris Jelzin. »Kassierer der Verbrecherwelt« beschimpften ihn die russischen Medien, und von europäischen Polizeibehörden wird Kobson als »zentrales Bindeglied zwischen krimineller Mafia und der Regierung in Moskau« eingestuft, ein Vorwurf, den Kobson vehement von sich weist. Er sei Unternehmer, sagt er, und habe mit der Mafia nichts zu tun. »In Moskau gibt es keine einzige ›Autorität‹ der Verbrecherwelt mehr. Alle leben im Ausland, doch das süße Leben dort hindert sie nicht, das kriminelle Leben in Rußland zu steuern«, weiß er zu erzählen. Gleichzeitig ist es für ihn abwegig, die kriminellen Paten zu bekämpfen, im Gegenteil. »Man soll sich mit denen an einen Tisch setzen und einen Dialog führen. Rußland kann man mit einem Straflager vergleichen, in dem Gesetzlosigkeit herrscht und wo der Lagerleiter unbedingt mit den ›Autoritäten‹ kommunizieren muß, um irgendeine Ordnung zu erhalten.«

Der Volkssänger Kobson avancierte im Laufe weniger Jahre zu einem reichen Unternehmer mit beträchtlichem politischem Einfluß. Er ist einer der Hauptaktionäre des an der Moskwa liegenden Gorkiparks, des größten Moskauer Vergnügungsparks. Ein anderes Unternehmen, das er besitzt, ist die Firma Moskowit, die vor allem an dunklen Geschäften mit der einstigen Sowjetarmee mächtig verdient hat, selbst unter Berücksichtigung der an bestimmte Generäle gezahlten hohen Korruptionssummen. »Kobson ist einerseits eng verbunden mit dem Generalinspekteur der GUS-Truppen, General Kobez, und andererseits mit dem Oberkommandierenden der GUS-Streitkräfte, Marschall Schaposchnikow. Dessen Sohn wiederum steht hinter der Aktiengesellschaft Reknet, die vor allem dadurch aufgefallen ist, daß sie Militäreigentum versilbert und den Gewinn ›privatisiert‹.[1]

Was nützt dem Millionär sein vieles Geld, wenn er nicht frei wie ein Vogel in der Welt herumreisen darf, zum Beispiel in die USA, zu seinen dortigen Freunden? Im Mai 1995 verweigerte ihm das US-Außenministerium das Visum. Die Begründung stand in der »Washington Post«: »Kobson hat Verbindungen zur russischen Mafia und zu Drogenhändlern.« Gegen diesen »verleumderischen Vorwurf« wollte sich Kobson gerichtlich zur Wehr setzen. Anfang Januar 1996 jettete er nach Israel. Auf dem Ben-Gurion-Flughafen in Tel Aviv war die Reise zu Ende. Diesmal hielt ihn die israelische Polizei sechs Stunden lang fest und verweigerte ihm die Einreise nach Israel, trotz einer

Intervention des russischen Botschafters in Tel Aviv. Erneut traf ihn der schwere Vorwurf, diesmal durch den israelischen Innenminister, er sei »Mitglied der Russenmafia«.

Wäre Kobson dagegen nach Deutschland gekommen, um seine Geschäftspartner in Berlin oder Frankfurt zu besuchen, wäre er sicher nicht aufgehalten worden. Dabei wissen die Behörden in Deutschland von merkwürdigen Firmenverflechtungen, an denen Kobson beteiligt ist. Zum Beispiel des Unternehmens Liat-Natali. Die Verbindungen dieser Firma führen direkt zur größten Mafiabande Litauens, der Vilnius-Brigade, und von dort in die Bankenmetropole Frankfurt.

Die Stadt am Main ist ein fruchtbarer Boden für kriminelle Geldgeschäfte jeder Art. Hier soll es zwei russische Finanzinstitute geben, die, nach einem CIA-Bericht aus dem Jahr 1995, als »mafiainfiltriert« gelten. Der Aufbau eines kriminellen Netzwerkes wird erleichtert, da die Polizei, deren einst hochmotivierte und engagierte Beamte durch bürokratische Willkür und fehlende Finanzmittel massiv in ihrer Ermittlungsarbeit behindert werden, kaum dabei stört, nicht einschreitet. Bei einer Frankfurter Staatsanwaltschaft und einem hessischen Justizministerium, die nicht einmal wissen, daß sich die Russenmafia ausgebreitet hat, ist das nicht weiter verwunderlich. Obwohl hier doch, zumindest bis Anfang Januar 1996, ein hochrangiges Führungsmitglied der Russenmafia lebte, ein »ehrbarer Kaufmann«, versteht sich, der an der Firma Liat-Natali beteiligt sein will. Als Szenekenner weiß er, wie die tschetschenische Mafia in Frankfurt Schutzgelder kassiert, welche Gruppe der Russenmafia in Hessen für Autoverschiebungen und Mädchenhandel zuständig ist, welche Firmen aus Rußland und den anderen Nachfolgestaaten der UdSSR in Frankfurt Tarnorganisationen der Mafia sind.

Im Vergleich zu Kobson oder dem Vorstandsvorsitzenden der Liat-Natali in Moskau, Shabtei Kalmanovich, dürfte er jedoch ein kleines Licht sein. Kalmanovich hat dafür beste Verbindungen ins Frankfurter politische Establishment. Er hat eine steile Karriere hinter sich, bei der es nicht störte, daß er in den »USA Probleme wegen Scheckfälschungen hatte oder Anfang 1987 kurzfristig in Großbritannien inhaftiert wurde. Auch seine Verhaftung in Israel, Ende 1987, wegen des Verdachts der Spionage für die UdSSR«[2], behinderte keineswegs seinen Aufstieg zum millionenschweren Unternehmer. Bereits Ende der achtziger Jahre hatte er ein Netzwerk von Firmen aufgebaut, Büros in Frankfurt, Köln, Tel Aviv, Johannesburg und Freetown (Sierra Leone) eröffnet. Über die liefen seine Geschäfte, vor allem der Diamanten- und Goldhandel für die UdSSR. »Sein Aufstieg zum Millionär wurde durch die Aufnahme in ein mächtiges Netzwerk des Organisierten Verbrechens ermöglicht, ein Netzwerk, in dem Diamanten und Drogen eine entscheidende Rolle spielten«[3], behauptet ein interner Bericht der südafrikanischen Polizei, der, »Vertraulich – unter Umschlag«, bereits 1988 dem Hessischen Landeskriminalamt in Wiesbaden zugestellt wurde. Informationen über Kalmanovich liegen außerdem verschiedenen Nachrichtendiensten vor, wie dem israelischen Mossad. Die glauben beweisen zu können, daß er »in den achtziger Jahren eine wichtige Stütze für KGB-Operationen in Afrika« war. Viele Jahre liegt das alles zurück, ist heute Geschichte. Eine Geschichte, die durchaus typisch ist für das seit langem bestehende Fundament, auf das sich die Russenmafia heute stützt. Inzwischen sitzt Kalmanovich wieder in Moskau und macht mit dem einschlägig bekannten Jossif Kobson über die Firma Liat-Natali Geschäfte, wahrscheinlich sogar auch legale.

»Die Mafia herrscht in Moskau«, klagt der Moskauer Polizeidirektor Sergej Donzow. Er dient unter dem Moskauer Bürgermeister Jurij Luschkow. Dem jedoch werden engste Mafiakontakte selbst von deutschen Sicherheitsbehörden nachgesagt. Er ist ein Politiker, der sich im spanischen Marbella 1995 eine prunkvolle Villa kaufte, und »zwar über den iranischen Geschäftsmann Hamit Nagashan«, erzählen Fernsehjournalisten von Televisió de Catalunya aus Barcelona. Dieser Nagashan war Mitte der achtziger Jahre iranischer Sonderminister, zuständig für illegale Waffenbeschaffung. Entsprechend umfangreich ist die Ermittlungsakte Nagashan bei der Schweizer Polizei, die sich 1987 mit ihm beschäftigte. Die Beamten wurden auf ihn im Zusammenhang mit einem unglaublichen Drogen- und Waffengeschäft aufmerksam. Im Auftrag der iranischen Regierung wurden auf dem europäischen Schwarzmarkt Waffen eingekauft. Ein Teil der Bezahlung erfolgte durch Drogen: 3000 Kilogramm. Zuständig für den kriminellen Megadeal war – das ergaben Ermittlungen des Berner Justizdepartements – Hamit Nagashan in Teheran. Zwangsläufig stellt sich jetzt die Frage, was den vermögenden Iraner Hamit Nagashan mit dem Moskauer Bürgermeister Luschkow verbindet? Geht es etwa darum, politische Freunde in der russischen Hauptstadt zu gewinnen, um endlich die ersehnte islamische Atombombe bauen zu können?

All diese dubiosen Verstrickungen weisen jedenfalls auf *die* zentrale Stoßrichtung der Mafia hin, weiß Sergej Donzow aus eigener Erfahrung, vielleicht mit seinem obersten Chef: »Die Mafia ist in den Staatsapparat eingedrungen.«

Flüchtige Blicke ins kriminelle Labyrinth

In München ist gerade ein sonniger Herbsttag zu Ende gegangen. Es ist Sonntag, der 29. September 1991. Efim Laskin sitzt in seiner Wohnung auf seinem goldbestickten Sofa, blättert in Unterlagen, als plötzlich das Telefon klingelt. Seit einigen Monaten ist Laskin ungewöhnlich mißtrauisch und vorsichtig geworden. Was will der späte Anrufer? Laskin unverzüglich sehen. Er muß wohl ein enger Vertrauter des Russen sein, denn der willigt sofort ein.

Laskin zieht seinen Trainingsanzug an, vergißt seine goldenen Halskettchen und rast mit seinem 160 000 Mark teuren roten BMW 850i zum geplanten Treff, einem Autobahnparkplatz bei München. Mit wem er auch gerechnet haben mag, ganz sicher nicht mit denen, die auf ihn warteten: seine Killer. Die werden bis zum heutigen Tag vergeblich gesucht. Ob es beim nächtlichen Rendezvous heftige Auseinandersetzungen oder einen Kampf gab, weiß niemand. Am nächsten Morgen wird seine Leiche gefunden. Wie er zu Tode kam, das wiederum ist unstrittig. Die Killer, mindestens zwei müssen es gewesen sein, zwingen Laskin auf die Knie und quälen ihn mit mindestens 25 Messerstichen zu Tode. Sein »Bekannter«, der ihn zum Tatort gelockt hat, muß wohl mitleidig weggeschaut haben.

Laskin war bis zu diesem Todestag ein geheimnisvoller Mann, selbst für viele, die glauben, ihn besser zu kennen. Der gebürtige Russe reiste gerne, trumpfte gegenüber seinen Verwandten mit seinen guten Beziehungen auf. Gemunkelt wurde, daß der 53jährige zu einem russischen Mafiaclan gehöre, eine Art Pate in einem der vielen Clans dieser kriminellen russischen Organisationen sei.

Ein brutaler Mord am Anfang eines Buches über die Russenmafia –

ist das pure Sensationshascherei, damit der von gewalttätigen Reizen überflutete Leser endlich begreift, welche brutale und kriminelle Herrschaft aus dem Osten zu erwarten ist? Eignet sich das billige Stereotyp von verschlagenen Gaunern, dreisten Betrügern, skrupellosen Drogen- und Waffenhändlern sowie hemmungslosen Killern als »Aufreißer«, um eine weltweit operierende kriminelle Oligarchie zu beschreiben? Eine, die bereits in den fünfziger Jahren im sowjetischen Riesenreich ihre Wurzeln hat und spätestens bis zum Jahr 2000 das gefährlichste Verbrechersyndikat der Erde zu werden droht?

Klare Antwort: Der »Fall Laskin« steht am Anfang, weil die kriminelle Persönlichkeit Laskins und seine Beziehungen neue kriminelle Strukturen offenbaren, mit bizarren weltweiten Vernetzungen, die bislang nur wenige durchschaut haben. Und jene, die den Blick in den kriminellen Abgrund geworfen haben, scheuen sich, die Öffentlichkeit zu alarmieren, weil der mühsame Kampf gegen diese gewaltigen Verbrechersyndikate bereits verloren scheint.

Fünf Jahre Erfahrung mit den kriminellen Organisationen aus der ehemaligen Sowjetunion waren notwendig, um wenigstens etwas Licht in das Dunkel verbrecherischer Konspiration zu bringen. Demgegenüber war Anfang der neunziger Jahre selbst für die findigen Münchner Ermittler diese sogenannte Russenmafia etwas vollkommen Neues. Aus Zeitungen und über Informationen verschiedener internationaler Polizeidienststellen rauschten die Meldungen über Erpressung, Geiselnahme, die Bombardierung von Banken und Mord auf Bestellung als ein Phänomen an uns vorbei, als wären wir nicht betroffen. Dabei gab diese Welle der blutigen Gangsterkonflikte, die wie ein explodierender Vulkan die sozialen und ökonomischen Betonverhältnisse der kommunistischen Nomenklatura erschütterte, lediglich einen lauen Vorgeschmack von dem, was sich später weiter entwickelte – zu einer neuen kriminellen Weltmacht.

Deshalb waren sich, angesichts der Umstände von Laskins Ermordung, die Kripobeamten anfangs darüber im unklaren, ob das nun ein simpler Mord aus Habgier, ein Eifersuchtsdrama, ein Machtkampf um Märkte oder eine Strafaktion der Russenmafia war. Und sie stellten sich die Frage, wer und was sich hinter diesem Efim Laskin verbarg? Ein erster Blick in den Polizeicomputer reichte, um festzustellen, daß er wegen Hehlerei, Falschgeld- und Drogenhandels in den achtziger Jahren registriert war. Danach beginnt das Stochern im Nebel.

Irgendwie muß er sich hochgearbeitet haben, denn bis zu seinem Tod galt er als »Resident« der Exilrussenmafia in München. Laskin unterhielt beste Kontakte zu kriminellen russischen Emigranten von Berlin bis Polen, in die USA, Kanada und besonders nach Israel.

Diese internationalen Kontakte bilden den Rahmen für ein Mosaik, aus dem sich langsam das Bild von Laskin aufbaute. Einige seiner »Geschäftsfreunde« gehörten nachweislich zur Exilrussenmafia-Szene in Berlin und in den USA. Aus Moskau lagen außerdem gesicherte Informationen vor (»was eher eine Seltenheit ist«, meint ein Beamter des Münchner Landeskriminalamtes), wonach Laskin enge Verbindungen zu Antiquitätenschmugglern in Moskau, Leningrad und anderen Städten unterhielt. »Sein Bestreben«, so steht es im Lagebericht des Wiesbadener Bundeskriminalamts, »schien es zu sein, an die Spitze der in Berlin existierenden kriminellen Vereinigungen der Exilrussen zu gelangen.«[4]

Diese gab es bereits seit den siebziger Jahren, und sie verhielten sich in der Millionenmetropole ziemlich unauffällig. Glücksspiel, Schutzgelderpressung und Ikonenschmuggel waren ihre kriminelle Domäne. Anfang der achtziger Jahre kamen Tausende sowjetischer Emigranten dazu. Unter ihnen deutschstämmige, viele waren russische Juden und andere Verfolgte. »Unter diesen Emigranten waren auch Angehörige der Halb- und Unterwelt, die sich insbesondere im Glücksspielgeschäft ansiedelten.«[5]

In Berlin lebten Anfang 1991 rund 100 000 Bürger der ehemaligen Sowjetunion, und 85 Prozent aller Spielhallen waren inzwischen in die Hände mehr oder weniger krimineller Russen übergegangen. Clevere Unternehmer erkannten ihre Chance, und so schossen neben den mehr oder weniger verkommenen Spielhallen (die, obwohl kaum Betrieb herrschte, Monatsumsätze zwischen 200 000 und 300 000 Mark anmeldeten) immer mehr obskure Ex- und Importgeschäfte aus dem Boden. Elektronik und Schuhe, Lebensmittel und Bekleidung – alles, was billig war, konnte erworben werden. Kunden waren fast ausschließlich Staatsbürger aus der ehemaligen Sowjetunion. Spät erst erkannten die Polizeiermittler, daß hier Schmuggelware vertrieben wurde und es seltsame Verflechtungen zwischen einzelnen Firmeninhabern gab. Der Verdacht wurde laut, es gehe hier weniger um normale Handelsgeschäfte als vielmehr um das Waschen schmutziger Gelder.

Laskin selbst war an einigen der Spielhallen beteiligt und unterhielt rege »Geschäftsbeziehungen« zu einschlägigen Import- und Exportfirmen in der Berliner Kantstraße.

Aber noch ging man bei den Münchner Polizeibehörden davon aus, das sei regional begrenzt, die Berliner da oben hätten halt ihre Probleme mit den »gottverdammten Russen«, wie es ein Ermittler hämisch erzählt, und sie seien bislang davon verschont geblieben. Konnte also ein Pate dieser gewieften Gangster seinen Stützpunkt in der Weißwursthauptstadt eingerichtet haben?

Tatsächlich war München bereits Anfang der neunziger Jahre einer der regionalen Schwerpunkte für exilrussische Kriminelle. Das Phänomen der Russenmafia war zu dieser Zeit nicht nur für die Kripo etwas Neues, was zwangsläufig wilde Spekulationen blühen ließ. Bei den Ermittlungen fiel zuerst das Offensichtliche auf. Laskin war eine schillernde und anrüchige Person mit ebenso rätselhaften Verbindungen, weltweit. Obwohl er Sozialhilfe bezog, lagen auf seinem Konto bei der Berliner Commerzbank 500 000 Mark. Er selbst ließ in seiner Münchner Wohnung eine Firma anmelden, die »Lafid«, das war jedoch eher eine billige Klitsche. Was die genau »unternahm«, wußte wohl nur Laskin selbst. Umsätze blieben aus, dafür wurden auf dem Papier Verluste erwirtschaftet.

Als die Fahnder seine Wohnung durchsuchten, wunderten sie sich erst einmal über die für einen »Paten« wenig angemessene Einrichtung. Das war überhaupt keine Luxusabsteige mit Marmorbad und goldenen Wasserhähnen, wie sie eigentlich erwartet hatten. »Das ist ja hier alles billig«, sagten sie sich, »das sieht nicht so aus, als sei Laskin eine Größe der russischen Unterwelt.« Dazu paßte, daß die Polizei bei den Vernehmungen seiner Freunde immer wieder hörte, Laskin sei ein »Blender« und »Prahler« gewesen, manchmal pleite. Andererseits trug er von Zeit zu Zeit wieder mehrere Tausender bei sich, führte einen aufwendigen Lebensstil, und seine rege Reisetätigkeit hat sicher nicht das Münchner Sozialamt bezahlt. Denn von dem lebte er, offiziell. Bei seiner letzten Autofahrt, der zu seinen Killern, besaß er gerade einen BMW 850i. Alles unerklärliche Widersprüche, bodenlose Dummheit und unersättliche Gier eines Topgangsters, der vielleicht gar keiner war?

In der Wohnung von Laskin fielen der Kripo unter anderem rund 1000 Blankoeinladungen, Protokolle von Telefonüberwachungen, Ablichtungen aus Handakten sowie eine Lichtbildmappe in die Hände. Die wurde 1981, anläßlich eines Falschgeldverfahrens gegen Laskin, vom Polizeipräsidium München angefertigt. Unterlagen, die ihm ein korrupter Polizeibeamter oder Rechtsanwalt zugespielt haben könnte. Und die Visitenkarten einer Berliner Firma auf dem Wohnzimmertisch sprang den Ermittlern geradezu ins Auge. Es handelte sich dabei um ein Unternehmen, das bereits im Mittelpunkt polizeilicher Ermittlungen im Zusammenhang mit Köpfen der Exilrussenmafia in Berlin stand.

Hin- und hergerissen waren sie, die emsigen Ermittler. Sah es doch anfangs so aus, als sei Laskin, der als besonders gefährlich und brutal berüchtigt war, Statthalter einer russischen Mafiaorganisation in München gewesen. Dann wiederum konnte man sich die auffälligen Widersprüche seiner privaten und finanziellen Lebensführung nicht erklären. Im Laufe der weiteren Ermittlungen stellte sich immerhin heraus, daß Laskin mit italienischen Mafiosi Drogendeals abwickeln wollte. Kurz vor seiner Ermordung kassierte er mehrere tausend Dollar Vorschuß für den geplanten Geschäftsabschluß. Doch die von ihm erwartete Gegenleistung – die Drogenlieferung – blieb aus. Laskin geriet nun in ein arges Dilemma. Das spürte sein »Freund«, ein Rafail Bagdassarian, Spitzname »SWO«. Bagdassarian ist ein in Moskau bekannter »wor w'sakone«, ein »Dieb im Gesetz«.

Ein »Dieb im Gesetz«

»Wori w'sakone« heißt, daß »Diebe im Gesetz« die Elite einer geheimen kriminellen Gesellschaft bilden. Sie sind das Rückgrat der russischen kriminellen Organisationen, sowohl in den Staaten der russischen Föderation wie im westlichen Ausland. Ihren Ursprung haben sie bereits in den Zarenzeiten. Ihren unaufhaltsamen Aufstieg erlangten sie jedoch in den sowjetischen Zuchthäusern und Gulags der sechziger und siebziger Jahre. Bereits F. M. Dostojewski beschrieb in seinen »Aufzeichnungen aus einem Totenhaus« diese Brutstätte menschlichen Terrors. »Blut und Macht berauschen den Menschen, sie entwickeln in ihm den Hang zu Roheit und zu Ausschweifungen; der Geist und das Gefühl werden selbst für die anormalsten Dinge zugänglich. Der Mensch und der Staatsbürger gehen in dem Tyrannen ein für allemal gänzlich verloren, und die Reue, die Rückkehr zur Menschenwürde und zur sittlichen Wiedergeburt wird ihm fast unmöglich.«[6]

Die Perestroika eröffnete den »Dieben im Gesetz« ganz neue Perspektiven. Sie waren immer noch die Auserwählten, brutale menschenverachtende Gangster, die einst für die Ordnung und Disziplin in den Gulags zuständig waren. Aus dieser Zeit stammen auch die Rituale, die bis heute gültig sind. Sie verkehren über geheime Codes, treffen sich zu Ernennungszeremonien, sind durch bestimmte Tätowierungen gekennzeichnet – alles Rituale und Symbole, wie sie kriminelle Gesellschaften in anderen Kulturen auch kennen. Wie die italienischen Clans haben sich diese »Diebe im Gesetz« einem zweifelhaften Ehrenkodex unterworfen.[7]

Ein grimmig blickender Adler mit weitgeöffneten Flügeln und ausgestreckten Zehen ist eine Tätowierung, die nur derjenige tragen darf, der ein »Dieb im Gesetz« ist (vgl. Abb. S. 311 und 312). Ein »Code« (worowskoi sakón) weist das Personal an, wie es sich in bestimmten Situationen zu verhalten hat. Der »Dieb im Gesetz« kontrolliert den »Obschtschak«, den kriminellen Fonds, in den die illegalen Profite fließen. Als Vertreter steht ihm ein »Smotrjaschtschij«, ein Leutnant, zur Seite, und zwar in jeder Stadt der Region, in der er Einfluß hat. Nur diejenigen, die den »Dieb im Gesetz« bedingungslos anerkennen, werden in der kriminellen Welt akzeptiert. Die »Soldaten« werden nur aufgenommen, wenn sie einen Bürgen haben. Die Aufnahmeentscheidung trifft ein Komitee von »Dieben im Gesetz«, das sich davon überzeugt, ob der Kandidat die Gesetze der kriminellen Welt bedingungslos befolgen wird. Um seine Überzeugung zu prüfen, erhält der Kandidat den Auftrag, beispielsweise einen Polizeibeamten zu erschießen oder selbst einen Freund zu ermorden. Gleichzeitig dient das Komitee als eigene Gerichtsbarkeit. Wer für schuldig befunden wird, wird entweder aus dem erlauchten kriminellen Kreis hinausgeworfen oder mit dem Tode bestraft, je nach Schwere des Vergehens.

Viele der kriminellen Autoritäten, die den Ort der toten Seelen als freie Männer verlassen haben, sind heute die Köpfe der kriminellen Mafiabanden. Obwohl es natürlich andere, politische »Diebe im Gesetz« gibt, sie nennt man eher »Autoritäten«, die im kriminellen Milieu versuchen, die alte Garde abzulösen.

Und ein solcher »Dieb im Gesetz« bürgte bei dem Drogengeschäft für Laskin.

Einer muß auf jeden Fall zahlen, werden sich die Männer von der Ehrenwerten Gesellschaft gesagt haben, einmal davon abgesehen, daß sie sich zutiefst verletzt fühlten, als sie feststellen mußten, daß ihr Kontaktmann Laskin den Deal ziemlich einseitig sah und nur den Vorschuß kassierte. Bagdassarian flüchtete vorsichtshalber aus München und tauchte in Moskau unter. Seine Flucht dürfte er nicht bereut haben. Denn selbst hier suchten ihn die verbitterten Italiener, wollten mit ihm »sprechen«. Ihn fanden sie nicht, dafür jedoch Efim Laskin in München.

Abrechnung wegen nicht geleisteter Vertragserfüllung – die Polizei sah darin ein überzeugendes Motiv für Laskins Liquidierung. Andererseits gingen die Killer so bestialisch vor, daß für die Behörden die Spur bis zur Russenmafia heiß blieb. Trotz der zahlreichen Widersprüche, eines steht fest: Es war ein Auftragsmord. Eine mit der Russenmafia-Szene vertraute Informantin: »Den Mördern wird genau gesagt, wie das Opfer umzubringen ist. Ebenso Zahl und Plazierung der Messerstiche. Für die Überlebenden ist dies als Zeichen und Warnung gedacht.«

Durch den Mord stießen die Ermittler erstmals auf die internationale Vernetzung der Russenmafia. Ein undurchschaubares Netzwerk, bei dem eigentlich keiner sagen kann, wer die Fäden zieht, welche Verbindungen es gibt – eines der vielen ungelösten Rätsel. Das ist um so fataler, als nicht nur Kriminaldirektor Josef Geißdörfer vom Landeskriminalamt München überzeugt ist, daß sie die gefährlichste Verbrecherorganisation der Welt ist. Und Josef Geißdörfer ist kein Apologet des schwarzen Ritters, der die Pest verbreitet, sondern ein nüchterner Analytiker.

Und wie verlief die weitere Karriere des »Bürgen« von Laskin, des »Diebs im Gesetz« Rafail Bagdassarian? In einem Telex vom 21. November 1992 informierte das Moskauer Ministerium für Sicherheit der Russischen Föderation das Bundeskriminalamt, daß er in Begleitung zweier Personen in Frankfurt, mit dem Flugzeug aus Moskau kommend, eingetroffen sei. Er habe die Absicht, sich in Köln mit einem Tochtachunow zu treffen, um später nach Belgien weiterzureisen. Tatsächlich logierte Bagdassarian mit seinen Begleitern im Kölner SAS Royal Hotel. Zur gleichen Zeit lief beim BKA eine Meldung des FBI ein, wonach im März/April ein anderer »Dieb im Gesetz« in die USA eingereist sei, um sich dort niederzulassen. Es ging um einen Mann, der später noch eine Bedeutung im Zusammenhang mit Verbindungen nach Deutschland und Österreich erlangen sollte: Vyacheslav Ivankov, Pate der Mafiabande »Yaponchik« (kleiner Japaner). Einer der mächtigsten Männer der Russenmafia. Ihn besuchte Bagdassarian in Denver, und zwar mit Hilfe eines falschen Passes. Während seines Aufenthaltes im SAS Royal Hotel telefonierte Bagdassarian mehrfach mit verschiedenen

Personen in Deutschland – doch über diese Verbindungen später mehr im Kapitel »Nicht nur deutsche Kontakte des ›Taiwanesen‹« (Seite 255).

Laßt den Champagner fließen – oder die Herrschaft von Mafia und Nomenklatura

»Heute bildet eine der Hauptgefahren, die die Brückenpfeiler unserer Gesellschaft ernsthaft gefährden, die Korrumpierung der staatlichen Strukturen. Das beunruhigt das Land und auch den Präsidenten am meisten. Operative Daten beweisen: Jede zehnte organisierte Gruppe arbeitet mit einem bestochenen Beamten zusammen. Das Niveau der Korrumpierung ist weit höher als angenommen, das Innenministerium nicht ausgenommen«, klagt Anatolij Kulikov, der ehemalige russische Innenminister. Dabei weiß er natürlich auch, daß die Korrumpierung Teil des gesamten staatlich-mafiosen Systems ist, das bis an die Spitzen der politischen Eliten fast aller Staaten der ehemaligen UdSSR vorgedrungen ist. Die Folge: Der Prozeß der Konsolidierung der Mafia und der Bildung von nationalen und internationalen Strukturen setzt sich immer weiter fort, so lange, bis der mafiose Krake das gesamte staatliche System in seinen Fängen hält. Ein Konsolidierungsprozeß, der übrigens nach den neuesten Erkenntnissen dazu führte, daß vier mächtige Mafiaorganisationen Rußland unter sich aufgeteilt haben, wobei die anderen kleinen Banditengruppen kaum noch eine Rolle spielen. Aufschlußreich ist dabei ein Treffen der großen russischen Mafiapaten im Herbst 1996 in Tel Aviv. Dort wurde vereinbart, daß in Deutschland und der Schweiz, also den wichtigsten Stützpunkten der Organisierten Kriminalität der ehemaligen UdSSR, keine bedeutsamen Straftaten krimineller Banden vorgenommen werden sollen. Man möchte hier in Ruhe leben und nicht die Aufmerksamkeit der Polizei auf sich lenken. Das würde nur die Geschäfte stören. Doch manchmal lassen sich die Polizeibehörden von dieser Strategie nicht aus dem Konzept bringen.

Es geht zum Beispiel um einen »Unternehmer«, der einer kriminellen Organisation angehört, die zu den vier mächtigsten kriminellen Syndikaten gezählt wird, und enge Beziehungen nach Deutschland, der Schweiz, Österreich, Israel und den USA unterhält. Und dieser Mann, so das Schweizer Bundesamt für Polizeiwesen, dürfte »höchste politische Protektion« genießen. Da wurde über ihn bereits am 11. März 1995 in der Moskauer Tageszeitung: »Kommersant Daily« berichtet, daß er sogar einen direkten Zugang zum Büro des Präsidenten Rußlands habe.

Es ist ein kalter Wintertag, dieser 24. Januar 1997 in Genf. In einem gepanzerten Polizeifahrzeug, eingekeilt von Polizeibeamten, wird ein prominenter Verdächtiger zum Haftprüfungstermin ins Genfer Justizgebäude gebracht. Zum ersten Male ist in Europa, und zwar in der Schweiz, so sieht es die Genfer Staatsanwaltschaft, ein führendes Mitglied einer mächtigen russischen Mafiabande verhaftet worden, und zwar im Oktober 1996. Der Vorwurf der Genfer Staatsanwaltschaft: Mitgliedschaft in einer kriminellen Vereinigung, Mord und Geldwäsche. Der Beschuldigte heißt Sergej Michailow, Spitzname Michas. Mit verschiedenen Pässen, unter anderem einem portugiesischen, israelischen und einem belgischen, reiste er über fünf Jahre bislang ungehindert in Europa herum, lebte lange Zeit in Wien.

Bei dem ersten Haftprüfungstermin vertreten ihn renommierte Rechtsanwälte aus Brüssel und der Schweiz, vermittelt von Michailows Freunden aus Belgien. Hat die Schweizer Justiz etwa einen Unschuldigen verhaftet?

»Natürlich nicht«, davon ist Michael Lauber vom Bundesamt für Polizeiwesen in Bern überzeugt. »Daß man einen überhaupt festnehmen kann, dazu bedarf es eines dringenden Tatverdachts.« Nach 3 Stunden ist der Haftprüfungstermin zu Ende. Im Palaise de Justice von Genf frage ich den prominenten Rechtsanwalt aus Brüssel, den ehemaligen Vorsitzenden der Anwaltskammer, Xavier Magnée, einen der Anwälte, die Michailow vertreten, nach den Vorwürfen gegen seinen Mandanten. Er sagt: »Hier wird gegen die europäische Menschenrechtskonvention verstoßen.« Der Staatsanwaltschaft wirft er vor, den Anwälten bislang kein Beweismaterial gegen Michailow vorgelegt zu haben. Ein Vorwurf, den die Staatsanwaltschaft vehement bestreitet. Nach dem Haftprüfungstermin jedenfalls beschloß der Untersuchungsrichter, die Untersuchungshaft um weitere drei Monate zu verlängern.

Nach der Verhandlung gehe ich zur Genfer Staatsanwaltschaft. Der ermittelnde Staatsanwalt in Genf hat Angst, will daher, bei einem Interview mit dem Schweizer Fernsehen, sein Gesicht nicht zeigen. Er fürchtet wegen des Verfahrens gegen Michailow um sein Leben. Jean Louis Crochet ist überzeugt, so erzählt er mir, insbesondere aufgrund von Zeugenaussagen aus den USA, daß Michailow wegen Mitgliedschaft in einer kriminellen Vereinigung und Geldwäsche verurteilt werden wird. Sofern sich die Verdachtsmomente wirklich beweisen lassen, denn in der Schweiz selbst hat Michailow keine Straftaten begangen.

Warum jedoch ist Michailow in die Schweiz gekommen? Sie galt bislang als ein ideales Terrain für kriminelle Geldwäscher auch der osteuropäischen organisierten Kriminalität. Hier wurden und werden Milliardenbeträge über Tarnfirmen und Treuhänder gewaschen. Hier tritt der Kriminelle als seriöser Geschäftsmann auf.

Im Schlußbericht der Arbeitsgruppe »Lagebild Ostgelder«, erstellt vom schweizerischen Justizministerium, heißt es: »Bei polizeilichen Überprüfungen der Einreisenden bzw. Einreisegesuchen aus GUS-Staaten konnten Erkenntnisse über den Zufluß von dubiosen bzw. kriminellen Geldern gesammelt werden. Im Zusammenhang mit dubiosen Personen aus Oststaaten bzw. dubiosen Ostgeldern werden in zunehmendem Maße Firmen mit keiner normalen sichtbaren wirtschaftlichen Tätigkeit gegründet, erworben, finanzielle Beteiligungen übernommen, Immobilien und Luxusgüter gekauft, wobei sehr oft schweizerische Mittelsmänner oder Firmen zwischengeschaltet werden.«

Wie sagte doch Michael Lauber: »Die Schweiz ist nicht Drehscheibe, um Morde zu begehen. Hier möchte die Russenmafia das Geld anlegen, sucht die Sicherheit, schickt die Kinder auf vornehme Schulen, und sie infiltriert die Wirtschaft. Das merken sie aber erst, wenn es schon zu spät ist.«

Michailow war, so der neueste Stand der Ermittlungen, an mindestens einer Firma beteiligt, an der auch bekannte Geldwäscher der alten kommunistischen Nomenklatura beteiligt sind. Die hatten Milliardenbeträge aus dem Vermögen der KPdSU in die Schweiz verschoben und sind heute am größten Rüstungsunternehmen Rußlands beteiligt, also quasi wieder im Zentrum der Macht. Mit einem von diesen Figuren der Nomenklatura traf sich Michailow samt Partner Averin und Tamm am 10. Oktober 1995 in Tel Aviv. Ziel des Treffens war es, die gemeinsamen Interessen in der Ukraine abzukären.

Es ist nicht nur das Fazit der Schweizer Ermittler: Kriminelle Organisationen genießen höchste politische Protektion in Rußland.

Michailows Einfluß jedenfalls, immerhin druckte die Moskauer Zeitung »Iswestja« bereits am 15. 11. 1995 ein Foto von Michailow ab, als er zum Moskauer Honorarkonsul von Costa Rica ernannt wurde, soll bis hoch in die russische Politik hineinreichen. Das hat zumindest das Schweizer Bundesamt für Polizeiwesen nach den bisherigen Ermittlungen herausgefunden. Und zum seltsamen Vorgang der Ernennung zum Honorarkonsul von Cost Rica schreibt die »Iswestja«: »Da wunderten sich einige Besucher des Restaurants ›Silbernes Zeitalter‹ in Moskau an jenem Abend 1994, als eine kleine Gruppe ziemlich laut irgendeine Festlichkeit feierte. Mit Sicherheit erkannten die Leute, die diplomatischen Kreisen nahestehen, unter den um den Tisch sitzenden Mitarbeitern verschiedener ausländischer Missionen in Moskau und eines hochrangigen Beamten des russischen Außenministeriums die Gattin des Gesandten eines lateinamerikanischen Landes in Israel. Doch wer jene imposante Figur eines kräftigen Mannes war, der die Runde anführte, blieb für sie ein Rätsel. Dafür erkannten die Vertreter der russischen Unterwelt, die sich damals in dem vornehmen Restaurant aufhielten, von allen Angehörigen aus der Runde lediglich einen: den Anführer der bekannten Moskauer Unterweltgruppe Solonzevskaja mit dem Spitznamen ›Michas‹. Doch der Anlaß für dieses Diner, das der ›Pate‹ gab, wurde kurz später bekannt. Im Februar 1995 ernannte ihn die Republik Costa Rica zu ihrem Honorarkonsul in Moskau.« Soweit der Artikel aus Moskauer Sicht.

Der hat es eben zu etwas gebracht, eine bedenkenswerte Karriere eines Mannes, der einst als kleiner Kellner seine berufliche Karriere begonnen hatte. Vielleicht belegt der Einfluß von Michailow auch folgendes Schreiben vom 5. November 1996. Da heißt es auf dem Briefbogen der Generalstaatsanwaltschaft von Moskau: »Es liegen weder bei der Generalstaatsanwaltschaft noch beim Innenministerium Erkenntnisse über kriminelle Aktivitäten des Herrn Michailow vor.«

Ende Januar 1997 kam der Moskauer Generalstaatsanwalt Yuri Skuratow nach Genf und nach Bern. Dort traf er neben der Justizministerin auch die Staatsanwaltschaft, die gegen Michailow ermittelte. Ihnen berichtete er, daß der Mann, der das Schreiben aufgesetzt hatte, »erpreßt worden sei«. Von wem – das wollte er nicht sagen.

In dem kleinen Dorf Borex bei Genf hatte sich Michailow noch vor seiner Verhaftung eine Villa gekauft, für 1,3 Millionen Mark. Bis zu seiner Verhaftung lebte er hier mit seiner Familie. Sein silberner Rolls-Royce, mit dem er stolz herumkutschierte, ist inzwischen verschwunden.

Sergej Michailow wird in der nächsten Zeit erst einmal weiter im Gefängnis Champ Dallon karge Kost genießen. Michailows bislang einziger Kommentar zu den Vorwürfen gegen ihn: »Ich habe doch so viel Geld in der Schweiz investiert.« Für die Genfer Staatsanwaltschaft und Polizei wird er dagegen zum Präzedenzfall dafür, ob es überhaupt möglich sein wird, hochrangige Kriminelle in der Schweiz verurteilen zu können. »Wenn es uns nicht gelingt, gegen Michailow ein Verfahren erfolgreich durchzuführen, dann können wir unsere Arbeit vergessen«, stellt die Kantonspolizei in Genf kategorisch fest. Daß er in der Schweiz verhaftet wurde, verdankt er der Aufmerksamkeit der Schweizer Bundespolizei. Die hat seit langem Material über Michailow wie über andere Verdächtige gesammelt, genauso wie das FBI in den USA oder das BKA in Deutschland. Aber im Gegensatz zu diesen Behörden wollte man sich mit der Informationsbeschaffung nicht zufriedengeben, sondern einmal beweisen, daß der Rechtsstaat auch Flagge zeigen kann. Dabei ist es nicht einmal ein Einzelfall.

Ein Westschweizer Untersuchungsrichter untersucht gegenwärtig einen Vorgang, in den ukrainische und russische Staatsangehörige involviert sind. Ein in der Ukraine wohnender Russe betraute einen international tätigen Anwalt mit der Gründung von Unternehmen im westeuropäischen Raum. Im Verlauf der Verhandlungen stießen weitere ukrainische Staatsangehörige – u. a. ehemalige hochstehende ukrainische Funktionäre – hinzu. Bereits im August 1993, kaum ein halbes Jahr nach Aufnahme der Verhandlungen, erfolgte die Gründung von drei Firmen, zwei davon mit Sitz in der Westschweiz. Angehörige der Firmengründer ließen sich mittlerweile legal in der Schweiz nieder. Dieser Personenkreis führt einen äußerst aufwendigen Lebensstil. Auf Ersuchen von Interpol Kiew verhaftete die Schweizer Polizei im Oktober 1994 drei Personen aus diesem Umfeld. Sie waren alle im Besitz russischer und ukrainischer Pässe. Ihnen werden in Zusammenhang mit ihrer Geschäftstätigkeit im petrochemischen Bereich Unterschlagungen in Höhe von 20 Millionen US-Dollar vorgeworfen. Die Gelder liegen derzeit auf einem Schweizer Bankkonto fest. Wie schwierig für die Behörden die Klärung der Herkunft der Gelder ist, zeigt das folgende Beispiel im Zusammenhang mit dem Transfer eines Teil des Parteivermögens der ehemaligen KPdSU ins Ausland. Aufgrund eines umfangreichen Rechtshilfe- bzw. Interpolverkehrs, aber auch nach entsprechenden Erkenntnissen der Bundespolizei, Medienberichten und eigener Erkenntnis, leiteten die Strafverfolgungsbehörden des Kantons Zürich Ende 1993 ein Verfahren gegen eine Vielzahl von russischen, kirgisischen, georgischen, ukrainischen, israelischen, kanadischen und schweizerischen Staatsangehörigen ein. Es wird ihnen vorgeworfen, im Zuge der Abwicklung von Geschäften mit den Staaten der ehemaligen Sowjetunion ermöglicht zu haben, umfangreiche Beträge insbesondere an Funktionäre dieser Staaten zurückfließen zu lassen (Kick-back-Zahlungen). Es geht regelmäßig darum, daß im Bereich des primären Sektors Verträge geschlossen, diese dann nicht oder nur zu einem kleinen Teil abgewickelt werden, die Gelder dann aber doch in dunkle (Funktionärs-)Taschen fließen. Und wie heißt es in dem streng vertraulichen Bericht des Justziministeriums in Bern, »Arbeitsgruppe Lagebild Ostgelder«: »Immerhin darf festgestellt werden, daß die Ermittlungsbehörden in Zürich eine Vielzahl von Geschäften aufdecken konnten, deren reale Grundlage nicht ersichtlich ist und die gleichzeitig auch Gegenstand von Ermittlungsverfahren in den Staaten der ehemaligen Sowjetunion sind. Einkäufe für mehrere hunderttausend Franken in Zürich und Bern sind nur – aber aussagekräftige – Indizien, die zu dem Schluß führen müssen, daß die Schweiz eine zentrale Rolle in ›dubiosen Ostgeschäften‹ spielt. Zudem wurden auch weltweite Verknüpfungen festgestellt. Die Verbindungen gehen bis in den Vatikan, nur wenige Staaten dieser Welt fehlen.«

Abkassieren mit allen Mitteln, das ist nicht nur ein Verdienst der Mafia, sondern auch der alten Nomenklatura in der ehemaligen UdSSR. Und nur die wenigsten versuchen dagegen etwas zu unternehmen. Zu ihnen zählt in der jungen Republik Ukraine Grigori Omelchenko, Vorsitzender der parlamentarischen Kommission »Korruption und Organisiertes Verbrechen«. Mit ihm führte ich ein Interview. Nach seinen Worten sieht die Situation folgendermaßen aus:

»Die Korruption und die Organisierte Kriminalität sowie Amtsmißbrauch der hochrangigen Staatsbeamten bedrohen heute ernsthaft die nationale Sicherheit der Ukraine und sogar die Existenz des ukrainischen Staatswesens. Während fünf Jahren Unabhängigkeit der Ukraine wurde kein hochrangiger Staatsbeamter, ob Minister, stellvertretender Minister, Abgeordneter des Obersten Rates oder Leiter der Gebietsadministration für Überschreitung der Machtbefugnisse, Amtsmißbrauch oder Bestechlichkeit verurteilt bzw. zur Verantwortung gezogen. Während dieser Zeit werden mehr als 500 Abgeordnete verschiedener Ebenen (von lokalen Räten bis zum Obersten Rat der Ukraine) für von ihnen begangene Verbrechen nicht zur Verantwortung gezogen, weil sie die parlamentarische Immunität besitzen, und die Räte, einschließlich des Obersten Rats, gaben keine Zustimmung zur Festnahme und Verurteilung der Abgeordneten-Verbrecher. Die absolute Mehrheit der Abgeordneten, die das Gesetz überschritten haben (83 %), sind gleichzeitig Amtspersonen. 72 % davon sind die ersten Leiter der Staatsbehörde oder ihre Stellvertreter (Spitzenpolitiker). Ein Phänomen der »wechselseitigen Kastenbürgschaft« gibt es zwischen Verbrechern in ausführenden, legislativen und Gerichtsbehörden. Sie leben und wirken nach dem Prinzip, »die eigenen« dürfen nicht aufgegeben werden. Es genügt, einige Beispiele anzuführen, um die Ebene der Korruption in unserem Staat anschaulich festzustellen, um zu erkennen, wie ›tief‹ oder ›hoch‹ sie in staatliche Strukturen und die Politik eingedrungen ist.

Am 15. November 1994 hat die Generalstaatsanwaltschaft der

Ukraine einen Beschluß an den Obersten Rat der Ukraine gesandt, um über die Zustimmung zum gerichtlichen Vorgehen gegen einen Abgeordneten, der während seiner Amtszeit als hoher Politiker in der Ukraine, zusammen mit Amtspersonen einer Bank, eine Reihe von Geschäften gemacht hat, wodurch dem Staat ein Schaden von mehr als 25 Millionen US-Dollar entstand, zu ersuchen. Trotzdem gaben ihm Anfang Oktober die Behörden die Möglichkeit, aus der Ukraine auszureisen.«

Auf meine Frage, welche Rolle höchste politische Führer der Ukraine im Widerstand gegen die Korruption spielen, antwortete mir der Mafiajäger Omeltschenko folgendermaßen, wobei ich einmal davon ausgehe, daß er eigentlich wissen sollte, wovon er spricht, denn die Vorwürfe sind schon massiv: »Es ist nichts Geheimes, daß die Bekämpfung der Korruption in höchsten Etagen der Gewalt praktisch nicht durchgeführt wurde. Im Gegenteil. Viele Amtspersonen, deren Amtsmißbräuche in der Presse beschrieben wurden, sind in der Regel aufgerückt und haben General- sowie Marschallsterne erhalten. Dutzende von Abgeordneten des Obersten Rats der vorigen Legislaturperiode haben ungesetzlich in Kiew Wohnungen bzw. Fahrzeuge erhalten sowie die Lizenzen für ihre kommerziellen Firmen für Lieferungen ins Ausland von Metall, Erdöl, Medikamenten und anderen Konsumwaren.«

Und auf die Frage, welche Schäden der Ukraine durch derartige Vorgänge zugefügt wurden, antwortete Omeltschenko: »Während fünf Jahren Unabhängigkeit der Ukraine und Führung der Staaten von ehemaligen und heutigen Präsidenten sind der ukrainischen Bevölkerung kolossale, ich würde sagen, praktisch nicht wiederherstellbare Schäden entstanden.« Omeltschenko schätzt den Betrag auf 20 bis 25 Milliarden US-Dollar. Ein schönes Zubrot für die alte Nomenklatura, die sich bis heute an der Macht erhält. Doch bei uns scheint das niemanden zu erschüttern. Es wird als etwas Normales angesehen, und wenn Staatspräsidenten aus diesen Staaten, ob ehemalige oder gerade an der Macht befindliche, nach Deutschland kommen, werden ihnen die roten Teppiche ausgelegt.

Die Menschen in der Ukraine hungern derweil. Es fehlt an allem. Der Durchschnittslohn eines Fabrikarbeiters reicht nicht einmal für den Mindestbedarf an Lebensmitteln. Wer ins Krankenhaus muß, der muß sich selbst um seine Nahrung kümmern, Bettwäsche, ja Medizin und das Röntgenmaterial sollte er auch gleich mitbringen. Das einzige, was floriert, ist die Schattenwirtschaft, die bereits den Umfang der Staatsumsätze erreicht hat.

Bei der Miliz in Kiew hängt eine Art Stadtplan an der Wand. In ihm sind die Einflußgebiete von insgesamt 18 kriminellen Clans, die in Kiew herrschen, eingezeichnet. Die Mafia hat, so wie früher die Goldgräber im Wilden Westen, ihre Claims abgesteckt. Das bestätigt mir auch der in der Kiewer Miliz zuständige Beamte für Organisiertes Verbrechen. Er verdient pro Monat umgerechnet 30 Mark, und keiner kann sicher sein, wie lange er noch von der Pest der Korruption verschont bleibt. »Die Paten versuchen auf die Wirtschaft Einfluß zu nehmen, staatliche Betriebe zu übernehmen. Sie kontrollieren bereits jetzt die gesamten Bergwerksbetriebe, touristische Firmen, kurzum, die Bereiche, die Gewinne bringen. Diese Kriminellen können ohne ihre westlichen Partner und höchste politische Rückendeckung überhaupt nicht aktiv werden. Die ersten Versuche seitens unserer Verbrecher, ihrer Anführer und der Syndikate, in westliche Länder einzudringen, begannen auf der Grundlage der wirtschaftlichen Beziehungen. Sie organisierten die Lieferungen gestohlener Autos aus dem Westen. Dann waren wir ein guter Absatzmarkt für Billigproduktionen, Leichtindustrie, gestohlene Waren, die hierher und nach Rußland geschafft wurden. Und jetzt liefert unsere Mafia als Gegenleistung Waffen.«

Nur ungern redet er konkret über die verschiedenen Mafiaorganisationen, verständlicherweise, schließlich hängt er wie jeder am Leben. Eine der berüchtigtsten Kiewer Mafiabanden ist die Gruppen K. »Brigadekommandeur« der 600 Mann starken Mafiabande ist ein V. S., der schon einmal im deutschen Halle erkennungsdienstlich behandelt wurde. Seine Mafiaorganisation dürfte ein Drittel der ukrainischen Hauptstadt kontrollieren. Die Mitglieder zeichnet aus, daß sie teilweise ganz normale Berufe ausüben und sozusagen im Nebenjob für die »Organisation« tätig sind. Gute Beziehungen hat die Gruppe zur Miliz. Als von einer deutschen Polizeidienststelle an Interpol in Kiew im September 1994 ein Fax geschickt wurde, mit Angaben über einen Zeugen, der Belastendes über diesen Clanchef ausgesagt hatte, ging bereits am nächsten Tag bei der Ehefrau des Zeugen eine Morddrohung ein.

Zwei weitere mächtige Mafiaorganisationen haben direkte Verbindungen bis in die höchsten Regierungsstellen hinein und zur italienischen Mafia. Sie mit Namen zu benennen hat den großen Nachteil, daß sie über ihre Rechtsanwälte in Deutschland klagen würden und wahrscheinlich, weil sie so mächtig sind, bei den Gerichten hier auch noch mit Schadenersatzklagen Erfolg hätten. Also legen wir den Mantel des ängstlichen Schweigens über die Namen der beiden Organisationen. Die eine heißt S., und deren Chef fährt standesgemäß einen gepanzerten Mercedes 600 SEL, und er kann, so bestätigt es mir die Generalstaatsanwaltschaft in Kiew, über 12 000 bewaffnete Soldaten verfügen. Die Mafiaorganisation K. zeichnet sich dadurch aus, daß sie über beste Beziehungen zur gegenwärtigen Regierung verfügt und zu einem amerikanischen Automobilhersteller. Und so meint auch Witali Melnitschik, ein Banker und zugleich Mitglied des Ausschusses für Privatisierung: »Das gefährlichste ist die politische Mafia. Und der Zusammenschluß mit der kriminellen Mafia stellt heute eine reale Gefahr für die Unabhängigkeit des jungen Staates dar.« Eine Gefahr stellt es auch dar, wenn versucht würde, die Verflechtung zwischen Mafia und politischen Würdenträgern in der Ukraine aufzudecken. Die Ermittlungen gegen hohe Politiker der Ukraine seien »lebensgefährlich«, heißt es in einem Papier des Bayerischen Landeskriminalamtes.

Was am Schwarzen Meer möglich ist, das sollte auch an der Ostsee gelten. Nach der Unabhängigkeit von Moskau entwickelten sich jedenfalls auch Litauen, Lettland und Estland zu zentralen Stützpunkten der Mafia. Da heißt es in einem Papier des Bundesnachrichtendienstes vom 3. November 1995: »Die baltischen Staaten Estland, Lettland und Litauen bieten dem Organisierten Verbrechen geradezu ideale Voraussetzungen für ihre Aktivitäten: die geographische Lage zwischen Rußland und dem skandinavischen Markt, die durchlässigen Grenzen, die Korrumpierbarkeit von Beamten selbst in den höchsten Positionen sowie der lebhafte Handel und Tourismus mit den west- und nordeuropäischen Staaten.« Berüchtigt ist in Litauen eine

Sicherheitsfirma. Die Gruppe war zunächst spezialisiert auf Schutzgelderpressung, hat jedoch inzwischen ihre Aktivitäten immer stärker auf den Drogenhandel konzentriert. In der Stadt Kaunas in Litauen wiederum sind insgesamt 30 verbrecherische Organisationen bekannt, die dort »Familien« genannt werden. Die Familie D. ist hauptsächlich im illegalen Kriegswaffen- und Rüstungsgeschäft tätig. Der Kopf der Gruppierung ist nach Polizeiangaben aus Litauen ein H. Man trifft sie in einem kleinen Café. Andere Mafiaorganisationen haben bessere Treffpunkte. Beispielsweise Banken, die ihnen inzwischen gehören. Und so könnte man noch viele Namen und Orte nennen, wo sich die Mafia ganz in unserer Nähe eingenistet hat und ungehindert ihren kriminellen Geschäften nachgeht.

Geschäfte eines deutschen Bankers

Die neuen »Unternehmer« veruntreuen Staatseigentum, erpressen, eignen sich Staats- und Parteiämter an. Ob in den Zeiten der Sowjetunion oder heute – nur wenig hat sich an diesem Zustand geändert. Davon kann einer in Deutschland viel erzählen.

Er lebt in einem unbedeutenden Dorf, mit einer kleinen barocken Kirche als Orientierung. Sonntägliche Pflicht ist der geruhsame Gang zur Messe, man lauscht der Predigt des Pfarrers wie den Nachrichtensprechern im Fernsehen. Hier, nicht weit von Karlsruhe, residiert der Privatbanker Francis D. Der smarte 60jährige Unternehmer ist ein Mann mit einschlägiger Vita. Wie ein begnadeter Künstler jonglierte er erfolgreich mit Millionenbeträgen: mit Schwarzgeld. Seinen Kontakten nach Italien, besonders zur Vatikanbank, sowie seinen Geschäftsbeziehungen zu Schweizer Top-Banken verdankt er die gewisse internationale Prominenz, die seine Provisionen blühen ließ. Da muß es wohl zwangsläufig sein, daß er zu einer Anlaufstelle für krumme Finanztransaktionen aller Art, auch der neureichen Nomenklatura aus der Ex-UdSSR, wurde.

Es ist der 7. November 1994. Da läutet in seinem kleinen Büro das Telefon. Sein Gesprächspartner ruft aus der russischen Botschaft in Bonn an. Man habe einen wichtigen Geschäftskontakt hergestellt, deshalb solle er jetzt so schnell wie möglich nach Moskau fliegen. Während der gewöhnliche Sterbliche manchmal Wochen warten muß, bis ihm ein Einreisevisum ausgestellt wird, geht es bei ihm erstaunlich schnell – innerhalb eines Tages. In Erwartung eines lukrativen Deals nimmt Francis D. die nächste Maschine nach Moskau. Am Flughafen wird er erwartet und gleich ins Hotel Moskwa gefahren, einen Bau im monumentalen stalinistischen Zuckerbäckerstil, mit Blick auf den Roten Platz und den Kreml. Francis D. blickt auf den Roten Platz und erinnert sich, daß dieser einst ein »heiliger« war. Wenig Zeit bleibt ihm, sich auszuruhen, da klingelt bereits das Telefon, und er hört vom Portier, daß vor dem Hotel eine Limousine auf ihn warte. Sie bringt ihn zu einem Nikolai Karpuschew von der Firma Saturn. Nikolai ist, das eröffnet er zumindest dem deutschen Banker, ein ehemaliger KGB-General. Einer von mindestens 60 000, die seit 1994 den Dienst verlassen haben. Jetzt sei er »Bisnessmenj«, Geschäftsmann, klärt der Ex-KGB-General auf. »Ein vornehmer Mensch, gebildet, zuvorkommend, freundlich«, erinnert sich der Banker.

Zur Geschäftsanbahnung geht es erst, nachdem artige Höflichkeiten ausgetauscht sind. Der Banker ist erstaunt, welche intimen Detailkenntnisse (»die wußten sogar die Geschichte mit den gefälschten Bonds der Citibank«) man über ihn gesammelt hat. Der Umfang des »Bisness« wird deutlich, als ein Angestellter aus Panzerschränken im Büro unermeßliche Schätze hervorholt.

Der Ex-KGB-Mann bietet dem Banker aus Karlsruhe 31 000 Karat Diamanten an, darunter einen 48karätigen Diamanten. Ein Karat wird auf dem Weltmarkt derzeit mit rund 12 000 Dollar gehandelt, die Russen dagegen fordern pro Karat 8000 Dollar. »Ich konnte die Qualität überprüfen, alles war da, sie haben mir sämtliche Prüfzertifikate gezeigt.« Als nächstes bieten sie ihm Kunstschätze an, darunter kostbare Ikonen, einen echten Rembrandt und einen Kandinsky. Beider Wert: 1,2 Millionen Dollar. Für umgerechnet 400 000 Dollar kann er beide kaufen.

»Tatsächlich« – so berichtete das renommierte Londoner Konfliktforschungsinstitut »Risc« – »sind aus der Ex-Sowjetunion an die 80 Prozent der einst etwa 30 Millionen Kunst-Ikonen verschwunden. Allein 1993 sollen 400 000 Antiquitäten von Rußland aus in den Westen – vor allem nach Deutschland, Frankreich und Italien – verschoben worden sein. Ein kultureller Aderlaß, der den Schmugglern Milliardenumsätze beschert hat.«[8]

Der Banker spricht kein Russisch. Übersetzt wird von einem ehemaligen Dolmetscher Gorbatschows, der inzwischen für die Firma

Saturn arbeitet. Als dieser eingeweihte und kenntnisreiche Dolmetscher den Raum verlassen hat, spricht der Chef des Unternehmens, Karpuschew, den Banker in fast perfektem Deutsch direkt an. Und er vermittelt dem Banker aus Deutschland, wie aus seiner unternehmerischen Sicht die wahren Machtverhältnisse in Moskau sind. Eine eindeutige Sache: »Wir haben hier drei Machtzentren: die Regierung unter Jelzin, dann den KGB und schließlich die Mafia. Und alle drei arbeiten eng zusammen.« Auch über Boris Jelzin wird gesprochen.

»Solange er besoffen ist, dürfen wir alles. Alles ist erlaubt, nichts verboten, wenn die Regierung ihr Scherflein abbekommt. Daher muß ein Teil des Geldes, das wir mit Ihrer Hilfe durch den Verkauf von Diamanten und Kunstschätzen in Deutschland erzielen, auch wieder zurück nach Rußland gehen, um die Gewinnanteile für die Regierung und die Mafia auszahlen zu können.« Nun weiß keiner bei Ex-KGBlern genau, wo denn die schamlose Übertreibung und die phantasievolle Ausschmückung der politischen und wirtschaftlichen Realitäten in den GUS-Staaten endet oder beginnt. Politische Desinformation war schließlich ihr Handwerkszeug.

Der Saturn-Geschäftsführer beschuldigt Jelzin, in dem dreckigen Geschäft mitmischen zu wollen. War es aber nicht Jelzin selbst, der bereits 1993 davon sprach, daß das Organisierte Verbrechen inzwischen die Hauptbedrohung für die nationale Sicherheit und die strategischen Interessen Rußlands darstelle? Seinen Aussagen nach reicht der Einfluß der Mafia inzwischen bis ins Verteidigungsministerium hinein, wo Beamte, ohne Sorge, entdeckt zu werden, ganze Munitionslager stählen. Bestätigt wurde er vom damaligen Vizepräsidenten Alexander Ruzkoi, wonach der Einfluß von einem Viertel der Mafiagruppen bis in Ministerien reiche, wo ihnen korrupte Beamte willfährig seien.

Alles scheint zu stimmen. Die Einschätzung des Ex-KGB-Generals beschreibt auf ziemlich banale Weise die undurchschaubare politische und wirtschaftliche Situation in Moskau. Und so ganz nebenbei erzählt der alte KGBler und neue Unternehmer: »Vor drei Jahren wurde der KGB umorganisiert. Die Intelligenten sind raus und haben ihre eigene Struktur aufgebaut. Das ist das, was man auch Mafia nennen kann.«

Wieder zurück zum deutschen Banker. Trotz oder gerade wegen seiner immer wiederkehrenden Bekenntnisse über die fehlenden Skrupel der Banker bei profitablen Geldtransaktionen hat er selbst durchaus welche. Die Grenze, die seine Moral ihm setzt, ist erreicht, wenn eindeutig definierbares Mafiageld bei ihm landet. Dann arbeitet er mal mit der Polizei zusammen, als Informant und manchmal als Agent provocateur. 20 Millionen Dollar Falschgeld lieferte die italienische Mafia nach Rußland, er wollte den Deal mit Hilfe der Polizei verhindern. Die Zerschlagung des Geldfälscherringes scheiterte letztlich an bürokratischen Barrieren.

Von geradezu betörender krimineller Eloquenz ist ein anderer Vorgang, den er gerne zitiert.

1994 besuchten mehrere russische »Geschäftsleute« eine führende deutsche Papiermühle. Sie bestellten drei Tonnen Papier, hatten eine genaue Vorstellung über die Zusammenstellung des Papiers und lieferten gleich das entsprechende Wasserzeichen als Vorlage mit. Deutsche Unternehmer sind im allgemeinen skeptisch bei derartigen Bestellungen, denn niemand weiß, wann und ob überhaupt jemals bezahlt wird. Die russischen »Geschäftsleute« zahlten jedoch cash, und damit war jeder Zweifel weggewischt. Nur einer der Geschäftsführer der deutschen Papiermühle wurde stutzig, als er bemerkte, daß das Wasserzeichen genau der Prägung des russischen Rubels entsprach. Er informierte die Polizei. Die wiederum setzte sich mit der russischen Zentralbank in Moskau in Verbindung. Doch von dort kam nur: »Das interessiert uns nicht« – eine Reaktion, die auf deutscher Seite niemand erwartet hatte. Einige Tage später wurden die Bürokraten der Zentralbank trotzdem einsichtig. Drei Tonnen Papier für Falschgeld – das ging ihnen jetzt auf –, das konnte die Volkswirtschaft in arge Turbulenzen versetzen. Nur waren in der Zwischenzeit die Papierrollen bereits in drei Lkw verladen worden und auf dem Weg nach Polen. Zwei Lkw mit insgesamt zwei Tonnen Papier konnten noch aufgehalten werden. Der dritte Lkw mit einer Tonne Papier war nicht mehr auffindbar.

Mit einer Tonne hervorragend gefälschter Rubelscheine im Wert von 50 000 Rubel je Schein, da lassen sich ganze Industriezweige aufkaufen, läßt sich der Kurs des Rubels manipulieren, sagt der Banker und schüttelt über die Ignoranz der russischen Zentralbank verzweifelt den Kopf.

Das ist nur ein Beispiel für den regen Handel mit Schwarz- und Falschgeld, in den die russische Mafia verstrickt ist. Bereits im Januar 1991 verhaftete die Genfer Polizei zwei »russische Geschäftsleute«. Sie wurden verdächtigt, 70 Milliarden Rubel zu schmuggeln. Das Geld war bestimmt für Andreas Behrens, einen Geldwäscheexperten des kolumbianischen Medellin-Kartells. »Wir können uns nicht vorstellen«, sagte die Genfer Polizei, »warum irgendeiner die wertlosen Rubelscheine gegen Drogengeld tauschen will.« Nicht bedacht wurde, daß der Rubel ein mächtiges Instrument in den Händen der Mafia geworden ist. Ein offizieller Vertreter der Société de Banque Suisse wird dabei mit der Bemerkung zitiert, »daß dem Bank-Management häufig 100-Millionen-Rubel-Deals angeboten werden«. Die verschlungenen Wege der Milliarden Rubel, die auf Schweizer Banken landeten, hatten viel mit den Geldtransfers zu tun, die von der ehemaligen Kommunistischen Partei ins Ausland getätigt wurden, mit gewaltigen Summen, die verschoben wurden.

Skrupelloser Ausverkauf der Reichtümer der GUS-Staaten mit allen Mitteln – selbst davon kann unser Banker einiges berichten. In den letzten Monaten gingen bei ihm ständig Faxmeldungen ein. Banker aus den ehemaligen Sowjetrepubliken boten ihm alles an, was es in den Staaten der GUS zu verkaufen gibt: von Diamanten über Waffen bis hin zu Rohstoffen. In seinen Händen hält er das Schreiben der Staatsbank von Kasachstan. »Sie wollen einen 50-Millionen-Kredit und bieten als Sicherheit Gold und Erdöl an«, erzählt er nicht ohne Stolz. Bei so vielen Betrügern, die auf dem grauen Markt herumlaufen, ließ er dieses Angebot natürlich darauf überprüfen, ob die Regierung von Kasachstan die nötigen Sicherheiten bieten konnte.

Und tatsächlich: In den Schließfächern einer bekannten Schweizer Bank hat die Regierung von Kasachstan einen Goldbestand im Wert von einer Milliarde Dollar deponiert. Nun fragt der Banker natürlich nicht nach, warum die Nomenklatura in Kasachstan eigentlich diesen hohen Goldbestand in die Schweiz transportieren konnte und was dafür bereits an Rohstoffen des Landes verscherbelt wurde.

Ein andermal schrieb ihm die Commercial Bank for Social Development aus Kasan in der Republik Tatarstan. Sie wollte 50 Millionen Dollar in Europa anlegen. Wer das Geld gestohlen hat – nur die Bankdirektoren Machonin und Taizewa wissen es.

In dieser Zeit, es war Anfang 1995, landete ein weiteres Angebot auf seinem Schreibtisch. Diesmal stammte es aus Süditalien, aus Kalabrien. Er sollte 65 Millionen Lira Bargeld in eine harte Währung umwechseln, eine vornehme Umschreibung für Geldwäsche. Als Kurier des heißen Geldes fungierte ein bekannter Mafioso aus Stuttgart. Dem Banker war deshalb klar, daß hinter dem Geld die Mafia steckte, und er erfuhr schließlich sogar, daß das Geld aus Entführungen und Erpressungen in Kalabrien stammte. Ob es dann zu dem Deal kam, ob das Geld aus Kalabrien der Regierung von Kasachstan angeboten wurde, die im Gegenzug an die Repräsentanten der Mafia Erdöl und Gold verkaufte – das ist das einzige, was nicht bekannt ist. Ob Skrupel oder die Verlockung der hohen Provision sein Handeln bestimmte – darüber redet der Banker heute nicht mehr.

Schon dieser schmale Einblick in das Geschäftsleben eines deutschen Bankers offenbart die internationale Vernetzung von legalem und kriminellem Kapitalmarkt, auf dem sich gleichermaßen russische Parteifürsten, kriminelle Paten der Russenmafia, europäische Banker und natürlich die italienische Mafia tummeln.

Die Verwirrung der Begriffe

Mafia – das ist sowohl in Rußland wie in den anderen Staaten der ehemaligen Sowjetunion ein ziemlich dehnbarer, ein eher schwammiger Begriff. So als würde man auf jedes Paket den Warnhinweis »radioaktiv« anbringen, wird in Rußland alles mit dem Etikett »Mafia« versehen, was nach Gesetzesübertretung riecht, und das geht weit über den Bereich des Organisierten Verbrechens hinaus. »Erschwerend kommt hinzu, daß es in Rußland heute kaum möglich ist, ein Geschäft zu betreiben, ohne das Gesetz zu übertreten. Die russischen Wirtschaftsgesetze sind meist unklar, oft widersprüchlich, vielfach hanebüchen und im Bereich des Handels fast immer halsabschneiderisch.«[9] Ähnlich differenziert ist der Begriff »Russenmafia« zu sehen.

»Nein«, darauf legt Wladimir Miljutenko, Korrespondent der Nachrichtenagentur Nowosti in Köln, großen Wert, »das Wort russische Mafia gefällt mir nicht, weil man nicht alles auf Rußland abwälzen darf. Es geht um die gesamte frühere Sowjetunion. Auch wenn es richtig ist zu sagen, daß Verbrechen keine Nationalität kennt, gibt es gleichwohl solche Nuancen.«

Ähnlich sieht es Jürgen Albrecht vom Landeskriminalamt Brandenburg, und er meint diesmal die in Europa, speziell in Deutschland agierende Russenmafia: »Wir sprechen durchaus von organisierten Strukturen, es ist eine Vielzahl von Gruppen. Es ist nicht eine Gruppe russischer Mafia, sondern es sind viele Gruppen, die zum größten Teil ethnisch strukturiert sind, also nach Landsmannschaften sortiert. Tschetschenische, ukrainische oder russische Gruppen, die sich hier die Märkte aufteilen. Und die schwere Kriminalität, mit der wir manchmal konfrontiert werden, Mord und Totschlag, diese Schwerstkriminalität spielt sich in erster Linie unter den Russen selbst ab. Das heißt im Rahmen von Auseinandersetzungen, von Verteilungskämpfen; so beurteilen wir das.«

Moskauer Journalisten, die 1980 bereits über die Schattenwirtschaft und die sowjetische Mafia berichten wollten – erinnert sich Arkadi Waksberg von der »Literaturnaja Gaseta« –, denen drohte ihr Chefredakteur: »Es gibt keine Mafia in der Sowjetunion. Schreiben Sie sich das hinter die Ohren.« Die es trotzdem wagten, büßten ihren Arbeitsplatz ein, wurden in fingierten Gerichtsverfahren verurteilt, verwesten in Gefängnissen, Lagern oder psychiatrischen Anstalten.

Noch in einem 1987 herausgegebenen Wörterbuch der russischen Sprache kommt das Wort »Mafia« überhaupt nicht vor. Bleibt die Frage, ob wir ein Recht zur Häme haben. Ähnlich verhielt es sich ja in Italien und Deutschland. Als man vor zwanzig Jahren in Italien fragte: »Können Sie mir sagen, was das ist, Mafia?«, da bekam man regelmäßig zur Antwort: »Nein.«

Jetzt benutzt den Begriff jeder nach Gutdünken. Tatsächlich hat der von russischen Politikern, Unternehmern oder Polizeibeamten eingesetzte Mafiabegriff manchmal wenig mit dem in Europa üblichen Synonym für hochkriminelle international agierende Syndikate gemein. Häufig ist in den chaotischen politischen Konflikten der GUS-Staaten der Begriff Mafia ein scheinbar überzeugendes Argument, um den jeweiligen politischen Gegner oder wirtschaftlichen Konkurrenten zu denunzieren. Selbst eine kleine Diebesbande wird von den Sicherheitsbehörden mit dem kriminellen Prägestempel Mafia versehen. Das erklärt vielleicht die erstaunliche Zahl von über 5000 kriminellen Banden, die in den GUS-Staaten ihr Unwesen treiben, eine Zahl, die in allen seriösen Veröffentlichungen im Ausland gerne zitiert wird. Übrigens eine Zahl aus dem Jahr 1991, die bis zum heutigen Tag – worüber man nur lachen kann – keine Veränderung erfahren haben soll. Und was sind »kriminelle mafiose Banden«? Auf jeden Fall doch jene, die in den letzten Jahren Hunderte Milliarden Dollar aus Rußland herausgeschmuggelt haben, und von denen wird in diesem Buch berichtet.

Mafia entsteht, so ist den einschlägigen Veröffentlichungen zu entnehmen, wenn bestimmte Bedingungen zusammentreffen:
o die Entstehung von Zonen des Nicht-Rechts, geradezu Gettos, in denen keine staatliche Ordnung mehr existiert;
o die Bildung eines Wirtschaftssystems, das auf rechtswidrigen Aktivitäten basiert;
o die Korruption, ein Mittel, das verhindert, daß der Staat das Allgemeinwohl garantieren kann und so den Fortbestand und die Erweiterung des bestehenden Wirtschaftssystems gewährleistet.

Für die russische Mafia trifft das alles zu, mit dem entscheidenden Zusatz: Diesmal ist der Staatsapparat, eine Atommacht, direkt involviert, wesentlicher Bestandteil der »Organisazija« geworden, wie die Mafiabanden genannt werden. In Italien sind die Verhältnisse zweifellos schlimm: Die italienischen Parteiführer Bettino Craxi und der mehrfache Ministerpräsident Giulio Andreotti waren korrupte Handlanger der Mafia. Aber trotzdem gibt es weltweit kaum eine andere Nation, vor allem keine ehemalige Supermacht, in der Recht und Gesetz so schwammig sind, Rechtlosigkeit und Gesetzlosigkeit dagegen derart hemmungslos von politisch-kriminellen Gruppen ausgenutzt werden wie in Rußland. Spätestens von dem Zeitpunkt an, als die russische Regierung darüber hinwegsah, daß ein bedeutender Teil des gesamten neuen privaten Wirtschaftssystems sich auf ungesetzliche Grundlagen stützte, begann die Mafia sofort, ihre eigenen Gesetze zu installieren und die klassischen Methoden von Gewalt und Terror zu praktizieren.

»Schritt für Schritt wird sie zur einzigen Kraft«, sagt Wladimir Miljutenko. »Sie gibt Stabilität, zahlt Schulden, garantiert den Banken die Rückzahlung von Krediten und löst Vermögensstreitigkeiten. Im Grunde genommen hat die kriminelle Welt die staatlichen Funktionen der legislativen Macht an sich gerissen. In diesem Strauß fehlte aber noch die Macht der Exekutive. Darum begann die kriminelle Welt, den Zugang zu den an der Macht Befindlichen zu suchen.«

Erste Einblicke in die Exilrussenmafia

Bereits in den siebziger Jahren wurden in der Bundesrepublik Ermittlungsverfahren geführt, die für die Polizei erste Hinweise auf das Eindringen sowjetischer Strukturen Organisierter Kriminalität (OK) nach Deutschland brachten. »Diesen ersten Hinweisen«, so das Bundeskriminalamt in einem internen Lagebericht, »konnte seinerzeit nicht in der erforderlichen Intensität im Rahmen eines ganzheitlichen Bekämpfungskonzeptes nachgegangen werden, da es zum einen am entsprechenden Hintergrundwissen mangelte und diesem ›neuen‹ Phänomen auch nicht gleich die notwendige polizeiliche Struktur entgegengesetzt werden konnte.« Das sollte sich bitter rächen.

Ermittlungen des Bundeskriminalamtes in den Jahren 1986 und 1987 bezogen sich auf eine in Berlin, München und in anderen europäischen Städten operierende Gruppe russischer Asylanten, die in großer Stückzahl falsche 100-Dollar-Banknoten hergestellt hatten, sowie auf die Ermittlungen einer »Ermittlungsgruppe Blümchen« in Düsseldorf. Die deckte erstmals die Strukturen exilrussischer Krimineller auf und zeigte, daß sich die Russenmafia, die Polizei nennt es »Osteuropäische Organisierte Kriminalität«, in Deutschland zu etablieren begann. Bis etwa Mitte des Jahres 1990 war sie fast ausschließlich, so die Polizeierkenntnisse, in Kreisen von Aussiedlern feststellbar, die in die Bundesrepublik Deutschland oder nach Israel ausgewandert waren.

In diesem Zusammenhang taucht bei den Ermittlungen die »Exilrussenmafia« auf. Von ihr wurden in der Vergangenheit hauptsächlich Fälschungs- und Betrugsdelikte sowie Gold- und Ikonenschmuggel begangen. Das war die erste Stufe auf dem Weg zu erfolgreichen

Geschäftsleuten mit enormer Finanzkraft. Danach engagierten sie sich im Bereich der Wirtschaftskriminalität – ein Qualitätssprung gleich über den legalen kapitalistischen Weg hinaus. In diesem Bereich konnte die Exilrussenmafia Millionengewinne durch illegale Tätigkeiten von Joint-venture-Firmen erwirtschaften. Die mit Hilfe von eigens für die Geldwäsche gegründeten und weltweit agierenden, rechtlich selbständigen, aber unter geheimen Holdings stehenden Betriebe der Russenmafia betreiben Immobilienspekulation, erwerben ganze Unternehmen oder Unternehmensbeteiligungen sowie Industrieanlagen. Sie tätigen Im- und Exportgeschäfte der vielfältigsten Art oder fingieren sie nur. Ihnen ist es gelungen, Einnahmen illegaler Herkunft über Ländergrenzen hinweg auf unverfängliche Tarngesellschaften zu transferieren.

Besonders den Reiz von Handelsgesellschaften haben die kriminellen Russen entdeckt. Sie betreiben das Import- und Exportgeschäft, wobei Waren zu weit unter oder über dem tatsächlichen Wert liegenden Preisen vermarktet werden. Beträgt bei solchen innerbetrieblich verschobenen Produkten der wirkliche Wert eines Exportgutes 10 000 DM und wird eine überhöhte Rechnung von 100 000 DM ausgestellt und bezahlt, werden auf diesem Wege 90 000 DM transferiert und reingewaschen. Umgekehrt ist es möglich, mit illegalen Erlösen eingekaufte Güter, zum Beispiel Edelsteine oder Schmuck, an eigene Firmen im Ausland weit unter dem tatsächlichen Wert zu verkaufen. Heute handeln sie mit Grundstücken, Gold, Edelsteinen, Kunstwerken, Kraftfahrzeugen, Schiffen, Flugzeugen oder Rohstoffen. Der Handel mit diesen Produkten ist für sie besonders attraktiv. Zum einen verkörpern sie relativ hohe Werte, was das Transaktionsvolumen ansteigen läßt. Zum anderen kann ziemlich leicht über sie disponiert werden. Sie wechseln ihren Besitzer oft im Tausch gegen Bargeld.

In einem internen Lagepapier des Pullacher Bundesnachrichtendienstes (BND) heißt es dazu: »Zum ersten pflegen involvierte Kreise mit dem Erwerb solcher Waren ihren luxuriösen Lebensstil. Beträchtliche Summen Bargeld, die Verdacht erregen, werden in wertgleiche Vermögenswerte transformiert, deren Besitz unverfänglicher wirkt. Die erworbenen Gegenstände dienen der kriminellen Unternehmung auf vielfältige Art, sie werden später wieder veräußert und erneut in andere Vermögenswerte transformiert. Grundstückskäufe bzw. -verkäufe dienen ebenfalls dem Waschen illegaler Gelder der Russenmafia in Deutschland. Immobilien werden über Scheingesellschaften erworben, die den Kaufpreis mittels schwarzer Summen entrichten. Das Grundeigentum wird anschließend weiterveräußert, so z. B. an eine andere Gesellschaft, die der Mafiaholding gehört. Diese kann in der Folge die Immobilie an einen unbeteiligten Dritten verkaufen oder zur Sicherung für einen Kredit verwenden. Durch mehrere innerbetriebliche Veräußerungsvorgänge werden die Preise auf diese Weise nach Belieben hinaufgeschraubt, so daß das Geldvolumen zum Reinwaschen von Stufe zu Stufe steigt. Preisexplosionen auf einzelnen Märkten der Welt, wie etwa auf Immobilien-, Kunst- und Aktienmärkten, die in den letzten Jahren zu beobachten waren, könnten unter anderem unter diesem Blickwinkel neu erklärt werden.«

Die Israel-Connection

Ein kurzer Einwand ist an dieser Stelle notwendig. Darüber zu reden ist beklemmend, doch es wäre gefährlich, etwas zu verschweigen:

Hochkarätige Kriminelle, die in den achtziger Jahren aus der UdSSR flüchteten, behaupteten in der Vergangenheit, sie seien in der ehemaligen UdSSR wegen ihres jüdischen Glaubens verfolgt worden und hätten deshalb fliehen müssen. Die UdSSR erlaubte 1989, vor ihrem Zusammenbruch, lediglich Juden, in großer Anzahl auszureisen. Einen Boom für Paßfälschungen zog das nach sich. Viele russische Staatsbürger behaupteten auf einmal, sie hätten jüdisches Blut in ihren Adern oder eine jüdische Nichte, um dem Gulag zu entkommen. Einzelne Kriminelle manipulierten ihre »jüdische Verbindung«, indem sie gefälschte Dokumente kauften oder die Namen toter Juden annahmen. »Anderen wurde erlaubt, die UdSSR zu verlassen, wobei der KGB mit der gleichen Systematik vorgegangen ist wie Fidel Castro beim Export von Kriminellen aus seinem Land.«[10] Sie wurden mit offenen Armen in Europa empfangen.

Einmal außer Landes, baute ein kleiner, aber einflußreicher Prozentsatz dieser »Emigranten« ein kriminelles Netzwerk auf. In den USA lernte das FBI plötzlich eine neue Gewalt kennen, als das sowjetische Reich zusammenbrach. Jetzt kamen, mit einem Touristenvisum versehen, neue Kriminelle, die ebenfalls ihren Anteil am kriminellen Kuchen haben wollten.

Die alte Generation der Exilrussenmafia, die bislang mit Geldwäsche und Wirtschaftskriminalität ihr gutes Auskommen hatte, wurde plötzlich mit einem Mob konfrontiert, der für weniger als 1000 Dollar bereit war zu töten. »Nur wenige dieser alten Bosse sind nach

1991 übiggeblieben«, schreibt Steven Handelmann, amerikanischer Autor des Buches »Kriminelle Kameraden«, in dem die sowjetische Organisierte Kriminalität beschrieben wird. »Nun sind jene an der Macht, die nach 1991 hierher in die USA kamen.« Wer sich nicht mit den neuen Kriminellen einigen konnte, der hatte schlechte Karten, ob in den USA oder Europa. In den Jüdischen Gemeinden Deutschlands wie in Israel wird diese bedrohliche Entwicklung seit geraumer Zeit mit großer Sorge verfolgt.

»Es gibt eine reale Gefahr für Israel«, mahnte der Chef des polizeilichen Nachrichtendienstes Israels, Hezi Leder. »Es gibt eine strategische Bedrohung.« Diesmal ging es nicht um islamische Terroristen oder palästinensische Fanatiker. Er meinte vielmehr die vielen neuen Immigranten, die aus der ehemaligen UdSSR nach Israel kamen. Unter ihnen, so Leder, befänden sich 20 bis 30 Paten der Russenmafia, die über einen israelischen Paß verfügten. Am 12. November 1994 meldete die »Jerusalem Post«, daß sich nach Aussagen des israelischen Polizeiministers Köpfe der russischen Mafia in einem Fünf-Sterne-Hotel in Tel Aviv treffen wollten. Wichtigster Tagesordnungspunkt sollte nach israelischen Geheimdiensterkenntnissen sein, wie das aus kriminellen Operationen stammende Geld gewaschen werden könnte.

Denn »Israel«, sagte Polizeiminister Moshe Shahal, »ist zu einem zentralen Transit- und Treffpunkt für internationale Kriminelle geworden, und zwar wegen der Kontakte zu den aus den GUS-Staaten eingewanderten Russen, die in Israel Einwanderungsprivilegien genießen«.

Geldwäsche sei in Israel kein Straftatbestand, man kenne sie überhaupt nicht, sagt Shlomo Margalit von der Bank von Israel. Deshalb fragen die Banken auch nicht, woher das Geld kommt. Geschätzt wird, daß inzwischen mehr als vier Milliarden Dollar von der russischen Mafia in Israel investiert wurden, um »alles zu infiltrieren, von wirtschaftlichen Unternehmen bis hin zu politischen Parteien«, so der israelische Polizeigeneral Assaf Hefetz im Juni 1995. Hefetz wiederholte dabei die Warnung, die bereits durch den israelischen Polizeiminister Moshe Shahal geäußert wurde, »daß die russische Mafia sich entschieden hat, das politische System in Israel zu infiltrieren«.[11]

Diese Erkenntnisse sind insofern von Bedeutung, weil es vielerlei Beziehungen zwischen in Israel lebenden russischen Mafiosi und jenen in Deutschland gibt. Wobei der Einfluß dieser Gruppe innerhalb der Russenmafia in Deutschland beträchtlich größer ist als in Israel. Und während in Tel Aviv bei den Polizeibehörden erkannt wurde, daß sie das politische System infiltrieren will, hütet man sich in Deutschland, sich ähnlich offen über diese Entwicklung zu äußern.

Die Bilder – ob in den USA oder Deutschland – gleichen sich, was die Veränderung der kriminellen Strukturen nach dem Zerfall der UdSSR angeht. Seit Öffnung der Grenzen im Osten wurden die »Geschäftsleute« der Exilrussenmafia in Deutschland dann wiederum selbst Opfer der »Organisazija«, zum Beispiel durch Erpressungen, wobei die Täter in den meisten Fällen aus der ehemaligen UdSSR kamen. Andererseits verbrüderten sie sich danach mit den neuen kriminellen Syndikaten aus den GUS-Staaten. Auch diese Entwicklung sah Alexander Gurow bereits 1990: »Es war von Anfang an geplant, daß die russische Mafia, die sich seit langem in Deutschland niedergelassen hatte, nie ihre Kontakte zum Heimatland aufgibt. Sondern diese Kontakte wurden ausgebaut. Das war eine wichtige Grundlage für ihre hohe Effizienz. Und heute haben wir mit dem starken Durchbruch unserer Mafia in der internationalen Arena zu tun.«

Fünf Jahre später: In einem internen Ermittlungsbericht des Moskauer Innenministeriums über die russische Mafiaorganisation Solnzewskaja heißt es: »Einige vielversprechende Mitglieder dieser Organisation reisten u. a. nach Deutschland und Österreich, trafen sich mit den dortigen Mafiaorganisationen, um Geschäftsbeziehungen anzubahnen.«

Legal, illegal, Russenmafia – nichts ist mehr sauber auseinanderzuhalten.

Verbindungen zur italienischen Mafia

»Weltweit operierende kriminelle Organisationen haben eine Allianz gebildet, um viele Regierungen, einschließlich der in Rußland, zu beherrschen, und sie bedrohen die globale nukleare Sicherheit.« Der das sagte, der amerikanische CIA-Direktor James R. Woolsey, mag möglicherweise den kalten Krieg als geistigen Ballast mit sich herumtragen. Seine Behauptungen werden aber von vielen Polizeiexperten international geteilt. Weltweit operierende Organisationen, damit meint er im wesentlichen die kolumbianischen Drogenkartelle, die italienischen Mafiasyndikate, die japanischen Jakuza, die chinesischen Triaden und eben auch die Russenmafia.

Bereits Anfang 1990 erkannten die kriminellen Syndikate der ehemaligen Sowjetunion, die ihr Emporsteigen aus der Unterwelt in die glitzernde Welt von Gold, Öl und Dollarnoten der kommunistischen Nomenklatura zu verdanken hatten, über welchen enormen Reichtum sie jetzt verfügen konnten. Der Kapitalismus als krimineller Nährboden. Der Schritt hin zu dem daraus resultierenden weltweiten wirtschaftlichen und politischen Einfluß war getan, als sie ihre gierigen Hände auf die Rohstoffe, auf strategische Güter wie Öl oder Gas legten. Keine vergleichbare Verbrecherorganisation der Welt konnte in dieser Beziehung mit ihnen konkurrieren.

Weitaus vorausschauender als die westeuropäischen Regierungen stellte sich die italienische Mafia auf diese neue Entwicklung im Osten ein. Vieles verband die beiden kriminellen Supermächte. In den siebziger Jahren bewirkte die Erschütterung des staatlichen Gewaltmonopols bei der sizilianischen und kalabresischen Mafia die Verwandlung der Gewalt in eine ökonomische Kraft und in ein Mittel zur Veränderung der Eigentumsverhältnisse und der Produktion. Mord ist ein Mittel zur Konfliktlösung. Die Verbindung zur Politik und die Internationalisierung waren die nächsten Schritte. Unkontrollierte und rapide Verstädterung, verbunden mit Land- und Bauspekulation, und eine schwache staatliche Struktur führten zu wildwuchernden Korruptionspraktiken. Die Mafia wurde zu einem Staat im Staate. Zerstörte Kulturen und Nationen, Gemeinschaften und Gruppen, Familien und Bindungen – die überkommenen Ordnungen waren verschwunden. Im Zusammenhang mit der Unregierbarkeit gaben sie dem Mob die Möglichkeit, nun seinerseits zu regieren. In der neuen Russischen Föderation galt das noch viel mehr als in Italien. Zwangsläufig mußte es zu einer Koordinierung der entstehenden kriminellen Mächte kommen.

Die ersten Kontakte zwischen den italienischen und russischen Mafiaorganisationen fanden im März und Juni 1991 in Warschau statt, Kontakte, die später in Moskau fortgesetzt wurden. Es waren Kontakte zwischen der sizilianischen Mafia, der neapolitanischen Camorra und der kalabresischen N'drangheta. Die weiteren Wege der Kontaktaufnahme zwischen russischen Syndikaten und der Organisierten Kriminalität in Westeuropa führten über die Mafia in Sizilien und die Cosa Nostra in den USA. Diese Zusammenarbeit wurde seit Anfang 1992 ständig ausgebaut. Im August 1992 sollen die Verbrecherbosse ihre Beziehungen auf einem geheimen Treffen in Prag gefestigt haben, an dem auch die Topleute der italienischen und russischen Mafia teilgenommen haben. Prag war für solche Treffen ideal, diente es doch bereits seit geraumer Zeit als Brückenkopf für den Vormarsch der italienischen Mafia in Richtung Osteuropa.

Nach glaubhaften Mitteilungen offizieller russischer Stellen wurde als Ergebnis des Treffens Übereinstimmung zur Rollen- und Aufgabenverteilung zwischen russischen und italienischen mafiosen Organisationen erzielt. »Ein globales Netzwerk für Drogenhandel und den Handel mit atomaren Komponenten«, so Leonid L. Fituni vom russischen »Zentrum für strategische und globale Studien« in Moskau während eines Vortrages in Wildbad Kreuth im Jahr 1993.

Die Italiener sollten demnach die Schulung ihrer »russischen Kollegen« auf dem Gebiet der Geldwäsche durchführen, die russischen

»Kollegen« dagegen die Verantwortung für den Transport und die Verteilung von Drogen übernehmen.

Aus anderen osteuropäischen Quellen wurde dazu weiter bekannt, daß in Prag außerdem folgendes vereinbart wurde: »Die italienische Mafia erhält eine große Menge Uran, radioaktive Materialien, moderne Waffen aus Arsenalen der russischen Armee, mit Hilfe ehemaliger Spezialagenten und hochrangiger Offiziere auch aus den Gebieten der ehemaligen Sowjetunion. Die russische Mafia erhält ihrerseits eine große Menge Drogen, insbesondere Kokain, um es auf dem osteuropäischen Markt, in Rußland und anderen GUS-Staaten unterzubringen oder als Schmuggelware über Polen und die deutsche Grenze nach Westeuropa zu bringen.«

Angesichts des Durchbruchs der »Prager Vereinbarung« beschlossen die Paten der verschiedenen Mafiadependancen, ihre internationale Zusammenarbeit zu festigen und auszudehnen. Ein weiteres Treffen erfolgte kurze Zeit später. Wiederum nach Angaben von russischen Sicherheitsbehörden fand es in Luzern statt. Hier waren die Herren der Unterwelt international repräsentiert: amerikanische, italienische, russische und ukrainische Mafiosi. Sie erörterten die Erweiterung der Zusammenarbeit auf dem Gebiet des Drogenhandels nach Westeuropa, ebenso den Waffenschmuggel oder den von Kunstgegenständen und Antiquitäten.

Gangsterschwüre sind von kurzer Dauer, trotzdem vereinbarte man erst einmal, das russische Gebiet und die Länder Zentralasiens für die Investition jener Profite zu nutzen, die sich in Westeuropa aus dem Drogenhandel und anderen kriminellen Geschäften anhäuften. So gibt es durchaus glaubhafte Informationen, daß im selben Jahr in Wien ein Treffen von Repräsentanten einer der größten russischen Mafiaorganisationen, der »Solnzewskaja-Organisation«, mit Vertretern des kolumbianischen Drogensyndikats stattfand. Dabei soll ein bedeutsames Übereinkommen erzielt worden sein. Die Organisation ist verantwortlich für die kolumbianischen Kokain- und Herointransporte nach Rußland. Dafür kann die russische Organisation die Millionenbeträge aus kriminellen Geschäften in Lateinamerika waschen. Vielleicht war es nur ein für die Zukunft angefachtes Modell, da bislang in Rußland kaum Drogen, schon gar nicht das sündhaft teure

Kokain, konsumiert worden sind, also kein Markt vorhanden war und auch in näherer Zukunft nicht sein wird.

Aber die gemeldete Anhäufung von hochkarätigen Treffen zwischen Paten der Russenmafia und hohen Repräsentanten anderer weltweit agierender Syndikate sollte durchaus zu denken geben. Einen wohl sicheren Beleg dieser Kooperation findet man in St. Petersburg. Ende 1993 stellte sich heraus, daß die kalabresische N'drangheta dort zwei Milliarden Mark investierte. Das Geld aus Italien floß in die Gründung einer Bank, in ein Stahlwerk und in eine Ölraffinerie. Strategische kriminelle Interessen verbinden russische und italienische Mafia. Beide sind Anrainer der klassischen Balkanroute des Drogen- und Waffenschmuggels zwischen dem Nahen Osten und Europa. Beide brauchen neue Märkte für Investitionen und Geldwäsche des illegal erworbenen Kapitals in Höhe von mindestens 80 Milliarden Mark, die die beiden kriminellen Großunternehmen jährlich erwirtschaften. In Palermo fand Untersuchungsrichter Giovanni Le Cassio große Summen von Rubel. Teilweise wurden Rubel in Containern verladen, Container voller 1000-Rubel-Scheine. Dutzende solcher Container landeten in Zürich und wurden dann in Lkws weitertransportiert.

Im Oktober 1995 veröffentlicht der italienische Anti-Mafia-Staatsanwalt Pierluigi Vigna aus Florenz einen Bericht, wonach die Mafiaorganisationen nach dem Prager Treffen inzwischen internationale Kommandos bilden. Staatsanwalt Vigna schätzt, daß die russische Mafia allein im Jahr 1994 Geschäfte im Umfang von rund 21 Milliarden Mark machte.[12]

Ein skeptischer Einwand zu dieser von russischen Sicherheitsbehörden und verschiedenen europäischen Nachrichtendiensten gemeldeten Kooperation kommt aus dem Wiesbadener Bundeskriminalamt. Dort reagiert man eher unwirsch, wenn diese Mafiaverbindungen erwähnt werden. »Es gibt bislang keinen einzigen Beweis dafür«, erzählt mir ein BKA-Experte für die Russenmafia. »Wir haben bei der italienischen DIA (Anti-Mafia-Zentrale) nachgefragt, und die haben uns versichert, daß es diese Verbindungen überhaupt nicht gibt.«

Wer hat nun recht? Jedenfalls wurde im März 1995 in einem kleinen Lokal an der italienischen Adriaküste ein Monya Elson festgenommen. In Wirklichkeit handelte sich um Kshinovsky, den Rivalen eines anderen bekannten Mafiapaten, Boris Nayfeld. Offiziell hielt er sich in Italien in Geschäften auf: Im- und Export von Blumen zwischen Italien und Rußland. In Wirklichkeit war er zuständig für den Heroinhandel, der über Thailand und über Polen in Richtung USA lief.

Kshinovsky alias Elson ist in den USA kein unbeschriebenes Blatt. Bereits dreimal war er Ziel von Mordanschlägen. Am 26. Juli 1993 beispielsweise wurden er, seine Frau, sein Neffe und ein weiterer Russe angeschossen, kurz nachdem sie ihr Auto verlassen hatten. Alle wurden verwundet. Der Hintergrund war ein Machtkampf zwischen verschiedenen russischen Mafiabanden, und das hing mit dem wachsenden Einfluß neuer Mafiagruppen aus Rußland zusammen. Er selbst wurde von den amerikanischen Behörden wegen dreifachen Mordes und Drogenhandels gesucht. »Le Soir« aus Brüssel meldete: »Er war Kopf einer russischen Mafiabande mit Hauptquartier in Brooklyn.«[13]

Das letzte Supertreffen russischer und italienischer Mafiapaten fand übrigens Anfang Januar 1996 in Puerto Rico statt. Diesmal ging es darum, bisher entstandene interne Probleme zu lösen und neue Drogenrouten zu finden. Vom FBI wurde kurz vor dem Treffen ein Telefongespräch eines russischen Bankers aus New York aufgezeichnet, der zu der illustren Runde in Puerto Rico gehörte. »Wir müssen diskutieren, wen wir töten müssen«, teilte er freimütig seinem Gesprächspartner mit.

Ein Griff zur Macht

Wer hat schon groß von Kalmückien (Kalmykija) gehört, einem kleinem Steppenland, weit von Moskau entfernt, nahe des Kaspischen Meeres? 320 000 Menschen haben hier ihr kümmerliches Auskommen, Kalmückien ist eines der ärmsten Länder der ehemaligen Sowjetunion. Die Menschen leben überwiegend von der Landwirtschaft (drei Millionen Schafe), außerdem gibt es noch bescheidene Öl- und Gasvorkommen.

Einst, es ist lange her, wurde hier Lenins Großmutter geboren, und im Jahr 1993 wurde die Geburtsstunde einer neuen Republik in der Russischen Föderation gefeiert – ein Ereignis mit weitreichenden Folgen. Im April 1993, nach den gewonnenen Wahlen, 66 Prozent aller Bürger hatten ihn gewählt, ließ sich der neue Präsident der Republik Kalmykija feiern.

Er verteilte vor den Wahlen Brot und Milch auf eigene Kosten, versprach jedem, der ihn wählen würde, 150 Mark. Bei einem Monatsgehalt von knapp vier Mark für einen Lehrer ein Vermögen. Nach den Wahlen nahm er flugs sein Versprechen wieder zurück, argumentierte mit den verheerenden moralischen Folgen, denn die versprochenen 150 Mark würden nur die »Faulheit meiner Landsleute fördern«. Sergej Ujedschinow, ein Reporter, der den Wahlkampf begleitete, über seinen »Freund«: Die Wähler dachten, wenn er Milliarden verdienen kann, dann kann er das auch für sein Land. Er erzählte ihnen: »Ich brauche nichts. Ich habe Geld genug.«

Den Menschen von Kalmykija war das ziemlich egal, als herauskam, daß der neue Präsident als Unternehmer im Jahr 1991 für drei Millionen Dollar staatliches kalmückisches Öl verkauft, das Geld aber nie an den Staat zurückgegeben, sondern für sich eingesackt hatte.

Der 30jährige Dollarmillionär Kirsan Iljumschinow triumphierte. Eine, nein, seine eigene Republik ist ihm von seinen Untertanen angetragen worden, um sie zu beherrschen. Die Straßen der Hauptstadt Èlista sind festlich geschmückt. Überall tanzen die Menschen: Kosaken, Kalmücken, Darginer, Tschetschenen, Kasachen, junge Kosaken an der Seite von alten, in deren Gesichter der Steppenwind tiefe Gräben gezogen hat. Wie ist er zu seinem Reichtum gekommen, fragt ein russischer Journalist die Menschen, die am Leninplatz versammelt sind. »Mit seinem Geld hat er die richtigen Geschäfte gemacht«, sagt ein schwarzgewandeter Kosake, ein anderer: »1500 Menschen arbeiten für ihn.« Fanfarenmusik ertönt – und dann erscheint der neugewählte Präsident, standesgemäß, in einer weißen Lincoln-Stretch-Limousine. In seinem Gefolge buddhistische Priester. Sie huldigen ihm, kleine Glöckchen bimmeln, und Tausende weiße Schals, die von der Menge geschwungen werden, decken wie eine Wolke den Himmel ab. Ein kalmückischer Dichter rezitiert lyrische Verse über Dschingis-Khan und seinen Nachfolger, den neuen Präsidenten. Dann zieht der gewiefte Unternehmer, der nun zum Präsidenten gewählt wurde, einen weißen Burka an, den ihm der Präsident von Dagestan überreicht. Ein Priester übergibt ihm eine alte zerfledderte Bibel und ein Ei; buddhistische Mönche weihen ihn. Mit der Hand auf dem Herzen schwört der neue Präsident, alles für seine Untertanen zu tun, und feierlich erklingt die neue Nationalhymne. Nach der Amtseinführung nimmt er die Geschenke seiner Gäste an, selbst der Dalai-Lama hat ihm aus der Ferne gratuliert.

Eine seiner ersten Amtshandlungen ist die Auflösung von 40 Ministerien, einschließlich des von Moskau kontrollierten Sicherheitsministeriums, des ehemaligen KGB. »Wir brauchen sie nicht«, sagt er, »sie kosten nur Geld.« Gefragt, ob es irgendwelche Opposition gegen seine Pläne gebe, antwortet er mit einer kühnen Selbstsicherheit: »Ich habe mit den Abgeordneten gesprochen. Es gibt keine.« Für ihn steht fest, daß auch die Oppositionspolitiker »lieber Handel treiben und Unternehmen gründen«.

Die Demokratische Partei wird nun »Demokratische Partei der

kleinen Unternehmer« genannt, und »sie erhalten von mir Kredite«. Der Mann hat es verstanden. Für ihn ist die neue Regierung ein geschäftliches Unternehmen.

»Ich bin kein Kommunist, kein Demokrat, aber Kapitalist«, erzählt er mit mildem Lächeln dem wartenden Reporter. Versprechungen fließen ihm weiterhin schnell über die Lippen. »Ich werde die Steuern auf weniger als drei Prozent reduzieren, jungen Unternehmern gebe ich ein Startkapital von 300 Millionen Rubel.« Sein Leitspruch: »Wie in der Bibel steht, je mehr ich gebe, um so mehr werde ich zurückbekommen.« Und so ist es nicht mehr als folgerichtig, daß er seine Minister als »Prokuristen« seines Unternehmens ansieht, wo nur eines Sinn hat, möglichst viel auf die Seite zu schaffen, das Land skrupellos auszuplündern.

Mit seinem geleasten Yak-40-Jet fliegt der bullige Sergej Schaschurin nach Workuta, dem Kohlezentrum am arktischen Polarkreis. Er kommt aus Kasan, der Hauptstadt von Tatarstan, wo er zu Zeiten des sowjetischen Systems als König der Unterwelt bekannt und heute als Immobilientycoon berühmt ist.

Sein Unternehmenskonglomerat TAN (200 000 Beschäftigte und 300 Tochtergesellschaften) sponserte u. a. ein Krankenhaus für Tuberkulosepatienten und ein Kinderhospital. »Jeder, der Hilfe braucht, kann zu mir kommen.« Folgerichtig finanzierte er in Tatarstan Dutzende von Moscheen und ein Hockeystadion. Wer den Staat ausraubt, der kann großzügig sein. »Ich habe gestohlen, aber nicht von dem normalen Bürger, nur von der Regierung, und was ich gestohlen habe, habe ich sofort an die Menschen zurückgegeben.« So selbstverständlich, wie er zugibt, daß er jeden korrumpiert hat, der etwas zu sagen hat, so selbstverständlich investierte er in Fabriken, gab Tausenden Arbeit. Hundertdollarscheine hat er in großen Bündeln in seiner Anzugtasche verstaut, von denen er immer wieder welche zückt, um beim Poker mit seinen Leibwächtern die Spielschulden zu bezahlen. »Russische Räuber spielen mit amerikanischem Geld.« Schaschurin lacht, und das Spiel beginnt. »1985«, erzählt er einem Reporter der »Los Angeles Times«, »war ich bereits der Reichste.«

Im Chaos des russischen Übergangs vom Kommunismus zum wilden Kapitalismus hat es Schaschurin geschafft, von einer biederen Unterweltfigur zu einem der reichsten Männer Rußlands zu werden. Er zählt sich zu jenen russischen Magnaten, die Geschäftsimperien aufgebaut, 50, 100 oder gar 200 Firmen gegründet haben.

Was einst die Rockefellers über Generationen aufgebaut haben, das gelingt in Rußland heute Männern wie Schaschurin in zwei oder drei Jahren. Auf mindestens 40 Millionen Dollar wird sein Vermögen geschätzt, woher sein Reichtum wirklich kommt, ist für die neuen Tycoons ein Geschäftsgeheimnis. Über einen amerikanischen Witz können sie nur lauthals lachen: Hast du die dritte Million auf dem Konto, kannst du den Rest ehrenwert erwirtschaften. Für Rußland gilt nur – man darf den Herrschenden im Kreml nicht in die Quere kommen. Das war Schaschurins Kardinalfehler.

Ende 1993 wurde Schaschurin erst einmal für längere Zeit aus dem wirtschaftlichen Kreislauf katapultiert. Die Staatsanwaltschaft von Kasan klagte ihn wegen Ausbeutung des Staates an.

Sein Sturz hing wohl auch damit zusammen, daß er 1993, während der »Oktober-Revolte« von Alexander V. Rutzkoi gegen Jelzin, die falsche Seite, nämlich den Verlierer Rutzkoi und seine Truppen, mit Lkws voller Lebensmittel, Öl und wahrscheinlich auch Waffen unterstützte. Nach der Niederschlagung des Putsches nahmen Eliteeinheiten der KGB-Truppe Alpha den Unternehmer Schaschurin in einem Moskauer Hotel fest.

»Nein«, versichert der Staatsanwalt, »wir klagen ihn doch nicht aus politischen Gründen an, sondern wegen Unterschlagung von Staatsvermögen.«

»Wenn du nicht aufhörst«, schrie ihn daraufhin der Angeklagte wütend an, »breche ich dir das Rückgrat«, und er versuchte, den Staatsanwalt am Kragen zu packen und aus dem Gerichtssaal zu werfen.

Ein Moskauer Wirtschaftswissenschaftler, Nikolai Schmelew, sieht in den Anschuldigungen eher ein allgemeines Phänomen. »Ich weiß sicher, daß jeder russische Geschäftsmann letztlich die Gesetze verletzt hat. Das ist schrecklich. Wir versuchen einen Staat aufzubauen, der auf den Gesetzen der Marktwirtschaft beruht, die sich nur auf Illegalität stützt.« Das ist doch alles das ganz normale russische

Geschäftsleben, hört man immer wieder. »Man sollte alle Russen in Gefängnisse stecken, da die gesamte gesunde Bevölkerung zu stehlen versucht, und die es nicht können, schreien ›Haltet die Diebe‹«, entschuldigt der Leiter einer Minengewerkschaft aus Workuta seinen großen Gönner, den sie selbst im Gefängnis nicht allein lassen wollen. Inzwischen zerbricht das Imperium eines der mächtigsten »Unternehmer« der ehemaligen UdSSR, die von seinem Unternehmen gesponserten Hilfseinrichtungen stehen vor dem Aus.

Und Sergej Schaschurin selbst? »Was wollt ihr denn? Das Geld, das ich dem Staat geraubt habe, habe ich doch hier bei uns in Tatarstan wieder investiert. Die Regierung in Moskau und die staatlichen Direktoren klauen auch, transferieren dieses Geld jedoch auf Schweizer Bankkonten. Da frage ich mich, wer ist eigentlich die Mafia?«

Zumindest hat er viele Bürger auf seiner Seite, so widersprüchlich das auch ausschaut. In den russischen Medien kann man ja auch immer wieder glorifizierende Lobhudeleien über Typen wie Schaschurin lesen, über »anständige Gangster«. Die verlangten ja nur Zahlungen von Geschäftsleuten, um sie vor den wilden Kriminellen zu schützen, und überwänden mühelos bürokratische Barrieren. Unwidersprochen können Anwälte im Fernsehen auftreten und davon schwafeln, daß die ursprüngliche Akkumulation von Kapital immer kriminell sei, wobei sie Marx nicht zu Ende gelesen haben.

Sergej N. Chruschtschow, der Sohn des einstigen sowjetischen Ministerpräsidenten, Gastprofessor am Zentrum für Entwicklungen der Außenpolitik der Brown-Universität, hat das in einem Artikel so beschrieben: »Sie behaupten, sobald die Diebe und Gangster reich geworden seien, würden sie ihre Millionen in die Produktion stecken, was dann Stabilität von ihnen verlange. Wenn sie danach Sitze im Parlament errungen und die Kontrolle über das Gefolge des Präsidenten (und sogar über den Atomknopf) gewonnen hätten, würden sie das Land der Ordnung zuführen.« Und er folgert aus dieser weitverbreiteten Ansicht: »Sobald eine derartige ›Ordnung‹ und ›kriminelle Demokratie‹ sich etabliert haben, dürfen wir nicht mehr die Ankunft des Rechts und des freien Marktes erwarten, sondern statt dessen den Anbruch einer gnadenlosen Diktatur. Der Weg zu dieser neuen Ordnung wird zweifellos brutal und blutig sein.«

Die Revolutionäre der kriminellen Revolution gieren nach politischer Macht, besonders auf der lokalen und regionalen Ebene. Gleichzeitig versuchen sie, Kultur und moralische Werte der Russen in ihrem Sinne zu beeinflussen. Der Erfolg ist ihnen sicher.

Auf der russischen Hitparade »50 + 50«, die am 22. März 1994 ausgestrahlt wurde, waren drei der beliebtesten Songs eine direkte Verherrlichung der kriminellen Welt. Die »Nascha-delo«-Gruppe, d. h. Cosa Nostra, landete einen Treffer mit dem Hit »Krestnyi otets« (Pate); und die Gruppe Diuna preist einen korrupten Polizisten namens »Zhen'ka« auf Platz drei der beliebtesten Songs.

Der Kult der kriminellen Welt boomt auch in der russischen Filmindustrie, die gleichzeitig zum wichtigsten Instrument der Geldwäsche geworden ist. Der Film »Gefängnisromanze« handelt von einem Häftling und einer schönen schwarzhaarigen Polizeidetektivin. Sie ermöglicht ihrem Geliebten die Flucht aus dem Gefängnis. Er war ein Kassenhit, der eine Botschaft vermittelte: die glückliche Heirat zwischen Organisiertem Verbrechen und den Strafverfolgungsbehörden. Kriminelle, die gegen den Kommunismus kämpften – für viele russische Bürger müssen das Heroen sein. Und viel Sympathie ernten jene im Volk, die es diesmal wieder geschafft haben, Geld zu scheffeln.

Vergessen wird, daß in den Konzentrations- und Arbeitslagern, durch Solschenizyns »Der Archipel GULAG« weltbekannt, es die gemeinen Kriminellen waren, die ihre Privilegien nutzten, um die »politischen Häftlinge« zu quälen.

Gedanken eines Anti-Mafia-Kämpfers

»Ich bedaure sehr, aber ich kann Ihnen keinen Ort, keine Oase in der ehemaligen Sowjetunion zeigen, wo die Mafia nicht regiert. Heute ist die gesamte Wirtschaft von dieser Pest infiziert«, resümiert der ehemalige Untersuchungsrichter Telman Gdlyan. Der rote Plastiksessel quietscht, wenn er in dem grauen Raum zu seinen Unterlagen greift, die wie mit dem Winkelmaß ordentlich gestapelt auf dem Schreibtisch liegen. Dann steht er auf und geht zu einer riesigen Landkarte, auf der alle Regionen der einst so großen und mächtigen Sowjetunion verzeichnet sind, blickt anfangs versonnen auf das einstige Imperium, breitet die Arme aus, wobei er auf der Karte all die Gebiete, in denen die Mafia regiert, selbst mit weitausgestreckten Armen nicht eingrenzen kann.

»Seitdem die wirtschaftliche und politische Bedeutung der ehemaligen UdSSR auseinandergebrochen ist, nicht mehr funktioniert, seitdem funktioniert wenigstens eines perfekt, die Mafia. Sie hat ihre Organisation auf das gesamte Territorium der ehemaligen Sowjetunion ausgebreitet. Sie ist überall, ob in Moskau, Taschkent oder Vilnius.«

Gdlyan ist ein Mann mit einschlägigen Erfahrungen. Vor 13 Jahren, als Perestroika für jeden noch ein Fremdwort war, gelang es ihm, die mächtigste Mafiaorganisation von Usbekistan zu zerschlagen.

»In die allgemeine verbrecherische Verschwörung waren nicht fast alle, sondern absolut alle Partei-, Staats-, Komsomol-, Gewerkschafts- und Landwirtschaftsführer der Republik, ihrer Gebiete, Städte und Bezirke verwickelt.« Welche Person die Ermittlung auch erfaßte, schreibt Arkadi Waksberg, ein engagierter Moskauer Schriftsteller, »welche Tatsache sie auch überprüfte, stets führten die Fäden höher und höher. Hinter jeder Schicht verbarg sich eine andere, überall fand man Betrug und Bestechung, Bestechung und Betrug – nichts anderes. Und alle Wege führten zum Kreml.«

Gemeint war der damalige Generalsekretär der KPdSU, Leonid Breschnew. General Melkumow, der KGB-Vorsitzende von Usbekistan, kassierte ebenfalls ab. Eine Hausdurchsuchung bei ihm ließ den Untersuchungsrichter erblassen. Mehr als eine Million Rubel, teure Stoffe, Diamanten, Rubine, Tausende japanischer und Schweizer Uhren und anderes. »Wo immer sich infolge eines Militärdiktats oder politischen Abenteurertums ein ähnliches totalitäres Regime in seiner überriechenden Breschnewschen Variante herausgebildet hat, sind stets auch große und kleine Mafiagruppen entstanden, die erstarkten und gediehen und in deren Rahmen es unmöglich war, einen Politiker von einem Kriminellen klar abzugrenzen.«[14]

Was nach Arkadi Waksberg zur Zeit der Herrschaft von Breschnew galt – bis heute hat es nichts an seiner Gültigkeit verloren, warnt Telman Gdlyan.

»In der Sowjetunion und ihren Nachfolgestaaten gab und gibt es eine *rote Mafia*. Diese Mafiastrukturen sind sowohl während der Perestroika wie während des Auseinanderbrechens der Sowjetunion erhalten geblieben. Danach entwickelte sich die sogenannte *weiße Mafia*. Darunter verstehe ich die korrupten Politiker der neuen demokratischen Nomenklatura. Und schließlich gibt es ja noch die rein kriminellen Mafiastrukturen. Und jetzt ist es zu einem Zusammenschluß der *roten* und der *weißen* mit der *kriminellen Mafia* gekommen. Sie haben ein schreckliches kriminelles Konglomerat gebildet, das heute in Rußland herrscht. Das ist eine reale Macht, die man nicht ignorieren kann. Die Mafia ist an die Macht gekommen.«

Anfang 1991 gehörte er einer Delegation an, die nach Italien reiste und den damals noch lebenden Untersuchungsrichter Falcone besuchte. Eine der zentralen Fragen, die erörtert wurden, war, ob es Verbindungen zwischen der politischen und der kriminellen Mafia in Westeuropa gibt. »Weder in Italien, Deutschland noch anderen europäischen Staaten ist die kriminelle Mafia so eng mit politischen Machtstrukturen verbunden wie in der ehemaligen Sowjetunion«, so das Resümee von Telman Gdlyan. »Denn in der ehemaligen UdSSR sind die Verbindungen viel intensiver als im Westen. Bei uns ist die Macht eine Mafia. Während im Westen die Mafia von unten kommt, wird sie hier von oben inszeniert. In Rußland sagen zu wollen, wo die rein kriminelle Mafia und wo die politische Mafia beginnt und wo mafiafreie Politik, ist ganz unmöglich.«

So verläßt der Fragende und Suchende nach dieser Lehrstunde über die kriminelle Mafia und die Beziehungen zur politischen Mafia Gdlyans Büro mit einem Gefühl der Ohnmacht. Einen Ausweg aus diesem allumfassenden kriminellen Labyrinth scheint es nicht zu geben.

Dieses Gefühl wird noch beklemmender, unterhält man sich mit einem fachkundigen Experten, der darüber Bescheid weiß, welche Ausstrahlungen diese mafiose Gesellschaft nach Europa, besonders nach Deutschland hat. Generalmajor Wladimir Olejnikow ist der Vertreter des russischen Sicherheitsministeriums, des ehemaligen KGB, in Berlin. Er ist ein eher bedächtiger Mann: »Wir und damit auch die deutschen Behörden haben Informationen, daß hier in Deutschland bereits 300 Gruppen der russischen Mafia tätig sind, die wiederum mit kriminellen Gruppen in Rußland Verbindung haben. Bereits 15 Paten der russischen Mafia haben sich hier in Deutschland niedergelassen. Sie beschäftigen sich mit dem Schmuggel von Atommaterial, der Schutzgelderpressung, sie organisieren die Autoverschiebung, sind verantwortlich für Prostitution und den Menschenhandel und eine Vielzahl anderer Delikte. Es gibt große Banden mit allen Merkmalen Organisierten Verbrechens, aber auch kleine Banden und einzelne Verbrecher, die sich mit Erpressung oder mit Diebstahl beschäftigen.«

Moskauer Schattenwelt

Blaulicht blinkt, mit starrem Blick scheuchen Milizbeamte Neugierige vom Kalinin-Prospekt, der zum Kreml führt. Heute eskortiert die Moskauer Miliz mal einen illustren Trauerzug mit funkelnagelneuen BMW-Polizeiwagen. Die das Organisierte Verbrechen bekämpfende Miliz würde sich nach solchen Fahrzeugen die Finger lecken. Eigentlich nichts Aufregendes so ein Trauerzug, bei dem ständigen Morden in Moskau. Ginge es bei den Toten nicht um einen Moskauer »Dieb im Gesetz«, einen Mafiapaten. Angst, daß konkurrierende Banden einen Anschlag verüben könnten, besteht nicht. Näher liegt der Gedanke, daß der von Konkurrenten abgemurkste Mafioso gute Kontakte zur Miliz unterhielt. Wie sagte doch einer dieser Banditen: »Die Menschen brauchen die Mafia nicht zu fürchten. Denn wir sind die Basis eines jeden Staates.«

Ein Milizbeamter stützt diesen Gedanken aus den Erfahrungen in seinem Kollegenkreis. »Niemand weiß genau, wer eigentlich für wen arbeitet. Der Polizist kann seine Dienstleistung jedem anbieten. Jeder kann zu ihm kommen, ihm sagen, ich zahle dir 500 Dollar, und dann arbeitet man eben für die Mafia. Die schreckliche und gefährliche Grenze, vor der wir stehen, ist, daß dem Polizisten jegliche Prinzipien verlorengegangen sind. Ihm ist egal, mit wem er spricht, für wen er arbeitet: für den Mörder, den Geschäftsmann. Das wichtigste ist, viel Geld zu verdienen.«

Viel Geld zu verdienen, das hört sich nach überwältigenden Beträgen an. Für die am Hungertuch nagenden Polizisten sind achtzig oder hundert Mark mehr als ein Monatsverdienst. Nur ein moralischer Aktenhengst kann nicht verstehen, warum so viele Milizionäre – wie übrigens die überwältigende Mehrheit der Russen – wenigstens einen klitzekleinen Teil des Reichtums, den sich die Gangsterbosse gegriffen haben, in die Hand bekommen wollen.

In der gold- und marmorverkleideten Kuppelhalle des Dampfbades »Rote Quelle« im Stadtteil Krasnopresnenski schwitzen zu können, ist ein Privileg. Frequentiert wird die Stätte der klandestinen Tuscheleien im Nebel der heißen Wasserschwaden überwiegend von »Geschäftsleuten« aus der einschlägigen Moskauer Mafia-Szene. Vor dem Eingang parken Cadillacs, 500er Mercedes und andere Luxuslimousinen. Das war auch am 5. April 1994 so. Am Nachmittag verließ der frühere sowjetische Ringermeister und Vorsitzende einer Stiftung für notleidende Sportler das Dampfbad. Als Otar Kwantriaschwili, 47 Jahre, in seine Limousine steigen wollte, befand er sich im Fadenkreuz eines deutschen Scharfschützengewehres. Ein Killer feuerte aus einer Entfernung von nur zehn Metern drei Schüsse auf seinen Kopf. Otar, ein Georgier, hatte eine glorreiche Vergangenheit nicht nur als Sportler hinter sich. Er besaß mehrere Hotels, Handelsunternehmen und Kasinos in Moskau. Sein erstes Geld hatte er mit dem illegalen Export von Buntmetallen und Öl gemacht.

Als »Schiedsrichter der Moskauer Unterwelt« verfügte er zudem über beste Kontakte zur politischen Nomenklatura und zu Medienvertretern. »Die Mafia hat ihn hingerichtet«, das waren die einzigen Meldungen, die über den »Sportler« nach Deutschland drangen. Mag sein, daß es die Mafia war, dann aber eine konkurrierende Organisation. Denn Otar selbst war inzwischen ein mächtiger Mafiapate geworden. »Er war im gewöhnlichen Sinne des Wortes kein Krimineller«, schrieb die Wochenzeitschrift »Moskowskije Nowosti«, »sondern ein eigentümliches Bindeglied zwischen der Verbrecherwelt und der Welt der Macht, der Politiker und der Finanziers.«

Der grauweiße Schnee türmt sich an den Straßenrändern, als er Anfang April 1994 würdevoll zu Grabe getragen wird. Standesgemäß wollte er auf dem Waganser Friedhof begraben werden, auf dem zu Zeiten der Sowjetunion prominente Künstler ihre letzte Ruhe fanden. Die Zeiten ändern sich, jetzt begräbt man hier andere russische »Autoritäten«, die Aristokraten unter den Kriminellen. Sie verbindet nicht nur der gewaltsame Tod, sondern auch, daß sie ihr inzwischen seriös angelegtes Kapital aus kriminellen Quellen schöpften und mit einflußreichen Politikern mehr als Wodka zusammen tranken. »Die Zahl der Luxuslimousinen vor dem Friedhof«, berichtete die Moskauer Tageszeitung »Trud«, »war größer als in westeuropäischen Städten« bei vergleichbaren Anlässen. Denn das Begräbnis, drei Tage nach den tödlichen Kugeln auf Otar Kwantriaschwili, war ein gesellschaftliches Ereignis. Es erschienen Tausende Trauergäste, darunter die gesamte neue russische Elite: Chefs der russischen und kaukasischen Mafia, berühmte Sportler, Show- und Fernsehstars und Politiker wie der Moskauer Bürgermeister Luschkow. Umringt waren sie von jungen, smarten Männern in kostbaren Leder- und Kaschmirmänteln, die ihrem Boß nachtrauerten und gleichzeitig ihre Paten im Auge behielten.

Kurz zuvor, an einem Freitagabend, besuchte ich die Moskauer Milizstation Nr. 5. Ein dunkles Hinterhaus, außen bricht der Verputz ab, und drinnen sieht es nicht besser aus. Es mieft nach abgestandener Luft, Schweiß. Klirrend kalt ist es, an den Fensterscheiben klebt ein dicker Eisfilm. Die kommenden Ereignisse sind für die Milizionäre in Moskau austauschbar, obwohl ihr Zuständigkeitsbereich kein Brennpunkt der Kriminalität ist. Mindestens eine Entführung, ein Mord oder ein Überfall werden, statistisch gesehen, in jeder Nacht in Moskau verübt. Bis gegen Mitternacht ist alles ruhig geblieben. Im gelbgrauen Aufenthaltsraum ist der Fernsehapparat eingeschaltet. Es läuft die US-Krimiserie »Miami Vice«. Vielleicht denken die Milizionäre beim neidischen Zuschauen daran, daß auch in den USA Morde und Gewalttaten an der Tagesordnung sind. Die kräftigen Milizionäre in ihren Tarnanzügen hängen gelangweilt auf ihren wackligen Stühlen herum, wer nicht in die Glotze schaut, spielt Tavla, greift nach einem Glas Tee, und in einem Nebenraum stemmt ein Koloß von Mann schwere Gewichte. Er gibt eine Vorstellung davon, daß bei den Einsätzen nicht viel Federlesens gemacht wird. »Zusammenschlagen, bis sie wimmern« – das ist ein archaisches Einsatzinstrument der polizeilichen Ohnmacht, zeigt aber in der direkten Konfrontation mit Gangstern durchaus Erfolge.

Auf einmal wird es unruhig. Nun geht es Schlag auf Schlag. In der Einsatzzentrale, das heißt in einem Kabuff, in dem drei Telefone stehen, sind zwei Notrufe eingegangen. Ein paar Kilometer entfernt liefern sich zwei rivalisierende Gangsterbanden ein Feuergefecht.

Zur gleichen Zeit werden zwei Geschäftsleute entführt. Die Erpresser fordern 100 000 Dollar Lösegeld. Gekidnappt wurden die Geschäftsleute bereits gegen Mittag. Der Fahrer, der sich befreien konnte, alarmierte zwar sofort die örtliche Moskauer Miliz. Die hatte jedoch wenig Lust, etwas zu unternehmen. Jetzt, knapp zwölf Stunden später, hat der Chauffeur die Zentrale der Miliz alarmiert, und die zögert diesmal nicht, sofort einzugreifen. Nichts Besonderes, murmeln die Beamten, noch gebannt die Verfolgungsjagden mit heißen Schlitten zwischen Palmen in Miami verfolgend. Für sie wird's ein Routineeinsatz. Schließlich ist es ja nur eine von 30 Entführungen jeden Monat in Moskau.

Die Milizionäre ziehen sich die kugelsicheren Westen an, setzen ihre runden Helme auf, und der Wachhabende überreicht ihnen Maschinenpistolen. In einem Krankenwagen und einem wackligen Transporter, der jeden Moment zusammenzufallen droht, fahren sie zum Einsatzort und warten mitten auf der Straße erst einmal auf den Fahrer, dem es gelang, den Kidnappern zu entkommen. Nur er weiß, wo die Wohnung ist, in der die beiden Geiseln gefangengehalten werden. Bei dem eiskalten Wind wird jeder Atemzug zu einer eisigen Klammer am Kopf, die Füße scheinen am Boden festzufrieren. Endlich ist der Fahrer angekommen, und gemeinsam geht die Fahrt in eine der tristen Hochhausanlagen, seelenlosen Betonmassen. Die in gescheckte Tarntücher eingepackten Helme werden festgezurrt, und wenig später wird die Wohnung gestürmt. Den Einsatz hätte man sich mit einer Observation ersparen können. Die Kidnapper schienen wieder einmal gewarnt, flüstern die Milizionäre. Weder Erpresser noch Opfer sind da, Essensreste stehen noch auf dem Küchentisch.

Zyniker sind fest davon überzeugt, daß ihr Kampf gegen das Organisierte Verbrechen in Moskau überhaupt nicht gewollt ist. Sie schließen das auch daraus, daß die Gangster häufig von Polizeibeamten über bevorstehende Razzien informiert werden. Als Gegenleistung zahlen die Verbrecher viel Geld, tausendmal mehr als den staatlichen Monatslohn eines Polizisten. Geschätzt wird, daß die Mafia aus dem großen Topf der kriminellen Gewinne 15 Prozent an staatliche Funktionäre und Milizionäre abgibt. Diese Art der Gehaltsaufbesserung ist bei den kargen Löhnen durchaus verständlich. Wer läßt sich da nicht gerne korrumpieren?

Da kann, wie Ende Juni 1994, ein »schwerer Schlag gegen die Unterwelt von Moskau« vorbereitet werden, wie es das russische Innenministerium verkündete. 20 000 Soldaten und Polizisten zogen in den Krieg gegen die Unterwelt. Mehr als 2200 Personen wurden festgenommen, 14 Hotels und 230 Firmen durchsucht. Pech, daß die Operation »von korrupten Elementen«, wie sie der Polizeisprecher nennt, verraten wurde. »Niemand vom Hurrikan weggefegt« und »Hurrikan zog an Moskau vorbei«, lästerten die Zeitungen über den Schlag ins Wasser.

Der Kampf gegen die Mafia, das war auch im Herbst 1995 ein immer wiederkehrendes Schlagwort, und Jelzin wies die Sicherheitskräfte an, unbarmherzig gegen die Verbrecher vorzugehen. Diesen Befehl setzte die Miliz unverzüglich um. In Moskaus Straßen errichtete sie Sperren, um Verdächtige zu kontrollieren. In die Fänge der Miliz auf den autobahnbreiten Boulevards gerieten nur Fahrer von stinkenden kleinen Pkws. Die Nobelkarossen, ob Rolls-Royce, Mercedes oder amerikanische Stretchlimousinen, konnten ungehindert die Sperren durchfahren: Sinnbild für die herrschende Ordnung.

Die Moskauer Mafia fährt nicht nur nobel, sie beschäftigt, wie die westlichen Syndikate, einen ganzen Stab hochqualifizierter Berater und Juristen. Eine Moskauer Rechtsanwältin, die viele dieser Gangster verteidigt, ziert sich erst. Dann ist sie bereit, ein wenig zu reden.

»Das System hat einen hierarchischen Aufbau mit einer Spitze oben. Diese Spitze ist besonders gut bewacht. Sie leisten keine schmutzige Arbeit und lassen sich auch nicht erwischen. Die schmutzige Arbeit wird unten gemacht. Die jeweiligen Paten sind für ihre eigenen Bezirke zuständig. Dabei gibt es einen ständigen Kampf um die jeweiligen Einflußbereiche. Man versucht, seine Einflußbereiche auszuweiten. Die eine Organisation ist für Rauschgifthandel zuständig, die andere für Prostitution, die dritte für die Kolchosmärkte.«

»Woraus können Sie schließen, daß hinter den Fällen, die vor Gericht kommen, irgendwelche Hintermänner stehen?« frage ich.

»Zum Beispiel daraus, daß hinter den Anfragen, daß ich die Verteidigung übernehmen soll, nicht die Angeklagten stehen, sondern Freunde oder ihre Auftraggeber. Es geschieht nur selten, daß die Verwandten einen solchen Antrag stellen. Die Hintermänner übernehmen auch die materielle Versorgung während der Untersuchungshaft, schicken Pakete.«

Ähnliches beschreibt die Journalistin Kerstin Holm aufgrund ihrer Einsichten in das Moskauer Justizleben. »Die Gerichte, die zu sowjetischen Zeiten die Verdikte der Staatsanwaltschaft bloß zu untermauern hatten, werden noch immer politisch instrumentalisiert oder von Verbrechersyndikaten korrumpiert. Daß Richter inzwischen ihr Amt lebenslänglich innehaben, hat sie keineswegs unabhängig gemacht, sondern läßt sie nur dreister auftreten.«[15]

Die Gerichte selbst wissen nichts mit dem neuen kriminellen Phänomen anzufangen, selbst wenn die Richter willens wären.

1992 wurden rund 50 Fälle von Banditentum aufgedeckt, jedoch nur vier davon vor einem Gericht verhandelt. Behindert wird der Kampf gegen die Kriminellen auch durch den Konflikt zwischen legislativen und exekutiven Regierungsstellen. Jene Behörden, die unter der Aufsicht des Präsidenten stehen, behaupten zwar, daß sie gegen die Kriminellen vorgingen, in Wirklichkeit unterstützen sie nur die politisch Herrschenden. So gibt es eine Einrichtung, die GPU, ein Direktorat, das der Regierung unterstellt ist, um Regierungskorruption zu verfolgen. Im Bericht des Direktorats aus dem Jahr 1993 wurde keine einzige Aktivität in dieser Hinsicht festgestellt. Das Direktorat verbrachte seine Zeit damit, die politischen Kampagnen des Präsidenten Jelzin zu organisieren.

Zwiespältig ist auch die Funktion des »Sicherheitsrates«. Im März 1994 veranstaltete Jelzin ein Treffen, bei dem es um den Kampf gegen das Organisierte Verbrechen ging. Er rief dazu auf, die russischen kriminellen Organisationen nachhaltiger als bisher zu bekämpfen. Aber kein einziges Wort fiel darüber, wie weit und wie tief bereits die kriminellen Verbindungen zu politischen Machtträgern reichen.

Während die Miliz vermeintlich oder tatsächlich auf Verbrecherjagd geht, tanzen die Gangsterbosse in der neugebauten Nobeldiskothek »Metliza«, einem zentralen Treffpunkt der russischen Topgangster. Bewaffnete Gorillas aus Georgien bewachen den Eingang, vor dem ständig die neuesten Pkw-Errungenschaften westlicher Produktion vorfahren. Wie Königen wird den Gästen gehuldigt. Doch alle müssen durch die elektronische Sperre, um zu verhindern, daß sich befeindete Gangster in der Disco ein Feuergefecht liefern. Pistolen, kleine Maschinenpistolen, Messer – alles wandert in Boxen, die verschlossen werden. Eigentümerin der Disco soll die Drogenmafia sein. In bestes Tuch gekleidet, tummeln sich Gangster samt brillantenbehangenen weiblichen Begleiterinnen auf der Tanzbühne oder hängen an der exquisit bestückten Bar herum. Die Diskothek liegt im ersten Stock – im Erdgeschoß verspielen ihre Freunde in einem Kasino Hunderttausende von Dollars. Das sind sie, die neuen reichen Männer Moskaus, denen die Dollars aus den Taschen quellen. Sie haben ihr Ziel erreicht.

Nur ein paar Zahlen, die ihre Macht belegen: 1991 wurde ein Viertel, Ende 1992 bereits ein Drittel, 1994 wurden bereits über 45 Prozent des gesamten russischen Bruttosozialproduktes von der Mafia direkt erwirtschaftet. Tendenz weiter steigend.

Gibt es in Rußland überhaupt eine Möglichkeit, legale Geschäfte zu machen, oder kommt man einfach nicht darum herum, mit der Mafia zu kooperieren?

»Es lohnt sich gar nicht, mit legalen Geschäften anzufangen«, antwortet auf diese Frage Pjotr Kuminow, der Wirtschaftsjournalist einer angesehenen Moskauer Zeitung. »Zur Zeit sind die Bedingungen am günstigsten, wenn man sich mit der Schattenwirtschaft einläßt. Und da das so vorteilhaft ist, wird es sich weiterentwickeln. Wenn eine Firma ganz offiziell, legal handelt, dann bleiben ihr, nach Abzug aller Kosten, zehn Prozent vom Gewinn übrig. Wenn sie über eine Mafiafirma die Geschäfte abwickelt, dann ist die Gewinnverteilung weitaus günstiger. 30 Prozent bekommen die Behörden in Form von Schmiergeldern, 30 Prozent kassiert die Mafia, die die Verbindung zu den Behörden herstellt und die Firma schützt. Und 40 Prozent bleiben bei dem eigentlichen Unternehmen. Auf diese Weise kann eine Firma ihren Gewinn um das Vierfache steigern.«

Lagebericht aus Moskau und Stützpunkt Deutschland

In der kriminellen Gemeinschaft der ehemaligen UdSSR prallen, nach Ansicht Moskauer Journalisten, inzwischen vier Generationen des Organisierten Verbrechens aufeinander. »Die erste Generation sind die ›Vor-Perestroika‹-Autoritäten und die alle Gesetzeslücken kennenden Saubermänner. Die zweite Generation sind die Brigaden der Erpresserbanden der achtziger Jahre. Zur dritten gehören die kriminellen ethnischen Banden, und die vierte Generation besteht aus den jungen Wölfen, die keinerlei Spielregeln beachten.«[16] Vergessen werden die staatlichen Kriminellen, also jene Politiker und Unternehmer, die hemmungslos ihr Land ausplündern.

Ende 1993 veröffentlichte das russische Innenministerium einen Bericht, wonach »die Kriminalität in Rußland 1992 einen neuen Höhepunkt erreicht hat«. Über 2,8 Millionen kriminelle Taten kamen zur Anzeige, dabei ging es bei jedem sechsten Verbrechen um schwere Delikte wie Mord, Erpressung oder Waffenhandel. Im gleichen Zeitraum registrierte die Polizei 30 000 Tötungsdelikte.

Auftragsmorde sind ein gutes Geschäft, und je brutaler, um so sicherer festigt die jeweilige Gruppe ihre Herrschaft. In der Stadt Kasan verhafteten Sondereinheiten der Polizei 17 Teilnehmer einer aserbeidschanischen Mafiagruppe. Den Gangstern warf die Polizei vor, vier Morde und sechs bewaffnete Raubüberfälle verübt zu haben. Bevor die Opfer getötet wurden, habe man sie gefoltert, sagt die Polizei, teilweise wiesen die Ermordeten zahlreiche Stichwunden und schwere Verletzungen durch Axthiebe auf. Im Verlauf der Ermittlungen stellte sich heraus, daß in einem Fall die Gangster versuchten, dem Opfer den Kopf abzuschneiden, um dessen Identifizierung zu erschweren.

In einem vertraulichen Bericht der kanadischen Sicherheitsbehörden stehen noch andere Zahlen, die etwas von der Dimension der Gewalt sichtbar machen, die in der Russischen Föderation grassiert. »Nach Auffassung einiger Experten wird geschätzt, daß in Rußland Jahr für Jahr zwischen zehn und zwölf Millionen kriminelle Taten registriert werden. Außerdem wurden in den letzten vier Jahren im Zusammenhang mit kriminellen Aktivitäten über 352 000 Menschen getötet. Diese Zahlen sind nur mit den Opfern bei Kriegen zu vergleichen.[17]

352 000 Tote im Zusammenhang mit kriminellen Umtrieben – eine unfaßbare Zahl.

1994 wurden 5691 kriminelle Gruppen gezählt, mit dem Vorbehalt, daß darunter Gruppen sind, die nur aus drei oder vier Personen bestehen. Aber es gab immerhin 3000 kriminelle Führer und noch 279 »Diebe im Gesetz«. Nur gegen zehn dieser »Diebe im Gesetz« und 38 andere »Anführer« wurden überhaupt Gerichtsverfahren eingeleitet. Selbst hier scheint die sowjetische Zeitrechnung zu gelten. Der Chef einer Ermittlungsgruppe, der in der Gorbatschow-Ära versuchte, eine Mafiabande in Kasachstan zu zerschlagen, zog schließlich, als letztlich nichts herauskam, sein persönliches Fazit, was die Unverletzlichkeit der Mafiabosse angeht: »Die Bosse unterschiedlicher Ränge, die nacheinander an die Macht kamen, waren viel stärker miteinander verknüpft, als sie es selbst vermuteten. Man kann sie entlassen, auf andere Posten versetzen, von neuen Leuten ablösen lassen, aber all ihre Karrieren und Schicksale verflechten sich zu einem einzigen Knoten, der einfach nicht zerschlagen werden kann. Es ist deshalb unmöglich, weil niemand daran interessiert ist. Die wirklichen Oberhäupter der Mafia sind durchaus nicht diejenigen, die man in der Öffentlichkeit kennt. Über die wirklichen Oberhäupter wissen wir weiterhin überhaupt nichts.«[18]

Oberhäupter – das sind natürlich nicht mehr nur die »Autoritäten«. Heute sind es vielmehr einflußreiche Banker und Wirtschaftsmagnaten. Trotzdem steht an ihrer Seite, sozusagen als Pressuregroup, die Organisazija der gewöhnlichen Gangstersyndikate.

Unter den größeren Gangstergruppen befinden sich 155 kriminelle Vereinigungen mit durchschnittlich 70 bis 300 Mitgliedern. Allein in der russischen Millionenmetropole – und das ist trotzdem nur der kleinste Teil in der ehemaligen Sowjetunion – betreiben zehn mächtige kriminelle Syndikate ihre Geschäfte, mit teilweise bis zu 2000 Mitgliedern. Sicherheitsbehörden gehen davon aus, daß in den Nachfolgestaaten der UdSSR rund 1,8 Millionen Menschen zur Russenmafia gehören!

Einiges spricht dafür, daß die führenden Gangs nach italienischem Vorbild organisiert sind. Das heißt, daß jede ethnische Gruppe (Tschetschenen, Georgier, Armenier, Aserbeidschaner usw.) ihr eigenes Verbrechersyndikat gegründet hat. Die Hierarchie ist ähnlich wie bei der Cosa Nostra. Jedem »Chef«, jedem »Dieb im Gesetz« oder jeder »Autorität« sind »Leutnants« unterstellt, die für bestimmte Bezirke verantwortlich sind, wenn es um Schutzgeld, Prostitution, Menschenhandel oder Finanzmanipulationen geht. »Diese Gruppen«, erzählt Willi Flormann, ein deutscher Kripo-Experte, »üben Druck auf alle Kreise aus, die über finanzielle Mittel verfügen oder auf irgendwelchen Gebieten Entscheidungsträger sind. So sind von diesem Terror auch politische Führer oder Parlamentsabgeordnete nicht ausgenommen.«

Und die kriminellen Organisationen haben, wie die Verhaftungen häufig belegen, sich den neuesten technischen Standard, der zur Ausführung von Verbrechen dienlich ist, verschafft. »Die russischen Mafiosi verfügen über modernste Waffen aus den Arsenalen der ehemaligen Sowjetarmee, hochwertige Abwehr- und Sendegeräte, über moderne Autotelefone bis hin zum Satellitentelefon.«[19] Ganz zu schweigen von den benutzten Waffen.

1994 beschlagnahmte die Polizei allein bei Razzien und Festnahmen (2286 Personen wurden verhaftet und 421 kriminelle Organisationen zerschlagen) ein ansehnliches Waffenarsenal: 868 Schußwaffen, 300 andere Waffen wie Messer, 379 Granaten, 63000 Schuß Munition, 252 Kilo Sprengstoff. Und es fielen noch 13 Millionen Rubel und 7,3 Millionen Dollar in die Hände der Strafverfolgungsbehörden. Einige Beispiele: In Nowokusnezks verhaftete die Polizei den Führer einer kriminellen Bande, die aus zehn Männern bestand. Sie wurden beschuldigt, zwischen 1992 und 1995 insgesamt 37 Morde verübt und fünf versucht zu haben. Bei den Durchsuchungen ihrer

Zentrale beschlagnahmte die Miliz acht Kalaschnikows, neun Pistolen, drei Sprengsätze mit Zündpatronen sowie observationstechnisches Gerät und Abhöreinrichtungen. Bei einer anderen Polizeiaktion wurden sieben Gangster verhaftet, die fünf Auftragsmorde verübt hatten. Auch bei ihnen fand die Polizei Abhörgeräte.

300 kriminelle Organisationen sind außerhalb Rußlands tätig, 4000 Personen sind namentlich bekannt, die feste Beziehungen zu kriminellen Organisationen in 29 Ländern unterhalten. Die wichtigsten Länder sind: USA, Deutschland, Italien, Polen, Ungarn, die baltischen Staaten, Türkei und China. 47 dieser russischen Gruppen sind in Deutschland aktiv, davon kommen allein 19 aus Moskau. Nach den offiziellen Angaben kontrollieren derzeit allein diese kriminellen Organisationen 25 000 staatliche und gewerbliche Betriebe, davon 1500 staatliche Unternehmen; 4400 Aktiengesellschaften, 9000 Kooperativen, 6700 Kleinbetriebe, 407 Banken, 47 Börsen und 697 Warenmärkte.

Tatsächlich handelt es sich bei diesen Zahlen um die bekannte Spitze des Eisberges. Wenn man einem Regierungsbericht vom Januar 1994 aus Moskau glaubt, dann hält das Organisierte Verbrechen »selbst die Regierung als Geisel«. Der Bericht, der für Präsident Jelzin erstellt wurde, geht davon aus, daß 70 bis 80 Prozent aller privaten Unternehmen und Banken in den wichtigsten Städten gezwungen werden, zwischen 10 und 20 Prozent Schutzgeld zu zahlen. Der Report schätzt, daß Kriminalitätsbereiche wie Pay-off, Kick-backs, Geldwäsche oder monopolistische Preise für ein Viertel der Inflationsrate verantwortlich sind.

In einer fünfseitigen Zusammenstellung, die in der Zeitung »Iswestija« veröffentlicht wurde, gibt der Bericht einen kleinen Eindruck von der Realität wieder, daß nämlich kriminelle Banden und regionale Polizeidienststellen eng zusammenarbeiten: »Es gibt keinen Zweifel, daß die Köpfe des russischen Organisierten Verbrechens detaillierte Dossiers über alle hochrangigen Beamten und Politiker angelegt haben. In Westeuropa und in den USA kontrolliert das Organisierte Verbrechen nur ›kriminelle Aktivitäten‹ wie Prostitution, Drogenhandel oder Glücksspiel. In unserem Land kontrolliert sie alle Aktivitäten.«[20]

Was beispielsweise die rund 2500 russischen Banken betrifft, so gehen Beamte des amerikanischen FBI davon aus, daß sie die »einigermaßen korrekten Geldinstitute« an einer Hand abzählen können. »Und selbst davon sind in drei Banken kriminelle Direktoren im Vorstand mit einer der vielen Mafiabanden verzahnt.« Sicher ist, daß es sich bei der Hälfte aller Banken um eigens von der Mafia gegründete handelt.[21] Über sie laufen die Kontakte ins Ausland, und die gängige Praxis ist, daß sie ihr schmutziges Kapital an sicheren Plätzen anlegen. Deutschland ist eine der sicheren Anlegestellen, die die russischen Gangster mit ihrem Geld ansteuern.

Die kriminelle Bilanz für das Jahr 1995 hat an dieser Entwicklung wenig verändert, das Gleichgewicht ist erhalten geblieben. Die bedeutsamsten Erfolge wurden im Kampf gegen die archaischen Formen der Kriminalität erzielt, gegen das »unverhüllte Banditentum« – wie es in Moskau bezeichnet wird –, also Überfälle, Erpressungen, Entführungen, Morde. In dem Moment jedoch, in dem Bandenmitglieder festgenommen werden, kommen bereits neue hinzu. Für viel und schnelles Geld ein hohes Risiko einzugehen ist für die Hoffnungslosen in der maroden russischen Wirtschaft ein Weg, ihrem Elend zu entkommen.

Große Sorge bereitet den Sicherheitsbehörden demgegenüber die offensichtliche Umorientierung der russischen Mafiosi auf andere Tätigkeitsfelder. Die früher einmal profitträchtigen Aktivitäten wie Schutzgelderpressungen und der Autoschmuggel sind nur noch zweitrangig. Schutzgelderpressungen werden immer häufiger den kleinen Kriminellen überlassen. Dafür boomt es bei Parteisekretären, Staatsdirektoren, Bankern und Unternehmern.

Überwältigend sind die Bankgeschäfte. Um 5.45 Uhr morgens, fünfmal in der Woche, startet vom New Yorker John F. Kennedy Airport eine Boeing 767, Delta Flight 30. Die Ladung: Säcke, gefüllt mit nagelneuen Hundertdollarscheinen. Der Flug geht nach Moskau. Dort wird das Geld zu verschiedenen russischen Banken gebracht, deren Kunden keine Rubel, sondern Dollar verlangen. Seit Januar 1994, schätzten FBI-Beamte, sind auf diese Weise mindestens 40 Milliarden Dollar nach Moskau geflogen worden. »Das Geld dient überwiegend Geschäften der Mafia«, zitierte die seriöse Zeitschrift

»New York« vom 22. Januar 1996 leitende Beamte der amerikanischen Bankenaufsicht. Noch weiter geht das FBI. Es behauptet, die russischen Banken seien ein gigantischer Geldwäscheautomat, und Moskau habe inzwischen Panama als bevorzugten Geldumschlagplatz auch für die kolumbianischen Kartelle und die italienische Mafia ersetzt.

Priorität für die kriminellen Vereinigungen hat heute – man ist auf der Höhe der Zeit und hat von anderen Mafiabanden auf der Welt gelernt – der qualifizierte Betrug im Kredit- und Finanzwesen von Wirtschaftsunternehmen. Anfangs gründeten die Gangstergruppen nur wenige eigene Firmen. Dann stellten sie fest, daß sie damit ja weitaus mehr Geld verdienen konnten als mit riskanten Überfällen. Inzwischen hat jede kriminelle Vereinigung eigene Firmen, manchmal sogar Dutzende, und dazugehörige Banken. Der nächste Schritt könnte sie vielleicht in Verlegenheit bringen. Denn inzwischen breiten sie sich im lukrativen Brennstoff- und Energiesektor aus. Da sind jedoch noch die alten Politkader an den Schalthebeln der kriminellen Macht. Es sage also keiner, die russischen Behörden würden vor der Mafiapest die Augen verschließen, hätten wenig Ahnung vom Ausmaß der Verbrecherkultur und der Verbindungen in den Staatsapparat hinein. Oder von den Verbindungen ins westliche Ausland.

Im Ministerium für Sicherheit treffe ich einen leitenden Beamten, der für Organisiertes Verbrechen zuständig ist. Der Mann ist wirklich engagiert und gehört nicht zu den Scheuklappenbürokraten im Polizeiapparat, die alles zum Staatsgeheimnis erklären. Er will die europäische Öffentlichkeit alarmieren. Er erhält laufend die neuesten Informationen über die Banden, die sich bereits im Ausland eingenistet haben. »Es sind viele, viel mehr, als ihr euch in Deutschland vorstellen könnt.« Dann schaltet er seinen Computer an. Er tippt einen Code ein, und es öffnen sich Dateien. In ihnen sind die Verbindungen der russischen Gangsterorganisationen ins Ausland festgehalten. Erschreckt schaue ich immer näher hin, denn je länger er auf die Tasten drückt, um so beweisbarer wird, wie sich die verschiedensten kriminellen Clans in Richtung Westen ausgedehnt haben. Ich schreibe mit, wobei die folgende Aufstellung nicht einmal vollständig ist.

Stützpunkt Deutschland

»Meschdunarodnaja«
Herkunft:	Köln und Düsseldorf
Betätigung:	Autodiebstähle, Autogeschäfte
Mitglieder:	russische Nationalität
Treffpunkte:	Köln, Düsseldorf, Holland, Belgien
Aktives Mitglied:	Dmitri Bukia

»Meschdunarodnaja OPG«
Ursprung:	Kaliningrader Gebiet, Litauen
Betätigung:	Wirtschaftsunternehmen, Schmuggel, Handel mit seltenen Metallen
Mitglieder:	russische und litauische Nationalität
Stützpunkte:	Rußland, Litauen, Deutschland

»Mamedowa«
Ursprung:	Tjumener Gebiet, Surgut
Betätigung:	Schutzgelderpressung
Treffpunkte:	Rußland, Deutschland

»Kadijewych«
Ursprung:	Tjumener Gebiet, Surgut
Betätigung:	Wohnungseinbrüche, Diebstähle, Computerdiebstähle

»Schmajenka«
Ursprung:	Moskau
Betätigung:	Schmuggel, Erwerb und Verkauf von Antiquitäten
Kontrolliertes Gebiet:	Moskau, Österreich, Deutschland
Besonderheiten:	Erwerb von Antiquitäten und Gemälden in Moskau und deren Schmuggel ins Ausland
Treffpunkte:	Rußland, Österreich (Wien), Deutschland (München)
Anführer:	Mark Bentsionowitsch Schmajenok

»Orlowa«
Ursprung:	Uljanowsker Gebiet
Betätigung:	Erpressungen, Diebstähle, Raubüberfälle
Treffpunkte:	Rußland, Deutschland, Polen, Estland, Großbritannien (Die Anführer der Gruppe reisen in diese Länder aus)
Anführer der Gruppe:	Igor Jurewitsch Orlow, 1966 geboren

»Akopa«
Ursprung: Moskauer Gebiet
Betätigung: Kontrolle des illegalen Handels
Besonderheiten: Unter Androhung körperlicher Gewalt schließen die Mitglieder der Gruppe Verträge über die Bewachung von Bürogebäuden und Anlagen von Kooperationen, Firmen oder anderen Strukturen ab. Sie fordern Schutzgelder und erpressen Gelder von Spekulanten.

»Puschkinskaja«
Ursprung: Moskau
Betätigung: Kontrolle des illegalen Handels
Besonderheiten: Unter Androhung körperlicher Gewalt schließen die Mitglieder der Gruppe Verträge über die Bewachung von Bürogebäuden und Anlagen von Kooperativen, Firmen. Sie fordern Schutzgelder von Unternehmen. Mit dem Ziel der Erpressung entführen sie Kinder.
Treffpunkte: Deutschland: Berlin (Firma Alex); USA: New Jersey; Kanada, Israel
Anführer: Jakob Benjaminowitsch Jusbaschew

»Frola«
Herkunft: Moskau
Betätigung: Erpressungen, Unterschlagungen, Geldwäsche
Treffpunkte: Rußland, Deutschland
Anführer: Sergej Wassiljewitsch Frolow

»Bolschakowa«
Ursprung: Moskau
Betätigung: Geldwäsche, Verbrechen jeder Art, Wirtschaftsverbrechen
Stützpunkte: Rußland, Polen, Deutschland
Anführer: Grigori Borisowitsch Solomatin, Aleksandr W. Bolschakow

»Koschelewa«
Herkunft: Moskauer Gebiet
Betätigung: Erpressungen, Schmuggel, Autodiebstähle

Stützpunkte:	Rußland, Polen, Deutschland
Anführer:	Michail Wladimirowitsch Koschelew

»Mikerowa«

Herkunft:	Moskau
Betätigung:	Raubüberfälle, Autogeschäfte, Autodiebstähle
Stützpunkte:	Rußland, Polen, Deutschland
Anführer:	Alexej Wiktorowitsch Mikerow

»Russische Liga der professionellen Boxer«

Herkunft:	Moskauer Gebiet
Betätigung:	Wirtschaftsunternehmen, Geld- und Autogeschäfte, gesetzwidriger Handel mit seltenen Metallen
Stützpunkte:	Rußland, Weißrußland, USA, Deutschland, Schweden, China
Anführer:	Igor Wladimirowitsch Gubkin

»Noginsko-Elektrostalskaja«

Herkunft:	Moskauer Gebiet
Betätigung:	Erpressungen, Unterschlagungen, Diebstähle, Plünderungen, Geldwäsche
Stützpunkte:	Rußland, Polen, Frankreich, Deutschland, Österreich, Lettland, Litauen
Anführer:	Aleksandr Nikolajewitsch Aljatin

»Bortsa«

Herkunft:	Moskauer Gebiet
Betätigung:	Erpressungen
Stützpunkte:	Rußland, Deutschland
Anführer:	Juri Petrowitsch Waltschewski

»Schelkowskaja«

Herkunft:	Moskauer Gebiet
Betätigung:	Geldwäsche, Betrug, Gründung von Firmen
Stützpunkte:	Rußland, Deutschland
Anführer:	Gaprindaschwili D. Sch.

»Selenogradskaja-Schodnenskaja«

Herkunft:	Moskauer Gebiet
Betätigung:	Mafia, schwere Verbrechen
Stützpunkte:	Rußland, Weißrußland, Litauen (Riga), Deutschland

Anführer:	Wiktor Nikolajewitsch Burlako

»Rublewa«

Herkunft:	Kirowsker Gebiet
Betätigung:	Erpressung, Raubüberfälle, Betrug, Waffenraub, Waffenschmuggel
Stützpunkte:	Rußland, Polen, Weißrußland, Deutschland

»Derendjajewa«

Herkunft:	Kirowsker Gebiet
Betätigung:	Raubüberfälle, Erpressung, Betrug, Diebstahl, Geldwäsche
Stützpunkte:	Rußland, Deutschland
Anführer:	Andrej Aleksandrowitsch Derendjajew

»Werchuschka«

Herkunft:	Mordwinien
Betätigung:	Mafia, Schutzgelderpressung, Handelsunternehmen, Unterschlagung, Raubüberfälle
Stützpunkte:	Rußland, Litauen, Deutschland
Anführer:	Wiktor Iwanowitsch Katschajew, Kasim Sakarjewitsch Satullow

»Katschanowa«

Herkunft:	Smolensker Gebiet
Betätigung:	Erpressungen, Raubüberfälle
Stützpunkte:	Rußland, Deutschland
Anführer:	Aleksandr Aleksandrowitsch Katschanow

»Sportsmeny«

Herkunft:	Smolensker Gebiet
Betätigung:	Erpressungen, Raubüberfälle, geschäftliche Unternehmen
Stützpunkte:	Rußland, Lettland, Litauen, Deutschland
Anführer:	Sergej Wladimirowitsch Tarakanow

»Arsmakowa«

Herkunft:	Moskauer Gebiet
Betätigung:	Erpressungen, Diebstähle, Drogenhandel, Waffenhandel, Antiquitäten, Geldwäsche
Stützpunkte:	Rußland, Deutschland (Hamburg)
Anführer:	Wachtang Aleksandrowitsch Obolaschwili

»Zentrowaja«
Herkunft: Swerdlowsker Gebiet
Betätigung: Wirtschaftsverbrechen, allgemeine Verbrechen
Stützpunkte: Rußland, Estland, Lettland, Litauen, Schweden, Deutschland

»Tschetschenskaja Obschina« (Tschetschenische Gruppe)
Herkunft: Moskau
Betätigung: Banküberfälle, Autohandel, Erpressungen, Waffenhandel, Raubüberfälle, Wirtschaftsverbrechen, Geiselnahmen
Besonderheiten: Manipulationen mit gefälschten Belegen im Bankgewerbe
Stützpunkte: Rußland, Polen, Türkei, China, Ungarn, Deutschland (Berlin)
Anführer: Musa Wachitowitsch Talagow, Nikolaj Saidaljewitsch Suleimanow

»Schirokowa«
Herkunft: Swerdlowsker Gebiet
Betätigung: Wirtschaftsverbrechen, Bandentum, Autodiebstähle, Raubüberfälle, Waffenschmuggel, Erpressungen, Valutageschäfte, Unterschlagungen
Stützpunkte: Rußland, Deutschland, Schweden, Österreich, China, Südkorea, Ungarn
Besonderheit: Die Gruppe ist im Besitz einer Ladenkette, die von A. N. Doronin geleitet wird
Anführer: Aleksandr Nikolajewitsch Doronin

»Zwetmet«
Herkunft: Swerdlowsker Gebiet
Betätigung: Wirtschaftsverbrechen
Stützpunkte: Rußland, Dänemark, Deutschland
Anführer: Sergej Nikolajewitsch Bogdanow

»Zyganjata«
Herkunft: Swerdlowsker Gebiet
Betätigung: Wirtschaftsverbrechen, Drogenhandel, Autodiebstähle, Waffenhandel
Besonderheiten: Die Mitglieder sind Sportler wie Boxer, Ringer und Karatekämpfer
Anführer: Konstantin Nikolajewitsch Zyganow

»Naumowa«
Herkunft:	Moskauer Gebiet
Betätigung:	Erpressungen
Stützpunkte:	Rußland, Deutschland
Besonderheiten:	Die Erpressungen finden ausschließlich in Deutschland statt
Anführer:	Aleksandr Michajlowitsch Naumow, S. Konstantinowitsch Koschkin

»Grusinische Mafia«
Herkunft:	Moskau
Betätigung:	alle Verbrechen
Stützpunkte:	Rußland, Deutschland
Anführer:	Scharko Rajdenowitsch Kakatschija

»Djibu«
Herkunft:	Ukraine
Betätigung:	Diebstähle, Erpressungen
Stützpunkte:	Rußland, Deutschland

»Mafia«
Herkunft:	Jakutija-Sacha
Betätigung:	Autohandel, Erpressungen, Waffenhandel
Stützpunkte:	Rußland, Polen, Deutschland
Anführer:	Igor Romanowitsch Schubkin, Wladimir Solodow

»Chusb-Allah«
Herkunft:	Libanon
Betätigung:	Geldfälschung, Geldwäsche, Valutahandel, Schutzgelderpressung
Stützpunkte:	Rußland, Dänemark, USA, Deutschland
Anführer:	Bassam Djamil Mansur

»Kasaner Gemeinschaft«
Herkunft:	Moskau
Betätigung:	Kontrolle der Kooperativen, Erpressungen aller Art
Stützpunkte:	Rußland, Polen, Ungarn, Deutschland
Anführer:	Linar Faisullowitsch Retschapow, Sergej Iwanowitsch Antipow

»Krasnojarsker Mafia«
Herkunft: Krasnojarsker Kreis
Betätigung: Valutageschäfte, Schmuggel, Auftragsmorde, Ankauf von Gold, Wirtschaftsverbrechen
Stützpunkte: Rußland, Kanada, Japan, Deutschland

»Litauische Gruppe«
Herkunft: Wolgograd
Betätigung: illegaler Handel mit seltenen Metallen, Schmuggel, Verbrechensorganisation, Dokumentenfälschung, Unterschlagung
Besonderheit: Die Gruppe transportiert die im Wolgograder Gebiet gestohlenen Metalle in Länder des Baltikums und bezahlt dort für Dokumente, die den Diebstahl der entsprechenden Metalle vertuschen
Stützpunkte: Rußland, Litauen, Weißrußland, Deutschland: Bestellung des Metalls durch die Firma Eugen PFO GmbH

»Krylowa«
Herkunft: Tambowsker Gebiet
Betätigung: Diebstähle, Einbrüche, Raubüberfälle
Stützpunkte: Rußland, Polen, Ungarn, Zypern, Deutschland
Anführer: Wjatscheslaw Anatoljewitsch Krylow

»Menjaly«
Herkunft: Krasnodarsk
Betätigung: Raub von Erdölprodukten. Die Gruppe besitzt Valutakonten in der Schweiz und in Israel
Stützpunkte: Rußland, Lettland, Litauen, Estland, Schweiz, Österreich, Deutschland

»Podolskaja/Lalakina«
Herkunft: Moskauer Gebiet
Betätigung: Mafia, Betrug, Autodiebstähle, Einbrüche, Raubüberfälle, Valutageschäfte, Kontrolle von Kooperativen, Glücksspiel, Autohandel
Stützpunkte: Rußland, Lettland, Litauen, USA, Schweiz, Deutschland
Weitere Information: eine der zehn gefährlichsten Gruppen in Moskau

»Dolgoprudnenskaja«
Herkunft:	Moskau
Betätigung:	Bewachung von Unternehmen, Kontrolle von Gaststätten und Kooperativen, Morde, Diebstähle, Erpressungen, kommerzielle Geschäfte, Geldwäsche, Schutzgelderpressung
Besonderheiten:	Die Gruppe zieht die Bewachung von Objekten allen anderen obengenannten Tätigkeiten vor. Mit der Erzwingung von Schutzgeldern verdienen sie mehr als ihre »Kollegen« beim »Geschäft« mit Prostituierten.
Stützpunkte:	Rußland, Polen, Deutschland
Weitere Information:	Diese Gruppe ist eine der zehn gefährlichsten Gruppen in Moskau
Anführer:	Sergej Iwanowitsch Bogutenok

»Solnzewskaja«
Herkunft:	Moskau
Betätigung:	Allgemeine und Wirtschaftsverbrechen (vgl. Kapitel S. 93)
Stützpunkte:	Rußland, Deutschland
Anführer:	Sergej Iwanowitsch Timofejew, Wladimir Anatoljewitsch Egorytschew
Informationen:	Die Mitglieder reisen häufig mit folgenden Zielen ins entfernte Ausland: zur Suche nach Kapitalanlagen, von Kapital, das auf kriminelle Weise erworben wurde, zur Geldkonvertierung, zur Organisation von Einfuhrkanälen für Drogen und Waffen, die durch ehemalige russische Bürger, die im Ausland leben, nach Moskau geschafft werden.

Die innere Struktur der Solnzewskaja

Er ist ein großer schlanker Mann Ende Fünfzig. Wer seine Telefonnummer 1 88 77 91 in Moskau wählt, hat vielleicht Glück und kann direkt mit ihm sprechen, sofern er sich nicht gerade wieder einmal unsichtbar macht. Nein, nicht vor den Häschern der Miliz, sondern weil er verantwortlich für die Ermordung des bekannten Tschetschenenführers Emil Abubakarne ist und die tschetschenische Mafia ihn deshalb liquidieren will. Djemal Konstantinowitsch Chatschidse, Spitzname »Djamal«, wurde am 16. Juni 1937 in Surami (Georgien) geboren. Amtlich gemeldet ist er am Jugorski Prospekt 6, Wohnung Nr. 38. Für den »Vorstandsvorsitzenden« eines der gefährlichsten Verbrechersyndikate ist das eine unscheinbare Adresse.

Konstantinowitsch Chatschidse ist ein »Dieb im Gesetz«, geistiger Mentor der Solnzewskaja, Schiedsrichter und Richter in einer Person. Ihm haben sich alle zu unterwerfen, selbst andere einflußreiche »Diebe im Gesetz«, die zur Solnzewskaja gehören, deren Spitznamen »Mamuka«, »Gorbatsch«, »Tschjorny«, »Mops« oder »Kwakin« sind. Aufgebaut wie eine Pyramide, agieren, eine Stufe niedriger als der Pharao der Mafia, die wichtigsten Führungskräfte, »Autoritäten« genannt. Sie leben teilweise in Europa, wie der in Budapest residierende Semion Yudkovich Mogilevich, einer der Wirtschaftsexperten der Russenmafia. Zu den »Autoritäten« gehört auch Beslan Alexejewitsch Dschonua, Spitzname »Besik«. Er kontrolliert den privaten Handel vom Hotel Kontinental aus und muß zur Stelle sein, wenn es notwendig wird, Rivalitäten zwischen der Solnzewskaja und anderen Mafiaorganisationen zu regeln.

Eine weitere führende »Autorität« ist der »Tatar«, Nadir Mjasitow.

Ihm gehört eine Kfz-Werkstatt. Das ist insofern günstig, weil er darüber gestohlene Fahrzeuge verschieben kann. Er ist zudem für Reparaturen und Instandhaltung der von den Bandenmitgliedern benutzten Fahrzeuge zuständig. Die »Kasse« führen die »Autoritäten« Mjasitow, Nadir und Schorin. Wadim Grigorjewitsch ist nicht nur der Direktor des Joint-venture-Unternehmens »Imperial«, sondern auch verantwortlich für Geldwäsche. Er reist gerne, besonders oft nach Deutschland.

Aufgabe der Führungskräfte ist es, die Leitung der kriminellen Aktivitäten zu überwachen. Gleichzeitig pflegen sie Beziehungen zu anderen »Dieben im Gesetz« und Gruppen der Organisierten Kriminalität, sie legen fest, welche Investitionen getätigt werden. Nach einem Besuch der »Autoritäten« im weitentfernten Murmansk und Archangelsk wurden beispielsweise zehn Kasinos mit dem Vermögen der Solnzewskaja aufgebaut. Die »Autoritäten« planen und bestimmen, welche kriminellen Aktivitäten durchzuführen sind, und sie verteilen auch die Gewinne daraus.

Stolz ist die Organisation auf ihre Strategie, jene in direkte kriminelle Aktionen nicht involvierten Bandenangehörigen zum Ausbau von Geschäftsbeziehungen und zum Erfahrungsaustausch mit anderen kriminellen Organisationen ins Ausland, beispielsweise nach Deutschland, zu schicken. Sie sind alle unbelastet, es gibt keine Informationen über die Reisenden – ein idealer Zustand.

Den inneren Kern der Mafiabande bilden rund 200 Mann. Insgesamt gehören ihr, wenn man alle kleineren Tätergruppen berücksichtigt, rund 5000 Personen an. Auch über das Alter der Bandenmitglieder weiß man Bescheid: Sie sind 20 bis 40 Jahre alt und rekrutieren sich aus ehemaligen und aktiven Sportlern, wie Bodybuildern oder Karatesportlern. Ihr kriminelles Betätigungsfeld reicht weit. Von Erpressungen, Kontrolle des Rotlichtmilieus und Kfz-Verschiebungen über Drogen- und Waffenhandel bis zum Eindringen in Wirtschaftsunternehmen und deren Übernahme.

Unter ihrem kriminellen »Patronat« stehen heute, mit dem Moskauer Südwesten als Mittelpunkt, weite Gebiete in Moskaus Umgebung. Wenn sie ihre kriminellen Aktionen ausführen, ist von vornherein sichergestellt, daß nichts schiefgehen kann. Nicht nur, daß sie zur »Eigensicherung« modernste High-Tech-Funk- und Abhörgeräte verwenden – das logistische Kapital, mit dem sie wuchern können, ist die garantiert rechtzeitige Warnung von den Polizeibehörden über ihre Einsätze. Mit viel Geld ist es ihnen gelungen, enge Kontakte zur Miliz, zu Justiz und Staatsanwaltschaft zu knüpfen.

Wer nicht korrumpierbar ist, wird erpreßt. Dafür ist der »Sicherheitsdienst« der Organisation zuständig. Er sorgt dafür, daß belastendes Material (Fotos, Audio- und Videoaufnahmen) herbeigeschafft wird, um die »Feinde« innerhalb der Polizei zu desavouieren. Für den »Sicherheitsdienst« verantwortlich ist ein ehemaliger Angehöriger des Ermittlungsdienstes bei der 116ten Abteilung der Moskauer Miliz. Er fiel auf, als er für seinen Mafiaclan unter den Mitarbeitern der operativen Einheit der Miliz eine Werbeveranstaltung inszenierte. »Er hat uns unverhohlen gesagt, es sei für die Familien viel besser, wenn wir mit seiner Gruppe zusammenarbeiten«, erinnert sich einer der Angesprochenen. Sofern das Geld nicht schon allein lockt, wird versucht, Milizionäre in illegale Geschäfte zu verwickeln, durch direkte Bestechung oder Erpressung. Dies war und ist höchst erfolgreich, denn ein Polizist, der während der Ruhepausen, beim gemeinsamen Alkoholkonsum, interne Informationen ausplaudert, ist von diesem Zeitpunkt an erpreßbar. Dem »Sicherheitsdienst« zur Seite stehen noch eine Reihe von Detektiv- und Sicherheitsagenturen. Deren einzige Aufgabe ist es, alle Informationen zu sammeln und auszuwerten, die für das kriminelle Geschäft von Vorteil sein können. Beispielsweise werden die Planungschefs der kriminellen Operationen genau darüber informiert, wo Polizeibeamte leben, ob diese Familie haben, wie die Einkommensverhältnisse von Politikern sind. Bei den Auftragsmorden stößt die Polizei immer auf das gleiche Muster: Am Tatort werden die Waffen zurückgelassen, Patronenhülsen dagegen mitgenommen.

Gegenwärtig ist ihr kriminelles Kapital in Immobilien, Grundstükken, größeren Unternehmen und sogar dem Flughafen »Scheremetjewo 2« angelegt. Besonders interessant für die Gruppe ist das Hotelgewerbe im Südwesten Moskaus, wo sie Sportanlagen und Banken besitzt. Ein rasanter Aufstieg für eine Mafiaorganisation, die erst Ende der achtziger Jahre entstand und mit primitiven Schutzgelderpressungen in das kriminelle Geschäft einstieg.

1995 kontrollierten sie Hotels, Banken, Sportanlagen, Restaurants, Kasinos, Automärkte, Trödelmärkte, die Taxis am Kiewer Bahnhof und am Flughafen Wnukowo. Fast ein Drittel aller Unterhaltungsbetriebe Moskaus sind Eigentum dieser Bande. Außerdem kontrolliert sie die vietnamesische Gemeinde. Dafür ist übrigens W. Schapowalow zuständig. Abends diskutieren sie manchmal im Kasino Walerij über das neueste Schnäppchen oder den letzten Vermögenshappen, die sie sich wieder geleistet haben.

Zu den Hotels in Moskau, die von ihnen aufgekauft wurden, gehören: Universitetskaja, Solnetschnyi, Sewastopol, Kometa, Sputnik, Rossija, Kosmos. Was die Banken betrifft, so dürften nach einer internen Dokumentation des Innenministeriums in Moskau die Handelsbank Wosroschdenije, Glrija-Bank, Bank Renaissance, Stroisewsapbank, SB-Bank, Handelsbank, Instroibank, Elbi-Bank, Handelsbank Wernadski und die Arbat-International in ihre Hände übergegangen sein. In letzter Zeit gewinnen die Investitionen im Ausland an Bedeutung, zum Beispiel die Beteiligung am Hotelbau im Süden der Türkei (Antalya), die Gründung von Off-shore-Gesellschaften auf Zypern und die Übernahme von weiteren Banken in den GUS-Staaten und in Europa. Die obengenannten Banken weisen den Verdacht, der Mafia zu gehören, als »geschäftsschädigend« weit von sich.

Auffällig oft fahren die Solnzewskaja-Autoritäten nach Europa, besonders gern nach Österreich und Deutschland. Zum Beispiel Sergej Anatoljewitsch Michailow, Ganovenname »Michaj«. Ein dicker Fisch im kriminellen Sumpf. Die Lebensgeschichte von Michailow steht in den Akten des Moskauer Innenministeriums. Seine Karriere begann er 1980 als gewöhnlicher Schutzgelderpresser. Vier Jahre später wurde er erstmals verurteilt, wegen Erpressung, 1989 erneut wegen Erpressung inhaftiert. 1993 verhaftete ihn die Miliz wegen illegalen Waffenbesitzes. Aber seltsam: Vergeblich sucht man in den Akten nach einer Anklage oder gar Verurteilung. Moskau mußte er erst verlassen, als ihn eine kaukasische Mafiabande zum Tode verurteilt hatte. Er flüchtete nach Israel und heiratete eine Israelin. Seitdem hält er sich, zusammen mit Wiktor Sergejewitsch Awerin, Ganovenname »Awera«, im Ausland auf. Wie auch Arnold Arnoldowitsch Tamm, Ganovenname »Arnold«. Er ist für die Wirtschaftsunternehmen, vor allem die Banken zuständig. »Michajs« und »Arnolds« Spuren führen nach Wien.

Enthüllungen über Paten
der Russenmafia in Europa

Am 22. April 1995 betreten drei russische Geschäftsleute das Berliner Luxushotel Holiday Inn, nahe der Gedächtniskirche. Kurz zuvor sind sie auf dem Flughafen Tegel gelandet. Die Maschine kam aus Wien. Empfangen werden sie von ihren Berliner Geschäftsfreunden, die sie herzlich umarmen und küssen. Freunde, die sich lange nicht gesehen haben, vermutet die junge Frau am Empfang, während die observierenden Kripobeamten Fotos schießen. Die Objekte ihrer Neugierde: Wiktor Awerin, Sergej Michailow und Arnold Tamm. Der 37jährige Michailow, Patenname »Michaj«, ist einer der bereits beschriebenen »Autoritäten« der Solnzewskaja. Was aber haben er und sein Freund Awerin zuvor in Wien getan?

»In Österreich«, sagt Michael Sika, Generaldirektor für Öffentliche Sicherheit im Wiener Innenministerium, »sind – ausgehend von Moskau – vier der größten dort ansässigen Organisationen tätig. Die in Österreich lebenden Führungsmitglieder verfügen offenbar über unbegrenzte finanzielle Mittel. Es werden Firmen gegründet, ineinander verschachtelt, aufgelöst, große Geldsummen transferiert, geparkt, gewaschen und angelegt.« Michailow, so viel steht fest, zog nach Wien. Ermöglicht wurde das ganz einfach. Er wurde, genau wie sein Gangsterfreund Awerin, im August 1993 von der Wiener Firma »ATKOM-Unternehmensberatung« nach Österreich eingeladen, »zwecks kommerzieller Verhandlungen«. Es muß ihnen in Österreich so gut gefallen haben, daß sie überhaupt nicht mehr daran dachten, diese Drehscheibe des Osthandels und Bastion westlichen Wohlstandes zu verlassen. Sie unterstützten vielmehr die österreichische Volkswirtschaft, indem sie sich teure Appartements und Luxuslimousinen zulegten. »Diese Herrschaften tun in Österreich im wesentlichen nichts anderes, als Geld auszugeben, und zwar viel Geld. Wir können nicht beweisen, daß es sich dabei um schmutziges Geld handelt. Unser Wissen um die Herkunft ihrer Reichtümer endet an den Landesgrenzen. Alle Ermittlungen in Rußland scheitern, weil dort nicht die geringste Bereitschaft besteht, uns zu helfen.«[22]

Von Michailow wissen die Nachbarn zu berichten, daß er eine bildhübsche Frau habe und zwei entzückende kleine Kinder und ansonsten ein unauffälliger Geschäftsmann sei, der halt zu Wohlstand gekommen sei. Trotz bildhübscher Frau und der süßen Kinder mußte der Familienvater Geld verdienen und seine ihm auferlegten Pflichten erledigen. Und so führte er unter anderem am Telefon aufschlußreiche Gespräche mit äußerst interessanten Persönlichkeiten der Unterwelt. Zum Beispiel mit einem Michael Cherny. Den traf er später, am 14. Mai 1994, im Genfer Hotel »De la Reserve«. Michael Cherny ist, nach Informationen des amerikanischen FBI, ein in New York etablierter Topgangster der Organisation »Yaponchik« (kleiner Japaner), dem führenden Russensyndikat in den USA. Cherny gilt als der Geldwäscher dieser Organisation, die eng mit der Solnzewskaja zusammenarbeitet.

Viel wichtiger ist der Kopf dieser russischen Mafiabande »Yaponchik«. Er heißt Vyacheslav Kirilovich Ivankov. Ein Typ, der eine Aura tödlicher Gefahr ausstrahlt: bullig, mit vernarbtem Gesicht. Ivankov wurde 1982 in der UdSSR wegen schwerer Erpressung zu 14 Jahren Haft verurteilt und kam Anfang 1991 vorzeitig frei. Im selben Jahr trafen sich die führenden Mafiapaten in einer Datscha außerhalb Moskaus und beschlossen, daß einer der Ihren, die Wahl fiel auf Ivankov, die russische Unterwelt in den Vereinigten Staaten übernehmen solle, erzählt Ray Kerr vom amerikanischen FBI. Der »Rote Pate«, so nennt ihn das FBI, kam wenige Monate nach dem Moskauer Mafiabeschluß mit einigen Dutzend Getreuer in den USA an, unter Pseudonym, versteht sich. Ihre Konkurrenten in New York waren verschiedene kriminelle Gruppen, die aus russischen, ukrainischen, armenischen und georgischen Tätern bestanden. Ivankov schaltete diese Konkurrenz aus, und innerhalb kürzester Zeit wurde seine Organisation die mächtigste russische Mafiabande in den USA. Das war relativ einfach, wußten doch die in New York lebenden Russen, mit wem sie es zu tun hatten. »Er kam an und sagte: Wir sind hier, und ihr arbeitet besser mit uns zusammen, denn ihr wißt, wer wir in Rußland sind.« Geschäftskontakte bestehen seitdem zu den in New York ansässigen italienischen Cosa-Nostra-Familien Colombo, Gambino, Luchese und Genovese.

In einem geheimen Ermittlungsbericht des FBI heißt es über seinen schnellen Aufstieg: »Vyacheslav Ivankov hat derzeit die Aufsicht über die profitablen und hochentwickelten kriminellen Aktivitäten der eurasischen OK in den Vereinigten Staaten. Die Ivankov-Organisation hat ihren Sitz in Brooklyn, New York, mit sich schnell entwickelnden Operationsbasen in Miami, Florida; Boston, Massachusetts; Denver, Colorado, und Los Angeles, Kalifornien. Die Ivankov-Organisation hat derzeit die Aufsicht über die Aktivitäten der ›Organisazija‹, der ersten und bedeutendsten eurasischen OK-Gruppe in den USA. Er hat auch Verbindungen zu der mächtigen Solnzewskaja-Gruppe mit Sitz in Moskau. Zu deren lukrativsten kriminellen Aktivitäten gehören Versicherungs- und Kreditkartenbetrug, Erpressung und Hinterziehung von Kraftstoffverbrauchssteuer. Diese Aktivitäten bedeuten einen Verlust von Milliarden Dollar für die private Industrie sowie die Bundes- und Staatsregierung in den Vereinigten Staaten. Der Drogenhandel durch die Organisazija nimmt zu, und sie benutzt dabei Routen über Südostasien, Südamerika und die Vereinigten Staaten. Um ihre kriminellen Aktivitäten zu erleichtern, hat die Ivankov-Organisation mindestens eine Scheinfirma eingerichtet und setzt viele andere für die Geldwäsche und die Einreise von Partnern in die Vereinigten Staaten ein.«[23]

Am 8. Juni 1995 stürmten Dutzende FBI-Beamte sein Apartment im 22. Stock eines Hochhauses in »Little Odessa«. Sie mußten die Tür aufbrechen. »Er tobte wie ein Verrückter, und selbst als wir ihm die Fingerabdrücke abnehmen wollten, wehrte er sich so, daß wir ihm die Finger mit Gewalt öffnen mußten«, erinnert sich einer der FBI-Beamten. Inzwischen hat Ivankov einen Staranwalt engagiert. Das Honorar haben »Diebe im Gesetz« aus Moskau sofort überwiesen: drei Millionen Dollar. In Ermittlungsakten des Moskauer Innenministeriums steht, Ivankovs dreißigjähriger Sohn Eduard sei der in

Österreich residierende Pate »Edo«. Er bewohnt ein luxuriöses Penthouse in Wien. »Die Ivankovs verlassen ihre Wohnung nur, wenn sie Einladungen für Besucher aus Moskau organisieren müssen«, sagt ein Wiener Fahnder von der EDOK, der oft vergeblich versucht, Eduard Ivankov zu observieren. Ob er bei einem Treffen der Mafiapaten dabei war – wer weiß?

»Aus allen Himmelsrichtungen landen insgesamt 20 Paten der Russenmafia in Wien – die Wahlwiener Michaj und Awera sind natürlich mit von der Partie. Sie folgen der Einladung eines gewissen Vjacheslav Ivankov, genannt ›Japontschik‹, russisch für ›der kleine Japaner‹«, so der Wiener Journalist Hannes Reichmann.

Bei dem erwähnten Treffen im Wiener Hotel Marriot widmete sich die illustre Russenrunde hauptsächlich Geschäften in der alten Heimat. Wichtigster Tagungspunkt war die Klärung der Frage, wer Nachfolger des kurz zuvor in Moskau ermordeten Mafiabosses Otar Kwantriaschwili werden sollte. Weitere Themen: die Kontrolle Hunderter von Spielkasinos, die in Moskau und Umgebung seit der Perestroika wie neonfarbenglitzernde Sterne am neuen kapitalistischen Himmel erstrahlen. Über einen anderen Diskussionsbeitrag der Konferenz berichtete die Moskauer Tageszeitung »Iswestija«: »Ein Thema des Wiener Paten-Treffens war das Problem des Zusammenlebens mit den kaukasischen Mafiaclans. In Wien wurde die Taktik der langsamen Verdrängung dieser Gegner aus rein russischen Städten beschlossen.« Laut »Iswestija« fällte die Runde folgenden Beschluß gegen die »Schwarzen« (Russenjargon für Kaukasier): »Besonders hartnäckige Gegner werden mit Hilfe bestellter Killer liquidiert.«

Doch es gibt noch andere führende Mafiabosse, die sich im Wiener Marriot-Hotel getroffen hatten. Einer heißt Semion Mogilevich, genannt »Szewa«. Dieser Mogilevich gilt als Kopf der Russenmafia in Ungarn. Sein Budapester Stammlokal ist das »Black und White« – es gehört ihm. Da er nicht Ungarisch spricht, stehen ihm zwei Dolmetscher Tag und Nacht zur Verfügung.

Der Pate »Szewa«, erzählte man mir bei der ungarischen Polizei, sei ein äußerst kultivierter Mann. Und weil er sich nichts habe zuschulden kommen lassen, könne man nichts gegen ihn unternehmen. Um nicht wegen irgendwelcher Ordnungswidrigkeiten – wie zu schnelles Fahren oder Falschparken – in Schwierigkeiten verwikkelt zu werden, fährt er seinen Wagen nicht selbst, sondern hat einen Chauffeur, der ihn zugleich mit drei weiteren Leibwächtern ständig beschützt. Mogilevich beschrieb seine Laufbahn zum erfolgreichen Unternehmer gegenüber Polizeibeamten einmal folgendermaßen: »Geboren und aufgewachsen bin ich in Kiew, wo ich bis 1980 gewohnt habe. Die Schule habe ich in Logiv absolviert. 1980 wechselte ich nach Moskau, 1990 nach Ungarn. In der Sowjetunion habe ich mich mit allem beschäftigt: Ich selbst besitze in Moskau sechs Fabriken für die Holzverarbeitung, ich betreibe außerdem Geschäfte auf Flugplätzen und auf Bahnhöfen. Ich habe auch eine Firma in England und zwei in den USA. In Ungarn möchte ich eine große Fabrik kaufen und zehn Millionen Dollar investieren. Budapest liegt im Zentrum unserer Aktivitäten, und ich bin von da mit dem Flugzeug billig in Moskau. Außerdem liegt es in Europa sehr zentral. Meine Jugend verbrachte ich in der Unterwelt von Kiew, jetzt mache ich nur noch legale Geschäfte. Ich habe mich von der Unterwelt zurückgezogen.«

Vielleicht ist er von seiner Legende so überzeugt, daß er selbst daran glaubt. In Wirklichkeit ist er einer der mächtigsten Paten der Russenmafia in Europa. Seine Geschäfte in Budapest umschreibt das Wiesbadener Bundeskriminalamt beispielsweise so: »Geldwäsche, Rubelwechsel, Investitionsmaßnahmen in der Unterhaltungsbranche, Mädchenhandel, Prostitution, Erpressungen, Schutzgeld.« Auch das amerikanische FBI verfügt über zahllose Erkenntnisse über diesen Topgangster, der unbehelligt in Budapest lebt. »Die Semion-Mogilevich-Organisation mit Sitz in Budapest hat etwa 250 Mitglieder. Zu den Hauptaktivitäten der Organisation gehören der Waffenhandel, der Handel mit Nuklearmaterial, Prostitution, Drogenhandel, Handel mit Edelsteinen und Geldwäsche. Die Mogilevich-Organisation operiert in ganz Zentraleuropa, einschließlich Prag, Tschechische Republik, in Wien, Österreich, und Moskau. Ihre Aktivitäten reichen bis in die Vereinigten Staaten, die Ukraine, das Vereinigte Königreich und nach Israel. Die Organisationsmitglieder leben in Prag, Warschau, Berlin und London. Zentrum der finanziellen Operationen ist die Arigon Ltd., eine Firma, die auf den Kanalinseln registriert ist. Arigon Ltd. tätigt umfangreiche Geschäfte mit der Ukraine.«

Nach den anstrengenden Gesprächen im Nobelhotel Marriot fuhren die Beteiligten zum Wiener Brahmsplatz und suchten die Firma B.T.L. Öl-Handels-GmbH auf. Was sie dort besprachen, ist leider nicht bekannt. Vielleicht ging es ja um Ölgeschäfte? Zwei Monate später, am 22. Juli, trafen sich Michailow und Awerin mit in Deutschland lebenden Chefs der Russenmafia auf einer türkischen Yacht im Mittelmeer. Sie schipperten von einem Spielkasino zum anderen. Mit an Bord einer der großen Paten, Alimzan Tochtachunow, sowie zwei usbekische Unternehmer aus Mainz. Einer von ihnen war Berater des Gangsterchefs Ivankov. Es war nicht das einzige gemütliche Beisammensein der Topgangster. Zwischen dem 20. Dezember 1994 und dem 4. Januar 1995 fuhren Michailow, Awerin und der Mafiaboß aus Ungarn, Semion Mogilevich, ins gemütliche Tirol nach Telfs. Das von ihnen gewählte Hotel Interalpin paßte zu ihnen. Es liegt so versteckt, daß man es erst sieht, wenn man direkt davor steht. Alles ist überdimensional: die Zimmer- und Appartements, die gigantische Treppe im Foyer, der Prunk, das knisternde Kaminfeuer. Ein Dorado für die gestreßten Gäste. In mühsamem Parallelschwung ging es während des Tages die Pisten hinunter. Abends genossen sie Medaillons vom Jungschweinfilet, zum Dessert Zimtparfait und Rumpflaumen, und danach flossen in der Hotelbar Champagner und Wodka. Mit von der Partie war Leonid Bilounov, einer der engsten »Freunde« dieser Mafia-Connection, die im Hotel ins neue Jahr hineinfeierte. »Sie warfen mit Geldscheinen nur so um sich«, erinnert sich wehmütig ein Kellner des Luxushotels.

Über diesen Bilounov, alias Macintosh, der bereits im Dezember 1991 in Wien auffiel, liegen sowohl bei der österreichischen wie der französischen Polizei einschlägige Erkenntnisse vor. In einem Polizeiprotokoll aus Wien: »Leonid Bilounov, Bankier, 5. 5. 49 in Kiew, ledig, derzeit Wien 13, Schweizertalstr. 41/7, wurde am 15. 12. 1991 um 18 Uhr in Moskau durch einen Schuß aus einer Pistole Kaliber 7,65 verletzt... Dem Attentat soll eine Auseinandersetzung mit der russischen Mafia zugrunde liegen. Eine Woche zuvor wurde der Freund des Bilounov, der Bankier Alexander Petrov, in Moskau erschossen. Bilounov verläßt aus Angst vor weiteren Anschlägen am 16. 12. 1991 um 10.35 Uhr Moskau, hält sich derzeit bei seiner Lebensgefährtin Gallija auf.«

Bilounov fliegt nach Wien und läßt seine schwere Verletzung im Krankenhaus verarzten. Wenig später besuchen ihn Polizeibeamte, die mehr über den bedrohten Banker wissen wollen. In dem Gespräch gab er an, bei der Stolitschnyj Bank beschäftigt zu sein. Er sei in der Sowjetunion mit der Vermittlung von Devisen und Rubel zwischen inländischen und ausländischen Firmen in letzter Zeit freiberuflich beschäftigt gewesen. Eine makellose Legende. Tatsächlich, behauptet dagegen die Moskauer Polizei, wurde der »Freiberufler« bereits 1965 wegen Vergewaltigung und Rowdytums zu sechs Jahren Gefängnis verurteilt; 1975 wegen Rowdytums zu drei Jahren; 1978 wegen Betruges erneut zu drei Jahren und 1986 wegen Raubes und Fälschung. Bilounov hat dafür eine politische Erklärung parat. »Ich bin von den russischen Behörden immer schikaniert worden, und meine ganze Familie wurde von den Kommunisten verfolgt.«

Das war, wie gesagt, im Jahr 1991. Vier Jahre später ist in einem französischen Polizeibericht folgendes zu erfahren: »Er ist Direktor der RUSSO-Bank in Paris, hatte Kontakt zu einem Landsmann, Alexander Pawlowitsch Smolenski, dessen Ehefrau mehrere Firmen mit nicht näher definierten, jedoch lukrativen Aktivitäten besaß. Das Ehepaar verwaltete große Geldsummen unbekannten Ursprungs. Einem österreichischen Polizeibeamten zufolge war Bilounov für seine Waffenhandelsaktivitäten mit dem ehemaligen Jugoslawien bekannt und soll im Januar 1994 in Paris Alexandre Kurychov getroffen haben, der verdächtigt wird, an einem Drogengeschäft beteiligt gewesen zu sein.«

Es ist diese seit langem bestehende Vernetzung zwischen Bankern, Mafiabossen und vielleicht auch einigen ganz normalen Unternehmern sowie die Art der vielen kriminellen Geschäfte (Geldwäsche, Drogen und Waffenhandel), die das Gefährliche an der Russenmafia in Europa ausmachen.

Eher positiv fielen Michailow und Awerin in Wien auf, als sie sich im Mai 1994 in bewundernswert selbstloser Weise dafür einsetzten, ein tragisches Entführungsschicksal in Moskau zu einem guten Ende zu führen. Das Opfer: der Kaufmann Avner Kandow. Er verdiente in

Wien Millionen mit einem Geschenkartikelgroßhandel, unter anderem mit Feuerzeugen. Im Mai 1994 flog er nach Moskau und hatte das Pech, von einer Bande entführt zu werden. Die übergaben ihr Opfer wenig später einer tschetschenischen Organisation. Die Erpresser forderten nun zehn Millionen Dollar Lösegeld von Boris Kandow, dem in Wien lebenden Bruder des Entführten. Der wandte sich nicht an die Polizei, weil er wohl ahnte, daß er an der Quelle besser bedient würde. »Ich habe versucht, für meinen Bruder die beste Hilfe zu bekommen. Das war die Mafiagruppierung Solnzewskaja.« Über Umwege nahm Boris Kandow mit Sergej Michailow, dem in Wien residierenden Paten der Solnzewskaja, Kontakt auf – »ein sehr gebildeter Mann, mit dem ich allerdings niemals Geschäfte machen würde«. (Kandow)[24]

Boris Kandow, so schreibt das Bundesministerium für Inneres in Wien in einem »Lagebericht«, betreibe u. a. gemeinsam mit einem Gafour Rakhimov die Firma AGRO-PLUS K&M AG in der Schweiz. Rakhimov wiederum gilt als Führer der »Usbekischen Mafia«. Beide ersuchten nun Sergej Michailow, ihnen bei der Befreiung des Entführten zu helfen. Ein Telefongespräch zwischen Boris Kandow und Sergej Michailow wurde abgehört. Demnach sagte Michailow: »Wenn sich ›Malik‹ um die Befreiung deines Bruders bemüht, wird ›Yaponchik‹ in New York dafür sorgen, daß dem ›Malik‹ bei seinen Problemen mit dem Geschäft geholfen wird.« Mit »Malik« war der in Moskau bekannte Mann der tschetschenischen Mafia, Movlady Batyrow, gemeint. Batyrow und ein weiterer Anführer einer tschetschenischen Mafiagruppe in Moskau wurden daraufhin von Michailow ultimativ aufgefordert, bei der Befreiung von Avner Kandow mitzuwirken, andernfalls sei in Moskau »mit Krieg« zu rechnen. Diese Absprachen und Drohungen sowie das Einschalten des New Yorker Mafiapaten Ivankov deuteten darauf hin, daß es bei der Lösung des Entführungsfalles um mehr ging, als ein armes Opfer zu retten, zumal pro Tag in Moskau um die 30 Menschen das gleiche Schicksal erleiden.

Als nächsten Schritt ersuchte Michailow den in Tschetschenien berüchtigten Akhmed Noukhaev, genannt »Hosa«, um die Koordinierung der Verhandlungen in Grosnyj. »Hosa« war vor den Bürgerkriegskämpfen in Tschetschenien einer der einflußreichsten Männer. Und die Befreiungsaktion ging weiter. Am 2. Juni 1994, gegen 18 Uhr, landete auf dem Wiener Flughafen Schwechat eine »Gulfstream«, die aus Brüssel kam. Aus dem Privatjet stiegen Michailow und Wiktor Awerin.

Besitzer des Flugzeuges ist die Firma SEABECO in Zürich. Dabei handelt es sich um ein Unternehmenskonglomerat, das von einem Boris Birshtein kontrolliert wird. Einschlägig bekannt wurde die Firma Anfang der neunziger Jahre, als versucht wurde, einen Teil der spurlos verschwundenen Gelder der KPdSU aufzuspüren. Inzwischen läuft in der Schweiz gegen das Unternehmen ein Verfahren wegen Geldwäsche. Der BND behauptet: »Es ist ein KGB-Unternehmen.«

In die Verhandlungen um die Befreiung des Entführten schalteten sich außerdem noch zwei weitere »Autoritäten« ein. David Sanikidze, Spitzname »Der Georgier«, der in Wien lebt, und Semion Yudkovich Mogilevich (Stützpunkt Budapest).

Das gemeinsame massive Vorgehen, eine bis dato ziemlich einmalige Sache, machte sich bezahlt. Die Geisel, die inzwischen nach Tschetschenien gebracht worden war, wurde »befreit« und kehrte nach 43 Tagen wohlbehalten wieder nach Wien zurück. Bezahlt habe er nichts für diese Hilfe, sagt der glücklich befreite russische Kaufmann, was ihm keiner so richtig abnehmen will. Boris Kandow, über den das Wiener Innenministerium in einem Lagebericht im Frühjahr 1995 behauptete, sein Geschäftspartner sei der »Führer der usbekischen Mafia«, schwört übrigens auf seine guten Kontakte zum ehemaligen österreichischen Innenminister Karl Blecha. Der verdient inzwischen sein Geld als Markt- und Sozialforscher in Osteuropa. Mit Blecha flog Boris Kandow im Sommer 1995 gemeinsam nach Usbekistan, um einen für 1997 geplanten Staatsbesuch von Bundeskanzler Franz Vranitzky vorzubereiten. »Nach Arbeitsgesprächen mit 12 Ministern und einer dreieinhalbstündigen Unterredung mit dem usbekischen Präsidenten Islam Karimow flog das Duo Kando & Blecha nach Wien zurück, wo es im Bundeskanzleramt seinen Bericht ablieferte.«[25]

Sergej Michailow wiederum genießt andere Beziehungen, beispielsweise zu dem Armenier Armen Armenakovich G., der am Wiener Parkring residiert. G. ist Gesellschafter und Geschäftsführer einer Handelsagentur – fand die Wiener Sicherheitspolizei heraus – und gilt als Mitglied der sogenannten »Karabach-Bewegung«, der »Armenischen Mafia«. Ein Mann, der nach Auskunft des Moskauer Ministeriums für Sicherheit bei den blutigen Auseinandersetzungen zwischen Armenien und Aserbeidschan massiv am illegalen Waffenhandel partizipiert haben soll. Außerdem wird er des Gold-, Diamanten- und Platinschmuggels im großen Stil verdächtigt, den er mit einer polnischen Staatsangehörigen, die in Deutschland lebt, organisieren soll. Auch dieser Armenier versucht inzwischen, in den Handel mit Öl- und Ölprodukten einzusteigen. Resümee aus dem Wiener Innenministerium: »Die Gruppe Solnzewskaja mit ihrem Anführer Sergej Michailow wird in Österreich als die am aktivsten russische kriminelle Gruppierung angesehen. Offensichtlich wird nunmehr von dieser Mafiabande versucht, in den Handel mit Öl und Ölprodukten einzusteigen, was aus Sicht der Wiener Polizei zu einer Konkurrenzsituation mit bereits etablierten Organisationen führen wird, die in einer gewaltsamen Auseinandersetzung enden könnte.«

Nach diesem Versuch, das enge Beziehungsgeflecht nur einiger Mafiabosse und ihrer Organisationen, die von Wien aus agieren, aufzulösen, ist es Zeit, wieder nach Berlin zurückzufinden, und zwar zu dem Treffen im Holiday Inn. Denn Michailow und Awerin sind ja nach Berlin geflogen, um »Freunde« aufzusuchen. Die mieteten ihnen zwei Luxussuiten, bezahlten auch gleich mit einer Kreditkarte für die Zimmer der »Paten«. In den folgenden drei Tagen galt es, die vielfältigen Interessen und Geschäfte zu organisieren. Vielleicht auch, einen kleinen Teil der insgesamt 1,3 Milliarden Dollar gewinnbringend zu investieren, die in den letzten vier Jahren von der russischen Mafia nach Deutschland transferiert wurden. Von diesem Betrag gehen jedenfalls die russischen Sicherheitsbehörden aus, meldete das russische Fernsehen.

Äußerst zuvorkommender Gastgeber der wichtigen Männer aus Wien war der Unternehmer Alexander B. Polizeiakten und Finanzamt bezeichnen ihn als einen Mann der Exilrussenmafia. B. sieht darin eine üble Unterstellung. Denn Alexander B. ist natürlich ein ehrenwerter Geschäftsmann, Inhaber einer seriösen Firma, und die handelt laut Handelsregister offiziell mit Waren aller Art, hat die verschiedensten Handelsvertretungen. Gerne erzählt Alexander B., wenn er nicht gerade nach Monaco oder Moskau jettet, daß er Lebensmittel nach Rußland liefere, legal, offiziell, und diese auch ordentlich versteuere. Er habe natürlich nichts mit der Mafia zu tun, lehne diese sogar ab. Und was die Gespräche mit Michailow und Awerin angehe, so habe er mit ihnen über die Lieferung von Speiseeis gesprochen.

Herr B., der verschweigt, daß er Inhaber zweier Spielotheken ist, muß große Angst haben. An seiner Wohnungstür sind zwei Sicherheitsschlösser angebracht und zusätzlich eine Zahlenschloßkombination. Die Wohnung ist außerdem mit einer Alarmanlage ausgestattet, und an der Fensteraußenfront des Mehrfamilienhauses hat er eine Sirene und Scheinwerfer installieren lassen.

Bislang sind die Wiener Ermittler fest davon überzeugt, daß es sich bei diesem Treffen im Frühjahr 1995 in Berlin um ein weiteres »Toptreffen« russischer Mafiapaten in Europa gehandelt hat.

Man könnte ein vorläufiges Fazit ziehen: Alte traditionelle Gruppen der Russenmafia, die sich in der Vergangenheit über Steuerbetrügereien und Schmuggelgeschäfte in den Bereich der Wirtschaftskriminalität hochgearbeitet hatten, kooperieren jetzt, je nach Bedarf, wissentlich oder nicht, mit den neuen kriminellen Mafiasyndikaten.

Was verbindet einen Moskauer Veteranenverband mit Deutschland?

In einem Moskauer Außenbezirk, so hatten mir Ermittler der Polizei erzählt, sollte ein Unternehmen zu finden sein, das in Europa und Deutschland strategische Rohstoffe und Waffen aller Art zu Schleuderpreisen anbietet. »Von diesen Firmen gibt es so unendlich viele. Welche neuen Erkenntnisse bringt ein weiterer Name, eine weitere Firma«, überlegte ich bei der Hinfahrt zur angegebenen Adresse. Die Reise hat sich gelohnt, nachdem sich herausstellte, unter welchem Dach sie untergebracht ist. Sie unterhält ihre Büros in einem zweistöckigen, mit kleinen Zwiebeltürmen verzierten rosafarbenen Gebäude am Gogolewskij Boulevard Nr. 4. Neben dem Gebäude, vor einer Bushaltestelle, stehen große Schaukästen voller Fotos heroischer Kämpfer der Sowjetarmee. Unter dieser Adresse versteckt sich also diese »Altair«: im Hauptquartier des »Verbandes der Veteranen der sowjetischen Streitkräfte«. 1994 hat sie in Deutschland, gegen die stattliche Summe von 21 Millionen Dollar, Rohstoffe aller Art angeboten, darunter auch radioaktives Material. Das schreibt zumindest ein Alexej Karpiouk, Generalmanager von Altair, an die Münchner Jefferson-Bank.

Pikant oder letztlich nur konsequent ist folgendes: Seit Ende 1995 ist Burlakow der Vorsitzende dieses sogenannten Veteranenverbandes. Matwej Burlakow war Oberkommandierender der Westgruppe der sowjetischen Streitkräfte, WGT, mit dem Hauptquartier im rund 50 Kilometer südlich von Berlin gelegenen Wünsdorf. Während seiner Dienstzeit knüpfte er ein gigantisches Schmuggelnetz, mit tatkräftiger Hilfe russischer Mafiosi, die in Rußland und Deutschland lebten. Er profitierte von einer Überlegung des damaligen Präsidenten Gorbatschow, der, um die katastrophale Finanzlage der Sowjetarmee zu mildern, einen bedeutsamen Ukas erließ. Danach war es den Militärs hinfort erlaubt, kommerzielle Aktivitäten zu entfalten. So begannen zum Beispiel Rüstungsfabriken, Waren für den zivilen Markt zu produzieren oder militärisches Überschußmaterial zu verkaufen, um das arme Militär ein wenig besser zu stellen. Von Offizieren geführte Privatunternehmen sahen das aber mehr als eine Art Selbstbedienungsladen. In Kooperation mit Mafiaunternehmen blühte innerhalb kürzester Zeit der Schwarzmarkt in den sowjetischen Kasernen in Deutschland.

Schöne Zeiten waren das für den General, zumal ein anderes Ereignis die Geschäftstätigkeit inspirierte. »Mit dem Inkrafttreten der Wirtschafts-, Währungs- und Sozialunion der beiden deutschen Republiken ab 1. Juli 1990 durfte auch die Sowjetarmee, wie ehedem schon die Westalliierten, zollfreie Waren kaufen, die überdies von Mehrwert- und Verbrauchssteuern befreit waren. Damit fingen aber auch Schmuggel- und Schiebergeschäfte an, zumal für den Fiskus die ostdeutschen Standorte der WGT Steuerausland und dementsprechend für den deutschen Zoll nicht erreichbar waren und sind.«[26]

Was die Militärs daraus machten, zeigt ein Blick in bislang unveröffentlichte Dokumente der Westgruppe. Da schreibt im November 1991 Generalleutnant E. Gorbatschuk in einem Telegramm an den Oberkommandierenden der Westgruppen, Generaloberst Burlakow: »Am 18. November 1991 fand ein Treffen zwischen dem Verantwortlichen für Proviantangelegenheiten der Westgruppe und dem Vertreter der Firma ›Whitefield Prosperity Ltd‹, Hans Peter Ulmann, statt. Dieser sprach die Bitte aus, ihn mit irgendeinem hohen Befehlshaber der Westgruppe für ein ›wichtiges Gespräch‹ zusammenzubringen. Ulmann erklärte, es handele sich um Geldmittel westlicher Valuta, welche seinen Informationen zufolge dem KGB gehören. Nach Ulmanns Meinung hat der KGB Schwierigkeiten, diese Gelder vorteilhaft in irgendeiner Weise anzulegen, und er bot seine ›Hilfe bei der Überführung dieser Mittel auf Konten der Westgruppe an, unter Einhaltung der strengsten Geheimhaltung‹.« Ulmann konnte seine Zusage einhalten, denn er war im DDR-Ministerium für Staatssicherheit ein Verantwortlicher des Bereiches Kommerzielle Koordination.

Auch eine Firma »Mir-Trade« meldete sich bei Burlakow, und zwar in einem Schreiben vom 27. Juni 1991. »Sehr geehrter Herr Generaloberst, unsere Firma bittet Sie, unser Angebot zentralgeleiteter Lieferungen von Bau- und Ausstattungsmaterialien für die Bedürfnisse des Verteidigungsministeriums der UdSSR zu begutachten. Gegenwärtig verfügen wir über gute Möglichkeiten der Lieferung folgender Waren.« Es folgen Güter wie sanitärtechnische Ausrüstung, Tapeten, Lacke und Farben bis zu Holzverkleidungen. In einem anderen Schreiben der Mir-Trade an Burlakow heißt es: »Ausgehend von den partnerschaftlichen Interessen und geleitet von humanitären Überlegungen kündigt die Firma MIR ihren Wunsch an, der Westgruppe humanitäre Hilfe in Höhe von einer Million DM zukommen zu lassen. Diese Mittel werden entweder als Warenlieferungen oder durch Geld bereitgestellt.«

So gesehen, war es nicht weiter verwunderlich, daß die Firma Mir-Trade bei der Truppenversorgung der Westgruppe fast alle Aufträge erhielt, trotz billigerer Konkurrenz. Wie schrieb damals Generalleutnant Isakow von der Westgruppe: »Im Vergleich der 14 Firmen, die wie Mir-Trade Angebote abgegeben haben, würde die Westgruppe bei einer Orientierung an den ›Mir-Preisen‹ 10,6 Millionen DM verlieren, begäbe sich zudem der Möglichkeit, Konkurrenz auszunutzen, um die Preise im Lauf des Jahres zu senken. Mir-Trade erhielt 50 Prozent aller Aufträge und lieferte Waren, die sonst niemand kaufen würde.« Allein in den ersten acht Monaten 1991 sind für mehrere Millionen Mark minderwertige oder teils verdorbene Lebensmittel an die GUS-Streitkräfte verkauft worden, berichtet Militärstaatsanwalt Kurus.[27] Aufgefallen ist die Mir-Trade unter anderem wegen Bestechung des ehemaligen Leiters der Einkaufsgenossenschaft in Leipzig. Russische Sicherheitskräfte schätzen den Verlust für die Streitkräfte auf 40 bis 50 Millionen Mark. »Obwohl alle Verantwortlichen von der schlechten Qualität der Lieferungen wußten, gab es Anweisungen aus Moskau, Verträge mit Mir-Trade abzuschließen.«[28]

Die Firma Mir-Trade gilt bei den deutschen Polizeibehörden als ein Unternehmen der Exilrussenmafia. Viel wurde bestellt und nicht immer alles geliefert, obwohl russische Armeeangehörige auf sogenannten Abwicklungsscheinen quittierten. Die Lieferanten kassierten die

Gewinne aus den zoll- und steuerfreien Waren, und die landeten dann auf dem schwarzen Markt. Als besonders einträglicher Geschäftszweig der Offiziere und Generäle der Westgruppe stellten sich außerdem die Waffenverschiebungen heraus.

Sergej Juschenko, Vorsitzender des Parlamentsausschusses für Verteidigung, beschrieb es so: »Die Züge mit dem militärischen Gerät, die von Deutschland nach Rußland kamen, hätte man gleich zur Müllkippe umlenken können. Aber wo blieben all die Ausrüstungen, die noch in jüngerer Zeit extra für unsere Truppen in Deutschland angeschafft und dorthin geschickt wurden?« Sie wurden verscherbelt, weltweit, besonders ins vom blutigen Bürgerkrieg zerrissene Ex-Jugoslawien.

»Burlakow hatte in all diesen dreckigen Geschäften seine Hände drin«, behauptet man sowohl beim Berliner Landeskriminalamt wie auch im Wiesbadener BKA. Die Rede ist von mindestens 17 Millionen Mark, die er auf ausländische Konten verschoben haben soll. Luxemburg gilt für die gesuchten Gelder als erste Anlaufadresse. Die deutschen Medien berichteten bereits 1992 ausführlich über die Praktiken hoher Generäle in der Westgruppe WGT. Unter Berufung auf eine Vorlage des Verteidigungsministeriums in Bonn berichtete die »Welt am Sonntag«: »Die Truppen in Ostdeutschland sind zunehmend in illegale Geschäfte, Schiebereien und in den Aufbau der Organisierten Kriminalität verwickelt.« In Deutschland, so der Bericht, sollte bis dahin schon ein Schaden von 150 Millionen Mark entstanden sein.

Die Vorwürfe richteten sich insbesondere gegen Burlakow. Sie wurden auch von Aslambek Aslachanow, dem Vorsitzenden des Antikorruptionsausschusses der Russischen Föderation, erhoben. In seinem Untersuchungsbericht hieß es 1992: »Amtsmißbrauch, Bereicherung des Offizierskorps, Schmuggel, illegale Devisengeschäfte und Schaffung von Mafiastrukturen innerhalb der Armee.«[29] Gleichzeitig klagte der Leiter der parlamentarischen Gruppe »Reformen und Armee«, die WGT sei in unerlaubte Geld- und Warentransaktionen mit Banken und Unternehmen in Rußland involviert: in den illegalen Verkauf von hochwertigen Alkoholika aus Armeedepots, in illegale Waffengeschäfte und diverse Veruntreuungen. 1993 wurden in deutschen Zeitungen die Vorwürfe gegen den Generaloberst wegen krimineller Schiebereien unüberhörbar. Prompt dementierte der Beschuldigte.

Anfang Februar 1993 lud er sogar zu einer Pressekonferenz in sein Hauptquartier in Berlin ein. »Es gibt keine organisierte Kriminalität, und wir haben uns nichts zuschulden kommen lassen«, wurde er später in den Zeitungen zitiert. Den Abschluß der Pressekonferenz krönte ein Videoband, das den Teilnehmern vorgespielt wurde. Martialische Chöre besangen die Glorie des Soldatentums, während ein ärmlicher Imbiß in den riesigen und prunkvollen Sälen Offiziere und Besucher darüber nachsinnen ließ, »wie sehr Anspruch und Wirklichkeit auseinanderklaffen können«, so die »Neue Zürcher Zeitung«. Denn in den Kasernen der sich auf den Abzug vorbereitenden sowjetischen Truppen blühte zwangsläufig der Schwarzhandel, gediehen kriminelle Clans. Der einfache Soldat, der nicht einmal genügend zum Essen hatte, versuchte seine kleinen Geschäfte vor den Toren der Kasernen abzuwickeln, Kasernen, die einst völlig abgeschottet waren. Er bot Nachtsichtgeräte, Medaillen und Zigaretten an. Inzwischen hatten sich die Kasernen der glorreichen Sowjetarmee in große Basare verwandelt. Eine Mafiabande verscherbelte Waffen: 60 000 Kalaschnikows und Pistolen verschwanden innerhalb kürzester Zeit, Boden-Luft-Raketen wurden für 800 Mark gehandelt. Nicht die kleinen Soldaten machten dieses einträgliche Geschäft, um ihren kümmerlichen Sold aufzubessern. Die lukrativen Verkäufe und Gegengeschäfte waren den Offizieren und insbesondere bestimmten Generälen vorbehalten. Sie wiederum konnten nur deshalb erfolgreich dealen und betrügen, weil ihnen kriminelle Handlanger außerhalb der Kasernen zu Diensten waren. Und so landet man zwangsläufig wieder bei den diversen Mafiaclans.

Nach dem endgültigen Abzug der sowjetischen Truppen aus Deutschland, mit viel militärischem Pomp und steifem Stechschritt gefeiert, umarmte und küßte Präsident Jelzin Burlakow. Dessen Chef, Verteidigungsminister Pawel Gratschow, wußte, wie wichtig Burlakow ist, verbanden sie doch längst dubiose Geschäfte. Anfang 1992 war Gratschow Mitbegründer und Direktoratsvorsitzender einer Fluggesellschaft »Aviakon«, obwohl das Gesetz zur Bekämpfung der Korruption allen Staatsbeamten die Leitung kommerzieller Unternehmen und die Beteiligung an Aktiengesellschaften untersagte. Wer wie Gratschow dienstliche und private Interessen derart harmonisch vereinen kann, der sieht in Burlakow einen engen Verbündeten im Geist der Marktwirtschaft. Und so setzte er Burlakow bei Jelzin als seinen Stellvertreter durch, obwohl Jelzins persönliche Berater den skandalbelasteten Burlakow ablehnten.

»Wer da sagt, daß eine ganze Armee von Mafiosi in Rußland arbeitet, der weiß gar nicht, wie nahe er der Wirklichkeit ist. Unsere russische Armee steigt ganz real in die Welt des Organisierten Verbrechens ein«, schrieb der junge Moskauer Journalist Dmitrij Cholodow im Herbst 1994 in der Zeitung »Moskowskij Komsomolez«. Er ahnte da wohl noch nicht, daß er der Wahrheit zu nahe gekommen war und deshalb sterben mußte.

Burlakow blieb bis Anfang November 1994 auf seinem hohen Posten, dann war er nicht mehr zu halten. Seine Ablösung wurde damit begründet, daß es nötig sei, »die Ehre der russischen Streitkräfte, ihres Oberkommandos sowie die Autorität der russischen Staatsmacht in Verbindung mit den gegenwärtigen Untersuchungen« zu schützen. Was war geschehen? Der kommerzielle Held der sowjetischen Streitkräfte geriet nach der Ermordung des Journalisten Dmitrij Cholodow ins Kreuzfeuer kritischer Medien. Der junge Moskauer Journalist hatte über Korruption in der Westgruppe recherchiert und sollte Anfang Oktober 1994 bei einem Parlaments-Hearing in der Staatsduma als Zeuge aussagen. Cholodow hatte dem Vorsitzenden des Komitees für Verteidigung versprochen, bislang unbekannte Dokumente über den Waffenhandel vorzulegen, die höchste Generäle der früheren Westgruppe belasten würden. Waffenlieferungen der Westgruppe an kroatische Hintermänner, u. a. Antonow-72-Flugzeuge, MI-8-Hubschrauber, Panzer und Makarow-Pistolen. Für die sollten Millionen Mark, angeblich über rumänische Konten, an den Verteidigungsminister bzw. seinen Stellvertreter geflossen sein.

Verteidigungsminister Gratschow sollte außerdem über ein geheimes Konto bei der Deutschen Bank in Zossen (Brandenburg) verfügen. Auf dieses, so die Moskauer Zeitung »Segódnja«, seien 20 Millionen Dollar geflossen – ebenfalls Erlöse aus Waffenverkäufen der aus Deutschland abziehenden sowjetischen Streitkräfte.

Am Montag, dem 17. Oktober 1994, unterrichtet Cholodow seinen Ressortchef, daß er zur Gepäckaufbewahrung am Kasaner Bahnhof gehen werde. Dort hätte ein einflußreicher Mann des früheren KGB Dokumente in einem Schließfach für ihn deponiert. Im Schließfach sei ein Aktenkoffer mit diesen Dokumenten über die Westgruppe, die er bis 14 Uhr auswerten könne. Cholodow fuhr zum Bahnhof. »Er kehrte in die Redaktion zurück«, beschreibt der Moskauer »Zeit«-Korrespondent Christian Schmidt-Häuer die letzten Sekunden im Leben des jungen Journalisten, »und ging über den langen, schmalen Gang, der zumeist von Journalisten übervölkert ist, die kein eigenes Arbeitszimmer in den beengten Räumen dieser Tageszeitung mit 1,3 Millionen Auflage haben. Im vorletzten Zimmer gegenüber der ›Abteilung für Moral und Recht‹ öffnete er um 13.15 Uhr den Koffer. Die Plastikbombe mit einem komplizierten Zünder, wie ihn nur Diversionsabteilungen benutzen, detonierte mit einem Druck, der die Korridore erbeben ließ. Dmitrij lebte noch eine Stunde. ›Das hätte nicht sein müssen, schade‹, waren seine letzten Worte.«[30]

Und an dieser Stelle landet man wieder bei der Moskauer Tarnfirma Altair, die so hemmungslos bereit ist, die Rohstoffe des Landes billig im Westen zu verscherbeln. Burlakow wechselte bekanntlich vom Verteidigungsministerium, als er nicht mehr zu halten war, auf einen nicht weniger lukrativen Posten, eben zum »Veteranenverband«, der für die sozialen Belange der ehemaligen sowjetischen Streitkräfte mit aller Macht eintritt. Nur wurde bislang verschwiegen, wer und was sich wirklich hinter diesem Verband versteckt – die Firma Altair. Und so betrachtet, sitzt Burlakow jetzt gewiß an den richtigen Schalthebeln, um viel Gutes für die Streitkräfte zu tun, so wie er es bereits in seiner Zeit als Oberkommandierender der Westgruppe in Deutschland praktiziert hat.

Übrigens scheinen Veteranenverbände in Rußland Konjunktur zu haben. Unter der simplen Organisationsbezeichnung »Veteranenclub« haben sich von Boris Jelzin entlassene hochkarätige Ex-Geheimdienstoffiziere dort zusammengeschlossen. Dem Club sollen

600 Mitglieder angehören. Sie tragen als Zeichen des »staatlichen Patriotismus« einen achteckigen Stern sowie eine Uhr mit Sowjetstern und der Inschrift »KGB«. Die Parole des Clubs lautet: »Heiße Herzen, kühler Verstand, saubere Hände.« Sein Ziel: Teile der russischen Wirtschaft, der Banken und des öffentlichen Lebens zu beherrschen und sie seinem Einfluß zu unterwerfen.

Rückblick auf die Geschichte und Konsequenzen

Es gibt ein Problem, ein großes sogar, und das hat viel mit der Geschichte der UdSSR, der KPdSU, dem KGB auf der einen und den kalten Kriegern im Westen auf der anderen Seite zu tun. Das Problem besteht darin, daß die rechten und rechtsextremen kalten Krieger in Westeuropa heute triumphierend sagen: »Seht, wir haben es euch doch schon immer gesagt, das sowjetische System ist ein kriminelles, ein menschenverachtendes, eines, in dem die stalinistischen Politkader das Volk bluten ließen.« Diese alten kalten Krieger haben nun ein neues Feindbild: die russische Mafia. »Die russische Mafia ist der Staat selbst«, so Hans Graf Huyn, einst rechter Scharfmacher der CSU im Bundestag. Sie sei nichts anderes als eine logische Fortsetzung der von ihm und seinen Freunden schon immer bekämpften kommunistischen Herrschaft.

Diese Kämpfer für die »Freiheit« vergessen – und nicht nur, weil der Kalk in ihren Köpfen rieselt –, daß sie selbst mit einem demokratischen System und einer demokratischen Wirtschaft im Westen noch nie viel anfangen konnten, sondern in der Vergangenheit alles daransetzten, Forderungen nach einem Mehr an Demokratie und sozialer Gerechtigkeit zu denunzieren. Ihr Antikommunismus war das gefährliche Amalgam, das mafiose Banden im Westen mit neofaschistischen Organisationen und erzkonservativen Kräften verband, die natürlich nur Gutes im Sinne hatten: die roten Teufel in Moskau zu bekämpfen. Daß beispielsweise die Wege der türkischen Drogenmafia direkt in die Schaltzentralen der türkischen Grauen Wölfe und des faschistischen Parteiführers Alparslan Türkes führten – das wurde gnädig übersehen, kämpften die doch in der Türkei gegen die »gottlosen Kommunisten«.

Ein weiteres gravierendes Beispiel dieser ideologisch schlüpfrigen Doppelmoral ist die italienische Loge P 2. Eindeutige Absicht der Loge, in der Politiker, Bankiers, Rechtsextremisten und die Mafia die Fäden zogen, war in den siebziger Jahren die Verschwörung gegen die bestehende italienische Verfassung und die Lenkung von rechtsextremen Terroristen, um das demokratische politische System in Italien zu destabilisieren. Das alles sei in Erinnerung gerufen, wenn die rechten Freiheitskämpfer über die russische Mafia sprechen. Für sie ist der Kampf gegen die wuchernden russischen Verbrechersyndikate ein ideologischer Kampf und deshalb von vornherein verloren.

Trotzdem bleiben Wahrheiten. Und die betreffen bestimmte Einschätzungen des sowjetischen Systems und dessen Nährboden für die Entstehung der kriminellen Mafiaorganisationen, die heute so viele das Fürchten lehren. Deshalb ist auch nicht alles falsch, was aus dieser politischen Ecke herausposaunt wird. Auf merkwürdige Weise verbinden sich daher zwei ganz gegensätzliche politische Ausgangspunkte zu einer gemeinsamen Erkenntnis: »Ein Land in den Händen der Mafia.«[31]

Die Schattenwirtschaft

Erst die Geschichte des sowjetischen Imperiums läßt einigermaßen begreifen, warum und wie die einflußreichen kriminellen Machtstrukturen entstehen konnten, die heute in der Ex-UdSSR das Leben der Menschen zur Hölle machen und alle demokratischen Entwicklungen, die zu etwas mehr sozialer Gerechtigkeit führen könnten, blockieren. Der totalitäre Staatsdirigismus, das Fehlen jeglicher demokratischer Partizipation, die grausame Menschenverachtung, die kommunistische Oligarchie: sie waren in der Sowjetunion der Boden, auf dem, weltweit einzigartig, eine kriminelle Schattenwirtschaft erblühen konnte. Weil die dirigistische, vom Moskauer Zentralkomitee gelenkte Wirtschaft nicht in der Lage war, die einfachsten Bedürfnisse der Menschen zu befriedigen, zumal ein großer Teil der Ressourcen nur in den militärisch-industriellen Komplex floß. In dieser Situation entstand eine zweite Wirtschaft, die Schattenwirtschaft. Sie allein war in der Lage, die Versorgung der Menschen – wenn auch zu teuren Preisen – zu gewährleisten, ob mit Konsumgütern, dringend benötigten Medikamenten, Lebensmitteln, Baustoffen, Kraftfahrzeugen oder anderen Gütern, die auf dem regulären, staatlich kontrollierten Markt nicht zu erhalten waren.

»Durch Korruption, politische Einflußnahme oder blanke Bedrohung wurden Quoten der Planwirtschaft manipuliert und Warenströme umgelenkt, Milliarden von Rubeln verschwanden in den Taschen der Politmafia, während das Volk hungert.«[32] Der Betrug regiert. Riesige Geldsummen, die ohne jegliche Warendeckung aus der zentralen Staatskasse in Moskau in die Kassen der einzelnen Republiken gepumpt wurden, dienten vor allem der persönlichen Bereicherung der regionalen Mafiagrößen. Sie mußten einiges davon zur Bestechung der politischen Kader vor Ort abführen: Das war die Geburtsstunde der Korruption eines kommunistischen Systems.

In dieses System des Nehmens und Gebens waren einfache Kriminelle ebenso verwickelt wie höchste staatliche Würdenträger der KPdSU, sowohl in den sowjetischen Republiken wie im Kreml selbst. Je mehr Politkader und Direktoren der staatlichen Betriebe oder Kolchosen im Laufe der Zeit von diesem System profitierten, um so fester wurden die Beziehungen zu den kriminellen Clans. Diese waren bald weit mehr als nur ein Instrument, um der Nomenklatura ein luxuriöses Leben zu gewährleisten. Das stand natürlich alles in krassem Widerspruch zu einem der vielen schönen Lehrsätze über die Gesetze des ökonomischen Sozialismus, den Studenten der einschlägigen kommunistischen Fakultäten auswendig kannten. Diese »Gesetze des ökonomischen Sozialismus ermöglichen auf der Basis der sozialistischen Produktionsverhältnisse – entsprechend dem gesellschaftlichen Entwicklungsstand – vom Objektiven und Materiellen her ein Optimum an Harmonisierung der individuellen, kollektiven und gesamtgesellschaftlichen Belange, ein Optimum an Wahrnehmung der persönlichen Interessen des einzelnen und tendieren somit zur Vermeidung derart zugespitzter Widersprüche zwischen Individuen und Gesellschaft, die zur Kriminalität führen können.«[33]

Wenn denn fulminante Wörter und Sätze das Gerüst einer Ideologie sind, dann wird im Spiegel der Realität das gesamte Lügengebäude hinter dieser Ideologie erkennbar – eine einzigartige Absurdität mit fatalen Konsequenzen für die Menschen.

Denn man konnte ja die Entwicklung ganz anderer Gesetzmäßigkeiten verfolgen, als Mitte der siebziger Jahre begonnen wurde, mit bescheidenen Wirtschaftsreformen eine sozialökonomische Basis entstehen zu lassen, die den Kriminellen mit »hinreichenden Mitteln zur Korrumpierung des staatlichen Verwaltungsapparates ausgestattet hat«. Eine der tragenden Säulen der heutigen Ost-Mafia ist die durch und durch »voll ausgebildete Korrumpierung aller öffentlichen und halböffentlichen Einrichtungen, ohne die ein so rasches Aufblühen des Organisierten Verbrechens im Osten völlig undenkbar ist«.[34] Diese These stützt auch Alexander Gurow. »Das Organisierte Verbrechen«, so Gurow, »hat sich seit 1985 entwickelt.« Gurow definiert das Organisierte Verbrechen als eine von den offiziellen Machtorganen gedeckte illegale Gewinnerzielung. »Es ist aus der Schattenwirtschaft, wie man die illegale marktwirtschaftliche Komponente der zentralen Planwirtschaft nannte, entstanden.«[35]

Das Entstehen einer mafiaähnlichen Bruderschaft, der kommunistischen Nomenklatura und der Mafia, hat Tradition. Genauso wie der vergebliche Kampf dagegen. Zwar wurden lokale Parteichefs ersetzt durch Männer, die Erfahrung mit staatlichen Machtinstrumenten hatten. In der Regel waren das Angehörige des KGB.

Bereits 1969 wurde der 1. Sekretär des ZK der KPdSU von Aserbeidschan wegen Korruption durch Geidar Alijew ersetzt. Der führte die bestehende Schattenwirtschaft samt der Korruption erst zur richtigen Perfektion und durfte sich daher innerhalb kürzester Zeit einer jener 20 000 Millionärsfamilien zugehörig fühlen, die im kommunistischen System gleichzeitig politische Macht verkörperten.

Usbekistan, die reiche Republik, in der überwiegend das »weiße Gold« Baumwolle angebaut wurde, ist das beste Beispiel für diese Entwicklung gewesen. Während der dreiundzwanzigjährigen ungebrochenen Herrschaft des ZK-Sekretärs Scharaf Raschidow, des Trägers von zehn Leninorden, erlangte die lokale Mafia die totale Kontrolle über die staatlichen Verteilungsstellen.

Die Macht der regionalen Parteisekretäre war absolut, sie kontrollierten auf der lokalen Ebene alles. Das große Geld kassierten die kriminellen Clans, indem sie die Produktionsziffern für Baumwolle auf dem Papier künstlich in die Höhe trieben. Das hatte den unschätzbaren Vorteil, daß entsprechend mehr Geld aus der zentralen Kasse in Moskau nach Usbekistan floß. Als Scharaf Raschidow die grandiosen Betrugsmöglichkeiten erkannte, stellte er die usbekische Wirtschaft ausschließlich auf Baumwollproduktion um und ließ damit das Land zu einer eintönigen Monokultur verkommen.

Betrug und Bestechung – das war das System, in dem die Clans und die von ihnen abhängigen Politfunktionäre gerade in der Ära Leonid Breschnews, des Generalsekretärs des ZK der KPdSU und Vorsitzenden des Präsidiums des Obersten Sowjets der UdSSR, einen unvorstellbaren Reichtum horten konnten. Ein Feudalsystem entstand, in dem das sowjetische Gesetz schließlich obsolet wurde. Dazu paßt, daß einer der kriminellen Clanchefs sich ein eigenes Gefängnis bauen konnte, in dem er seine aufmüpfigen Feinde oder Konkurrenten einsperrte.»Wahrscheinlich veranschaulichte die usbekische treffender als jede andere Mafia das Wesen und die Entwicklungsrichtung des wirtschaftlichen und politischen Systems der Sowjetunion, das logischerweise dazu führen mußte, daß der Gesellschaft viele Milliarden an Verlusten entstanden, während der gigantische Mafia-Clan ebenso viele Milliarden an Gewinnen einstreichen konnte.«[36]

Wohlhabend konnte nur der werden, der es verstand, seine politische Macht im Sinne der kriminellen Organisationen einzusetzen. Ob der Vorsitzende des Konsumverbandes, der Chef der Handels- und Aufkaufzentrale, der Chef der Hauptverwaltung Handel, der Direktor des baumwollverarbeitenden Betriebs, der Leiter der städtischen Kommunalwirtschaft oder der Direktor des Dienstleistungskombinats – alle arbeiteten Hand in Hand mit der regionalen Mafia.

Das offizielle Parteiorgan der KPdSU meldete am 23. Januar 1988, fünf Jahre nachdem eine Untersuchungsgruppe der Staatsanwaltschaft, unter Führung von Telman Gdlyan, die usbekische Mafia glaubte zerschlagen zu haben:»In den letzten fünf Jahren wurde eine Reihe führender Kader inhaftiert – darunter ehemalige ZK-Sekretäre der Kommunistischen Partei Usbekistans, erste Sekretäre von Gebiets-, Stadt- und Kreiskomitees der Partei, der Vorsitzende des Ministerrats der Republik, der stellvertretende Vorsitzende des Obersten Sowjets Usbekistans, der Geschäftsführer des ZK der Partei, der erste Stellvertreter des Ministers des Inneren der UdSSR, der Minister des Inneren Usbekistans sowie drei seiner Stellvertreter, Leiter von Verwaltungen für Inneres der Gebiets, Staats- und Wirtschaftsfunktionäre.« Also der gesamte Staats- und Parteiapparat.

Jedenfalls führten die Verhältnisse nicht nur in Usbekistan dazu, daß sich ein mafioses Machtsystem im kommunistischen System einnisten konnte, einem System, das für die politischen Parteikader in Moskau zu einer Bedrohung werden konnte. War es etwa eine Bedrohung der sozialistischen Prinzipien?

Karl Marx schrieb:»Im Vergleich zu den Bedingungen der kapitalistischen Ausbeutung ist das sozialistische Verteilungssystem ungleich gerechter, weil es die wirkliche Gleichheit aller Individuen zur Grundlage hat. Alle sind Eigentümer und Produzenten; es kann niemand etwas geben ... außer seine Arbeit, und andererseits kann nichts in das Eigentum der einzelnen übergehen ... außer individuellen Konsumtionsmitteln.«[37] Eine Farce angesichts der wahren Verhältnisse in der Breschnew-Zeit.

1983, nach Breschnews Tod, rief sein Nachfolger, der ehemalige KGB-Chef Juri Andropow, die erste Anti-Korruptions-Kampagne ins Leben. Er hatte erkannt, daß die Schattenwirtschaft und die Korruption zur ernsthaften Bedrohung des zentralen Machtanspruches der Partei und des Zentralkomitees in Moskau wurde. Er setzte daher die geballte Macht des KGB ein. Innenminister General Schechelokow, dem er vorwarf, er würde mit den Kriminellen kooperieren, wurde gefeuert und beging später Selbstmord. General Lurij Churbanow und sein erster Stellvertreter, ein Schwiegersohn von Breschnew, wurden degradiert und verloren ihre bisherigen Privilegien. Merkwürdig war nur, daß sich Andropows Aktionen ausschließlich gegen die kaukasischen muslimischen Regionen richtete, die Mafia in Leningrad oder Moskau dagegen ziemlich unbehelligt blieb. Trotzdem konnte selbst Andropow die Schattenwirtschaft und ihre Profiteure nicht aushebeln.

Einiges spricht dafür, daß es weniger um den Kampf gegen Korruption oder Kriminalität ging, als der Kreml damals in bestimmten Republiken intervenierte, sondern um die Angst, daß sich eine konkurrierende Nebenregierung bilden könnte, eine Entwicklung, die sich besonders in Armenien, Georgien und anderen zentralasiatischen Republiken bereits abzeichnete. Nicht der Marxismus-Leninismus hielt diese Republiken zusammen, sondern das Beziehungsgeflecht der herrschenden Clans.

Aus der blühenden Schattenwirtschaft – ob in Usbekistan, Kaukasien oder anderen zentralasiatischen Republiken – entwickelte sich, gefördert durch die autonomen mafiosen Versorgungsstrukturen, eine nationale Identität. »Denen im weit entfernten Moskau, die uns sowieso alleine lassen, mußte man Paroli bieten, wenn sie wieder einmal einen kontrollierenden Kommissar in die Provinz schickten«, begründete ein Clanchef in Usbekistan die allgemeine Stimmungslage. Gezielt schürten sie den nationalistischen Gedanken, wobei sie eher die Unabhängigkeit bei der Ausübung ihrer kriminellen Geschäfte im Sinne hatten, unkontrolliert von der Zentralmacht in Moskau. Und ein weiteres Element kam hinzu.»Steuerliche Belastungen und Ausbeutung der mittellosen Landbevölkerung ließen am Ende Roms Äcker verfallen. Der koloniale Raubzug der Moskauer Planbehörden und die Erzwingung von Monokulturen wie zum Beispiel die Baumwollerzeugung in Usbekistan führten zur Zerstörung der traditionellen und organischen Lebensgrundlagen ganzer Regionen und häuften schon lange den sozialen Sprengstoff für den Aufstand der Völker gegen Moskau an.«[38]

Und als dann Michail Gorbatschow die neue Politik, Perestroika und Glasnost, ankündigte, explodierten die Nationalitätenrivalitäten. Konsequenterweise wird der Mafiachef Scharaf Raschidow aus Usbekistan jetzt als Nationalheld gefeiert, einer, der für die Befreiung seines Volkes kämpfte.

Am 11. März 1985 wurde Michail Gorbatschow zum Generalsekretär der KPdSU ernannt. Auf dem folgenden XXII. Parteitag der KPdSU kündigte er jene Reformen an, die den sozialen, politischen und kulturellen Bruch mit der zentralen Kommandowirtschaft herbeiführten. Unabhängig davon, versuchte er Korruption und Schattenwirtschaft zu bekämpfen, indem er beispielsweise 80 Prozent aller Mitglieder des Zentralkomitees und der ZK-Sekretäre in den zentralasiatischen Republiken aus ihren Ämtern jagte.

Die Pfründen der regionalen Parteidynastie und lokalen Mafiaclans schienen erstmals gefährdet. »Nach glaubwürdigen Berichten sollen bereits im Sommer 1987 an einem sowjetischen Schwarzmeerstrand die Chefs aller in der UdSSR operierenden mafiaähnlichen Banden konferiert haben. Die Mafiosniki sollen sich dort auf konzertierte Aktionen gegen die höchst geschäftsschädigende Perestroika geeinigt haben.«[39] Die Angst der Mafia vor der Perestroika entsprang eher einer Kurzschlußhandlung. Denn erst die von Gorbatschow durchgesetzte Liberalisierung öffnete die engen regionalen Grenzen, die der Schattenwirtschaft bislang gesetzt waren. Jetzt mußten sich die Profiteure der Schattenwirtschaft nicht mehr verstecken, jetzt erst konnte das Milliardenvermögen auf dem neuen Kapitalmarkt angelegt werden.

Nicht die Fesseln der Arbeiter fielen, sondern die der Schattenwirtschaft. Die Schattenwirtschaft in der UdSSR mit ihrem kaum zu überschätzenden Anteil an Produktion und Transaktion hat in den offiziellen Büchern und Steuerunterlagen keinerlei Spuren hinterlassen. Andererseits ist offensichtlich, daß das Bestehen dieser irregulären, nicht in den Büchern geführten Schattenwirtschaft ein gewaltiges Rubelkapital bedeutete. Die Erlöse mußten aber verborgen bleiben, konnten allenfalls für den Konsum von Luxusartikeln verwertet werden. Durch die Perestroika konnten sie in Form von »rechtmäßigen Mitteln« für Investitionen wiederauftauchen. Das Kapital der Schattenwirtschaft wurde Teil eines internationalen Systems der kriminellen Untergrundwirtschaft. Und »wie die offizielle Wirtschaft hat die Untergrundwirtschaft einen internationalen Zweig, der hauptsächlich aus Strömen ›grauen Kapitals‹ besteht. Dieses graue Kapital hat die Neigung, illegal aus dem Land zu gelangen und dabei die Wege, Banken und Institutionen zu überqueren, die die Spielflächen der Betreiber des internationalen Verbrechens sind.«[40]

In den Jahren 1987 bis 1989 wurden die ersten Schritte zur endgültigen Liberalisierung der sowjetischen Zentralwirtschaft eingeleitet. Jetzt ging es den Parteikadern, Betriebsdirektoren und mafiosen Clans darum, das bislang durch Gesetze und Exportbeschränkungen geknebelte Kapital der Schattenwirtschaft zu legalisieren und in den »freien Markt« einzubringen. Die ehemaligen Verteiler und Versorger der Schattenwirtschaft wurden Vorsitzende von Börsen, Broker, Banker oder Direktoren von neu gegründeten Staatsfirmen. Das neue Unternehmertum, in der Regel alte Politkader, war beim Investieren des schwarzen Kapitals auf die Erfahrung und Protektion durch die lokalen Mafiaclans angewiesen. Sie kannten inzwischen die Tricks, um staatliche Kontrollen oder die Zahlung von Steuern an die Moskauer Zentralregierung zu unterlaufen, damit das in der Schattenwirtschaft erzielte milliardenschwere Kapital unbehindert akkumulieren konnte.

Zwei Faktoren bestimmen die weitere Entwicklung: 1987 forderte Gorbatschow die Mitglieder der Nomenklatura und des KGB auf, mit der Privatisierung zu beginnen, Banken und Unternehmen zu gründen. Diese neue Nomenklatura verstand es sofort, Kapital, strategische Mineralien, Waffen und alles, was gehandelt oder verkauft werden konnte, gewinnbringend zu verschieben. Der KGB (Komitee für Staatssicherheit) wurde zu einem inoffiziellen Partner der Mafia bei der Privatisierung.

Gleichzeitig nutzten die Mafiabanden die Vorteile der Liberalisierung im Reiseverkehr. Gesetzliche Reisebeschränkungen wie bisher gab es nicht mehr, und die mafiosen Clans nutzten für ihre Geschäfte sofort ihre Verbindungen zu ehemaligen Partnern in Europa, den USA und Kanada, die bereits während der siebziger Jahre aus der UdSSR emigriert waren. Danach knüpften sie Beziehungen zu anderen weltweit operierenden kriminellen Syndikaten. Die waren notwendig, um die illegalen Milliardenbeträge zu »waschen«, um sie danach wieder in andere einträgliche Geschäfte zu investieren, wie Drogen- und Waffenhandel oder die Spekulation mit Antiquitäten.

Der zweite Faktor hängt mit den drohenden Auflösungserscheinungen der Kommunistischen Partei und des KGB zusammen. Die Strategen des Parteiapparates machten sich nämlich Gedanken darüber, was mit dem riesigen Parteivermögen geschehen sollte. Allein in Europa verfügte die KPdSU über 7000 Geheimkonten. Angesichts einer möglichen Konfiszierung oder Verteilung des Parteivermögens wurde plötzlich die Parteikasse ständig schwindsüchtiger, während – und dies ist noch erstaunlicher – das Staatseigentum auf rätselhafte Weise (vor der Verabschiedung eines Privatisierungsgesetzes) privatisiert wurde und »sich in Grundkapital für verschiedene Banken, Verbände, Aktiengesellschaften, Gesellschaften mit beschränkter Haftung, Joint-ventures und andere wirtschaftliche Neubildungen verwandelte. Sekretäre von Exekutivkomitees, ihre Stellvertreter und Assistenten – kurz, die Führungselite – wurden plötzlich zu Vorsitzenden und stellvertretenden Vorsitzenden aller möglichen Firmen: Parteiapparatschiks übernahmen die Rolle von Managern.«[41]

Ein ganzes Heer von Rechtsanwälten, Steuer- und Wirtschaftsberatern sowie Treuhändern wurde zum Verschieben des Parteikapitals eingesetzt, um im Auftrag der Kommunistischen Partei die Millionen außer Landes in Sicherheit zu bringen. Hinter den Kulissen der Perestroika sann die Partei-Nomenklatura, nachdem ihr die ideologische Macht endgültig entglitten war, darüber nach, wie sie wieder zu

Macht gelangen könnte. Wer seinen Sessel im Kreml retten wollte, hatte nur eine einzige Möglichkeit. Er mußte die wirtschaftliche Macht mit Hilfe des großen Geldes an sich reißen. Und fast von einem Tag auf den anderen wurde die Privatindustrie von jenen heroisiert, die bislang Kader der Partei waren. Werner Pirker berichtet über den Präsidenten einer neugegründeten privaten Fima, der »Innovation Systems Co. Ltd«. Der stolze Präsident dieses Unternehmens war einst wissenschaftlicher Mitarbeiter am Moskauer »Institut für Marxismus-Leninismus«. »Weil der Kandidat der Wissenschaften dabei selbstverständlich in immer schärfere Gegnerschaft zum ›totalitären‹ System geraten mußte, konnte seinem ausgeprägt analytischen Denken schließlich nicht entgehen, daß es sich bei der KPdSU um die größte Verbrecherorganisation aller Zeiten gehandelt hat. Als Kandidat der Marktwirtschaft richtete er seine Kritik jedoch nicht gegen die Schattenwirtschaft, die ihr Sicherheitssystem damals in den korrupten Teilen des Parteiapparates fand, sondern gegen die kommunistische Unterdrückung dieses Unternehmertums.«[42]

Das ideologische und politische Sicherheitssystem der UdSSR war neben der KPdSU der KGB. Sowohl die Führungskader der Kommunistischen Partei (die 18 Millionen Mitglieder waren in der Regel Statisten) wie die des KGB setzten alles daran, ihr milliardenschweres Parteivermögen (es wird von der reformorientierten Wochenzeitung »Kommersánt« auf 100 Milliarden Dollar beziffert) in harte Währungen umzuwandeln und ins Ausland zu verschieben. Aus nachrichtendienstlichen Quellen im Westen weiß man, »daß am Jahresende 1990 hochrangige KPdSU-Funktionäre an den Geheimdienst KGB herantraten mit der Forderung, er möge Unternehmen im In- und Ausland gründen. Die Firmen in Rußland selbst sollten zum Überwintern für Mitglieder der ZK-Nomenklatura dienen.«[43] Gleichzeitig würde, so der Plan, das Vermögen der Partei vor dem Zugriff der neuen Machthaber gesichert werden. Eine neue Kaste von Millionären wuchs buchstäblich aus dem Nichts heran. »Das Instrument der Macht wurde nun selbst die Macht«, so Jewgenija Albaz in dem bemerkenswerten Buch über das Geheimimperium KGB.[44]

War der KGB einst eines der erfolgreichsten Instrumente der Kremlherren, um die Mafiabosse in einzelnen Sowjetrepubliken zu bekämpfen, so ist er längst Teil dieses mafiosen Systems der Bereicherung, Bestechung und Bedrohung von Konkurrenten im Geschäftsleben geworden. Die finanziellen Transaktionen mußten zwangsläufig konspirativ vorgenommen werden, Aufsichtsbehörden durften nichts erfahren, bestehende Gesetze mußten gebrochen werden. Nur Eingeweihte aus der Nomenklatura waren über die Machenschaften informiert. Finanztransaktionen liefen durch die gleichen Kanäle der Verschleierung, die auch von den internationalen Mafianetzen benutzt wurden, um ihr Geld zu waschen. Die Strategien des Kapitalverschiebens und der Reinvestition, sowohl durch die Russenmafia wie den KGB oder die KPdSU, entwickelten eine Synergiewirkung: Mit dem Erwerb von Immobilien wurde die räumliche Aufteilung der einzelnen Betriebsteile kostenoptimal vorgenommen. Über Transportkapazitäten, die zu Unternehmensvermögen gehören (Flug- und Schiffahrtsbetriebe, Fuhrunternehmen), konnten Schmuggel- und Diebesgut sowie strategische Rohstoffe befördert werden. Entsprechende Investitionen in der Chemiebranche ermöglichten die Beschaffung von Chemikalien, die für die Drogenproduktion benötigt wurden. Die Reinvestition der schwarzen Gelder in bargeldintensive Bereiche, wie zum Beispiel Spielkasinos, Lotteriegesellschaften und Supermarktketten, erleichterten das Reinwaschen weiteren kriminellen Kapitals. Und Reiseunternehmen leisteten wirksame Hilfe für den Vertrieb von Schmuggelgütern.

Der KGB und die Partei hatten jedoch einen unschätzbaren Marktvorteil gegenüber den aufstrebenden Mafiaclans. Der KGB verfügte seit langem über unzählige Tarnfirmen in aller Welt, wußte alles über die Hintergründe jener Sowjetbürger, die ihr Land seit langem verlassen hatten und nun wieder mit der UdSSR Geschäfte machen wollten. Die Informationsdatenbanken des KGB ermöglichten dann eine Auswahl, welche geschäftlichen Initiativen für wünschenswert gehalten wurden oder nicht. Und nur der KGB kontrollierte bereits die meisten sowjetisch-westlichen Joint-venture-Unternehmen außerhalb der UdSSR. Geschätzt wird, daß in 80 Prozent aller Joint-venture-Unternehmen KGBler direkt oder indirekt beteiligt waren. Mit diesen Pfründen hätte sich ein eigenes Imperium aufbauen lassen, das eine ernsthafte Konkurrenz zur Mafia hätte werden können – wenn es keine Kooperation mit dieser gegeben hätte.

Wiktor Barannikow ist heute auf Boris Jelzin nicht mehr gut zu sprechen. Was waren das noch Zeiten, damals im Jahr 1993, als er unter ihm Sicherheitsminister war, zuständig für die Bekämpfung der Organisierten Kriminalität und der Korruption. Damals, im Mai 1993, hatte Barannikow seinem Präsidenten einen Unternehmer vorgestellt, einen Freund. »Boris Birshtein ist ein erfolgreicher Geschäftsmann und Politiker, ein Landsmann, der bereits viel für Rußland getan hat«, so pries ihn Barannikow an. Birshtein war wirtschaftlicher Berater des kirgisischen Präsidenten. Barannikow vergaß zu erwähnen, daß Birshteins Unternehmen in der Schweiz ziemlich großzügig gegenüber seiner Frau gewesen war. Sie und die Ehefrau des stellvertretenden russischen Innenministers hatten Birshtein nach Zürich eingeladen. Dort durften sie, auf Konten des SEABECO-Konzerns, auf Einkaufstour gehen. Die beiden Damen hinterließen eine Rechnung in Höhe von 350 000 US-Dollar – für Schmuck, Kosmetik und Kleider.

In einem seiner Tagebücher notierte Jelzin: »Die mysteriöse Begegnung brachte mich ins Grübeln. Später erfuhr ich mehr über Birshtein und auch über den berüchtigten Konzern SEABECO.«

Die Firma SEABECO residiert in Zürich und ist ein Musterbeispiel für Firmenneugründungen, die das Ergebnis des bereits beschriebenen Strategieplanes von KGB und KPdSU waren, um Gelder der KPdSU und des KGB ins Ausland zu verschieben. Das Unternehmen hat zwei Gründungsväter: den 1979 von Litauen nach Israel ausgewanderten Boris Birshtein und den ehemaligen KGB-Obersten und KP-Schatzmeister Leonid Wladimirowitsch Wesselowski. Ihm kam bei der Gründung der SEABECO eine Schlüsselrolle zu. Im Herbst 1991 wechselte er aus dem Moskauer Zentralkomitee der KPdSU in die Schweiz, nachdem er den Auftrag erhalten hatte, eine neue Struktur für die Parteifinanzen aufzubauen, und zwar mit dem Zweck, das riesige Parteivermögen ins Ausland zu bringen. Mit ganz ähnlichem Auftrag hatte Wesselowski bereits für den KGB Unternehmen im Ausland gegründet. Nach Schätzungen des Moskauer Staatsanwaltes

Sergej Aristow sollen auf diese Weise etwa 600 Unternehmen außerhalb der GUS neu entstanden sein. Die SEABECO spielte übrigens eine dubiose Rolle in einem Deal, in den der Oktoberputschist und Jelzin-Widersacher Alexander Ruzkoi verstrickt ist. Im Spätherbst 1991 benötigte die Stadtregierung von Moskau zusätzliche Lebensmittel, um die Bevölkerung im Winter nach dem gescheiterten Putsch vom August 1991 zu ernähren. Sie beauftragte das ehemalige sowjetische Agrarkombinat ROSAGROCHIM, Mitbegründer des Fonds INTERPRIWATISAZIJA, mit der Beschaffung und zahlte dafür 13,5 Millionen Dollar. Die ROSAGROCHIM überwies diese Summe auf ein Konto bei der Banque Indosuez in Zürich, Kontoinhaber: SEABECO-Trade. Am 19. November 1991 wurde das Geld weitertransferiert, auf ein Konto bei der Bank für Handel und Effekten in Zürich. Und von dort fanden drei Millionen Dollar ihren Weg auf ein Konto zugunsten von Ruzkoi und seiner Familie.

Zeit der Millionäre

»Was sich vollzog, war nur eine Umverteilung und Umbenennung des Mafiapersonals und seine Integration in das neue Wirtschaftsgefüge, während das politische System unverändert blieb und nur versuchte, seine überaus häßliche Fassade zu verschönern.«[45] Ein bitteres Resümee eines engagierten Moskauer Schriftstellers. Und vielleicht bezog er sich auf Karrieren wie die folgenden:

Er fährt einen schwarzen Rolls-Royce, Modell Silver Spirit II, mit dem Klagenfurter Kennzeichen VIKO 1 und wird von zwei Leibwächtern geschützt. Alexander Omatov ist ein Mann mit Einfluß, ein Dollarmillionär, der in Österreich lebt. Ihm gehört – so das renommierte »Wall Street Journal« – in Österreich ein führendes Handelshaus namens VIKO. Das Unternehmen engagierte sich als Investor bei einer Fleischfabrik Samson in der russischen Metropole St. Petersburg. Der Anteil des gelobten Geschäftsmannes an diesem Projekt: 22 Millionen Dollar.

Der russische Unternehmer ist in Kärnten ein angesehener Mann. Ob nun der Vizepräsident von Kirgisien oder ein Minister aus Kasachstan ihn besucht, er präsentiert sie sofort der Politprominenz in Klagenfurt. Alle sollen sehen, wie einflußreich er geworden ist. Als Hauptsponsor sorgte er drei Jahre lang dafür, daß der 25fache österreichische Eishockeymeister KAC weiterhin als Profiklub geführt werden konnte. Er sagt selbst, er habe allein in Kärnten 120 Millionen ÖS investiert. In Krumpendorf am Wörther See leistet er sich das Restaurant »Varieté St. Petersburg«, Pläne für ein Fünf-Sterne-Hotel und den Bau eines noch größeren Varietés in Ostberlin liegen in der Schublade. 40 bis 60 Millionen Schilling kostete ihn das Schloß Freyenthurn und der Kauf eines Klagenfurter Autohauses. Sein Erfolg seien seine Geschäfte, sagt er: »Die Ukraine braucht Rohöl und bezahlt den Lieferanten aus Turkmenistan mit Stahl. Den Stahl verkaufe ich auf dem Weltmarkt und erhalte dafür die Provision.« Die Palette dieser profitablen Geschäfte reicht von Erzen über Düngemittel bis zu Kohle.

Neider fragen sich, woher hat ein Mann, der noch im November 1990 als kleiner Handelsvertreter bei der Kärntner Gebietskrankenkasse angemeldet war, das viele Geld? Seine steile Karriere begann im Alter von 23 Jahren in Leningrad. Mit 27 stand er bereits der Leningrader Verwaltungsindustrie vor, die mehr als 75 Betriebe umfaßte. Im August 1990 kam er nach Österreich und arbeitete als Handelsvertreter mit einem monatlichen Bruttogehalt von umgerechnet knapp 2500 DM. Knapp ein Jahr später kaufte er in Klagenfurt eine Villa im Wert von 500 000 DM. Da muß er bereits seine Finger in anderen Geschäften gehabt haben. Inzwischen hatte er gelernt, wie Schulden eingetrieben werden. Am 23. April 1992 drohte er einem italienischen Geschäftspartner: »Ich werde dir die russische Mafia auf den Hals hetzen, falls du die bereits erhaltene Ware nicht unverzüglich bezahlst.«

Am 30. November 1993 ging bei der Wiener Polizei ein Hinweis ein, wonach bei der Firma VIKO der Russe Oleg Kowalew beschäftigt sei. In einem Protokoll des Wiener Innenministeriums zur Person Omatov heißt es an einer Stelle: »Kowalew wurde zur Auswahl gestellt, entweder Schutzgelder zu zahlen oder selbst für die ukrainische Mafia tätig zu sein. Laut Informationen soll Omatov selbst früher hochrangiger KGB-Offizier und Mitglied der russischen Mafia gewesen sein. Nachdem er von der Tätigkeit des Kowalew für die ukrainische Mafia Kenntnis erlangte, soll über die Firma VIKO ein Waffenhandel aufgezogen worden sein. Buchhalterisch wurde das Geschäft als Handel mit Rohren deklariert. Die Waffen sollen teils über die russische und kasachische Mafia beschafft worden sein.«

Alexander Omatov dementiert diese Vorwürfe. Sein unerschöpflicher Reichtum, über dessen Ursprung er nicht spricht, bleibt daher rätselhaft. Fazit von Ermittlungen der Wiener Polizei: »Auffällig ist, daß Alexander Omatov innerhalb kürzester Zeit, vorwiegend durch

Transitgeschäfte, mit seinen Firmen Milliardenumsätze erwirtschaftet hat bzw. alle seine Firmen nahezu über unbegrenzte Geldmittel verfügen. Die Herkunft der Gelder ist unbekannt. Inwieweit die Geschäfte des Omatov und seiner Firmen reell sind, kann zur Zeit nicht beurteilt werden. Ein Teil dieser Geschäfte könnte möglicherweise der Geldwäsche dienen. Ein diesbezüglicher Verdacht kann zur Zeit nicht beweiskräftig untermauert werden.«

Merkwürdigkeiten, die man vielleicht mit den Beschlüssen erklären kann, die in Moskau von den Politkadern der KPdSU oder des KGB gefaßt worden waren – sie sahen das Auslagern des Parteivermögens über Strohleute vor, die das Geld im Westen investieren sollten. Noch offen ist der Aspekt, in welchem Umfang die Mafia danach in diese Strukturen eingedrungen ist.

Brisant waren jedenfalls die Unterlagen, die dem Wiener Journalisten Hannes Reichmann in der slowenischen Hauptstadt Ljubljana in einem Kuvert übergeben wurden: »Der Inhalt: Details über die wahren Hintergründe des Alexander Omatov. Das Papier beschreibt den Chef der VIKO in einem gänzlich neuen Licht und wird Omatovs Freunde aus der Kärntner Landespolitik nicht gerade freudig stimmen. Die in Kooperation mit Behörden mehrerer Staaten und über mehrere Jahre gesammelten Indizien: Verdachtsmomente über großangelegten Betrug und Geldwäsche, dubiose Geschäfte mafioser Vereinigungen aus Rußland, der Ukraine und Kasachstan sowie der Handel mit Waffen.«

Trotzdem scheint Omatov ziemlich sicher zu sein, daß ihm niemand auf die Schliche kommt – er sei vollkommen unschuldig, sagt er. »Ich habe bereits zweimal bei der Kripo ausgesagt. Den Beweis, daß ich auch nur einen einzigen Dollar gewaschen habe, müssen die Behörden erbringen, nicht ich.«

Ähnlich dubios ist die Geschichte des Moskauer Bankiers Alexander Smolenski, der sich in Wien eine Villa für fast zehn Millionen Mark kaufte und dort »Geschäfte tätigt«, wenn er nicht gerade in seinem schneeweißen Rolls-Royce herumkutschiert. Alexander Smolenski, Spitzname »Wladimir«, wurde in Moskau geboren, studierte in Kasachstan Wirtschaftswissenschaften und ging nach Abschluß des Studiums in die Bauindustrie. 1989 wurde er Präsident der privaten »Stolitschnyj Bank« in Moskau. Sie ist dafür bekannt, daß rund 50 Prozent ihrer Depots mit Kapital der ehemaligen KPdSU aufgefüllt wurden. Für die Anlage der Gelder war ein Leonid Scherbgarschin, der ehemalige Chef des KGB, verantwortlich. Scherbgarschin betreibt heute ein Sicherheitsunternehmen und soll ein enger Freund von Smolenski sein. Dessen weiterem Aufstieg waren bei solchen Freundschaften keine Grenzen gesetzt: 1993 kürte ein russisches Wirtschaftsmagazin Smolenski zum drittreichsten Mann Rußlands. Auf jeden Fall ist er sowohl mit Boris Jelzin wie auch mit dem Moskauer Bürgermeister eng befreundet. »Ein schneller Aufstieg, der so wohl nur in den Wirren des Umbruchs möglich war«, erklärt mir in Moskau ein Beamter des Ministeriums für Sicherheit, des ehemaligen KGB, und lacht verschmitzt. Und ein Oberst der Moskauer Miliz gibt gegenüber seinen österreichischen Kollegen unbefangen zu Protokoll: »Smolenski ist unbescholten; er erwarb sich ein großes Vermögen durch illegale Geschäfte.« Das muß man sich vorstellen. Er ist unbescholten, obwohl er sein großes Vermögen durch illegale Geschäfte gemacht hat. Illegale Geschäfte wie das folgende:

»Ende April 1992 trafen in Kasachstan die ›Dschambulski Kommerzbank‹ und die Moskauer ›Stolitschnyj Bank‹ eine Vereinbarung. Die kasachischen Banken wollten mit Hilfe der 1989 gegründeten Privatbank an der Moskauer Devisenbörse harte Währungen kaufen.« – »Schon Anfang Mai '92«, so die Zeitung »Rossiskaja Gaseta«, »wäre das erste Kreditaviso NPO 5353063, in der Höhe von 38 Millionen Rubel, ausgestellt worden, damit sollte die ›Stolitschnyj Bank‹ unter anderem Dollars, Kronen und Yen einkaufen. Doch dann hatte das ursprünglich auf die exakte Summe von 38 400 000 Rubel ausgestellte Avis auf wundersame Weise Zuwachs bekommen: Durch Entfernen des ursprünglichen Betrages und nachträgliches Einfügen einer neuen Summe sei man letztlich bei einem Betrag von 3 383 400 400 Rubel gelandet. Bereits am 18. Mai sei dieses Geld auf dem Konto der ›Stolitschnyj Bank‹ angekommen, und danach wären aus den geklauten Rubeln prompt harte Dollars geworden.«[46] Die Anweisung für den dubiosen Geldtransfer, so behauptete jedenfalls der Direktor der »Kommerzbank«, sei von Alexander Smolenski gekommen.

Was aber machte er in Wien? Auf seine Frau sind dort gleich zwei Rolls-Royce zugelassen – das äußere Erscheinungsbild soll stimmen. Denn der Banker aus Moskau hält sich zurück und scheint nur den hohen Standard der Emanzipation in Rußland vorzuleben: Er läßt seine Frau für sich arbeiten. Sie steht im Mittelpunkt eines aus fünf Gesellschaften zusammengefügten Unternehmensimperiums. Deren gemeinsame Merkmale: Sie wurden allesamt auf eigenartige Weise gegründet; sie tauchen in keinem Telefonbuch auf; in ihre Geschäftsaktivitäten gibt es laut Kreditschutzverbänden keinen genauen Einblick; sie schwimmen im Geld. So die Recherchen des Journalisten Hannes Reichmann. Anfangs gab es eine »GSM-Leasing GmbH« und die »Alexander Kramer GmbH«. 48 Millionen Schilling lagen auf einem Konto der Bank für Tirol und Vorarlberg als Sicherheit. Dann wurde das Unternehmen GSM in »ship trading Import-Export GmbH« umgetauft und verfügt nunmehr nur über ein Kapital von 500 000 Schilling. 46 674 102,95 Schilling wurden als Forderung gegenüber der GSM-Leasing übertragen. Dann wurde eine »OM Handels GmbH« und eine »K & M Handels GmbH« gegründet. Ihre Adresse: das Büro von Smolenskis Ehefrau.

Schließlich, um wahrscheinlich den letzten Zipfel der Transaktionen zu verschleiern, wurde mit einem Russen namens Nikolai Domanow die »GS Financial Service GmbH« gegründet und diese drei Tage später in »GS Finanz- und Vermögensverwaltung« umgetauft. Die Polizei – in Deutschland und Österreich wie in Moskau – glaubt zwar, daß über die Firmen Geldwäsche großen Umfangs betrieben wird, doch ein Ermittlungsverfahren konnte bisher noch nicht eröffnet werden.

Die neue Macht, Fluchtkapital und Eindrücke eines Raubzuges

Im Jahr 1991, nach dem vereitelten Putsch gegen Gorbatschow, beherrschte die Menschen das überwältigende Gefühl, daß nach der langen kommunistischen Periode nun die Demokratie, der freie Wettbewerb und der Wohlstand nicht mehr lange auf sich warten lassen würden. Welch ein Trugschluß!

Jetzt erst begann die »kriminelle Revolution«, und zwar unter dem farbigen Deckmantel des demokratischen Wechsels und der Wirtschaftsreformen. Die zentralen staatlichen Regulierungsinstrumente waren ausgehebelt, niemand wußte mehr, wo die Machtzentren waren, und wollte sich ihnen auch nicht mehr unterordnen. Angesichts der Unsicherheiten und fehlender Gesetze dachte keine der verschiedenen staatlichen Strafverfolgungsbehörden daran, sich mit den neuen Herren in den Regionen und in Moskau anzulegen. Vor allem als es darum ging, staatliches Volksvermögen zu privatisieren, offenbarte sich die ganze Ohnmacht des Staates: Ungefährdet konnten sich die Millionäre des sowjetischen Schwarzmarkts direkt am öffentlichen Besitz bedienen. Und die privilegierte Kaste der Partei und ihre führenden Kader verstanden, daß ihre Zukunft in einer Privatwirtschaft liegen würde, die sie nur beherrschen und, von jeglicher lästiger Konkurrenz anderer freier Unternehmer verschont, frei halten mußten.

Bis Ende 1994 wurden etwa 90 000 Staatsbetriebe mehr oder weniger privatisiert. Danach hielten in 75 Prozent der Fälle frühere Beschäftigte, unter ihnen auch Manager und Direktoren, die Aktienmehrheit, für die sie wenig oder nichts gezahlt hatten. Eine 1994 angestellte Erhebung über 580 der wohlhabendsten Russen (mit einem Vermögen von durchschnittlich 26 Millionen Dollar), ergab denn auch, daß über 60 Prozent von ihnen ehemalige Führungskader der KPdSU waren und die reichsten von ihnen zur früheren Nomenklatura gehörten. Weil sie als erste die wichtigen Informationen erhielten und über ausgezeichnete Beziehungen verfügten, konnten sie auch Dollars weit unter Kurswert einkaufen.[47] In dieser Struktur der Privilegien, gekoppelt an bedingungslose Machtausübung, setzte sich daher von Anfang an das Virus mafioser Geschäftspraktiken fest. Der einzige Unterschied zu den Geschäftspraktiken der »normalen« Mafia war der, daß diese damals noch auf dem Sektor rein krimineller Unternehmensbereiche tätig war. Inzwischen ist sie jedoch dazu übergegangen, auch in Bereichen wie Öl- oder Rohstoffhandel ihren Einfluß durchzusetzen. Beide, die »von oben« kommende politische wie die »von unten« stammende kriminelle Mafia, zeichnet die undurchsichtige Verfilzung von Politik, Wirtschaft und Unterwelt aus, in der es eine Konstante gibt: die Korruption.

Was vollmundig Privatisierung genannt wurde, war in Wirklichkeit die organisierte Übernahme der staatlichen Industrie, die ja eigentlich im Besitz des Volkes war, durch die Mitglieder der alten Nomenklatura und des KGB. Die neue Eigentümerklasse, deren Kern »das System der Schutzgelderpressung bildete«, pickte sich aus den Trümmern der realsozialistischen Ökonomie nur die Rosinen heraus, vor allem die Exportgeschäfte, Banken und das Immobiliengeschäft. »Die weniger profitablen Teile der Ökonomie werden von einer profitsuchenden Schicht, die nur einen kleinen Teil der Bevölkerung umfaßt, einfach brachliegen gelassen. Die rentablen Sektoren unter ihren neuen Eigentümern betreiben vor allem, weil lohnend, die Belieferung des Weltmarktes mit Rohstoffen und Energieträgern (sowie Waffen) und die Kommerzialisierung sozialer Dienstleistungen. Für den Binnenkonsum der Bevölkerung wird immer weniger produziert. Die Resultate des ›Marktstalinismus‹ an der Macht sind natürlich dazu angetan, den demokratischen Massenanhang der Perestroika abzustoßen; er bildet nur die historische Kostümierung für den Übergang von der alten zur neuen Herrschaftsform.«[48]

Heute verfolgen die ökonomischen Raubritter und mafiosen Clans ein einziges Ziel: Sie streben ihre politische Anerkennung an, um die

Regierung endgültig von sich abhängig zu machen, damit sie noch ungehinderter als bisher sie betreffende Gesetze beeinflussen und ihre privaten Profitinteressen gegen lästige Konkurrenz sichern können. Die Idee von der wirtschaftlichen Machtergreifung überlebte zwar das Politbüro, fand aber unter der alten Wirtschaftselite neue Anhänger, in erster Linie bei den sowjetischen Strukturträgern, die auf langjährige Geschäftserfahrungen auf den Weltmärkten zurückgreifen konnten. »Wer und was gehört dazu? Das läßt sich feststellen, wenn man weiß, womit derzeit in Rußland ganz legal das schnelle große Geld gemacht werden kann. Vielleicht mit Waffen oder dem Export von Rohstoffen? All das sind geeignete Methoden, derer sich der eine oder andere bedient, um zu Startkapital zu gelangen. Andere aber haben sich gesagt: Warum nicht gleich die effizientesten Bereiche der sozialistischen Wirtschaft als Ganzes in den Kapitalismus verpflanzen, um dort eine führende Stellung einzunehmen? Hat man das einmal geschafft, kann man auch die Politik für sich arbeiten lassen.«[49]

Im wesentlichen ist ihnen das bereits gelungen. 1995 existierten drei wichtige »mafiose Industrielobbys«: die Energie-Korporation (TEK), hinter der Premierminister Tschernomyrdin steht; die »Industrielle Korporation«, die von Skokow und dem Bürgermeister von Moskau, Jurij Luschkow, kontrolliert wird; und natürlich der militärisch-industrielle Komplex. Wurden diese industriellen Komplexe einst vom Kreml kontrolliert, so kontrollieren die Industriekonglomerate heute den Staat. Das läßt sich an einem Beispiel exemplarisch beschreiben.

In Moskau wurde Anfang der neunziger Jahre der Fonds INTERPRIWATISAZIJA gegründet. Die Gründungsgesellschafter nannten sich »Internationale Stiftung für das Überleben und die Entwicklung der Menschheit«, ein kurioser Name mit Hintersinn. Überleben und sich entwickeln sollten natürlich nicht irgendwelche abstrakte Menschen, sondern die sehr konkreten alten Politkader. Präsident der INTERPRIWATISAZIJA wurde Wladimir Schtscherbakow. Zu Zeiten der Herrschaft der roten Zaren war er in der Abteilung Leitung und Planung der Wolga-Automobilwerke tätig und dann Direktor für Ökonomie und Planung der Kamaz-Werke. Danach ging es weiter aufwärts: Er diente unter Premier Ryschkow und war gleichzeitig Berater des Präsidenten von Kasachstan, zuständig für ausländische Investitionen.

Im ersten Jahr der Tätigkeit des Fonds konnte dieser ausländische Investitionen in Höhe von 2,7 Milliarden Dollar für die GUS mobilisieren. Das vom Fonds kontrollierte Kapital beläuft sich inzwischen auf rund 500 Millionen Dollar. Der zentrale Einfluß des Fonds bei der Umgestaltung der Staatswirtschaft in die Privatwirtschaft zeigt sich allein schon daran, daß 70 Prozent der 1992 privatisierten Großunternehmen in Rußland unter seiner Mitwirkung in »Privateigentum« überführt wurden. Der Fonds ist so aufgebaut, daß dieser über gegenseitige Verflechtungen, die Kooperation bei Investitionsobjekten sowie durch Filialen in allen wichtigen Wirtschaftsregionen und -zweigen der GUS präsent ist. Kern des direkt zum Fonds und zu seinem Einflußbereich gehörenden Firmenkonglomerats sind die Investment-Gesellschaften, die für jeden bedeutenden Industriezweig gegründet wurden. Andere dem Fonds gehörende Firmen übernehmen die juristischen und Finanzdienstleistungen bei Investitionsvorhaben. Um den Fonds gruppieren sich Firmen in der Werbe- und Handelsbranche, und schließlich ist der Fonds in das Börsengeschäft Rußlands involviert. Ferner bestehen intensive Beziehungen zu den führenden Banken und Industrieunternehmen in der GUS (über 100), die oftmals als Gründer von INTERPRIWATISAZIJA agieren. Beängstigend ist dabei, daß selbst nach russischen Angaben fast alle Banken in den Händen der russischen Mafia sind, was eine ungefähre Vorstellung von der bestehenden Verfilzung von privaten Monopolen und der Mafia gibt.

Eine der bedeutendsten russischen Gründungsgesellschaften des Fonds ist der weltweit größte Gasproduzent und -exporteur Gasprom. Der Konzern Gasprom wurde 1989 aus dem Ministerium für Erdgasindustrie der UdSSR ausgegliedert und hatte sofort das Monopol auf 95 Prozent der Erdgasförderung, die gesamte Schwefelerzeugung, die Verwaltung des Rohrleitungsnetzes, über das Erdgas aus allen GUS-Republiken geleitet wurde. Ende September 1994 wurde bekannt, daß die Gasprom mit der Wiesbadener Firma für Verfahrenstechnik Linde einen Vertrag über die Erstellung einer Großanlage im sibirischen Nowyj Urengoy für 600 Millionen Mark abgeschlossen hat. Die Gasprom soll dabei bei der Planung, Erstellung und dem Betrieb durch die BASF beraten werden. Die Finanzierung erfolgt durch ein Konsortium, dem die Dresdner Bank (mit großem Unwillen) und die Bayerische Hypotheken- und Wechselbank vorstehen. Die Gasprom selbst ist Hauptgesellschafter der »Imperial-Bank«, die 1990 erstmals registriert wurde.

Es lag auf der Hand, daß die Ölmagnaten den Gasbaronen nicht nachstehen konnten, auch wenn sie nicht mehr die erste Geige spielten. Im November 1991 gründeten drei große Erdöl- und Erdgasfördervereinigungen den Konzern LUK-Oil. Auch er gehört inzwischen dem Fonds an. Damit die neuen Industriegiganten freier über ihre Mittel verfügen und somit ihre Unabhängigkeit sichern konnten, mußten sie sich als erstes vom starren staatlichen Bankensystem lösen. 1990 erfolgte die Registrierung der Imperial-Bank, deren Hauptgründer die Gasprom selbst war, die zu ihr gehörende Gasexport und das Handelshaus LUK-Oil. Diese Imperial-Bank verwaltet die Exporterlöse der russischen Erdgas- und Erdölunternehmen im Ausland. Sie besaß im Herbst 1992 bereits das Aktienkontrollpaket bei der ehemaligen sowjetischen Außenhandelsbank in Luxemburg, über die Zahlungen für das nach Westeuropa exportierte Erdgas sowie für einen Großteil der exportierten Mineralölprodukte abgewickelt wurden. Und 1992 wurde auch öffentlich bekanntgegeben, daß die Imperial-Bank eine Bilanzsumme von vier Milliarden Rubel und 260 Millionen Dollar auswies.

Inzwischen unterhält der Fonds Repräsentanten in nahezu allen europäischen Hauptstädten, in den USA, Lateinamerika und Südostasien. Nachweislich gehören Unternehmen dazu, ja, sie waren sogar bei der Gründung des Fonds beteiligt, die der russischen Mafia zumindest sehr nahestehen sollen.

Der Fonds INTERPRIWATISAZIJA ist nach allen bis heute vorliegenden Erkenntnissen offensichtlich gegründet worden, »um die Kontrolle über wichtige Rohstoffvorräte und Schlüsselindustrien in den Einflußbereich früherer Funktionäre und einflußreicher Personen aus einer Zeit vor dem politischen Umbruch der früheren UdSSR zu bringen und dort zu halten. Mit leitenden Posten sind zum Teil verdiente KP-Genossen versorgt worden. Nach Auffassung russischer Nachrichtendienste sind Teile des Fonds und/oder assoziierte Unternehmen mit der Verschiebung von Parteigeldern aus schwarzen Kassen der KPdSU befaßt. Hierbei sind Analogien zu der Schattenwirtschaft des Bereiches Kommerzielle Koordination eines Alexander Schalck-Golodkowski feststellbar, wenngleich die Dimensionen beim Fonds ›Interpriwatisazija‹ um ein Vielfaches größer sind.«[50]

Ziel des Fonds und der darin versammelten Industrie- und Finanzunternehmen ist jedenfalls eindeutig: die ökonomische Macht in der GUS zu übernehmen und entscheidenden Einfluß auf politische Weichenstellungen auszuüben.

Und was bleibt? Die verzweifelte Hoffnung, »daß aus diesem kapitalen, in legaler Form praktizierten Raubrittertum langfristig doch noch ein richtiger Kapitalismus wird. Und daß die Korruption nur zu den unvermeidlichen Kosten gehört, die nun einmal bei der Abschaffung dessen anfallen, was man einmal Sozialismus nannte. Was derart in Rußland entsteht, ist ein ökonomischer Bastard, der jeder theoretischen Beschreibung spottet.«[51]

Dafür muß die Bevölkerung leiden und darben. Die Verarmung nimmt rapide zu, betroffen waren im Jahr 1995 rund 70 Prozent aller Bürger; sie leben an der offiziellen Armutsgrenze, sehr viele sogar noch darunter.

Schmutziges Geld

Bereits im ersten Jahr nach dem gescheiterten Putsch gegen Gorbatschow steuerten die russische Mafia und die alte Nomenklatura eine Gesamtübernahme der Wirtschaft an. Eines ihrer ersten Ziele war der »Fonds für Sicherheiten und Kredite«, der von der russischen Regierung finanziert wurde. Über den Fonds sollten den neuen Privatunternehmungen Unterstützungskredite zur Verfügung gestellt werden, um deren private Geschäftstätigkeiten zu fördern. Statt dessen wurden Billionen Rubel für betrügerische Kredite ausgegeben, und zwar in der Weise, daß sie von Mafiabanden in Dollar umgewechselt und unmittelbar danach außer Landes geschmuggelt wurden. Geschäfte mit dem Rubel, da wollten viele ihren Reibach machen, und prompt war die Mafia wieder mit dabei. Auch der amerikanische Staatsbürger Leo Emil Wanta spielte dabei eine Rolle. In Wien gründete er ein Unternehmen, die »New Republic USA-Financial Group«, und eröffnete Bankkonten bei der Wiener Creditanstalt und Zentralsparkasse. Der Hintergrund dieser Geschichte war, so die amerikanische Autorin Claire Sterling, daß »die russische Regierung unter Boris Jelzin sich mit einer Bande internationaler Gangster auf üble Geschäfte eingelassen hatte«.

Wie es zu dieser ungewöhnlichen Verbindung kam? Die Regierung in Moskau wollte viele der im Umlauf befindlichen Rubel gegen Schwarzmarkt-Dollar eintauschen. Im Gegenzug – darüber schlossen hochrangige Mitglieder der Regierung Jelzin Verträge mit mehreren Repräsentanten der westlichen Mafia – sollten die Mafiosi für die dreckigen Dollars Dutzende Milliarden Rubel zum halben Preis des offiziellen Kurswertes sowie die Genehmigung erhalten, in Rußland

Rohstoffe einzukaufen und diese zu exportieren – steuerfrei, zollfrei und mit staatlichen Garantien. Anfangs war geplant, dieses Geschäft mit einem John Ross aus New York abzuschließen: 300 Milliarden russische Rubel zum Preis von 50 Milliarden Dollar. Im Gegenzug sollte Ross eine Genehmigung erhalten, wonach ihm »der Kauf und die Ausfuhr von Rohstoffen und Edelmetallen« im Wert von 480 Milliarden Dollar ermöglicht würde. Der Deal platzte in letzter Sekunde, als man herausfand, daß John Ross in Wirklichkeit ein gebürtiger Ukrainer namens Jan Semjonowitsch war, der über beste Beziehungen zu amerikanischen Mafiaclans verfügte. Als nächster bot sich Leo Emil Wanta an. Er offerierte fünf Milliarden Dollar und forderte als Gegenleistung 140 Millionen Rubel, was einem Kurs von 28 Rubel pro Dollar entsprach, weniger als die Hälfte des damals geltenden Schwarzmarktkurses. Premier Silajew bat Boris Jelzin um die »Vollmacht zur Unterzeichnung der entsprechenden Verträge«. Der »ausländische Partner«, schrieb Silajew an Jelzin, würde die Dollars verwenden, um damit Konsumgüter aus dem Westen zu importieren, die in Rußland dringend für die »Sättigung des Verbrauchermarktes« gebraucht würden. Im Gegenzug verlangte Wanta eine unmittelbare Kreditlinie von 140 Milliarden Rubel für Investitionen in die Wirtschaft der Russischen Republik und für den Kauf von Rohstoffen. Als sich Wanta als ein international gesuchter Großbetrüger entpuppte, der im Sold des New Yorker Mafiaclans Gambino stand, wurde die ganze Angelegenheit gestoppt. Doch viele Deals ähnlicher Art gingen dafür ungehindert über die Bühne.

So ist ein riesiges und an Rohstoffen reiches Land in den Würgegriff skrupelloser Ex-Parteibonzen und der Mafia geraten. Die Moskauer Zentralbank schätzt, daß bereits in der zweiten Jahreshälfte 1990 bis zu 30 Milliarden Rubel, beim offiziellen Kurs waren das rund drei Milliarden Dollar, in den Westen abgeflossen sind. 150000 bis 200000 russische Staatsbürger eröffneten inzwischen Privatkonten bei westlichen Banken und deponierten dort zwischen 300 bis 500 Millionen Dollar, genauere Zahlen existieren nicht. Der schnelle Reichtum war nur durch illegale und kriminelle Machenschaften möglich. Denn auf normalem, zivilisiertem Wege gab es überhaupt keine Möglichkeiten, innerhalb weniger Jahre derartige Vermögen zu erwirtschaften.

Gezielt wurden jene westlichen Banken ausgewählt, die keine Probleme damit haben, Kapital aus illegalen Geschäften zu legalisieren. Das Volumen des im Westen angelegten illegalen Kapitals aus Rußland wird von russischen Fachleuten und Politikern inzwischen auf 18 bis 100 Milliarden Dollar geschätzt, wobei eine Größenordnung von 30 bis 40 Milliarden Dollar realistisch sein dürfte.[52] Nicht eingerechnet sind dabei Gelder, die durch Schmuggel oder Verschiebung staatlicher Gelder der KPdSU nach Europa oder in Steueroasen flossen. Umgerechnet bedeutet das, daß die gleiche Summe, die vom Westen als internationale Hilfe nach Rußland transferiert, von dort wieder auf ausländische Banken zurücküberwiesen wurde. Vielleicht erklärt das ein wenig, warum Untersuchungskommissionen des russischen Parlaments nicht erlaubt wurde, bestimmte Mafia-Aktivitäten zu untersuchen: zum Beispiel als eine Parlamentskommission versuchte, die Hintergründe der Verschiebung illegaler Gelder des KGB und der KPdSU ins Ausland aufzuklären. Sie wollte herauszufinden, welche Rolle der KGB-Stationschef in der Schweiz dabei spielte, der nach der Auflösung des KGB in einer Luxemburger Bank beschäftigt war. Über ihn und die Bank in Luxemburg sollen Parteigelder in Millionenhöhe geflossen sein. Wie orakelte doch Oleg Kalugin, ehemaliger Generalmajor des KGB, während eines Seminars der »Glasnost-Foundation« am 9. April 1994 in Moskau: »Die Kriminellen haben die höchsten Stellen des Staates erobert – mit dem KGB-Chef als Kopf einer Mafiagruppe.«[53]

Die Folgen für die russische Währung sind dramatisch. Der Kurs fällt rapide, der illegale Kapitalfluß verzerrt die Zahlungsbilanzen, beeinflußt den Bestand der Währungsreserven, den Wechselkurs und die Zinsentwicklung.

Über Monate hinweg beobachtete Scotland Yard in London zwei russische Geschäftsleute: Sie hatten 1994 eine Firma gegründet und danach 50 Millionen US-Dollar von der russischen Mafia über seriöse Banken gewaschen. Der Sprecher von Scotland Yard erklärte nach der Verhaftung der Geldwäscher: »Sie operierten weltweit und arbeiteten mit Mafiagruppen in Ungarn, Österreich, Kanada, den USA, den Kanalinseln und Moskau zusammen.«

Verflechtungen dieser Art gibt es natürlich auch in Deutschland. In

Frankfurt beispielsweise ist im noblen Messeturm ein Unternehmen eingezogen, das bislang im eher lauschigen Koblenz ansässig war und – so weiß man beim Bundesnachrichtendienst – dort bis 1989 als Tarnorganisation des KGB fungierte. Die nächste Spur zu diesem Unternehmen, nennen wir es »Diamant«, findet sich in einem Schreiben der deutschen Botschaft in Tallinn, der Hauptstadt Estlands. In dem Schreiben vom 31. August 1992 (AZ: 516 SE) heißt es über das Unternehmen: »Die hiesige Botschaft hat in den letzten Monaten eine auffällig hohe Anzahl von Geschäftseinladungen der o. g. Firma erhalten. Da wegen der Vielzahl der Einladungen der Verdacht besteht, daß diese Einladungen gewerbsmäßig erteilt werden bzw. daß die Eingeladenen (häufig sind es junge Frauen) in Deutschland illegal erwerbstätig werden, hat die Botschaft um Überprüfung der Bonität gebeten.«

Als nächster Beleg für die Erweiterung der Geschäftsaktivitäten liegt der deutschen Botschaft in Moskau ein Anforderungsschreiben der Firma Diamant vor. »Unsere Firma hat enge Beziehungen mit der Firma ›K‹ aus Moskau aufgebaut. Ihre Mitarbeiter sollen aus dem Grunde zu geschäftlichen Besprechungen sowie zum Abschluß eines Vertrages nach Deutschland kommen, deshalb bitten wir, für folgende Personen ein Visum zu erteilen.« Und es folgen die Namen.

Im Frankfurter Handelsregister ist die Firma mit dem Geschäftsgegenstand eingetragen: »Handel mit Waren aller Art, insbesondere mit Rohstoffen, sowie Import und Export, mit Ausnahme von Waren, deren Handel, Import und Export behördlicher Genehmigung bedarf.« Mitte 1995 fand eine Hausdurchsuchung bei dem Unternehmen statt, körbeweise wurden Aktenordner beschlagnahmt. Die Fahnder aus Aschaffenburg stießen dabei auf ein nicht mehr zu durchschauendes Firmengeflecht. Da gibt es die Diamant in Moskau. Sie unterhält Filialen in Estland und Deutschland. Und dann folgen mindestens 30 weitere Firmen, die alle miteinander verschachtelt sind und europaweit agieren: Immobilien, Rohstoffhandel, Finanz- und Wirtschaftsberatung. Eine Spur führt zu einem Unternehmen der »Diamant-Gruppe« in Sierra Leone. Über dieses afrikanische Land, so vermutet die Polizei, wurden Waffengeschäfte abgewickelt. Waffengeschäfte und Geldwäsche – die Polizei vermutet es, ob sie es jemals beweisen kann und wird, steht in den Sternen.

Das hochentwickelte Organisierte Verbrechen in Rußland zeichnet sich also dadurch aus, daß illegale und legale wirtschaftliche Aktivitäten miteinander kombiniert werden. Diese Vernetzung zwischen Mafiasyndikaten und »normalen Geschäftsaktivitäten« zeigt sich darin, daß sich die Mafia-Unternehmen in vielen westlichen Steuerparadiesen ansiedeln. Einziger Zweck: schmutziges Kapital zu waschen. Diese Off-shore-Zentren, die sich durch große Freiräume im Bank-, Steuer- und Unternehmensrecht anbieten, spannen sich über den ganzen Globus. Geldwäscher der Mafia unterhalten in diesen Fluchtburgen zahlreiche Firmen, die der Streuung und Tarnung ihrer vielfältigen Geschäfte und ihres gewaltigen Vermögens dienen. Die Infiltrierung legaler Wirtschaftsbereiche erfolgt dann grenzüberschreitend und unauffällig. Teilweise reisen die russischen »Unternehmer« ja im staatlichen Auftrag, mit Diplomatenpaß, in diese Offshore-Zentren.

Kapitalflucht und Geldwäsche haben für die Russische Föderation katastrophale Auswirkungen. Denn einerseits werden die stark subventionierten Rohstoffe von russischen Firmen geliefert, die in Staatseigentum sind, deren Produkte aber im Westen zu Weltmarktpreisen verkauft werden. Eine riesige Gewinnspanne, die der Bevölkerung, als dem Eigentümer der Rohstoffe, vorenthalten wird. Das heißt, die Profite werden privatisiert, nicht mehr zurücktransferiert und investiert. Die Profiteure in der Regierung kassieren für ihre Unterstützung reiche Provisionen, man nennt es auch Schmiergeld. Experten des Internationalen Währungsfonds (IWF) sprechen offen von der Verbindung zwischen Korruption und Kriminalität im russischen Wirtschaftssystem. Durch die Abschaffung des staatlichen Handels- und Valutenmonopols eröffneten sich außerdem andere glänzende Freiräume für die Mafia. So werden aus Rußland illegal 20 Prozent des im Land geförderten Erdöls, 34 Prozent der Düngemittel und 45 Prozent der Buntmetalle ausgeführt, vor allem über die baltischen Staaten und die Ukraine.

Wie ein Magnet zog nach der Perestroika die Mittelmeerinsel Zypern russische »Geschäftsleute« an. Eine Sogwirkung, die bis zum heutigen Tag angehalten hat, und das hat einen guten Grund. Bereits seit langem bestanden kulturelle und politische Verbindungen zwischen Zypern und Rußland. Sie gehen auf die Zeiten der Zaren zurück, als sich die orthodoxe Kirche in Zypern ausbreitete. Die starke Kommunistische Partei, AKEL, brachte die beiden Länder während der Zeit, als in Moskau die roten Zaren herrschten, noch enger zusammen, und viele zypriotische Studenten studierten in Rußland. Nach dem Ende des kalten Krieges waren Religion und Ideologie nicht mehr gefragt, sondern nun regierte der schnöde Mammon, und das förderte die Entstehung von Privatunternehmen. Zypern war besonders attraktiv geworden, nachdem Gorbatschow mit Zypern ein Doppelbesteuerungsabkommen abgeschlossen hatte, das bis heute gültig ist. Das heißt: Russische Unternehmen, die in Zypern eine Firma anmelden, werden nach zypriotischem Steuerrecht belastet – und die Steuern sind in Zypern extrem niedrig.

Im Kielwasser der russischen Kapitalanleger schwamm die Mafia mit. Sowohl internationale Polizeibehörden wie Finanzexperten sind sich darin einig, daß Zypern seitdem ein zentraler Anlaufposten für schmutziges Geld aus Rußland geworden ist. »Inzwischen gibt es auf Zypern über 1000 russische Firmen und sechs russische Banken, die eine legale Möglichkeit gefunden haben, um das Geld aus der russischen Schattenwirtschaft gewinnbringend anzulegen. Pro Jahr, so lauten die Schätzungen, sind das über 8 Milliarden Mark.«[54]

Schmutziges Geld wurde nicht nur in Zypern angelegt. Im März 1994 veröffentlichte das russische Fernsehen einen Beitrag über Mafiabanden in Deutschland. In diesem Zusammenhang wurde die Summe von 1,3 Milliarden Dollar genannt, die von Mafiasyndikaten zwischen 1989 und 1993 nach Deutschland transferiert worden sein soll. Insgesamt, und das sind vorsichtige Schätzungen, wird derzeit das Vermögen der russischen Mafia, das im westlichen Ausland angelegt ist, auf 80 Milliarden Dollar geschätzt. Russische Journalisten in Moskau – und nicht nur sie – gehen davon aus, daß der Transfer solch gewaltiger Summen mehr als einen Komplizen im Staatsapparat benötigt. Bereits im Jahr 1992 hatte »die Hälfte aller kriminellen Banden enge Kontakte zur Kremlregierung«, konstatierte ein Berater des Präsidenten. Andere Beobachter der Szene sprechen davon, daß »eine große Zahl der Mafiakartelle nur Frontorganisationen für die ehemalige sowjetische Elite sind – die kapitalistische Nomenklatura«.[55]

Wie meinte doch der einstige »Reformer« Gorbatschow: »Wir haben Korruption und sich ausbreitende Kriminalität. Die Strukturen der Macht haben sich mit der Mafia vereint. Die beste Lösung für den jetzigen Präsidenten Jelzin wäre, wenn er selbst die Entscheidung treffen würde zurückzutreten.«[56]

Läßt sich das alles derart pauschal sagen, insbesondere wenn man weiß, daß Präsident Boris Jelzin den Kampf gegen die Mafia zur Chefsache erklärt hatte?

Viele erinnern sich noch an die Sonderkonferenz über »Verbrechen und Korruption«, die Boris Jelzin im Februar 1993 in Moskau eröffnete. Als er sprach, schwollen seine Stirnadern an: »In unserer Handelsbilanz fehlen umgerechnet zwei Milliarden Dollar. Es ist nicht bekannt, wo dieses Geld hingekommen ist.« – »Verbrechen und Korruption«, so der Präsident, »sind überall zu finden und die größte Gefahr im Land.« Ähnlich bedrohlich sah diese Entwicklung damals Jelzins politischer Konkurrent, Vizepräsident Alexander Ruzkoi, hochdekorierter Afghanistanveteran und Vorsitzender einer Regierungskommission mit dem vollmundigen Titel »Kriminalität und Korruption« (MVK).

Beharrlich prangerte Ruzkoi seit geraumer Zeit das Organisierte Verbrechen an. Er galt als außerordentlich gut informiert, was nicht verwunderlich ist, denn er bekam seine Informationen direkt vom KGB. Ruzkoi forderte staatliche Kontrollen, um zu verhindern, daß Gold, Diamanten, Rohstoffe, Ölprodukte und nukleare Materialien durch Kriminelle gestohlen und illegal aus Rußland exportiert werden. Außerdem forderte er eine Überprüfung der Banken und ein energisches Vorgehen gegen Geldwäsche, bei der ausländische Mafiaorganisationen, mit Hilfe russischer Unternehmen und Banken, beteiligt sind. Seine politische Lösung des kriminellen Problems war die Rückbesinnung auf das kommunistische Evangelium. Ruzkois Vorschlag, der im übrigen von einer »staatlichen Mafiamaschine« sprach, wurde vom Präsidenten abgewiesen. Als er daraufhin drohte, einen Koffer Materialien zu veröffentlichen, die belegen würden, daß Minister, Regierungsmitglieder und Berater Jelzins in unsaubere Geschäfte verstrickt seien, starteten seine politischen Gegner prompt eine Kampagne gegen ihn. Sie denunzierten ihn als »Neokommunisten« – was nicht falsch war –, und er verlor seinen Posten als Vorsitzender der Kommission »Kriminalität und Korruption«.

Dann kam der schicksalhafte September 1993. Am 21. September 1993 beschuldigte Jelzin den Obersten Sowjet und den Deputiertenkongreß, »die Grundlagen der Staatsordnung zu zerstören«. Und er löste das Parlament auf. »Der Staatsstreich«, umschrieb es die eher zurückhaltende »Neue Zürcher Zeitung«, »löste bei seinen kommunistischen Gegnern wütende Empörung aus, sie besetzten das Parlament, bewaffneten und verbarrikadierten sich.« Ihr Anführer war Ruzkoi, der sich selbst zum Staatsoberhaupt ernannte. Mit einem Militäreinsatz zerschlug Jelzin wenig später diese Opposition – die Bilder auf das Weiße Haus feuernder Panzer gingen um die Welt.

Waren die dramatischen Vorgänge im September 1993 wirklich nur eine Konfrontation zwischen Demokraten und Kommunisten? Durchaus seriöse Stimmen in Moskau sagen, daß die Debatte über das Organisierte Verbrechen und deren Förderung durch staatliche Organe in diesem Machtkampf ebenfalls eine wichtige Rolle gespielt haben dürfte.

Die Felix-Gruppe

Anfang Juli 1995 veröffentlichte die Moskauer Zeitung »Komsomolskaja« ein Interview mit einem anonymen Offizier der mysteriösen »Gruppe Felix«. In ihr, so der ehemalige KGB-Offizier, hätten sich spezielle Todeskommandos mit dem Ziel gebildet, korrupte russische Regierungsvertreter zu töten, denen sie vorwarfen, »Lakaien des Westens« zu sein. Ihre Zielpersonen: Wiktor Tschernomyrdin, der ehemalige KGB-Chef Filip Bobkow sowie zahlreiche prominente russische Journalisten. Die »Felix-Gruppe« wurde nach dem Gründer der sowjetischen Geheimpolizei, Feliks Dserschinskij, benannt und kurz vor dem Ende der Sowjetunion und der Auflösung des KGB gegründet. Der anonyme Offizier teilte der Zeitung mit, daß viele der Felix-Mitglieder noch heute für die Regierung arbeiten, aber für keinen von Jelzins Nachrichtendiensten. Bei ihrem ersten Auftritt ließ die Felix-Gruppe im Dezember 1993 sogenannte »Research-Reports« verbreiten. Darin wurde behauptet, daß israelische Spezialkräfte an dem Sturm auf das Weiße Haus im Oktober 1993 beteiligt gewesen seien, daß der Westen einen Putsch organisiert habe, um Rußlands nukleares Potential zu zerstören, und daß Moskau den Plan habe, die baltischen Staaten zurückzuerobern. Alles waren mit suspekten Fakten vermischte Anschuldigungen, gewürzt mit viel Phantasie, und deshalb nahm auch niemand die Felix-Gruppe ernst. Aber das letzte Felix-Papier, im April 1995 herausgegeben, unterschied sich von den vorhergehenden Veröffentlichungen.

Deshalb wurde der Bericht in voller Länge in zwei Moskauer Zeitungen abgedruckt und von 17 weiteren russischen Zeitungen zitiert. In dem Report wurden zahlreiche KGB-Generäle der Korruption beschuldigt, und ihnen wurde vorgeworfen, in den internationalen Drogenhandel verwickelt zu sein. Demnach ist der ehemalige KGB-General Filip Bobkow der Leiter der Operation, mit besten Verbindungen zu ehemaligen KGB-Offizieren, zur russischen Regierung und zu russischen Bankern. Bobkow verließ 1990 den KGB und ist inzwischen Berater des Vorsitzenden der einflußreichen Most-Finanzgruppe geworden, die wiederum über enge Beziehungen zum Moskauer Bürgermeister Jurij Luschkow und Premierminister Wiktor Tschernomyrdin verfügt. Der Felix-Report behauptet nun, daß Bobkow den Wechsel zur Bank deshalb vollzogen habe, weil es darum gegangen sei, die neuen russischen Bank- und Börseninstitutionen vom Nachrichtendienst kontrollieren zu lassen. Glaubt man zahlreichen übereinstimmenden Zeitungsberichten in Moskau, so sind wahrscheinlich die Hälfte der Direktoren der Sicherheitsdienste in russischen Banken ehemalige KGB-Offiziere, ein weiteres Viertel ehemalige Angestellte des Innenministeriums und der Rest Offiziere des Militärischen Nachrichtendienstes GRU oder Ex-Militärs.

Bobkow und seine Kollegen erkannten bald einen Weg, um sich selbst zu bereichern, und zwar durch Geldwäsche und Drogenhandel. Die ehemaligen KGB-Offiziere bauten die alten Verbindungen zu ihren KGB-Repräsentanten auf, die in den drogenproduzierenden Ländern wie Laos, Birma, Kambodscha und Korea arbeiteten. Über diese Kanäle sollen Verbindungen zu Drogenbossen in Italien, Rumänien, Kolumbien und Kuba aufgebaut worden sein.

Einer der Verbindungsleute sei ein Gusman Imajew, der Chef der Staatsbank von Tschetschenien und Verhandlungsführer bei den Friedensgesprächen in Grosnyj. Eine andere Verbindung soll KGB-General Boris Agapow gewesen sein. Er diente in Afghanistan und im Nordkaukasus als Kopf des Nachrichtendienstes der KGB-Grenztruppen. Jetzt ist er Vizepräsident von Inguschien.

Imajews mögliche Verbindungen zum KGB waren in Moskau bereits seit geraumer Zeit Grund für viele Spekulationen. Von den russischen Streitkräften wurde er im Oktober 1994 zwar verhaftet und nach Moskau transportiert, wenig später wurde er jedoch wieder freigelassen und durfte nach Grosnyj zurückkehren. Selbst während der intensivsten Kämpfe in der tschetschenischen Hauptstadt konnte er sich überall frei im Kriegsgebiet bewegen, und zwar mit Hilfe von Agapow und dem Präsidenten von Inguschien, Ruslan Auschew. Glaubt man den Angaben der Felix-Gruppe, so hatte Moskau Inguschien zur »freien Wirtschaftszone« erklärt, weil in Tschetschenien gekämpft wurde und es daher für die russischen Kriminellen unmöglich war, Grosnyj wie vor dem Krieg als einen ihrer Stützpunkte zu benutzen.

Die Behauptungen der Felix-Gruppe sind, wie viele Quellen von Nachrichtendiensten, eine üble Mischung aus Fakten und gezielter Desinformation. Einerseits ist offensichtlich, daß die Ex-KGBler gerade die russischen Demokraten denunzieren wollen, die sie für den Machtverlust des KGB verantwortlich machen. »Aber trotzdem stellt der Report Fragen, die das russische politische System berühren: Warum ist der Krieg in Tschetschenien so gelaufen? Warum wurden die Verantwortlichen für den Tod einer großen Anzahl von russischen Beamten nicht festgenommen? Und warum hat Moskau das Organisierte Verbrechen so lange toleriert? Zweifellos werden ehemalige und noch im Amt tätige russische Nachrichtendienstler weiter eine wichtige politische und kriminelle Rolle im russischen Leben spielen.«[57]

Der Staat geht – die Gangster bleiben

Welchen Fortschritt hat die Unabhängigkeit und oberflächliche Demokratisierung in den unabhängig gewordenen ehemaligen sowjetischen Republiken den Menschen gebracht? »War es ein Zufall, daß überall (buchstäblich überall!!) – von der Allunionsebene bis hin zur Ebene eines kleinen Bezirks oder eines winzigen Städtchens – Verbrecher an die Macht kamen, die direkt oder indirekt in das weitverzweigte Mafianetz verwickelt waren und sind?«[58]

Es herrschen die gleichen kommunistisch drapierten, feudalistisch agierenden und den Gesetzen des Clans gehorchenden Oligarchien wie zu besten Breschnew-Zeiten. Der einzige Unterschied: Die Kontrolle der Staatswirtschaft liegt jetzt ausschließlich bei dieser ehemaligen Partei-Oligarchie und nicht mehr beim Zentralkomitee der KPdSU in Moskau. Staats- und Privatbesitz sind nicht mehr zu trennen, die mehr oder weniger kriminellen Profiteure sitzen an den Schalthebeln der politischen und ökonomischen Macht. Von besonderem Interesse für die »neue Entwicklung«, die ja in Wirklichkeit überhaupt keine ist, sind Aserbeidschan und Georgien. Sie waren, wie übrigens auch Kasachstan und Usbekistan, bereits in der Sowjetunion eine Festung, in der kriminelle Clans weitgehend das wirtschaftliche und politische Leben dirigierten.

Aserbeidschan, seit dem 18. Oktober 1991 unabhängige Republik, ist mit 7,3 Millionen Einwohnern die größte der ehemals sowjetischen Kaukasusrepubliken. Bei den ersten »demokratischen Wahlen«, 1990, ging die kommunistische Mehrheit als Sieger hervor, d. h. der Partei-, Militär- und Wirtschaftsapparat, der bereits von einem alten Politmafioso der siebziger und achtziger Jahre eingesetzt worden war. »In wohl keiner anderen Republik ist es der Mafia gelungen, so viele Posten im Staats- und Parteiapparat, in Industrie, Wissenschaft, Landwirtschaft und Kultur zu besetzen. Perestroika und Glasnost, Alijews Absetzung und das Erscheinen neuer gesellschaftlicher Kräfte auf der politischen Bühne hätten den Untergang der Mafia bewirken müssen.«[59]

Doch dann kam es in den Jahren 1992 und 1993 zu blutigen Pogromen in Baku, an denen nur zwei Machtinstitutionen ein Interesse haben konnten: die Mafiaclans und das Moskauer Militär. Dieses marschierte in Baku ein und zementierte die alte politische Nomenklatura. Aber nur für kurze Zeit, bis Staatspräsident Eltschibey im Juni 1993 durch einen Staatsstreich gestürzt wurde. Sein Nachfolger wurde Geidar Ali Risa Alijew. »Und Alijew selbst kehrte triumphierend, wie der Erlöser seines Volkes auf einem weißen Roß reitend, ins politische Leben zurück«, schreibt Arkadi Waksberg, Schriftsteller und Journalist der Zeitung »Literaturnaja Gaseta«. »Nirgendwo zeigte die sowjetische Mafia nationalpatriotischen Zuschnitts so klar und überzeugend, wie lebensfähig sie ist und wie kraftvoll sie allen stürmischen Winden standhalten kann.«

Alijew ist ein Mann mit einer in jeder Beziehung kommunistischen Bilderbuchkarriere. Im Alter von 18 Jahren trat er Stalins berüchtigtem Geheimdienst NKWD bei. Von 1967 bis 1969 war er Leiter der aserbeidschanischen Abteilung des KGB, danach bis zu seiner Entlassung durch Gorbatschow im Jahre 1987 Erster Parteisekretär von Aserbeidschan. Damals erkaufte er sich mit üppigen Geschenken einen Sitz im sowjetischen Politbüro, finanziert von der aserbeidschanischen Mafia. Unter seinem Gönner und Förderer Breschnew brachte Alijew es fertig, in einer Rede den Namen des Generalsekretärs nicht weniger als 113mal zu nennen. Das half mit, schließlich Politbüromitglied und stellvertretender Regierungschef unter Breschnew zu werden. Nach seinem von Michail Gorbatschow erzwungenen Rücktritt wegen offensichtlicher exzessiver Korruption und seiner Kooperation mit Mafiaclans zog er sich nach Nachitschewan zurück, einer zu Aserbeidschan gehörenden, zwischen Armenien und Iran eingeschlossenen Enklave. Nach dem Putsch gegen Albufas Eltschibey fanden in Aserbeidschan Präsidentenwahlen statt, mit einem schönen runden ZK-Ergebnis. Der Vorsitzende der Wahlkommission teilte, laut Itar-Tass, mit, Alijew habe die Wahl mit 98,8 Prozent der Stimmen gewonnen. Don Alijew, ein berüchtigter korrupter Politiker, jetzt als international akzeptierter Staatspräsident – das hätte er selbst wohl nie zu träumen gewagt.

Die neuen Zeiten machen es möglich. Der Mann, der mit der Mafia und der Schattenwirtschaft großgeworden war, machte da weiter, wo er einst gestoppt wurde, als ihn Gorbatschow aus dem Amt warf. Seine Familienmitglieder und die ihn unterstützenden Mafiosi erhielten hohe Staatsämter oder zogen nach den Wahlen massenhaft ins Parlament ein. Im November 1995 wurde dann das »Parlament« gewählt. Die von Präsident Alijew gegründete »Partei des neuen Aserbeidschan« erzielte – mit entsprechenden Wahlfälschungen – die absolute Mehrheit. Nun kontrollieren die aserbeidschanischen Mafiaclans die wichtigsten Industriezweige, während die kleineren kriminellen Banden sich in Rußland ausbreiten. Dort beherrschen sie den Handel mit Gemüse und Obst. Der Handel mit Südfrüchten dient der Tarnung von Drogengeschäften.

Ein anderes trauriges Beispiel für die neuen Strukturen mit der Mafia als beherrschendem Element im Staat ist Georgien, das Mutterland Stalins, das am 20. November 1990 seine Unabhängigkeit verkündete. Tiflis, die Hauptstadt Georgiens, einst eine blühende Metropole, zerfällt. Menschentrauben warten vor den wenigen offenen Geschäften auf Brot – die Versorgung ist noch miserabler als in der Zeit, in der Georgien eine sowjetische Republik war. Regiert werden die knapp 1,3 Millionen Menschen von einem Politiker, der im Westen von vielen kritiklos hofiert wird. Ex-Bundesaußenminister Genscher bezeichnet ihn als seinen »besten Freund«. Sein Name: Eduard Schewardnadse.

Im Jahr 1992 wurde der gewählte antikommunistische Präsident Gamsachurdia durch eine einflußreiche Mafiaorganisation, die »Mchedrioni«, gestürzt. Eduard Schewardnadse wurde als neuer Präsident eingesetzt, und zwar von einem Dschaba Ioseliani. Ioseliani ist der Anführer der Mchedrioni-Bande. Der als georgischer Robin Hood verehrte Professor, der nach dem erfolgreichen Putsch den sowjetischen Ex-Außenminister Eduard Schewardnadse »eingeladen« hatte, die Staatsführung in Georgien zu übernehmen, ist jedoch ein Krimineller, ein berüchtigter »Dieb im Gesetz«. Und das macht die Verbindung zwischen ihm und dem Politiker Schewardnadse so brisant.

Ioseliani hatte 18 Jahre Gefängnis und Lager in der UdSSR hinter sich. Bereits als Jugendlicher wurde er, unter Stalin, wegen Wohnungseinbruchs zu fünf Jahren Lagerhaft verurteilt. Bis 1965 saß er unterschiedlich lange in Lagern, in denen er schließlich zum »Dieb im Gesetz« gekürt wurde. Als er im Zuge einer Amnestie 1965 in die Freiheit entlassen wurde, begann er ein scheinbar seriöses bürgerliches Leben. Er studierte Theaterwissenschaften und Fremdsprachen, promovierte, habilitierte sich und schriftstellerte. Ob im Nebenjob oder als Hauptbetätigung, ist nicht klar. Jedenfalls war er auch eine der wichtigsten Schwarzmarktgrößen in Tiflis.

Als die kommunistische Staatsmacht Ende der achtziger Jahre zerfiel, baute Ioseliani eine schlagkräftige paramilitärische Truppe auf, die bereits erwähnten Mchedrioni. Seine Mchedrioni (rauhe Reiter), deren Mitglieder vor allem aus der kriminellen Unterwelt kamen, übernahmen die Kontrolle über die wichtigsten Wirtschaftszweige Georgiens.

Willkür, Rechtlosigkeit und Krieg prägen seitdem das politische Leben in Georgien. Einem Reporter des staatlichen georgischen Fernsehens antwortete Ioseliani auf die Frage: »Wozu haben die Mchedrioni ihre Gewehre?« in zynischer Direktheit: »Sie erhalten keinen Sold.« Und Schewardnadse meinte ernsthaft zu dem »Dieb im Gesetz«, seinem Stellvertreter Ioseliani, man müsse ihm seine »Jugendsünden« nachsehen!

Mit Schaudern sahen die hungernden Bürger auf diese Banden, deren jugendliche Mitglieder überall mit Sonnenbrillen und schwarzen Jacken herumlungerten, die Hände in den Hosentaschen um ihre Pistolen geklammert, und die Außenstehenden stumm und bedrohlich beobachteten. Viele der »rauhen Reiter« sind drogenabhängig und überfielen daher Krankenhäuser, um sich Stoff zu beschaffen, wenn sie nicht raubend und mordend durch das Land zogen. Um den fehlenden Sold auszugleichen, marschierten sie in Megrelien, in Westgeorgien, ein, der Heimat des gestürzten Präsidenten Gamsachurdia. Nachdem sie Megrelien leergeplündert hatten, fand sich schnell ein neues Gebiet zum Ausrauben: Nationalgarde und Mchedrioni überfielen Abchasien, eine reiche Region am Schwarzen Meer, die seit langem mehr Autonomie verlangt hatte. Der Befehl zum Einmarsch kam vom Staatsrat, in dem neben Schewardnadse auch Ioseliani saß. Eventueller Widerstand gegen die neuen Diktatoren in Tiflis hat keine Chance. Jede Regung wird sofort von der Polizei brutal unterdrückt. Augenzeugen berichteten, daß die Polizisten selbst vor Kindern und Frauen nicht haltmachten. Ganz klar: Die Polizisten und der Polizeichef von Tiflis sind Mitglieder der Mchedrioni.

So gesehen, ist alles beim alten geblieben: Staatliche Monopole und Mafiabanden terrorisieren die Menschen in Georgien. Ein führendes Regierungsmitglied, Kitowani, kontrolliert den Handel mit Erdölprodukten, Tabak, Brot und einem Großteil der humanitären Hilfe. Ioselianis Leute zwingen die kleinen Geschäfte und die Lebensmittelmärkte zur Zahlung von »Steuern« und überwachen den lukrativen Drogenhandel. Der Staatspräsident Schewardnadse schaut gelassen zu. »Inmitten dieses Chaos betreibt Schewardnadse zügig und mit Umsicht die Wiederherstellung des alten kommunistischen Machtapparates. Das Parlament, dessen Parteien im Oktober samt und sonders seine Wahl gefordert hatten, wird mit freizügiger Vergabe von Privilegien bei Laune gehalten. Die wirtschaftlichen Reformprogramme sind auf Eis gelegt.«[60]

Mörderbanden, deren Anführer ein enger Freund des Staatspräsidenten Schewardnadse war, durften jahrelang ihr Unwesen treiben, morden und foltern. Erst als »der Freund der Deutschen«, so nennt Hans Dietrich Genscher Schewardnadse, seine Führung in Georgien festigen konnte und Ioseliani und seine Banden für ihn zu einem Störfaktor auf dem Weg der Normalisierung Georgiens wurden, ging er gegen die Mchedrioni vor. Im Sommer 1995 wurde ihnen der Waffenbesitz untersagt, im Oktober 1995 die ganze Organisation verboten. Die meisten Mchedrioni hatten aber die Zeichen der Zeit längst erkannt und liefen rechtzeitig zur staatlichen Polizei über. Ioseliani selbst gab sich wieder einmal den Anschein der Ehrbarkeit, er trat nur noch als politischer Führer auf, Illusionen machte er sich freilich nicht. »Ich bin das Stück Torte, das zum Schluß verspeist wird«, sagte er vorausschauend. Mittlerweile wurde Ioseliani verhaftet. Offizieller Grund: unerlaubter Waffen- und Drogenbesitz. Da das seit langem bekannt war, dürfte das nicht der wahre Grund sein. Nein, Ioseliani ist überflüssig geworden, und Schewardnadse entzog ihm das Vertrauen, als er erfuhr, daß sein enger Freund gegen ihn einen Mordanschlag initiiert haben soll.

Derartige »politische Karrieren« in den neuen unabhängigen Republiken, ob sie nun Aserbeidschan oder Georgien, Kasachstan oder Usbekistan heißen, sie sind keine Ausnahmen. Sie verdeutlichen, wie tief das Organisierte Verbrechen in die jeweiligen Staatsstrukturen eingedrungen ist, ja Teil des Staatsapparates selbst wurde.

Die Abgeordneten, die Regierung und die Mafia

Es war Jegor Jakolew, Chefredakteur der Moskauer Nachrichtenagentur Nowosti, der Boris Jelzin beschuldigte, mehr und mehr »zur Geisel seines eigenen Apparates zu werden«. Und Jurij Buldyrew, Chef einer Antikorruptionsdienststelle, klagte, daß er Jelzin seit zwei Jahren über illegale Geschäfte und Korruptionsaffären in den Topebenen der politischen und militärischen Verwaltung informierte, aber nie eine Antwort erhalten habe. Er griff unter anderem den KGB-Chef Stepasch vom Ministerium für Sicherheit und den Generalstaatsanwalt Iljuschenko an. Beide würden die Justiz bei ihren Ermittlungen gegen Korruption massiv behindern.

Françoise Thom, Professorin für Soziologie an der Pariser Sorbonne, zeichnet die Situation ähnlich düster; sie sieht die herrschende Elite in vier Machtzentren aufgeteilt: »Dabei handelt es sich um die Präsidentschaftsverwaltung, die Föderale Regierung, den Rat der Föderation und insbesondere die Moskauer Stadtverwaltung.« Hier regiert der einst im staatlichen Obst- und Gemüsehandel großgewordene und ambitionierte Bürgermeister Luschkow. Er ist der Mann, über den der Schriftsteller Jewgeni Jewtuschenko schrieb, daß er den Kauf und Weiterverkauf von Immobilien genauso genieße wie ein Zuhälter den Kauf und Weiterverkauf seiner Prostituierten. Und der Moskauer »Zeit«-Korrespondent Christian Schmidt-Häuer schreibt: »Führende Rollen in Moskauer Haus- und Grundstücksaffären spielen E. I. Bystrow, ehemaliger Geschäftsführer Gorbatschows, der bullige Oberbürgermeister Jurij Luschkow und seine Präfekten in den Stadtbezirken. Sie hatten den Stadtrat und einen Teil der alten Verwaltungsgenossenschaften entmachtet, andere auf ihre Seite gezogen, 40 000 Häuser, 10 000 Geschäfte, Bauunternehmen und Transportbetriebe unterstanden ihrer Verfügung. Und vieles vom Besten aus diesem Katalog ging gegen Devisen, Vorstandsposten, Auslandsreisen, West-Stipendien für die Sprößlinge oder Importautos ins Einkaufsnetz der ›neuen Strukturen‹ über«.[61]

Als Ende 1994 Angehörige der Präsidentengarde von Jelzin die Most-Bank überfielen, Teil des wirtschaftlichen Imperiums, das sich der Bürgermeister inzwischen aufgebaut hatte, zitierte die Moskauer Presse genüßlich Jelzin und Luschkow. Jeder beschuldigte den anderen als »Banditen« und »kriminelle Ratte«, die man vernichten müsse. Es geht bei ihnen eindeutig um die Machtfrage. »Jedes dieser Machtzentren tendiert dazu, seine Rivalen zu zerstören. Jedes Machtzentrum hat eigene bewaffnete Streitkräfte. Die Elite ist verbunden mit der kriminellen Aristokratie, häufig teilt sie die Macht mit den lokalen Mafiapaten. Diese Elite ist außerdem tief beeinflußt vom KGB.«[62]

Es gilt trotzdem, das Machtzentrum Mafia als solches nicht zu vergessen. »Die russische Mafia übernimmt faktisch staatliche Funktionen anstelle der ineffizienten, korrupten oder fehlenden Staatsgewalt.«[63] Und sie ist dabei, ihren Einfluß auf die Exekutive und Legislative weiter auszubauen. Die Mafia weiß, wie wichtig Duma-Abgeordnete für sie sind. Kümmern sie sich doch um staatliche Finanzmittel oder haben Zugriff auf zu privatisierende Betriebe. Besonders begehrt sind die Kontakte zu bestimmten Abgeordneten, zum Beispiel zu Leonid Njekrassow. Er half bei der Fälschung von Exportlizenzen. Bei der Privatisierung begehrter Betriebe spielen die Abgeordneten ihren »zuverlässigen Partnern« beste Aktien zu, sprich Firmen, an denen sie selbst oder die Mafia beteiligt sind, wobei beides nicht mehr auseinanderzuhalten ist. »Im ›freien Rußland‹ ist das Abgeordnetenmandat ein Passierschein in die Welt der neuen Reichen, einem Sechser im Lotto vergleichbar. Denn es eignet sich als perfektes Alibi, um in dessen Schutz ebenso illegalen wie profitablen Geschäften nachzugehen. Viele Parlamentarier fahren Mercedes oder Volvo, bauen sich prächtige Häuser und verbringen ihre Ferien auf den Bahamas. Dabei verdienen sie offiziell 200 Dollar im Monat, schimpft Witalij Swaizkij, Fraktionskollege von Jegor Gaidar. Woher kommt das Geld für all den Luxus? Swatzkij nimmt kein Blatt vor den Mund: ›Korruption, Diebstahl und Betrug‹ seien in der Duma an der Tagesordnung.«[64]

Die Moskauer Staatsanwaltschaft versuchte 1994 gegen 334 Abgeordnete der 88 russischen Regionalparlamente ein Strafverfahren einzuleiten, unter anderem wegen besonders grausamen Mordes. Doch die Volksvertreter lieferten ihre Kollegen nicht aus. Nur in 16 Fällen gelang es, ein Ermittlungsverfahren einzuleiten, wobei es sich meist um eher unbedeutende Delikte handelte. Zwar wurden gegen 15 Abgeordnete der Staatsduma in Moskau Verfahren wegen schwerer Verbrechen eingeleitet – von Korruption bis Mord –, doch keiner wurde je zur Verantwortung gezogen.

Sergej Skorotschkin, Mitglied der rechtsextremen Schirinowskij-Fraktion, lobte den Beschluß der Duma, seine Immunität nicht aufzuheben. Hatte er doch 1994, »in Notwehr«, zwei Mafiosi erschossen. Er hat trotzdem Pech gehabt. Eine andere Art Justiz ließ sich nämlich nicht beeinflussen. Killer jener Mafiabande, mit der er bislang erfolgreich geschäftlich verbunden war, haben sich für die Ermordnung der zwei Mafiosi-Kollegen gerächt.

Die Gehilfen des Rechtsextremisten Schirinowskij sind als Anführer der »Tamower Gruppe« bekannt, eine der größten Mafiagangs in St. Petersburg. Alexander Jefimow, Spitzname »Jefim«, mehrmals vorbestraft, arbeitet demgegenüber als Assistent des nationalistischen Abgeordneten Gwosdarjew. Schirinowskij selbst profitiert von einem Mafiaclan, der Dossiers über hohe Politiker angelegt hat, während er gleichzeitig zum Kampf gegen die Mafia aufruft. Kriminelle im Parlament, ob im Moskauer Parlament oder der Staatsduma: das sind keine exotischen Auswüchse. Jelzin selbst war es, der behauptete, bei der Parlamentswahl am 17. Dezember 1995 hätten russische Kriminelle versucht, in die Staatsduma zu gelangen. Er wisse von Fällen, in denen Verbrecher bereits nominierte Kandidaten zum Verzicht gedrängt hätten, um ihre eigenen Wahlchancen zu erhöhen. Zuvor hatte bereits der neue amtierende Generalstaatsanwalt Oleg Gaidanow vor einer Unterwanderung des Parlaments durch Verbrecher gewarnt. Dabei saßen die schon zuhauf im Parlament, und zwar Verbrecher noch eines ganz anderen Kalibers.

Sergej Mawrodi, Duma-Abgeordneter, hat rund acht Millionen Russen um ihre Ersparnisse gebracht, nachdem sein Investmentfonds MMM zusammenbrach. Er saß gerade mal 30 Tage im Gefängnis. Duma-Abgeordneter Artjom Tarassow dagegen war einer der ersten Millionäre der Perestroika und wurde deshalb gefeiert. In zahlreichen Interviews beschrieb er 1990 seine Erfolgsgeschichte. Seine Kooperative bestand aus sechzig technisch hochqualifizierten Mitarbeitern. Sie nehmen dem Staat Halden von Rohstoffen, Metall, Holz oder Phospaten ab, die Kolchosen oder andere Staatsbetriebe vergammeln lassen, aber zu fairen Preisen plus Schmiergeld. Damit kaufen sie im Westen Computer, die sie, mit Programmen gefüttert, sogar weit unter den üblichen Preisen an Staatsbetriebe weiterverkaufen. Bitter beschwerte er sich damals, daß er seine Gewinne nicht von der Bank abheben könne, was dann als Beispiel dafür gewertet wurde, wie schwer es dem freien Unternehmertum in Moskau gemacht werde. Die Wirklichkeit kam später heraus. »Er erschlich sich eine Exportlizenz für Heizöl«, erzählte Sergej Bogdanow einem Reporter der deutschen Wochenzeitung »Die Woche«, »exportierte aber statt dessen Motoröl.« Als der KGB davon erfuhr, setzte sich Tarassow nach England ab. Von London aus kandidierte er bei den Parlamentswahlen – und wurde im Dezember zum Abgeordneten gewählt.[65] Außerdem exportierte er, illegal, russische Panzer, und seine Kooperative »Istok« kaufte den Bauern ihre Ernte gegen wertlose Warengutscheine ab.

Konstantin Satulin von der Demokratischen Partei erschlich sich, unter dem Vorwand, eine Entwicklungsbank gründen zu wollen, rund 4,2 Millionen Mark Kredite bei verschiedenen Finanzorganisationen. Die Gelder sind verschwunden.

Ein anderer Abgeordneter mißbrauchte seine Position als Vorsitzender des Organisationskomitees der Duma, indem er sich eine staatliche Wohnung im Zentrum Moskaus zuschanzte. Allein sein Bad ließ er sich 50 000 Mark kosten.

Sergej Stankewitsch war Moskauer Vizebürgermeister, bevor er in die Duma ging. Für hilfreiche Unterstützung des Moskauer Opern-Festivals erhielt er rund 14 000 Mark als Belohnung.

Großes Ansehen genießt der Mafioso Ruslan Kaljak in der St. Petersburger Unterwelt. Er ist Mitarbeiter des Duma-Abgeordneten Alexander Newsorow von der Fraktion »Rußlands Weg/Radikalkommunisten«.

Im Sommer 1995 verhaftete die Miliz einen Wjatscheslaw Mschelskij. Der Assistent des Abgeordneten Anatolij Guskow testete auf einem Moskauer Friedhof sein Arsenal von Feuerwaffen mit Schalldämpfern.

1994 schätzte der ehemalige Untersuchungsrichter und heutige Berater für Mafiakontakte, Andrej Wolobujew, daß 15 Prozent der Duma-Abgeordneten bereits von der Mafia gekauft seien und der Gesamthaushalt der russischen Mafia fast dem heutigen Staatsbudget von umgerechnet 180 Milliarden Mark gleichkomme.

Und die Ordnungsmacht Polizei selbst? Wie verhält die sich, schreitet die Miliz ein, oder darf sie Mafia und korrupte Politiker nicht mehr bekämpfen?

»Die Miliz ist endgültig in die Gewalt der allmächtigen Schattenstruktur aus Verbrechen und Bürokratie geraten, die von den meisten Abgeordneten der Staatsduma und von einflußreichen Beamten des Sicherheitsdienstes des russischen Präsidenten unterstützt wird.«[66]

Nehmen wir den Fall, als die Miliz in Moskau von 36 Mafiakassen erfahren hatte, aus denen Hilfsaktionen für verhaftete Kriminelle finanziert wurden, wie Bestechungsgelder, »Kauf« von Zeugen, Sicherung erträglicher Haftbedingungen. Die Miliz hatte keine Möglichkeiten, diese Kasse zu beschlagnahmen – Gesetze gegen Bestechung und Korruption werden auf höchster parlamentarischer Ebene blockiert. Da legte ein Parlamentsausschuß für »Rechtsstaatlichkeit, Gesetz und Ordnung, Bekämpfung der Kriminalität« Anfang 1993 den Entwurf eines Anti-Korruptions-Gesetzes im Gesetzgebungsausschuß der Duma vor. »Danach sollten Einkommen und Ausgaben der Staatsdiener kontrolliert, Wetteinsätze auf Rennbahnen und Teilnahme an Glücksspielen den Beamten grundsätzlich verboten werden. Der Gesetzgebungsausschuß des Parlaments lehnte den Entwurf wegen fehlerhafter Rechtsnormen und mangelhaften Bezugs zur Wirklichkeit ab.«[67]

Glücklicherweise gibt es noch Beamte in den Strafverfolgungsbehörden, die nicht korrupt sind, was bei den herrschenden Verhältnissen fast ein Wunder ist. Sie müssen allerdings damit klarkommen, daß der Druck auf sie immer stärker wird.

Ein Beispiel: Am 3. 12. 1982 wurde am Gebietsgericht Wolgograd ein Nikischin, Wladimirowitsch, zu acht Jahren Haft verurteilt. Erst am 30. 10. 1985 trat er seine Freiheitsstrafe an, die wiederum schon drei Jahre später, nach einer Amnestie, aufgehoben wurde. Am 28. Mai 1995 klickten erneut die Handschellen; der Grund seiner erneuten Festnahme war ein neues Gesetz, das Gesetz Nr. 1226 »über den Kampf gegen Banditentum und Organisierte Kriminalität«, das Jelzin am 14. Juni 1994 per Dekret verkündet hatte. Nikischin hatte sich inzwischen zu einem wichtigen Kader der Mafiaorganisation »Kadin« entwickelt. »Er deckte Kadin, welcher sich mit einer Bande eine Schießerei lieferte«, stand u. a. in seinem Haftbefehl. Außerdem wurde er noch zweier Morde verdächtigt. Ein klarer Fall für die Polizei. Doch dann ging bei der Generalstaatsanwaltschaft ein Schreiben der Moskauer Staatsduma ein, vom Vorsitzenden des »Gesetz- und Rechtsordnungsausschusses« und des »Komitees für Bekämpfung der Kriminalität« persönlich unterschrieben: »Ich bitte Sie um Änderung der Zwangsmaßnahme gegen Nikischin, Wladimirowitsch, festgenommen durch Wolgograder RUOP, Verwaltung für Inneres der Stadt Wolgograd, gemäß Beschluß des Präsidenten der RF Nr. 1226 v. 14. 6. 1994 in Moskau, am 28. 6. 1995. Die Moskauer Staatsduma hat eine Beschwerde von Frau Nikischin bekommen, mit der Besorgnis um ihren Ehemann, der vor kurzem ein schweres Trauma hatte und ohne genügende rechtliche Begründung festgenommen wurde. Es gibt Gründe, es so zu verstehen, daß diese Festnahme nur zwecks Scheinergebnis stattgefunden hat und es keinen rechtlichen Hintergrund gibt. Es entsteht die Frage, wer braucht das? In dieser Situation gibt es keine Garantien für seine persönliche Sicherheit. Daher bitte ich Sie um eine Änderung der Zwangsmaßnahmen gegen Nikischin.«

Die Forderung des hohen Politikers an den Generalstaatsanwalt blieb nicht ungehört. In einem Schreiben der Generalstaatsanwaltschaft der Russischen Föderation von Anfang Juni 1995 erhielt der Leiter der Regionalverwaltung zur Bekämpfung der Organisierten Kriminalität den Befehl des Moskauer Duma-Abgeordneten übermittelt. »In Verbindung mit einer Anfrage an die Generalstaatsanwaltschaft vom Vorsitzenden der Kommission der Moskauer Staatsduma, Stankow, bitte ich Sie, den Festgenommenen Nikischin vorläufig freizulassen. Nach Überprüfung der rechtlichen Begründung der Festnahme bekommen Sie zusätzliche Informationen.« Seitdem genießt der Mafioso und Mörder wieder seine Freiheit. Der Hintergrund: Die Bosse der »Kadin-Bande« zahlten dem Kommissionsvorsitzenden der Moskauer Staatsduma umgerechnet 50 000 Mark.

Die Polizei ist bei solchen Erfahrungen mit der Macht der Mafia und deren bestimmenden Einfluß auf die Justiz verständlicherweise hochmotiviert, der Organisierten Kriminalität weiter den Kampf anzusagen. Denn wie sagte der »Berater für Mafiakontakte« in der Regierung Jelzin: »Welche Beschuldigung man auch immer gegen unsere Elite vorbringen mag, sie prallen von ihr ab wie eine Handvoll gegen eine Wand geworfene Erbsen.«

Welche Lösungen gibt es? Einer der besten Analytiker des alten schwarzen Marktes und der neuen russischen Mafia versteigt sich in einem Artikel der »Iswestija« zu der Forderung an die demokratischen Politiker, sie sollten bei ihren Plänen für das Land die systemstiftende Rolle der UdSSR-Schattenwirtschaft für das Rußland der Perestroika und der Postperestroika anerkennen. »Temkofejews Demokratisierungsprozeß lautet: den Staatsapparat als idealen Mafia-Nährboden möglichst reduzieren, dabei aber das Schatteneigentum maximal in den Prozeß der gesellschaftlich kontrollierten Privatisierung einzubeziehen.«[68]

Außerdem solle man im Westen begreifen, daß der Westen selbst, gemeint sind die USA, durch eine Phase verbrecherischen Wirtschaftens gegangen sei. Richtig ist wohl, daß man in Moskau heute Verhältnisse hat, die durchaus mit denen zu Zeiten der Prohibition in Chicago vergleichbar sind. »Das dürfte bereits die einzige Analogie sein«, meint Leonid Fituni vom »Moskauer Zentrum für strategische und globale Studien«, »aber bei uns gibt es mehr Leichen.«

Auch diese Zeit der brachialen Gewalt geht vielleicht bei einer Konsolidierung vorbei. Diese naive Hoffnung erklärt, warum folgende Meinungen gerne geäußert werden, gerade bei Unternehmern in Rußland: Man befinde sich heute in einer Akquisitionsphase, und die werde ja vorübergehen. In dem Moment, wenn die Mafia ihr Terrain abgesteckt habe, werde sie sich schon einem allgemeinverbindlichen Ehrenkodex anschließen. »Außerdem sei doch offensichtlich, daß die heutige russische Verbrecherwelt sich so schnell wie möglich zivilisierter Methoden in ihrer Arbeit bedienen möchte«, erzählt der Journalist Wladimir Milutenko. »Die gestrigen, alle Gesetzeslücken kennenden Saubermänner und die Chefs von Erpresserbanden, die elegante Anzüge von Cardin tragen und nach der neuesten Mode gekleidet sind, suchen nach einem Weg, so schnell wie möglich ins legale Geschäft zu kommen. Sie sind ja jetzt schon Direktoren unterschiedlichster Firmen und befassen sich mit unterschiedlichsten Tätigkeiten: vom Showbusiness bis zum Immobilienhandel, von Lebensmittellieferungen nach Rußland bis zur Organisation von Touristenreisen.«

Die Vergleiche mit den Zeiten des Frühkapitalismus und der Entstehung der amerikanischen Mafia hinken übrigens gewaltig. »Zum einen hatte die Mafia der zwanziger Jahre in Amerika niemals ähnliches Gewicht; die Polizei – oft korrupt, gewiß – stand nur selten auf verlorenem Posten und war aktiv. Entscheidend jedoch ist, daß im Westen schon Mitte des vergangenen Jahrhunderts einigermaßen zivilisierte wirtschaftliche Rechtsnormen zur Anwendung kamen. Es gab neben Großunternehmen Millionen von nicht drangsalierten Kleinunternehmen, Gewerbe und erste Dienstleistungen, es gab, wichtiger noch, Bankrotte und Fusionen. Wirtschaftlich Mächtige konnten – Korporatismus hin oder her – einen gesellschaftlichen Abstieg erleiden; der Staat hatte, auch wenn ihm die Reichen gewiß näher am Herzen lagen als die Armen, neutralen Charakter.«[69]

Wie kann aus dem allgegenwärtigen Geist der Mafia, ihrer Selbstverständlichkeit, eigentlich jemals ein demokratischer Rechtsstaat entstehen, wenn sowohl von den Medien wie von der Regierung propagiert wird, daß eine Gesellschaft, in der es Reiche und Arme gibt, erstrebenswerter ist als eine sozial gerechte Gesellschaft? Soziale Fragen sind ausgeblendet. Die Bürger werden ermuntert, sich so schnell wie möglich zu bereichern, obwohl sie überhaupt keine Möglichkeiten haben, dies auf legalem Wege zu tun. Also holt man sich die Reichtümer mit allen Mitteln. In dieser Situation ist die einzige Lösung (und nicht einmal die, um reich zu werden, sondern nur den alten miesen Lebensstandard zu sichern), sich denjenigen anzuschließen, die ihren Erfolg einer Erkenntnis verdanken: Man kann nur durch Gesetzesübertretungen und kriminelle Geschäfte am Wohlstand wenigstens ein klein wenig partizipieren.

In St. Petersburg leben über 30 000 Jugendliche, die das neue System begriffen haben. Sie haben sich in Banden zusammengeschlossen, rauben und erpressen. Fünfhundert dieser Jugendlichen sind auf der kriminellen Karriereleiter bereits aufgestiegen, besitzen inzwischen teure Autos und kontrollieren Restaurants und Geschäfte.

Auch für Unternehmer gibt es nur wenig Chancen, sich nicht kriminell zu verhalten. Das gegenwärtige Steuersystem trägt nicht dazu bei, die Produktion und damit die Gewinne zu steigern. Der Direktor einer Maschinenbaufirma meint verbittert: »Selbst wenn ein Unternehmen alle Anstrengungen für profitables Wirtschaften unternimmt – also rationalisiert und Arbeitsplätze abbaut –, wird der Nettogewinn maximal bei zwei Prozent liegen.« Und das bei einer Inflation von jährlich 1000 Prozent. Steuerbetrug ist daher so selbstverständlich wie jede andere geschäftliche Tätigkeit. Nur die Mafia darf man nicht betrügen. Sie zwingt die Unternehmer, ihr genügend »Steuern« zu zahlen, das sogenannte Schutzgeld.

Szenen einer Erpressung. In einer Moskauer Wohnung steht ein Schutzgelderpresser vor seinem Opfer, einem kleinen Unternehmer. Der Erpresser ist anfangs höflich.

»Ich will 1000 Dollar.« – »Ich habe aber nicht soviel, nur 300 Dollar.«

»Wann kommt der Rest?« – »Man müßte den Fernseher verkaufen.«

»Wann kommt der Rest?« – »Ein normaler Mensch hätte verstanden, daß ich nicht mehr habe, aber du nicht.«

»Das Geld muß her.« – »Gut, dann gebe ich dir eine Garantie, daß morgen Ludmila kommt und das Geld bringt.«

»Okay.« – »Ich gebe dir die Garantie, daß Dritte nicht eingeschaltet werden, nichts erfahren.«

»Beruhige dich und lege das Geld hin, das du hast.« – »Das Geld hinzulegen, ist kein Problem.«

»Aber wir müssen uns absprechen, daß so etwas nicht noch einmal passiert.«

Und wenig später stürzt sich der Erpresser auf das eigentlich zahlungswillige Opfer, schlägt es zu Boden. Dann greift er zu einer Drahtschnur und versucht eine Schlinge um den Hals des Opfers zu ziehen. Der Mann röchelt, und in diesem Augenblick stürzt die Miliz herein, die den gesamten Vorgang über eine Videokamera beobachtet und aufgezeichnet hat.

Ein vergleichsweise banaler Vorgang, der eines deutlich macht: Schutzgeld zahlt jeder. Im GUM (Gosudarstwennyj Uniwersalnyj Magasin), dem einstigen staatlichen Warenhaus mit über 150 privaten Geschäften, kassieren die Mafiabanden ebenso ab wie bei der armseligen Babuschka, die am Metro-Eingang Rosen verkauft; bei russischen Betrieben ebenso wie bei der alten zerknitterten Bettlerin, die sich freut, wenn ihr jemand ein paar Rubel in die Hand drückt – und nicht zu vergessen: bei den dicken Brocken, allen ausländischen Unternehmen. Kriminelle Syndikate mischen direkt oder indirekt überall mit – über Schutzgeld, ihre besondere Form der Geschäftsbeteiligung. Und das funktioniert so: Zuerst wird nur eine Umsatzbeteiligung gefordert. Dann müssen Mafiaangehörige beschäftigt werden, und schließlich ist die Firma vollständig unter Kontrolle. Um die Schutzgelder zahlen zu können, erhöhen die Unternehmen ihre Preise, bis zu 30 Prozent. Über das Einschleusen ihrer Mitglieder als Türsteher, Dolmetscher oder Buchhalter steckt die Mafia ihre Hände weit in private Unternehmen, bis hin zur vollständigen Übernahme bei vielversprechenden Objekten.

Sie kommen am hellichten Tag und bieten ihre Dienste an. »Wir beschützen diesen Bezirk und ihr Geschäft und möchten dafür die Steuer eintreiben. 15 Prozent vom Gewinn.« Die Szenen sind stets die gleichen, ob in Moskau oder im sibirischen Omsk. »Kaum hatte ich meine Handelsfirma registriert und ein Bankkonto eingerichtet, erhielt ich auch schon Besuch. Als ich die Schutzgeldzahlung verweigerte, drohten sie mir, eine andere Sprache zu sprechen. Immerhin habe ich doch Frau und Kinder. Wenige Tage später kam eine andere Mafiagruppe, mit noch höheren »Steuervorstellungen«. Der Unternehmer verwies sie an die erste.

In einem vornehmen marmorverkleideten Büro im Herzen Moskaus ist der Sitz einer solchen Organisation. Die Firma gibt vor, die ausländischen Unternehmen vor Überfällen der Mafia zu schützen. Der Eingang wird durch eine Videokamera überwacht. Im Büro empfängt mich der Chef. Er ist um die 45 Jahre alt und von einem gut verdienenden Unternehmer durch nichts zu unterscheiden. Auffällig ist allenfalls die protzige Rolex am Handgelenk. Er setzt sich in einen Ledersessel, läßt sich ein paarmal hin- und herwippen und ist dann »zu jeder Auskunft« bereit. Ich weiß, daß die Firma zu den vornehmen Schutzgelderpressern gehört. »30 Angestellte hat unser Unternehmen«, erzählt er und schaut in den Computer, als ich frage, wie hoch die Umsätze seien. »Das kann ich ihnen leider nicht sagen.« Er sagt natürlich auch nicht, daß seine Mitarbeiter in Deutschland große Firmen aufsuchen, die Filialen in Moskau unterhalten. Sie werden ultimativ aufgefordert, ihre Schutzdienste in Anspruch zu nehmen. Wer sich weigert, wird es – schutzlos – spüren. Dann brennt oder knallt es halt. Es ist ein florierendes Unternehmen, in dem auch ehemalige KGB-Angehörige beschäftigt werden. »Wir versuchen diesen Leuten zu helfen, indem wir zum Beispiel eine Einrichtung unterstützen, die sozialpsychologische Hilfe für ehemalige Angehörige der Sicherheitsdienste bietet. Wir arbeiten an einem Projekt, um diese Leute bei uns einzugliedern. Denn ich glaube, sie sollten das machen, was sie gut beherrschen.«

Deutsche Unternehmer, die in Moskau oder anderen russischen Städten geschäftlich aktiv sind, weisen jeden Verdacht, selbst Schutzgeld zu zahlen, trotzdem brüsk von sich. Zwar haben sie alle einmal die deutsche Botschaft aufgesucht und sich beraten lassen oder von ihren Schwierigkeiten erzählt. Doch nach dem Tip, der ihnen dort gegeben wurde – »Zahlen Sie auf keinen Fall. Sobald Sie eine Abmachung getroffen haben, hängen Sie an der Angel und kommen nicht mehr los« –, sieht man sie nie mehr wieder. »Die zahlen alle«, hört man denn auch in der deutschen wie in der österreichischen oder amerikanischen Botschaft. Was sollen sie sonst auch tun? Sich ermorden lassen?

Es gibt viele Beispiele dafür, daß selbst unwillige deutsche Unternehmen schließlich doch ihren Tribut an die Mafia abführen. BMW beispielsweise weigerte sich anfangs zu zahlen. Daraufhin blockierte die örtliche Mafia die Straße, die zu der Filiale hinführte, mit Lkws, und das so lange, bis die offenstehende Schutzgeldrechnung beglichen wurde. »Im Endeffekt zahlt jeder – uns bleibt gar keine andere Wahl«, sagte ein mittelständischer Autohändler, der an der Moskwa ein Geschäft eröffnet hat. Er erzählt den Besuchern aus Deutschland, daß kurz nach Eröffnung seines Geschäftes zwei Vertreter der »lokal zuständigen« Bande anklopften und auf die möglichen Gefahren für Büros, Werkstatt und Neuwagen hinwiesen und dagegen Schutz anboten. In Verhandlungen einigte man sich auf eine monatliche Summe – »etwa fünf bis zehn Prozent des Umsatzes«. Der Autohändler verbucht den »Schutz« als Betriebsausgabe.

Mit Schutzgeldzahlungen allein, so die Erfahrung russischer Geschäftsleute, ist es oft nicht getan, häufig ist es nur das Entree für weitere Versuche, Einfluß auf das Unternehmen selbst zu nehmen. Zumindest der Bundesnachrichtendienst (BND) hat darüber berichtet, daß die Versuche zunehmen, sich – insbesondere über Joint-venture-Unternehmen – in die »Mutterfirmen« einzukaufen, um sie schließlich ganz zu übernehmen. Die Mafia nennt das »qualifizierte Schutzgelderpressung«. Wie viele deutsche und österreichische Firmen auf diese Weise bereits von der russischen Mafia übernommen wurden – niemand weiß es. »Ein Schweizer mittelständisches Unternehmen wurde von einer Tochtergesellschaft, die sich in den Händen eines Mafiasyndikates befindet, total übernommen«, meldete im November 1995 der BND in einem wöchentlichen Lagebericht.

Die Spur der Tschetschenen-Mafia

Pionier der »qualifizierten Schutzgelderpressung« ist die sogenannte tschetschenische Mafia in Moskau. Sie war die erste kriminelle Organisation, die zu Beginn der Perestroika privatisierte Geschäftsunternehmen – Cafés, Restaurants, Tankstellen und Werkstätten – unter ihre Kontrolle brachte. Das ist über acht Jahre her. Inzwischen besetzt die tschetschenische Mafia führende Positionen in der Wirtschaft, hat dort ihre eigenen Leute untergebracht. »Besonders die tschetschenischen Kriminellen sind es, die einen großen Anteil an schweren Straftaten haben«, so der allgemeine Tenor der Sicherheitskräfte. Ähnlich organisiert wie die traditionelle sizilianische Mafia, sind die Mitglieder der Bande in Clans zusammengeschlossen und haben ein der »Omerta« vergleichbares Schweigegelübde abgelegt. Die Tschetschenen erwarben sich den Ruf, bei ihren kriminellen Aktionen schonungs- und erbarmungslos vorzugehen, was dazu führte, daß die Anführer der russischen Unterwelt bestrebt waren, möglichst viele der aggressiven Tschetschenen anzuheuern. Tschetschenen sind »professionell«. »Professionell« heißt bei der Mafia, daß die tschetschenischen Mafiosi ihre Interessen bedingungslos schützen und gleichzeitig grausame Rache an jenen nehmen, die versuchen, sie daran zu hindern.

Im Zentrum der tschetschenischen Mafia standen – das erkannten die Behörden sehr schnell – die Anführer in der tschetschenischen Hauptstadt Grosnyj. Sie sollen ihre russischen Partner in Moskau gedrängt haben, intensiver im Drogen- und Waffengeschäft mitzumischen. Zu ihren kriminellen Aufgaben gehören der Waffenhandel, Erpressung, Diebstahl, Raubüberfälle, Morde, Geiselnahme, Wirtschaftskriminalität und die Unterschlagung, ob staatlichen oder privaten Vermögens. So gesehen unterscheidet sie sich wiederum nicht von anderen kriminellen Mafiasyndikaten in der GUS, der Gemeinschaft unabhängiger Staaten.

Der für den Kampf gegen das Organisierte Verbrechen verantwortliche Leiter der 6. Hauptverwaltung im russischen Innenministerium, Alexej Schukow, konstatierte im Januar 1993, daß sich »Tschetschenien derzeit praktisch nicht in unserem Wirkungsbereich befindet«. Eine Aussage, die darauf hindeutete, daß man in Moskau propagandistisch die grassierende Kriminalität auf die Tschetschenen reduzieren wollte, Tschetschenien selbst als Zentrum der Mafia in den GUS-Staaten beschuldigte.

Natürlich fragt man sich, ob das kleine Land Tschetschenien mit seinen 1,2 Millionen Einwohnern, 1500 Kilometer von Moskau entfernt, wirklich das Zentrum der Mafia sein kann, wie in Moskau behauptet wird. Stalin hatte das Volk der Tschetschenen wegen angeblicher Kollaboration mit den Deutschen im Zweiten Weltkrieg von ihrem angestammten Territorium deportieren lassen, mehr als die Hälfte des Volkes kam bei der Deportation oder während der Verbannung ums Leben.

Boris Jelzin sprach, um seine brutalen Angriffe gegen Tschetschenien zu rechtfertigen, von einer »Gruppe von Kriminellen«, die es auszuschalten gelte. Gleichzeitig inszenierte er eine Medienkampagne, die im In- und Ausland die Tschetschenen als gefährliche Kriminelle darstellen sollten, um so den blutigen Überfall im Herbst 1994 auf Tschetschenien und den Staatspräsidenten Dudajew vorzubereiten. In der Moskauer Presse konnte man immer wieder Berichte lesen, in denen behauptet wurde, die tschetschenische Mafia spiele sogar im Atomwaffenhandel eine führende Rolle.

Der ausschlaggebende Faktor für die Macht der tschetschenischen Mafia ist jedoch die exquisite Lage Tschetscheniens zwischen Rußland und dem Nahen Osten. Sicher ist, daß sich die Beziehungen zwischen der tschetschenischen Mafia und fundamentalistisch-islamischen Staaten des Nahen Ostens in dem Maße verbessert haben, in dem der Islam die dominierende Kraft in der tschetschenischen Region wurde. Die Tschetschenen sollen sogar in der Lage gewesen sein, Gruppen aus dem Nahen Osten, die atomwaffenfähiges Material suchten, mit den damit interessierten Kreisen der Organisierten Kriminalität in Moskau zusammenzubringen. Glaubt man Berichten des Moskauer Ministeriums für Sicherheit, so waren die Tschetschenen in diesem kriminellen Kreislauf für den Transport zuständig.

Bereits seit Dezember 1991 agierten Angehörige der internationalen »Muslim-Bruderschaft« in Tschetschenien unter dem Deckmantel der Partei »Islamischer Pfad« und der dazugehörigen Organisationen. Die Zahl ihrer Mitglieder wird auf 1800 geschätzt. Seit dieser Zeit festigte der »Islamische Pfad« allmählich seine Verbindungen zu anderen islamischen Ländern. Im Herbst 1992 wurde in Grosnyj eine Zweigstelle der Organisation für die »Verwirklichung der Tschetschenischen Revolution« gegründet. Gleichzeitig begannen der Iran und der Sudan – in Erwartung eines islamischen »Djihad« gegen das »Moskauer Joch« – mit der Ausbildung von Widerständlern im Rahmen einer künftigen bewaffneten islamischen Bewegung in Tschetschenien. Im Sommer 1992 hatte auch die internationale »Muslim-Bruderschaft« ihre erste Zweigstelle in Grosnyj eröffnet. 150 Tschetschenen wurden für den »Heiligen Krieg« militärisch ausgebildet, trainiert von Söldnern aus Afghanistan, Pakistan, Libyen und Algerien.

Gleichfalls im Sommer 1992 wurde der Balkan Dreh- und Angelpunkt brisanter Transitgeschäfte der verschiedensten mafiosen Banden. Seit Jahrzehnten war die Balkanroute der traditionelle Schmuggelpfad für Waffen und Drogen zwischen Europa und dem Nahen Osten. Jetzt agierten hier ungehindert die unterschiedlichsten regionalen kriminellen Gruppen, in erster Linie die aus Albanien und dem früheren Jugoslawien, aber auch Mitarbeiter des ehemaligen bulgarischen Sicherheitsdienstes, die enge Beziehungen zu russischen Mafiasyndikaten unterhielten. Erste Kontakte zwischen Tschetschenien und bosnischen Muslimen waren im Herbst 1991 geknüpft worden. Mitte November 1991 hatte der Führer der Bewegung »Tschetschenischer islamischer Pfad« Budapest besucht, um mit Hilfe örtlicher Drogenhändler ein Waffengeschäft mit den noch unerfahrenen islamischen Kräften in Ex-Jugoslawien einzufädeln. Mit den Waffen, die aus den sowjetischen Militärarsenalen auf dem Gebiet Tschetscheniens gestohlen worden waren, reichte die Bewaffnung bereits im Herbst 1992 aus, um eine kleinere Armee auszurüsten, klagten Moskauer Behörden. Ende 1992 wurde in Tschetschenien zwar ein Gesetz über das Verbot »bewaffneter Privatverbände« verabschiedet – doch keiner beachtete es.

Und so verdichtete sich der Verdacht, daß der Widerstand gegen Moskau, der sich seit Ende Februar 1993 in Tschetschenien landesweit ausbreitete, aus dem Kreis lokaler Verbrechersyndikate mitinitiiert wurde, die für ihre kriminellen Aktionen eine tragfähige Basis, einen politischen Hintergrund und ein politisches Ziel gefunden hatten: die Loslösung von Moskau.

Das Mitglied der tschetschenischen Mafia, Wladow Makir, der in Italien wegen Waffenhandels kurzfristig verhaftet wurde, beschreibt diese Wechselbeziehung zwischen nationaler Identität und kriminellem Verfahren. Er habe, so erzählte Makir dem Journalisten Werner Raith, in italienischen Gefängnissen gelernt, daß die Mafia viel mit den spezifischen Verhaltens- und Denkweisen einer bestimmen Region zu tun habe, wie Zusammenhalt, Verschwiegenheit und Solidarität gegen die Unterdrücker aus der Hauptstadt. Daraus habe sich eine nationale Identität entfalten können. Er sehe sich in dieser »geschichtlichen Tradition«. Denn wer Tschetschene sei und von Moskau gegängelt werde, der habe nur zwei Möglichkeiten zu überleben: Duckmäuser zu werden – oder mit den Mitteln, die ihm verblieben seien, gegen diejenigen zu kämpfen, die er als Unterdrücker empfinde. »Ich selbst habe den letzteren Weg gewählt. Jahrelang hatte ich, zuerst in der Armee, dann als fliegender Händler, ein Auskommen gesucht.« Er meint damit, daß er bereits im kriminellen Milieu tätig war. »Doch die Schikanen waren übermächtig, und da habe ich mich einem Tschetschenenzirkel angeschlossen, lauter Leuten, die wie ich in der Armee schon Probleme hatten und danach noch mehr. An dieser Stelle war schon klar, daß wir durch Ehrlichkeit und Fleiß zu nichts kommen würden, der kriminelle Weg in den Untergrund war vorgezeichnet.«

Die nationalistische Identitätsfindung verstärkte sich bei ihm, als die politischen Spannungen zwischen Moskau und Tschetschenien immer stärker wurden. Daher sei er in sein Land zurückgekehrt, um mitzuhelfen, die Verteidigung zu organisieren. Sein Auftrag sei es gewesen, Waffen einzukaufen. »Daß wir diese vor allem über kriminelle Gruppen, teilweise solche ohne irgendwelche ideologischen oder nationalen Gefühle, beziehen mußten, hatten wir inzwischen gelernt. Die andere Seite allerdings auch, daß mit uns nicht zu spaßen ist – wir kommen sozusagen ebenfalls vom kriminellen Bau und wissen uns zu wehren, wenn man uns reinzulegen sucht.«

Es gibt in Moskau seriöse Persönlichkeiten, die davon überzeugt sind, daß der im Dezember 1994 begonnene blutige Krieg zwischen Rußland und Tschetschenien nicht nur wegen nationaler territorialer Ansprüche geführt wird. Es soll dabei auch um die Sicherung von Marktanteilen im kriminellen Geschäft zwischen russischem Militär und der regierenden Mafia unter Präsident Dudajew in Tschetschenien gegangen sein.

Der angesehene Moskauer Menschenrechtsexperte Sergej Kowaljow ist dagegen der Meinung, daß die Erklärungen des Kreml, kriminelle Banden würden ihren Mafiachef verteidigen, böse KGB-Propaganda sei. »Denn«, so Kowaljow, »es gibt keine kriminellen Banden, die Dudajew verteidigen. Es ist vielmehr die gesamte Bevölkerung.«[70]

Der Versuch der Regierung, die Tschetschenen als »innere Feinde« und als »Banditen« zu brandmarken, hat zweifellos einen politischen Hintergrund. In einer Analyse der deutschen Sektion der »Internationalen Gesellschaft für Menschenrechte«, die bekanntermaßen Stimme rechter Gesinnung ist, heißt es dazu: »Es gibt keinen Beweis, daß der tschetschenische Präsident Djokhar Dudajew ein Mann der Mafia ist, obwohl interessierte Kreise in Moskau das ständig behaupten.«[71]

Warum engagiert sich eine solche Organisation für einen muslimischen Staat und ihren Präsidenten? Weil deren politischer Gegner Boris Jelzin ist? Es ist nicht mehr zu bezweifeln, daß das Vorgehen der russischen Truppen völkerrechtswidrig war, daß die Militärs brandschatzten, vergewaltigten, zerstörten und Tausende von Menschen auf dem Gewissen haben. Aber muß man deshalb dem Präsidenten von Tschetschenien einen Persilschein ausstellen? Da sind die Stimmen unabhängiger Beobachter glaubwürdiger. »Das ist ein Krieg, der zugleich gegen die Russen und gegen die Tschetschenen geführt wird. Er wurde von bestimmten Kreisen ausgelöst: von den Goldbetreßten, von Mafiosi, von Leuten, die mit diesem Krieg ihre wirtschaftlichen und sonstigen Interessen verbinden. Genau das macht mir vor allem angst: Dieser Krieg kommt zu vielen Leuten gelegen, nur eben der einfachen Bevölkerung nicht.«

Der russische Schriftsteller Anatoli Pristawkin gehört nicht zu den verbohrten Hardlinern oder ideologischen Schlachtkämpfern in diesem Krieg. Nein, er gehört zur hoffnungsvollen, aufgeklärten demokratischen Bewegung. Für ihn – wie für viele andere – steht fest: »Dudajew und seine Leute, das ist eine rein mafiose Struktur. Dudajew und Gratschow (der russische Verteidigungsminister) sind Beeren von ein und demselben Feld. Beide gehören der Generalität an, beide sind in mafiose Machenschaften verstrickt. Im Grunde versucht eine Mafiastruktur, sich die andere einzuverleiben.«

Gibt es eine Atommafia?

Oberst Alexander Sarubitzki, 55 Jahre, ist eine eindrucksvolle Persönlichkeit. Was auffällt, sind die Augen, die bei Gesprächen manchmal in eine andere Welt zu blicken scheinen. Er ist nicht nur Pressesprecher der Miliz, sondern auch Vorsitzender eines Kinderhilfswerkes für radioaktiv verseuchte Kinder aus Tschernobyl. Der Oberst sitzt in seinem 20 Quadratmeter großen Büro und will mir etwas über die Mafiaorganisationen in Kiew erzählen sowie Kontakte herstellen. Plötzlich kramt er in einer Schublade seines Schreibtisches und holt einen braunen Umschlag hervor. Er enthält Dutzende von Fotos eines einzigen Themas: die Explosion des Kernreaktors Tschernobyl, eine andere Form der wuchernden Kriminalität. Für ihn sind es Erinnerungen an eine grauenvolle Zeit. »Das sollte doch eigentlich eine Warnung sein«, flüstert er, als er mir Bilder seiner Freunde hinlegt, die inzwischen durch die unsichtbaren tödlichen Strahlen hingerafft wurden. Damals wurde jeder gebraucht, um das atomare Inferno zu bekämpfen und den Opfern zu helfen. Riesige Landflächen sind seitdem radioaktiv verstrahlt. Hunderttausende Menschen mußten umgesiedelt werden. Mindestens 40 000 Tschernobyl-Invaliden, vom Strahlenkrebs zerfressen, fristen ein erbärmliches Dasein. Es ist ein Alptraum, der sich jederzeit wiederholen kann.

In einer Halle des Reaktorgebäudes von Tschernobyl, nur wenige Flugminuten von Kiew entfernt, wurde Anfang 1994 hochangereichertes Uran von unbekannten Tätern gestohlen: 150 Gramm. Wochenlang hatte das niemand bemerkt. Jeder zuckt bei der Frage, wie das geschehen konnte, mit den Schultern, und keiner kann sich vorstellen, wo das strahlende Material hingekommen ist. Es ist einer von vielen Fällen der ständig wachsenden Nuklearkriminalität, die sich zum Schrecken auf der ganzen Welt entwickelt hat.

Bei einem anderen Diebstahl von Uran war die Polizei in Kiew hingegen erfolgreich, was die Aufklärung des Falles anging. Im März 1994 zerschlug sie eine Bande, der es gelang, 300 Gramm radioaktiven Materials aus dem Atomkraftwerk Mendeljew herauszuschmuggeln. Das angereicherte Uran, auf 60 Ampullen zu je fünf Gramm verteilt, sollte auf dem europäischen Markt verkauft werden. Die Bandenmitglieder waren gut bewaffnet. Kurz zuvor hatte die Polizei auch im Nachbarstaat Moldawien 1,5 Kilogramm radioaktives Material sichergestellt. Skrupellose Händler wollten das strahlende Gut einem europäischen Abnehmer verkaufen.

Als bedauerliche Mißgeschicke lassen sich solche Fälle sicher nicht mehr herunterspielen. Experten der Atomenergiebehörde in Wien sind nicht nur über den Zustand der atomaren Anlagen in der Ukraine besorgt, sondern auch über die Verhältnisse in allen Nachfolgestaaten der UdSSR. Bevor die Sowjetunion zerfiel, gab es dort strengste Sicherheitsvorkehrungen. Nun sind die Atomanlagen kaum gesichert. Jeder, der genügend Geld in der Tasche hat, kann sich besorgen, was von Auftraggebern bestellt wird. Das gilt auch für die Forschungsreaktoren. Sie dürfen 90 Prozent angereichertes waffenfähiges Uran verarbeiten. Auf dem Schwarzmarkt werden dafür hohe Preise geboten.

Kontrollen vor Ort verstärken schlimmste Befürchtungen. Inspektoren der Internationalen Atomenergiebehörde fanden im ukrainischen Kharkow-Institut 75 Kilo waffenfähiges Uran statt der in den offiziellen Inventarlisten aufgeführten 15 Kilo. Allen Beteuerungen offizieller Stellen zum Trotz besteht durchaus die Möglichkeit, mit dem illegalen Handel radioaktiver Materialien große Gewinne zu erzielen. Und bei der miserablen wirtschaftlichen Lage in den GUS-Staaten ist nichts mehr undenkbar. Auch nicht, daß es in Moskau starke politische Kräfte gibt, die – sehr diskret – an der Ausdehnung des Handels mit Kernwaffen interessiert sind. Auch die russische Generalstaatsanwaltschaft glaubt, daß sich dieser Handel in Zukunft noch verstärken wird, und zwar »durch die Duldung von russischen Spezialdiensten, die den Export strategischer Stoffe nicht unterbinden – im Gegenteil. Der illegale Handel spiegelt die politischen Ambitionen bestimmter einflußreicher Kräfte wider, die am Fortbestand der Spannungszustände im Nahen Osten interessiert sind.«

Angesichts des Handelsvolumens von radioaktiven Stoffen und der zumindest indirekten Beteiligung von Nachrichtendiensten – diese schlimme Schlußfolgerung läßt sich ziehen – dürften bereits jetzt durch die »Atommafia« große Mengen radioaktiver Komponenten für atomare Waffen und möglicherweise sogar einige taktische Waffensysteme an ihren endgültigen Bestimmungsort im Nahen Osten geliefert worden sein. Zu dieser niederschmetternden Erkenntnis kam nicht der BND in Pullach, sondern das Moskauer Innenministerium. Ähnlich düster beurteilt das amerikanische FBI die Entwicklung auf dem Atommarkt. »Es ist die größte Gefahr für die Vereinigten Staaten«, mahnt FBI-Direktor Louis J. Freeh. Und der demokratische Senator John F. Kerry, Vorsitzender des Senatsunterausschusses »Terrorismus, Drogen und internationale Operationen«, ist davon überzeugt, daß dieser Feind »die größte kriminelle Bedrohung in der Geschichte und für die nationale Sicherheit in dieser Zeit ist«.

Anfang Januar 1993 glühten bei den Polizeibehörden in vier deutschen Städten die Drähte – in Hamburg, Frankfurt, Stuttgart und München. Eilig wurden Krisenstäbe gebildet, Feuerwehr und Technisches Hilfswerk alarmiert. Ausgelöst war die Hektik durch den Drohbrief eines unbekannten Erpressers. Werde eine bestimmte Summe nicht bezahlt – von 20 Millionen Mark war die Rede –, so solle ein atomarer Sprengsatz in einer deutschen Stadt gezündet werden. Was sollten die Behörden in diesem Fall tun? Die Bevölkerung alarmieren? Das hätte ein unvorstellbares Chaos ausgelöst. Deshalb entschied man sich, die Öffentlichkeit nicht zu informieren, und hoffte, daß schon nichts geschehen werde. Zum Glück blieb es bei der Androhung der Apokalypse.

Doch die Erpresser scheinen keine Spinner gewesen zu sein. »Die hatten einen so raffinierten Code für die Übergabe des Geldes ausgetüftelt, daß wir davon ausgingen, hier sind Professionelle am Werk«, erzählte mir ein leitender Hamburger Kriminalrat.

Ein Jahr später drohte ein anonymer Anrufer beim Wiesbadener Bundeskriminalamt, es werde in München eine Granate abgefeuert, gefüllt mit Atommüll aus einem slowenischen Atomkraftwerk, sollten deutsche Soldaten nach Bosnien geschickt werden. Wieder schützte der unsichere Faktor Glück die Menschen. Es hätte auch anders kommen können. Dann wären weite Teile der Münchner Metropole verstrahlt worden.

In einer internen Studie berichtete das BKA von anderen Fällen der atomaren Erpressung. Betroffen waren eine Spielbank, eine Sparkasse und ein Großmarkt. »Vor Mitarbeitern legte Geheimdienstminister Schmidbauer offen, womit er die Öffentlichkeit lieber nicht beunruhigen mochte: Die Deutschen seien praktisch wehrlos gegen terroristische Anschläge der neuen Dimension. Was tun? erregte sich Schmidbauer, wenn Tschetschenen im Kanzleramt anriefen und 50 oder 100 Millionen Mark mit dem Hinweis verlangten, im Berliner Kaufhaus des Westens hätten sie bereits mit verstecktem Spaltmaterial die Kunden verstrahlt.«[72]

Von anderer Qualität war dagegen der konkrete Erpressungsversuch, der aus Litauen bekannt wurde. Dort war Boris Dekanidze, Boß der »Vilnius-Brigade«, einer der gefährlichsten Mafiaorganisationen von Litauen, von der Polizei verhaftet und vom Gericht wegen Mordes verurteilt worden. Um ihn aus dem Gefängnis zu befreien, drohten seine Gesinnungsfreunde, ein Atomkraftwerk in die Luft zu sprengen. »Nuklearer Terror in Litauen« lauteten die internationalen Presseschlagzeilen.[73]

In Deutschland wurden 1993 erstmals zwei Ermittlungsverfahren wegen Verdachts der Erpressung im Zusammenhang mit der Freisetzung radioaktiver Substanzen eingeleitet. In einem Fall teilte ein Informant mit, daß eine aus vier osteuropäischen Staatsangehörigen bestehende Bande beabsichtige, die Bundesrepublik und/oder Österreich zu erpressen. Die Gruppe, die sich auch mit dem illegalen Handel von Nuklearmaterial befaßt und Probleme beim Absetzen des strahlenden Stoffes hatte, drohte, »im Rahmen der Herbeiführung einer Explosion, radioaktive Substanzen freizusetzen«, so das Bundeskriminalamt. Nach der Explosion eines ersten Sprengkörpers sollte die Regierung in Bonn ihre finanziellen Forderungen erfüllen. Daraufhin würden sie die Örtlichkeiten anderer bereits deponierter Sprengkörper bekanntgeben.[74]

Ein Alptraum. Handelte es sich bislang »nur« um Erpressungs*versuche,* so bleibt realiter die Möglichkeit bestehen, jeden Staat mit atomarer Verseuchung zu erpressen. Es ist ein neues kriminelles Phänomen, seit auf dem Weltmarkt skrupellos radioaktive Materialien zum Kauf angeboten werden, fast immer aus den Beständen der UdSSR-Nachfolgestaaten. Bernd Schmidbauer, Staatsminister im Bundeskanzleramt und zuständig für die Koordinierung der Geheimdienste, warnte »vor ernsten Gefahren, daß Verbrecherorganisationen mit hochgiftigem Strahlmaterial Erpressungsversuche unternehmen können«. In einem internen Papier des Bundesnachrichtendienstes heißt es: »Die Sicherheit der Bundesrepublik Deutschland ist durch die daraus resultierende Möglichkeit der Entwendung von Kernsprengkörpern bzw. waffenfähigem Spaltmaterial oder der Verbreitung von technischem Wissen für die Kernsprengkörperentwicklung gleich mehrfach bedroht.« Einmal durch die Möglichkeit, daß existierende Kernsprengkörper in kriminelle Hände gelangen, nach Deutschland oder in jedes andere europäische Land gebracht und/ oder gegen jeden verwendet werden. Zum anderen durch waffenfähiges Spaltmaterial, das auf den Markt kommt, mit dem auch nukleare Sprengkörper hergestellt werden können. Und auch durch die Verbreitung von Nuklearwaffen in Konfliktzonen.

Der wichtigste Bereich krimineller Aktivitäten in Rußland, in den Militärs verwickelt sind, ist der Waffenhandel. Da gibt es den illegalen Markt selbst und dann die Deals, an denen Militärs, Vermittler und Käufer beteiligt sind. »Die gefährlichste Entwicklung ist der illegale Export von hochgefährlichen Waffen und Komponenten. Während der illegale Handel von kleinen Waffen durch die kaukasische Mafia kontrolliert wird, ist der Handel mit gefährlichen Komponenten in den Händen von Mafiabanden in Moskau und den baltischen Staaten. Außerdem gibt es noch eine Anzahl von ›Individuen‹, die auf eigene Rechnung handeln. Denn wenn es einen Markt gibt, wird es auch Käufer geben.«[75]

Mit Komponenten sind radioaktive Materialien gemeint, ein Geschäft, das seit 1991 blüht. Und inzwischen ist das ganze kein Horrorszenarium aus einem James-Bond-Film mehr, da sogar nukleare Sprengköpfe und Bomben angeboten werden. Doch obwohl die Verantwortlichen es besser wissen, wird immer wieder gebetsmühlenartig verkündet, es habe noch keine dokumentierten Fälle eines erfolgreichen Verkaufes von nuklearen Sprengköpfen oder von angereichertem Material (Plutonium) aus Rußland oder einer anderen ehemaligen sowjetischen Republik gegeben.

Bereits 1991 gelang es William Arkin einen sowjetischen Offizier näher kennenzulernen. Der war bereit, einen taktischen Atomsprengkopf zu verkaufen. Arkin, Experte für Atomwaffen bei Greenpeace und gleichzeitig Assistent beim Chef des militärischen Nachrichtendienstes der US-Kommandantur in Berlin, war selbst »direkt in Gegenspionageaktivitäten involviert. Durch seine Kontakte erfuhr er Anfang 1990 von Gerüchten, wonach auf einer sowjetischen Militärbasis bei Berlin Atomsprengköpfe zum Verkauf angeboten wurden. Arkin wollte beweisen, daß das russische Atomarsenal extrem verwundbar ist.«[76]

Arkin verhandelte acht Monate lang über den Kauf eines Scud-Atomsprengkopfes. Und zwar mit einem 28 Jahre alten Oberleutnant aus dem sowjetischen Generalstab in Berlin, der verantwortlich für die Bewachung von Atomsprengköpfen einer russischen Militärbasis in der Nähe Berlins war. Der Oberleutnant erklärte sich bereit, einen Atomsprengkopf zu beschaffen. Seine Forderung: 250 000 US-Dollar. Als Arkin Sicherheiten verlangte, daß er nicht einem windigen Betrüger auf den Leim ging, durfte er sogar die sowjetische Militärbasis besuchen, in der der Sprengkopf gelagert war. Dieser Stützpunkt wurde damals von zwölf Offizieren bewacht; der Oberleutnant, der die Atomwaffe angeboten hatte, war ihr Chef. Wäre der Verkauf erfolgreich abgeschlossen, sollte ein Lkw zum Bunker fahren, in dem der Sprengkopf gelagert war, mit ihm beladen werden und dann unkontrolliert wieder die Militärbasis verlassen, versprach der Oberleutnant, der sowohl über die Schlüssel zum Stützpunkt wie über die Sicherungscodes verfügte. »Ich weiß, daß es phantastisch klingt«, sagte Arkin später, »aber die Sicherheitsmaßnahmen auf der Basis waren in einem so katastrophalen Zustand, daß der Plan durchaus realistisch war.« Die Verkaufsverhandlungen standen kurz vor dem Abschluß. Der Deal platzte in letzter Sekunde, weil es in Moskau im August 1991 zum

Putsch gegen Gorbatschow kam und der Offizier daraufhin nach Rußland zurückbeordert wurde.

In einem anderen Fall versuchte der russische Journalist Kirill Beljaninow, der für die angesehene Zeitung »Literaturnaja Gaseta« arbeitete, herauszufinden, ob es tatsächlich einen Schwarzmarkt für Atomwaffen gibt, wie in den westlichen Medien immer wieder behauptet wird. Nach monatelangen Verhandlungen über einen Mittelsmann wurde ihm in Moskau tatsächlich der Atomsprengkopf einer sowjetischen SS-20-Rakete angeboten. Der extrem moderate Preis: 70 000 US-Dollar. Der Reporter schickte ein Foto des angebotenen Sprengkopfes an einen Wissenschaftler, der im Kernwaffenkomplex Kremlew, Code-Name Arzamas-16, arbeitet. Der Experte bestätigte ihm, daß der Sprengkopf, sofern man es vom Foto her beurteilen konnte, echt sei.

»Das Äußere des Sprengkopfes stimmt. Aber das Innere konnte vorgetäuscht sein, wie bei Sprengköpfen, die als Ersatz dienen, wenn die echten herausgenommen und gewartet werden. Leider hätten wir nie die 70 000 Dollat zusammengebracht. Zum Schluß unserer Untersuchung baten wir einen der höchsten Funktionäre des russischen Atomenergieministeriums um einen offiziellen Kommentar zu unseren Ergebnissen. Auf all unsere Fragen sagte er nur: ›Dazu liegen uns keine Informationen vor.‹ Aus irgendeinem Grund war uns dabei unbehaglich zumute.« Damit endete der Bericht des Moskauer Journalisten Kirill Beljaninow.

Es war 1992, da sollte Kobalt, das angeblich aus einem Krankenhaus stammte, für drei bis fünf Millionen Mark auf dem deutschen Markt angeboten werden. Von diesem Angebot erfuhr ein deutscher ehemaliger Flugkapitän, Geschäftsführer des Flughafens Sylt und Waffenhändler, der stets in Geldnot war. Jetzt witterte er das große Geschäft. Das erhoffte sich auch ein anderer Geschäftsmann aus Wien, der in den Deal einbezogen wurde: ein Schönheitschirurg, der gleichzeitig Besitzer einer »Beratungsgesellschaft« war. In einem geheimen Protokoll der Wiener Staatspolizei heißt es über diesen Wolf im Schafspelz: »Er unterhält Kontakte zur Mafia und zu diversen Unterweltkreisen.« Von Wien aus wurde der geldgeile deutsche Händler, der jedoch inzwischen kalte Füße bekommen und sich dem BKA offenbart hatte, zur Klärung weiterer Sachfragen an eine osteuropäische Wissenschaftlerin verwiesen. Diese »Wissenschaftlerin«, eine Helena Bagadarowa, prüfte das angebotene Kobalt 59. Dabei stellte sich heraus, daß es sich um Kobalt 60 handelte. Das heißt, es war eine »schmutzige Bombe«, eine A-Bombe mit Kobaltmantel. Bei einer eventuellen Kernexplosion würde sich Kobalt 59 in Kobalt 60 verwandeln, was zur Folge hätte, daß sich der Grad der Verstrahlung im Explosionsgebiet noch einmal steigerte. – Im Rahmen des polizeilichen Informationsaustausches wurde ein weiterer Versuch bekannt, diese Kobalt-60-Behälter abzusetzen. In einem Fernschreiben vom 8. 7. 1992 teilte die Kripo in Schleswig mit: »Zwei Behälter mit jeweils 1,6 kg Kobalt 60 sollen über einen Vermittler für 15 Millionen US-Dollar verkauft werden.« Als das Geschäft platzte, wurde der neue Käufer mehrmals von den »Vermittlern« aus Berlin und Wien angerufen, die von ihm 50 000 US-Dollar forderten. Erst als »die Durchsetzung der Forderung mit Morddrohungen verknüpft wurde«, so wieder die Kripo, »erstattete der Händler aus Schleswig Anzeige wegen Erpressung. Bei den Ermittlungen stellte sich heraus, daß er den Verkäufern/Vermittlern schriftlich eine Einverständniserklärung zur Zahlung der 50 000 US-Dollar gegeben hatte«. Am 15. Juli 1992 wurden die beiden Kobalt-60-Behälter in einem Lkw-Transporter beschlagnahmt. Mitarbeiter der Strahlenmeßstelle der Bundeswehr stellten als Strahlungsquelle Kobalt 60 sowie bei der Öffnung der an den Behältern angebrachten Bedienungshebel eine nicht unerhebliche Strahlenbelastung fest.

Eines der größten Risiken bleibt jedoch, daß es überhaupt möglich ist, an hochgefährliche atomare Sprengköpfe heranzukommen. Diese Sprengköpfe, die für Raketen, Landminen, Torpedos entwickelt wurden, lagern unter mangelhaften Sicherheitsvorkehrungen auf verschiedenen Militärbasen. Mitte 1992 meinte die CIA, daß sie nur über Schätzungen verfüge, wie viele russische Atomwaffen existierten, und gab die Zahl der Sprengköpfe für taktische wie strategische Atomwaffen mit 30 000 an. Trotz Abrüstung und geplanter Verschrottung des milliardenfachen Mordinstruments Atomwaffe: »Wir wissen nicht, wie viele sie zerstört haben«, klagte Thomas Cochran, Wissenschaftler des »Natural Resources Defense Council« in Washington.

Auf dem Gebiet der ehemaligen Sowjetunion lagern, so viel steht heute fest:

o 27 000 funktionsfähige Atomsprengköpfe;
o 5000 ausrangierte, in Bunkern lagernde Sprengköpfe;
o 100 bis 150 Tonnen Plutonium in metallischer Form in Kernwaffen;
o 500 bis 1000 Tonnen hochangereichertes Bombenuran und
o 20 bis 25 Tonnen Reaktorplutonium aus der Wiederaufarbeitung.

Hinzu kommt das Know-how sowjetischer »Atomsöldner«. Insgesamt waren einst 900 000 Personen im Atomwaffenprogramm der UdSSR tätig. Man geht davon aus, daß 10 000 bis 15 000 Mitarbeiter in einem Kernwaffenprojekt substantielle Beiträge für den Bau der Bombe leisten könnten und 3000 bis 4000 Wissenschaftler die nötigen Erfahrungen bei der Urananreicherung und Plutoniumherstellung haben.

Im Dezember 1992 stürmte die Polizei in Moskau ein Flugzeug unmittelbar vor seinem Start in Richtung Nordkorea. An Bord befanden sich 36 Physiker aus den Atomwaffenschmieden Arzamas-16 und Tscheljabinsk-70, die sich dem Regime in Pjöngjang angeblich für viel Geld zur Verfügung stellen wollten. Sie wurden verhaftet. Sie wollten jenen Hunderten ehemaliger sowjetischer Wissenschaftler, Ingenieure und Techniker nacheifern, die bereits Arbeitsverträge in Ländern wie Algerien, Indien, Irak, Iran, Libyen und Israel unterschrieben haben – also in Staaten mit nuklearem Ehrgeiz. Einer der wesentlichen Gründe: »In allen Anlagen, die dem Atomministerium unterstehen, ist die Situation völlig unübersichtlich. Da die Löhne der meisten Angestellten nicht zum Leben reichen, versuchen viele, irgendwie dazuzuverdienen – leider auch mit Diebstahl und Verkauf von radioaktiven Substanzen.« Der Ankläger ist Anatolij Djukow, Leiter des Zentrums für Waffenkontrolle, Energie und Umwelt in Moskau.

Im Atomhafen Murmansk wird Atommüll auf einem Eisbrecher zwischengelagert, »auf dem kaum kontrolliert Dutzende von Hafenarbeitern ein und aus gehen. Eine Endlagerungsstätte für dasselbe Material, umgeben von einem löcherigen Bretterzaun und bewacht im wahrsten Sinne des Wortes für ein Trinkgeld von einem besoffenen Rentner, wartet unbeleuchtet in der Tundra auf Godot.«[77] Teilweise ist es in den Nuklearfabriken schon zu Streiks gekommen, weil Gehälter nicht ausbezahlt wurden. »Mitarbeiter, die nicht mehr bezahlt werden, lassen sich schnell bestechen«, warnt Annette Schaper, wissenschaftliche Mitarbeiterin der Hessischen Stiftung für Friedens- und Konfliktforschung.

Mit Erschrecken konstatieren inzwischen westliche Regierungen, daß es einen Zusammenbruch der Professionalität im russischen Militär und insbesondere beim zuständigen »Ministerium für Atomenergie« (MINATOM) in Moskau gibt. Ende August 1995 erklärte die russische Regierung dem hochqualifizierten Personal des MINATOM, daß seine Löhne nicht mehr bezahlt werden könnten. Zuvor wurde schon bekannt, daß auch die russischen Streitkräfte finanziell am Rande des Ruins stehen, weil sie ihre Rechnungen nicht mehr bezahlen können und ihnen teilweise der Strom gesperrt wurde. »Das russische Militär selbst befindet sich in einer existentiellen Krisensituation – weil die Gelder ausbleiben, um Miete, Lebensmittel für die Soldaten und Offiziere zahlen zu können, gleichzeitig wurden die sozialen Dienste aufgelöst.«[78] Als Folge dieser desolaten ökonomischen Situation werden zunehmend hohe Beamte des MINATOM sowohl von kriminellen Organisationen wie von ehemaligen KGB-Offizieren angesprochen. Man versucht sie für sich zu rekrutieren, weil es sich bei ihnen um Experten handelt, die bei den Geschäften mit Nuklearmaterial außerordentlich hilfreich sein können.

»Es ist nicht auszuschließen«, hieß es in der »Frankfurter Rundschau«, »daß sich eines Tages eine professionelle Mafia organisieren wird, die Zugang zu brisantem Material und Technologien hat und die Kontakte zu Kernwaffenaspiranten wie z. B. Irak und Iran aufbaut. Es ist gut möglich, daß dann einige der Geschäfte auch in der Bundesrepublik abgewickelt werden.«[79] Ähnlich sieht es auch der BND: »Zum einen lagern auf dem Gebiet der ehemaligen Sowjetunion riesige Mengen an entsprechenden Waffen, zum anderen existiert dort ein ungeheures Potential an diesbezüglichem Know-how. In Verbindung mit der desolaten wirtschaftlichen Situation der Nachfolgestaaten der UdSSR, der Ohnmacht zahlreicher Exekutivbehörden gegenüber kriminellen Erscheinungen, der weitverbreiteten Korruption in den Sicherheitsorganen sowie einer weitgehend demontierten Armee ergibt sich daraus eine äußerst risikoträchtige Situation.«[80] Die Studie beruht auf einer reichen Materialsammlung. Von der russischen Nordmeerflotte wurden bereits mehrere Diebstahlsversuche durch korrupte Offiziere gemeldet; in St. Petersburg drei Kilo hochangereichertes und waffenfähiges Material sichergestellt und in Murmansk vier Kilo hochangereichertes Uran – immer handelte es sich um nuklearen Brennstoff aus U-Booten. In Prag wurde ein tschechischer Kernphysiker in illegalen Atomhandel verwickelt, in Baku ein aserbeidschanischer Nuklearwissenschaftler. Angeworben waren sie von Mafiabanden.

Mafiastrukturen beim Atomgeschäft

Spätestens seit Anfang 1991 ist ein sprunghafter Anstieg beim Schmuggel militärischen Materials zur Herstellung von Kernwaffen aus osteuropäischen Ländern und aus einigen Mitgliedsstaaten der GUS festzustellen. Ermittler fanden dabei immer wieder heraus, daß es enge Beziehungen zwischen kriminellen Organisationen in Westeuropa und internationalen terroristischen Organisationen geben müsse. »Und so entstand ein internationaler Interessenverbund, bestehend aus Händlern und Regierungsvertretern«, wird in einem als »geheim« eingestuften Bericht des Moskauer Innenministeriums vom 23. April 1993 behauptet. Nukleare Komponenten und Waffen werden demnach von offiziellen Repräsentanten islamischer Staaten auf dem »freien Markt« in Moskau gesucht. Ihre Kontaktpersonen sind ehemalige KGB-Offiziere und Vertreter der örtlichen Mafia. Die »Muster« der lieferbaren atomaren Substanzen und die dazugehörigen Expertisen werden in den Finanzzentren, überwiegend Deutschland, Österreich und der Schweiz, dem Kunden oder Vermittler vorgelegt – dort würden auch die Verträge mit den potentiellen Käufern abgeschlossen.

Besonders viele dieser Expertisen erstellte der Inhaber der TA-Trace-Analytic SA in Morges am Genfer See. Das angesehene Unternehmen genoß den Ruf, der bis nach Moskau drang, sich im Bereich der chemischen Spurenanalytik auf die Massenspektrometrie sowohl der Elemente und ihrer Isotope wie auch der organischen Verbindungen spezialisiert zu haben. Seitdem fahren vor dem Institut ständig Diplomatenautos, schwere schwarze Mercedes mit Chauffeuren, ehemaligen KGB-Agenten und anderen Oststaatlern samt Leibwächtern vor. »In ihrem Gepäck führen sie seltene Rohstoffe mit, teils giftige, manchmal gar radioaktive Materialien, die der Schweizer Wissenschaftler analysieren und – sofern in Ordnung – mit einem Reinheitszertifikat vergolden soll. Oft liegt bereits eine Bescheinigung des russischen Karpow-Instituts vor, die im Westen aber nichts taugt.«[81] Außer dem Schweizer Unternehmen werden auch andere Firmen von dubiosen Figuren aus der Schattenwelt um Rat und Tat bemüht. Zum Beispiel das Wiener Institut SGS oder die deutsche Firma Schell in Meckenheim bei Bonn. Die Besucher aus Rußland oder der Ukraine bitten höflich immer um das gleiche: Zertifikate für die von ihnen gelieferten Proben nuklearen Materials. Damit glauben sie ihre Ware besser verkaufen zu können.

Da schreibt der Präsident der Firma »Dzeta« mit Sitz im litauischen Vilnius an einen deutschen Händler folgenden Brief: »Für den Anfang schlagen wir Ihnen vor: Osmium natural, Pulver; 2. Rubidium; Skandium; Cäsium 133 (chemische Reinheit nicht weniger als 99,99 %). Preise bis zu 20 Prozent niedriger als Marktpreise. Die Waren können in irgendeiner Bank in Westeuropa disponiert werden. Warten auf die Bestellung. Entsprechende Zertifikate des Instituts liegen vor. Mit herzlichem Gruß.«

Innerhalb kurzer Zeit soll es einigen russischen Syndikaten gelungen sein, ein sicheres Schmuggelnetz zwischen Westeuropa und den GUS-Staaten aufzubauen. Dazu gehört insbesondere der Transport radioaktiver Materialien oder Waffen. Die Sicherheit dieser Transporte übernehmen »bis an die Zähne bewaffnete ehemalige KGB-Offiziere und Afghanistanveteranen«, heißt es in Moskau. Im Sommer 1992 gab es tatsächlich erste Hinweise einer Beteiligung russischer krimineller Syndikate beim Handel mit Kernwaffen. Die Schmuggelbande benutzte Kuriere eines der bedeutendsten Russensyndikate für die Lieferung von Osmium und »Red Mercury« in Richtung Ungarn und Tschechien. Anfang Juni 1992 verhaftete die österreichische Polizei auf einem Parkplatz zwei Tschechen und vier Ungarn, bei denen Muster radioaktiver Materialien, produziert in der GUS, gefunden wurden. In Wien sollten sie mit einem »Araber« in Verbindung treten, der als Repräsentant des Endabnehmers die Lieferung vor ihrem endgültigen Versand in das Bestimmungsland noch einmal überprüfen wollte. Da die Polizei durch einen V-Mann an der Quelle der Informationen saß, kam es später nicht zum Geschäftsabschluß, die Täter wurden verhaftet. Bei der Polizei gestanden die Kuriere, daß sie Angehörige einer »Atommafia« seien, die sich mit dem Schmuggel radioaktiver Substanzen in Länder der dritten Welt befasse.

Seit dem Jahr 1992 taucht in Ermittlungsakten immer häufiger Prag als Drehscheibe für dubiose Atomhändler aus Rußland und der Ukraine auf. Die Russenmafia ist hier 3000 Mitglieder stark und setzt in Konkurrenz mit vielen kriminellen Gruppen alles daran, auch im Nuklearhandel die Führungsposition zu erlangen. Das Prager Innenministerium: »Sie sind bekannt für ihre Grausamkeit und haben Verbindungen zur politischen Führung der früheren UdSSR. Diese Banden machen ihr Geld mit Prostitution, dem Handel mit Kernmaterialien, Waffen, Sprengstoff und Suchtgiften.«

Es ist daher kein Wunder, daß sich Meldungen wie die folgende häuften: »Nordkoreanische Geheimagenten versuchen, in Rußland Bestandteile für die Produktion von Atomwaffen zu kaufen; ein Schwede will von ukrainischen Militärs einen nuklearen Gefechtskopf erwerben; ein Moskauer Bankier stirbt, nachdem Konkurrenten in seinem Bürosessel radioaktives Material deponiert haben.«[82] – Das Unmögliche ist in Rußland möglich geworden.

Mitte Juni 1995 bemühten sich Waffenhändler in New York, sieben Tonnen des in der Atomindustrie genutzten Metalls Zirconium zu verkaufen. Das Metall stammte aus Beständen der ukrainischen Armee und wurde über Deutschland in die USA geschmuggelt. Der geplatzte Deal war Anlaß für den Direktor des Instituts für Wissenschaft und Internationale Sicherheit in Washington, David Albright, vor einer »wahren Epidemie des internationalen Atomschmuggels zu warnen«. Ob Cäsium, Kobalt, Osmiun, angereichertes Uran oder Plutonium – alles ist Teil eines blühenden Atommarktes.

Trotzdem gibt es eine Spur der Hoffnung. Bei den Männern, die sich auf dem Markt für radioaktive Materialien tummeln, handelt es sich bislang noch überwiegend um Fälscher, Spinner, Betrüger, Hasardeure, V-Leute von Nachrichtendiensten. Leider gibt es auch andere. In der Schweiz lebt ein Mann, der verschiedenste radioaktive Substanzen anbietet: auf Watte gebettetes Rubidium, das an feine, abgebrochene Nähmaschinennadelspitzen erinnert, kristallines Scandium, nichtradioaktives Kobalt, Germanium und indigoblaues Osmium. Ein großer Plastikbehälter trägt das Etikett der Freiberger NE-Metall GmbH der ehemaligen DDR. Die übrigen Verpackungen sind kyrillisch-russisch beschriftet – allein das Totenkopfsymbol ist international verständlich.

In den Jahren 1992 und 1993 explodierte der Anbietermarkt für radioaktive Materialien. Einige Beispiele aus Deutschland. Ein Norman Albert Derbyshire wurde mit einer ganzen Kiste strahlender Ionisationsmelder aus Sofia erwischt, selbst vor dem Richter in Flensburg weigerte er sich, seine Hintermänner zu nennen. Der Russe Sergej Popow, der in Berlin stolzer Besitzer einer Gemäldegalerie ist, versuchte über einen Kontaktmann im Mai 1993 nukleares Material zu verkaufen. Franz Cobert, ein ehemaliger Pilot, bot über seine Firma Zemojex in Monheim nukleares Material der Roten Armee an. Die Liste der Fälle ist noch länger:

März 1992: In Augsburg wurden zwei russische Aussiedler bei dem Versuch festgenommen, 72 Urantabletten (Pellets) im Gesamtgewicht von 1,1 Kilogramm zum Preis von 1,9 Millionen Mark zu verkaufen. Nach den Untersuchungsergebnissen von Euratom waren die Pellets zwischen 2,2 und 3,2 Prozent mit dem Isotop Uran 235 angereichert und somit Kernbrennstoff im Sinne des Atomgesetzes. Nach Aussage der Beschuldigten beschafften sie sich eine erste Tranche von zehn Urantabletten bei einem Kunsthändler in Uschgorod (Ukraine), die sie in einem Verbandskasten im Kofferraum eines Pkw nach Deutschland transportierten. Dann holte der Haupttäter aus Uschgorod den restlichen Kernbrennstoff und schmuggelte ihn, versteckt unter dem Rücksitz eines Pkw, durch einen Komplizen nach Deutschland.

August 1993: In Zusammenarbeit mit den finnischen Behörden in Helsinki stellte das BKA 0,1 Mikrogramm Californium 252 sicher und ließ eine finnisch-russisch-estnische Mafiagruppe platzen. Das radioaktive Material befand sich in einem Holzbehälter im Kofferraum eines Fahrzeuges der Mafiabande. Gleichzeitig wurde in Vaterstetten ein deutscher Kaufmann vorläufig festgenommen, der den Deal eingefädelt und ursprünglich 6,5 Milligramm des sichergestellten Materials auf dem Atommarktplatz angeboten hatte. Den Kaufpreis, 1,7 Millionen US-Dollar, wollte der Kaufmann in München entgegenehmen und mit einem angemieteten Flugzeug nach Helsinki bringen. Das Material stammte aus einer Fabrik in Tomsk (Rußland). Californium 252 ist ein stark radioaktives, künstlich hergestelltes Isotop aus der Gruppe der Transurane, von dem durch die intensive Neutronenkomponente eine hohe Strahlengefahr ausgeht. Neutronenquellen sind mit den bei der Polizei eingesetzten Strahlenmeßgeräten nicht erkennbar. Californium wird u. a. als Neutronenquelle zum Anfahren von Kernreaktoren eingesetzt. Aber Californium kann auch zur unkontrollierten Auslösung einer Kettenreaktion – in einer Atombombe – eingesetzt werden. Die staatsanwaltschaftlichen Ermittlungen wurden eingestellt, als sich herausstellte, daß mit der sichergestellten Menge keine nukleare Kettenreaktion ausgelöst werden konnte; die Täter in Finnland dagegen wurden verurteilt.

Juni 1994: Im niederbayerischen Landshut beschlagnahmte die Kriminalpolizei eine Probe von 0,8 Gramm hochangereichertem Uran 235. Sechs Personen wurden verhaftet. Das Nuklearmaterial, so vermutete die Polizei, stammte aus Rußland. In einer Autobahnraststätte bei München konfiszierten die Ermittler 120 Uranpellets im Gesamtgewicht von 600 Gramm. Die Uranprobe, die möglicherweise einen größeren Handel der Atommafia einleiten sollte, war bereits am 13. Juni in der Landshuter Innenstadt sichergestellt worden. Den Coup eingefädelt hatte eine 48jährige Immobilienmaklerin aus Landshut. Sie sagte, die fünf mutmaßlichen Vermittler aus der Slowakei und der Tschechischen Republik hätten in der Anbahnungsphase des Nukleargeschäftes noch größere Mengen in Aussicht gestellt und für die Probe kein Geld gefordert.

August 1994: »Zum zweitenmal innerhalb weniger Wochen ist in Deutschland atomwaffenfähiges Material sichergestellt worden«, meldeten die deutschen Nachrichtenagenturen. Der Vorgang, eingefädelt durch V-Leute des BND, bei dem vier Kilogramm waffenfähiges Plutonium von Moskau nach Deutschland gebracht wurden, beschäftigt inzwischen in Bonn einen Untersuchungsausschuß. Sieht man einmal davon ab, daß die wahren Hintergründe des Deals wohl niemals aufgeklärt werden, die politisch Verantwortlichen des BND den

Deal nutzen, um politisches Kapital daraus zu schlagen, bleibt eines unumstritten: Es wurde waffenfähiges Plutonium geliefert, und es gab Lieferanten, die offenbar Möglichkeiten hatten, sich das hochgefährliche und hochgiftige Plutonium zu besorgen. Das ist der wirkliche Skandal.

Die kriminelle Struktur der Atomhändler

Pech beim Geschäft mit dem strahlenden Material hatte der Atomkurier Krzysztof Adamski aus dem hessischen Städtchen Bad Schwalbach. Er wollte im August 1992 bei einem Schweizer Forschungsinstitut scheinbar ungefährliches Osmium analysieren lassen, um es dann gewinnbringend weiterzuverkaufen. Der illegal eingeschmuggelte Stoff, den Adamski in einer Hemdentasche verstaut hatte, erwies sich als hochradioaktives Cäsium. Für Adamski kam diese Erkenntnis zu spät. Das tödliche Material brannte ihm ein Loch in die Brust. Er war nicht mehr zu retten – so die offizielle Version. Doch noch lebt er; allerdings unter anderem Namen.

Ein ähnliches Schicksal erlitt wenig später der auf Gran Canaria bekannte »Unternehmer« Hans Joachim Pehl. Er wollte mit strahlendem Material das schnelle Geld verdienen und soll, so erzählte man, mit Adamski in Verbindung gestanden haben. Eine mysteriöse Geschichte: Las Palmas, Hauptstadt der spanischen Insel Gran Canaria, 23. März 1993. Um ein Uhr nachts fährt Pehl mit seinem schwarzen Porsche auf der Autobahn in Richtung Telde gerade am Flughafen vorbei, da kommt es zu einem folgenschweren Unfall. Er verliert die Kontrolle über seinen Wagen. Die Sanitäter können ihn nur noch tot aus dem Auto heben. »Schlüsselbeinbruch rechts mit letalen Folgen«, schrieb die spanische Polizei ins Protokoll. »Es war ein geplanter Mord«, behaupten dagegen seine Angehörigen. Selbst die äußerst pingelige BKA-Verbindungsbeamtin in Madrid ist davon überzeugt, daß es kein Unfall, sondern Mord war. Als zwei Zeitungen in Las Palmas über den Unfall berichteten, wurden die Journalisten mit Mord bedroht. Ein Reporter der Zeitung »La Provincia« erzählt, warum er seine Recherchen abbrach. »Es ist zu gefährlich, über die deutschen Kriminellen hier zu berichten.« Ähnliche Erfahrungen machte P. Reinhard, Herausgeber einer deutschsprachigen Zeitschrift auf Gran Canaria. Er wurde zusammengeschlagen, als er über die kurzfristige Verhaftung von Pehl ein Jahr vor dessen Tod geschrieben hatte. »Pehl kam in mein Büro und drohte, mich umzulegen, wenn ich noch irgendwann etwas über ihn schreiben würde.«

Was sollte vertuscht werden?

Pehl wohnte bis Anfang der achtziger Jahre in Deutschland, galt hier als kleiner Krimineller, der von Diebstählen und Raub lebte. Im Gefängnis lernte er den Besitzer einer Vertriebsgesellschaft in Nordrhein-Westfalen kennen. Der erkannte Pehls Talente und schickte ihn später als seinen Repräsentanten nach Las Palmas. Auf Gran Canaria organisierte Pehl für ihn anfangs sogenannte »Bettenfahrten«. Dabei werden insbesondere ältere Touristen kostenlos mit Bussen über die Insel gefahren, als Gegenleistung müssen sie eine Werbeveranstaltung der Firmen besuchen. Dort verhökern die Vertreter Plunder, beispielsweise Heizdecken und ähnliches. Es ist schon vorgekommen, daß jene, die eine Decke kauften und mit Scheck oder Kreditkarte bezahlten, bei ihrer Rückkehr in Deutschland eine leere Wohnung vorfanden – während ihres Urlaubs waren die »Ausräumer« da und hatten alles mitgenommen, was gut und teuer ist. Nach kurzer Zeit wurde Pehl, 1987, in Las Palmas Direktor der Firma B. Drei Jahre später, 1990, protzte er als stolzer Besitzer von fünf Luxuskarossen (darunter je ein Ferrari, Porsche und Mercedes 500), eines Düsenjets und zweier Motorjachten.

Was sich wirklich hinter dieser Firma verbarg oder bis zum heutigen Tag verbirgt, darüber weiß ein ehemaliger Buchhalter Interessantes zu berichten, der, bevor er das Unternehmen verließ, die gesamten Buchführungsunterlagen, abgespeichert auf Disketten, mitgenommen hatte. Seine zentrale Erkenntnis: »In Wirklichkeit ist dieses Unternehmen Teil einer internationalen Mafiaorganisation, die heute noch auf Gran Canaria und Teneriffa aktiv ist. Sie sind im Drogen- und Waffengeschäft führend.« Zu der Bande gehört jedenfalls Wilfried Mogilewski, in Österreich und Deutschland ist er als Auftragsmörder einschlägig bekannt.

Pehl mußte jedoch noch andere Geschäfte gemacht haben, und zwar mit radioaktiven Materialien. Ende März 1993 suchte Pehl dringend Osmium für einen Kunden, und zwar Osmium 187. Ständig flog er nach Nizza, Düsseldorf und Madrid. Seine Verwandten glauben: »Er hatte einen arabischen Käufer, der mit ihm Geschäfte über Osmium und Plutonium abschließen wollte.«

Pehl kontaktierte einen Rechtsanwalt in Neunburg vorm Wald, im hintersten Bayern. Bei der Münchner Polizei gilt dieser Rechtsanwalt als »Schmutzerl«, als Mann, der eine Anlaufstelle für »bestimmte Geschäfte« ist. Der Rechtsanwalt wiederum nahm Verbindung zu zwei Bekannten auf, um das Geschäft mit Osmium einzufädeln. Diese beiden Personen »hatten verschiedenste Kontakte nach Rußland und anderen Gebieten der ehemaligen UdSSR«, erinnert sich der Rechtsanwalt, der ein lukratives Provisionsgeschäft gewittert hatte. Immerhin wurde das Osmium zu einem Grammpreis von 70 000 US-Dollar angeboten. »Soweit ich mich erinnere«, sagt der Rechtsanwalt, »erhielt ich dann am Freitag, dem 2. 4. 1993, einen Anruf von einem Herrn Hess von der Kreissparkasse Kusel. Herr Hess hat dabei für einen Kunden der Sparkasse bei dem Telefonat mitteilen lassen, daß der Unterlagen über eine Menge von 30 000 Gramm Osmium bei sich habe.« Am 4. 4. 1993 bestellte Pehl über den Rechtsanwalt insgesamt 30 000 Gramm Osmium. Die Bestellung lief per Fax bei dem Rechtsanwalt ein.

Doch das lukrative Geschäft, 2,1 Milliarden US-Dollar standen zur Disposition, kam nicht mehr zustande. Niemand weiß bis heute, warum. »Es ging überhaupt nicht um Osmium, sondern um Plutonium«, sagen Pehls Verwandte, die es eigentlich wissen müßten, schließlich war Pehls Schwester bei einigen Geschäftsverhandlungen mit von der Partie. Vielleicht hatte Pehl aber auch bereits einen Teil des Geldes kassiert, und dann, als er nicht liefern konnte, wollten die Abnehmer aus »einem arabischen Land« (seine Schwester) ihr Geld zurück. Merkwürdig war, daß kurze Zeit nach Pehls mysteriösem Tod bei dem Rechtsanwalt in Neunburg das Telefon läutete. Der Anrufer forderte ihn auf, »alle Unterlagen zu vernichten, die das Geschäft mit Pehl betreffen«. Inzwischen will der Rechtsanwalt mit derartigen Geschäften nichts mehr zu tun haben. »Ganz allgemein kann ich sagen, d. h. vertrete ich die Meinung, daß die verschiedensten Waren, die aus dem Osten angeboten werden über Personen in Deutschland oder in der Schweiz usw., wohl nur auf dem Papier vorhanden sind und daß wohl auch das Kapital nur auf dem Papier existiert, nicht jedoch tatsächlich. Nachdem wir in der Vergangenheit insoweit nur negative Erfahrungen gemacht hatten, war für mich diese Sache abgeschlossen, da ich es angesichts der bisherigen Erfahrungen leid war, weiter unsere Zeit und Kosten zu investieren.« Die Frage bleibt natürlich – was wäre gewesen, wenn, ja wenn das »Material« tatsächlich existiert hätte?

In einem Bericht der Wochenzeitung »Die Zeit« heißt es: »Dabei ist kriminelle Skrupellosigkeit geldgieriger Nuklearhändler nur die harmlose Seite des Problems. Auf der anderen Seite agieren Schwellenländer mit nuklearen Ambitionen, machthungrige Potentaten, die mit nuklearen Drohungen nicht nur ihre Nachbarländer unter die Knute zwingen wollen.«[83]

Immer wieder wird betont, daß gerade islamische Staaten ein Interesse haben könnten, atomwaffenfähiges Material zu kaufen, an das sie wegen des von der UNO und den USA verhängten Embargos legal nicht gelangen können. Insbesondere, wenn es um Plutonium geht. Andere Quellen halten dagegen und sagen: »Warum sollen die eigentlich alle nach Europa kommen – sie können es doch sicher direkt an der Quelle kaufen.« Vier Kilo Plutonium seien beispielsweise nötig, um die massenmörderische Kettenreaktion auszulösen. »Anreicherungen in dieser Größenordnung lassen sich nicht in Hinterhoflabors bewerkstelligen, sondern erfordern aufwendige physikalisch-chemische Verfahren«, meint Hans Friedrich Meyer von der Internationalen Atomenergiebehörde in Wien. »Es ist außerdem viel einfacher, billiger und besser in großen Mengen auf dem Weltmarkt zu kaufen.«

Recht hätte er, wenn es keine Restriktionen gäbe und andere Unwägbarkeiten. Andererseits wird ja so vieles von russischen Kreisen angeboten, das die Gier nach der Atombombe anheizt: Kernbrennstoffe wie Natururan (in reiner Form), angereichertes Uran, Plutonium (Pu 239) sowie sonstige radioaktive Stoffe (z. B. Cäsium, Kobalt, Strontium, Californium, Tritium). »Die Erfahrungen mit dem

Irak zeigen«, schreibt »Der Spiegel«, »daß Diktatoren bei der Jagd nach den Waffen des Doktor Mabuse auf geldgierige, skrupellose Strohmänner setzen können. Es waren kleine Krauter aus Deutschland, die am Atomprogramm des Saddam Hussein einen nicht geringen Anteil hatten.«[84]

Im Kölner Zollkriminalamt ZKA spüren Fahnder illegale Waffengeschäfte deutscher Unternehmer auf. »Es ist so schlimm wie je zuvor«, sagen sie. Das Amt besitzt Dokumente, aus denen hervorgeht, daß iranische Tarnfirmen gegenwärtig versuchen, Ausrüstungsgegenstände zur Herstellung von Atombomben zu erwerben. Und sie wissen, daß diverse Regierungsstellen des Iran, die für Waffengeschäfte zuständig sind, in Düsseldorf und Köln Büros unterhalten. Dazu gehört die »Organisation für Verteidigungsindustrie« (DIO) und die Industriegruppe SHIG. Schließlich geht es um ein äußerst profitables Geschäft, und da finden sich immer Wege und Mittel, die Lieferverbote zu umgehen.

Zum Beispiel Iran. Da gibt es den Iraner Rafiq Dust. Er gilt als einer der bekanntesten iranischen Chefeinkäufer für Waffen. Der ehemalige Pastaran-Chef unterhält in Köln ein Import-Export-Geschäft. Es dient, glaubt der BND, »überwiegend zur Organisation und Finanzierung von Waffengeschäften«. In einem kleinen Dorf im Sauerland lebt und arbeitet der Geschäftsmann Wilhelm O. Des öfteren trifft er sich mit führenden Repräsentanten für Waffengeschäfte des Iran, insbesondere mit Sadegh Tabatabai. Was sie verbindet, sind Rüstungsgeschäfte in Millionenhöhe. Eingekauft wird alles, besonders, was dem Bau der islamischen Bombe, auf die Teheran viel Wert legt, dient. Häufig benutzt er zur Finanzierung und Verschleierung seiner Waffengeschäfte sogenannte Untergrundbanken, über die mittlerweile unkontrolliert riesige Geld- und Warenströme geschleust werden. Diese Banken gebieten über ein internationales Netzwerk von Zweigstellen, und zu ihnen gehören immer gewisse Familien- oder politische Clans, zum Beispiel aus Kasachstan.

Der Privatflughafen Hartenholm bei Bad Bramstedt ist bekannt. Er gehört dem iranischen Unternehmer Mussa Habibollahi. Zusammen mit Mehdi Kaschani, in Waffengeschäften seit Iran-Gate bekannt, benutzt er den Flughafen für Waffen- und Elektroniklieferungen in den Iran. Nach Angaben iranischer Oppositioneller ist es gleichzeitig ein

Umschlagplatz für Agenten Teherans. Erst im Oktober 1995 wurde auf diesem Flughafen hochwertige Elektronik für Laser nach Teheran verladen.

Das sind drei Beispiele dafür, wie der Iran Deutschland – zwar nicht nur, aber immer noch – als Drehscheibe für Waffengeschäfte benutzt. Und in diesem Netzwerk trifft man immer wieder Anbieter aus der Ex-UdSSR, die von den goldenen Versprechungen der Iraner so angetan sind, daß sie zu allem bereit scheinen.

Auch der Irak ist über verschiedene Scheinfirmen dabei, wenn es darum geht, technologisch raffinierte Rüstungsgüter in Deutschland einzukaufen. Warum nicht auch atomwaffenfähiges Material kaufen, wenn es angeboten wird? Angeboten von den unterschiedlichsten Händlernaturen. Einer ist der 50jährige Computerspezialist B. Er wurde 1993 in Wien von irakischen Waffeneinkäufern angesprochen und sagt dazu heute: »Die großen Provisionen haben mich fasziniert.« Im idyllischen Murnau sei, so erzählt er, das »europäische Koordinierungszentrum« der irakischen Waffeneinkäufer. Es handelt sich um die Firma International Petroleum Marketing, IPM, mit Zweigsitz in Liechtenstein. Geschäftsführer sind der Deutsche F. B. und der Iraker A. H.

A. H. arbeitete bereits Anfang der achtziger Jahre für die Firma ERADLAB in Bagdad. ERADLAB war nichts anderes als die Tarnbezeichnung der technischen Abteilung des irakischen Geheimdienstes. Immer mit dabei, wenn es um illegale Waffengeschäfte geht, ist ein anderer bekannter irakischer Waffenhändler, Jebara. Über verschiedene Firmen, beispielsweise das Unternehmen Alexander B. in Hamburg, wurden Waffen aus russischen Beständen in den Irak verkauft. Unter anderem Hubschrauber, MiG-Motoren, Motoren für den Panzer T 72, Panzerketten und Kalaschnikows.

Die Vermittler dieser Geschäfte stellen sich, wenn sie einmal auf frischer Tat erwischt werden, als »anständige« deutsche Unternehmer vor. Sie wissen, gerade aufgrund der Erfahrungen mit Prozessen gegen Rüstungslieferanten in den letzten Jahren, daß sie kaum oder überhaupt nichts zu befürchten brauchen. Denn was ist schon aus den vielen angekündigten Strafverfahren gegen Händler des Todes geworden? Wenig oder nichts.

Sind diese geschilderten Fälle nur Ausnahmen? Die nur in der Zusammenstellung und Auflistung so erschreckend wirken und als Einzelfälle viel von ihrer Dramatik einbüßen? Oder handelt es sich im Gegenteil nur um die Spitze des Eisberges?

Dazu einige Zahlen: Beim BKA in Wiesbaden wurden in Deutschland erstmals 1990 vier Fälle von Nuklearkriminalität registriert. 1991 waren es 41, 1992 bereits 158 und 1993 insgesamt 241 Fälle. »Mit 267 Fällen war der illegale Handel mit waffenfähigem Atommaterial im Jahr 1994 höher als je zuvor«, berichtete der Vizepräsident des Bundeskriminalamtes, Bernhard Falk, auf dem Deutschen Atomforum Anfang Januar 1995. Die steigende Tendenz des Handels mit atomaren Substanzen manifestiert sich auch in anderen Bundesländern. In Hessen nahm 1994 der illegale Handel mit radioaktiven Stoffen »sprunghaft zu«, so das Landeskriminalamt in Wiesbaden. Oder in Bayern. Dort wurden zwischen den Jahren 1990 und 1993 insgesamt 79 »Vorgänge« im Zusammenhang mit dem illegalen Handel mit radioaktiven Stoffen registriert. Tendenz steigend.

Beispiele aus Ermittlungsverfahren:

März 1992	Augsburg	1,2 kg angereichertes Uran
April 1992	Waidhaus	15 g angereichertes Uran
Juni 1992	Bayreuth	1 g Natururan
September 1992	München	2 Pellets Natururan
Oktober 1992	Windsbach	320 g Natururan
	München	2 kg Natururan
	Rosenheim	850 g angereichertes Uran
November 1992	Neu-Ulm	0,3 mg Plutonium 239
Dezember 1992	Langwied	120 mg Plutonium 239
	Holzkirchen	1 Cäsiumquelle (Cs 137)
	Frauenaurach	0,3 mg Plutonium 239

1994 wurde dann neben schwachangereichertem Uran (Reaktorqualität) erstmals waffenfähiges Spaltmaterial wie hochangereichertes Uran und Plutonium 239 sichergestellt. Die Herstellung nuklearer Sprengkörper ist mit hochangereichertem Uran und waffenfähigem Plutonium möglich. Daran gibt es keine Zweifel. Schon vier Kilogramm Plutonium oder 15 Kilo hochangereichertes Uran reichen aus, um einen atomaren Sprengkopf zu bauen, der die Sprengkraft der Hiroschima-Bombe hat. Allerdings sollen, so hört man, durch geeignete Zündsysteme bereits Nuklearwaffen mit 340 Gramm Plutonium und mit 100 Gramm Curium (besonderer Spaltstoff) hergestellt werden können. Mit niedrigangereichertem Uran in geeigneter geometrischer Form lassen sich thermisch kritische Anordnungen erreichen, die zu einer kurzzeitigen Freisetzung von Neutronen- und Gammastrahlen mittlerer Reichweite (bis 30 Meter) mit tödlicher Strahlendosis führen.

Was den internationalen Schwarzmarkt mit waffenfähigem Kernmaterial betrifft, so die gemeinsame Einschätzung der Sicherheitskräfte, ist alles »sicherlich spekulativ«. Trotzdem kann nicht ausgeschlossen werden, daß potentielle Kernwaffenaspiranten wie die fortgeschrittenen Schwellenländer Iran, Irak, Nord- und Südkorea, Taiwan, Brasilien und Argentinien oder potentielle Schwellenländer wie Algerien, Libyen und Syrien versuchen, in den Besitz radioaktiver Materialien zu gelangen.

Aus Gesprächen im Rahmen von Scheinverkaufsverhandlungen und aus sichergestellten schriftlichen Angeboten (Geschäftsunterlagen) wird ersichtlich, daß unterschiedlichste Materialien zum Verkauf angeboten werden. Die Preise bewegen sich dabei von 50000 (Natururan) und acht Millionen US-Dollar (Plutonium) je Kilogramm bis 1,5 Millionen je Gramm Californium. Der reelle Handelswert für ein Kilogramm hochangereichertes Uran (90%) liegt derzeit in Deutschland bei 50000 Mark. Die Verkäuferseite hat also vom Warenwert phantastische Vorstellungen. Aber diese auf den ersten Blick irreal erscheinenden Preise, in Relation zum tatsächlichen Warenwert, sind innerhalb des existierenden illegalen, überwiegend angebotsorientierten Marktgefüges Standard.

1992 und 1993 tauchte in Europa plötzlich ein Stoff besonderer Art auf, jeder wollte ihn haben, jeder bot phantastische Preise: Red Mercury. Häufig wurde gesagt, es handele sich bei Red Mercury um radioaktives Material. »Selbst das AC-Laboratorium der Schweizer Armee in Spiez hat sich mit Red Mercury beschäftigt und weiß damit nichts anzufangen. Allenfalls ließe sich wegen der hohen Abschirmwirkung des Quecksilbers in der chemischen Verbindung eine andere radioaktive Substanz verstecken, ›aber so eine Vermutung ist etwas zwischen Hypothese und Hirngespinst‹, sagt Direktor Bernhard Brunner. Nur bei der Eidgenössischen Materialprüfungs- und Forschungsanstalt scheint alles klipp und klar zu sein. ›Das ist alles Hafechäs, um die Leute zu erwischen. Red Mercury ist kein reales Produkt.‹«[85]

Die Substanzen sollten als Zündstoff für atomare Sprengköpfe, zur Stabilisierung von Raketen und Zündern, für die Sonderbeschichtung von Kampfflugzeugen sowie zur Beimischung als Hochleistungssprengstoff Verwendung finden, sagen wiederum andere Quellen. Das einzig Sichere war der Preis. Er schwankte zwischen 200 000 und 500 000 Dollar pro Kilogramm.

»Spinnereien«, sagen also die einen – »das ist nur eine Tarnbezeichnung im illegalen Handel für Uran und Plutonium«, meinen dagegen die anderen. Tatsache ist, daß Red Mercury in den sechziger Jahren in der UdSSR als Tarnname für Lithium 6 benutzt wurde. Das Lithium-6-Isotop spielte als Vorprodukt zum kerntechnischen Waffenbau eine wichtige Rolle.

Die Bekämpfung des nuklearen Schwarzmarktes erfordert, davon ist nicht nur das Münchner Landeskriminalamt überzeugt, »daß auch bei Red-Mercury-Angeboten aufgeklärt wird, um welches Material es sich im Einzelfall tatsächlich handelt, und Hintermänner und Herkunft ermittelt werden«.

Unterstellt man nämlich, daß Red Mercury ein möglicher Bestandteil nuklearer Sprengkörper oder eine strategisch wichtige Substanz zur Herstellung von Wasserstoffbomben sein kann, dann macht sich zumindest der Händler, der Red Mercury anbietet, nicht nur wegen Betruges schuldig, sondern dann verstößt er gegen das Kriegswaffenkontrollgesetz und wird entsprechend bestraft, theoretisch zumindest. Ähnlich wie das Münchner Landeskriminalamt sieht es auch das Bundeskriminalamt. »Die angebotenen nicht radioaktiven Stoffe, wie zum Beispiel Osmium 187, Cäsium 1333 und 137, Scandium und Red Mercury, wurden bewußt in die Deliktsfeldauswertung aufgenommen, da die bisherigen Analysen den Verdacht begründen, daß die gleichen Tatverdächtigen auch mit radioaktiven Stoffen handeln und darüber hinaus nicht ausgeschlossen werden kann, daß diese Stoffe zur Tarnung des Handels mit radioaktiven Stoffen dienen.«

Wer sind die Täter, die in diesem Marktsegment der Organisierten Kriminalität aktiv geworden sind? Es handelt sich überwiegend um Bürger aus den ehemaligen Ostblockländern (insbesondere Rußland, Ukraine, Kasachstan, Tschechische Republik, Slowakei, Polen, Rumänien). Sie gehören fast immer einflußreichen Kreisen von ehemaligen KP-Funktionären, Militärs und Geheimdiensten an und haben aufgrund ihrer Position oder ihrer Beziehungen direkten oder indirekten Zugriff auf radioaktive Materialien. Sie agieren aus dem Hintergrund und treten bei den eigentlichen Verkaufs- und Übergabeverhandlungen nicht in Erscheinung. Vielmehr bedienen sie sich bei der Abwicklung ihrer schmutzigen Geschäfte eines Personenkreises, gegen den sie über entsprechende Druckmittel (Familienangehörige in den Herkunftsländern/Einschüchterungstaktik ehemaliger KGB-/KP-/Securitate-Funktionäre) verfügen.

Ein schönes Beispiel für diese allgemeinen Polizeierkenntnisse wurde in der Nähe von Frankfurt beobachtet: auf dem Flughafen Egelsbach. Von diesem Privatflughafen aus starten nicht nur Sportflieger und seriöse Unternehmer zu Stippvisiten ins Ausland. Auch ein führender Angehöriger der russischen Mafia flog von diesem Flughafen aus häufig nach Moskau. Weil der Flughafen für seine Geschäfte logistisch günstig lag, wollte er in der Nähe gleich einen Stützpunkt für seine kriminellen Geschäfte errichten. Gueorgui Kalatozichvili ist ein ehemaliger russischer UN-Diplomat. Er handelt mit allem, was sich verkaufen läßt: Autos, Panzer und radioaktive Materialien wie Osmium und Cäsium 137. Mit dem Besitzer eines Reiterhofes, der verkehrsgünstig zum Flughafen Egelsbach liegt, gründete er zwei Joint-venture-Unternehmen mit Sitz in Moskau und überwies gleich mal 600 000 Mark auf dessen Konto. Häufig flogen die beiden mit einer Piper (Kennzeichen: D-EDJC) von Egelsbach nach Moskau und von dort weiter zu einer geheimen Flugzeugfabrik im Ural. Nachdem der Chef des Reiterhofes erkannte, mit wem er es wirklich zu tun hatte, löste er gerade noch rechtzeitig die Geschäftsverbindung, so sagt er zumindest.

»Was glauben Sie denn, welche Position Ihr ehemaliger Partner innerhalb der russischen Mafia hatte?« frage ich ihn. »Also, wie sich drüben alles geöffnet hat, meiner Ansicht nach eine ganz hohe Position, er wird oben an der Spitze mit dabeisein.«

»Kann man Geschäfte machen, ohne mit der Mafia überhaupt konfrontiert zu werden?« – »Also, wenn es irgendwie über eine russische Bank geht, nicht; und wenn man ein bißchen bessere Geschäfte macht, dann garantiert nicht. Die sind sofort zur Stelle. Das geht nicht.«

Noch heute hat er Angst. Warum eigentlich? »Ja, wenn man da irgend etwas aussagt oder sonstwas, da bin ich überzeugt davon, daß man da Besuch von denen bekommt. Und die gehen ja auch in Deutschland ein und aus, wie sie wollen.«

Wie steht es doch im Bericht des Bundeskriminalamtes: »Einige Beschuldigte verweisen auf kriminelle Organisationen (russisch/ukrainische Mafia), die die radioaktiven Stoffe aus deren staatlicher Verwahrung heraus beschafft und die Verbringung in die Bundesrepublik maßgeblich mitorganisiert hätten. Diese Tätergruppen sind deliktsübergreifend tätig und würden ›ihren Forderungen‹ durch Androhung von Gewalt oder anderer zur Einschüchterung geeigneter Mittel Nachdruck verleihen. Wiederholt wurde auch behauptet, daß die in den Herkunftsländern des nuklearen Materials tätigen Personen überdies Beziehungen zu Regierungskreisen bzw. zu Sicherheitsbehörden hätten.«[86]

Fazit: Die meisten bisherigen Ermittlungsfälle in Deutschland haben gezeigt, daß die radioaktiven Stoffe fast ausschließlich aus den GUS-Staaten, insbesondere Rußland, der Ukraine und Kasachstan, in den Westen gelangten, so das LKA Bayern. Das Bundeskriminalamt geht davon aus, daß »über 50 Prozent nichtdeutsche Tatverdächtige« sind. Die Vertriebswege konzentrieren sich auf eine nördliche Schiene (über die baltischen Staaten und Polen in die Bundesrepublik) und eine südeuropäische Schiene (Durchgangsländer: Tschechien, Slowakei, Ungarn, Rumänien, Bulgarien. Empfängerstaaten: Österreich, Schweiz, Italien und die Bundesrepublik). Drehscheiben des illegalen Handels in Deutschland sind die Städte Berlin, Frankfurt und München; in Österreich Wien und Salzburg und in der Schweiz Genf und Zürich.

Und wie sieht die Zukunft aus? Nachdem der »Münchner Plutonium-Deal« so viele Schlagzeilen machte, ist es plötzlich außerordentlich ruhig geworden, was Geschäfte mit radioaktiven Materialien angeht. Woran liegt das? Die Optimisten meinen, daß der gesamte Markt mit radioaktiven Substanzen ja sowieso nur von V-Leuten der Polizei und Nachrichtendiensten künstlich am Leben erhalten wurde und die vermeintliche Gefahr nun wie eine Seifenblase geplatzt sei. Etwas seriösere Quellen sagen dagegen, daß das Angebot weiterhin vorhanden und auch die Liefermöglichkeiten aller radioaktiver Substanzen bestehen geblieben seien – die Händler sich zwar derzeit in Deutschland zurückgezogen hätten, der Markt jedoch weiter boome.

Eine Prognose über die demnach weiter anhaltende Bedrohung stellte 1995 das Münchner Landeskriminalamt. »Die Zunahme von Hinweisen und Sicherstellungen bzw. Zufallsfunden im Zusammenhang mit dem illegalen Handel mit radioaktiven Stoffen hat die Strafverfolgungsbehörden vor schwierige rechtliche Fragen und tatsächliche Aufgaben gestellt. Die bisherigen Erkenntnisse über Art der Geschäftsabwicklungen bzw. Tatbeteiligte deuten darauf hin, daß dieser Deliktsbereich zumindest in den Herkunftsländern in vielen Fällen organisierten Charakter hat. Anlaß zur Besorgnis geben konkrete Hinweise, daß sogar taktische Nuklearwaffen und Atomsprengköpfe angeboten werden. Daraus kann sich ein Instrumentarium breiter krimineller und terroristischer Anwendungsbreite mit nicht mehr abschätzbarem nuklearem Gefahrenpotential ergeben. Die unzureichende Überwachung von radioaktiven Substanzen und Spaltmaterial im Zusammenhang mit dem Umbruchs- und Neugestaltungsprozeß und damit einhergehenden tiefgreifenden Veränderungen in Wirtschaft, Politik und Verwaltung in der GUS geben Anlaß zu der Besorgnis, daß radioaktive Materialien bzw. sogar Kernbrennstoff in unbefugte Hände gelangen und Ausgangspunkt für nuklear-spezifische Gefährdungslagen in Europa werden könnten.«

Gibt es nun eine Atommafia oder nicht?

»Ja«, sagt die Moskauer Soziologin Olga Kryschtanowskaja in einem Beitrag für die russische Zeitschrift »Soziologitscheskie rassledowanija« (Soziologische Untersuchungen). »Neben dem Drogenhandel ist der Handel mit radioaktiven Materialien die Errungenschaft russischer krimineller Geschäftstätigkeit. Die OK-Gruppen, die sich mit dem Diebstahl von Kerntechnologie und Materialien wie angereichertem Uran und Plutonium befassen, erhielten die Bezeichnung ›Atommafia‹.« Und Louis Freeh, FBI-Direktor, meinte Anfang 1996, daß der Nuklearschmuggel durch kriminelle russische Syndikate die größte Bedrohung für die internationale Sicherheit darstelle. »Mit dem Nuklearmaterial, das sie aus Rußland herausschaffen, ist es möglich, eine nukleare Waffe zu bauen.«

Mafia in Uniform

Fieberhaft ermitteln seit Anfang 1997 amerikanische und deutsche Zollbehörden sowohl gegen einen deutschen Rechtsanwalt aus Hannover, den Direktor einer deutschen Automobilfirma, Filiale Ukraine, wie auch gegen andere Männer, die dabei sind, sowohl eintausend T-72-Panzer sowie zwei Atomsprengköpfe in den Iran zu liefern. Das Geschäft vermittelt haben Ex-KGB-Angehörige aus der Ukraine. Ein Einzelfall, was den Ausverkauf der ehemaligen Sowjetarmee angeht? Nein, meinen überzeugt italienische Ermittler. Die sind hinter einer Camorra-Bande her, die aus Rußland direkt zwei Atomzünder eingekauft hat. Wer liefert diese brisanten Waffen?

»Die russische Armee ist eine Institution«, so formulierte es ein Bericht des *Foreign Military Studies Office* des US-Verteidigungsministerium, »bei der auf allen Ebenen Kriminalität und Korruption anzutreffen sind.« Einst war sie eine glorifizierte Weltmacht, und nun fehlt ihr alles, Einfluß, Geld, soziale Sicherheit.

Die einstige Stabilität der Armee ist in sich zusammengebrochen. Kriminalität und Korruption auf allen Ebenen der Armee bedeuten, daß der mafiose Virus bis ins Verteidigungsministerium hineinreicht, in den Generalstab, wie in alle Teile der Streitkräfte, die über den Einsatz der Atomwaffen mitverfügen. Der Virus hat sowohl den kleinen Unteroffizier wie den General angesteckt. Es scheint klarzusein, so ein Angehöriger der russischen Militärstaatsanwaltschaft, daß »der Organismus der Armee außerordentlich sensibel auf den Wechsel der sozioökonomischen Strukturen reagiert, einschließlich des häßlichen Phänomens, was die Verteilung von Vermögen angeht«. Denn: Militärische Unternehmen sind eng verflochten mit privaten Unternehmen. Es geht um die Institutionalisierung des Organisierten Verbrechens innerhalb der russischen Armee, genauso wie in den anderen Armeen der ehemaligen UdSSR.

Was hat unter anderem zu dieser Situation geführt? Die russische Armee mußte nach Auflösung des sowjetischen Reiches Truppen und Einheiten außerhalb Rußlands zurückziehen, ein Prozeß, der kompliziert wurde durch einen Mangel an Standorten und Wohnungen für jene Hunderttausende Militärangehörigen, die vorher in Deutschland, Ungarn oder den baltischen Staaten stationiert waren. Die letzten russischen Truppen in Deutschland, Litauen und Estland wurden im August 1994 zurückgezogen, Einheiten, die dann irgendwo in Rußland einen neuen Standort erhielten, ohne daß es eine soziale Infrastruktur gab. Zehntausende zurückkehrender Offiziersfamilien waren betroffen, ganz zu schweigen von den einfachen Soldaten. Mitte 1995 waren die schlecht bezahlten und extrem miserabel untergebrachten, demoralisierten russischen Armmeeangehörigen sowohl in Rußland wie im Ausland tief in kriminelle Machenschaften verwickelt. Schmuggel aller Art (hauptsächlich Drogen und Waffenhandel), der Diebstahl von Armee-Eigentum, Beteiligung an illegalen Firmen, Erpressung und Gewalt zeichnen einen hohen Anteil von russischem Militär aus. Hinzu kommt, daß die höheren Ränge in der Armee in Finanzkriminalität involviert sind, in Bankgeschäfte und finanzielle Operationen. Sie haben Joint-ventures mit ausländischen Partnern gegründet, sind an Geldwäscheoperationen im Ausland beteiligt und deshalb, so ein Fazit, »ist unsere Armee mehr mit lateinamerikanischen Drogenkartellen zu vergleichen als mit einer funktionierenden Armee«, schrieb die »Moskovski Komsomolets« am 30. Juni 1994.

Weitere radikale Einschränkungen wird es in Zukunft geben, weil fünf Militärkomplexe (Bodentruppen, Luftwaffe, Luftabwehr, strategische Raketen und die Marine) auf drei reduziert werden sollen (wahrscheinlich Bodentruppen, Raumfahrt und Marine). Alle diese einschneidenen Maßnahmen hatten Konsequenzen für Disziplin und Moral in den Truppenteilen und waren der Auslöser einer wahren Explosion von Kriminalität. Um den Umfang zu beurteilen, in dem organisierte Kriminalität in den russischen Truppen Teil des militärischen Systems geworden ist, ist es aufschlußreich, zumindest einige Facetten davon zu beleuchten.

Die weitgestreute Kommerzialisierung der militärischen Schlüsseleinrichtungen wie das »Zentrale Direktorat für Militärtransporte«, das »Direktorat für Militärhandel« und das »Direktorat für militärische Bauangelegenheiten« stellen nun anscheinend das Bemühen dar, Einkünfte für die marode Armee zu erwirtschaften. Doch alles führte geradewegs hin zu einer Vielzahl krimineller Machenschaften und zu engen Verknüpfungen mit mafiosen Organisationen außerhalb des Militärbereichs. Die »normalen Kriminellen« haben natürlich ein großes Interesse, die Waffenlager der Armee aufzukaufen und mit ihnen entweder selbst – oder mit Unterstützung der korrupten Armeeangehörigen – einen regen Waffenhandel in der ganzen Welt zu betreiben.

Deshalb spricht man von der Mafia in Uniform. Und die hat nicht nur auf dem Boden des russischen Territoriums Macht und Einfluß gewonnen, sondern auch dort, wo die russischen Soldaten als »Friedensstifter« aktiv sind, insbesondere in den Zonen ethnischer Konflikte oder dort, wo »Bürgerkrieg« herrscht. Auch hier ist die Verstrickung von Armeeangehörigen aller Dienstgrade in das organisierte Verbrechen zu beobachten. Denn die ethnischen Konflikte sind ein idealer Nährboden für kriminelle Machenschaften, was schließlich zur totalen Demoralisierung der russischen Truppen geführt hat.

In Zentralasien, in Tajikistan, einer ehemaligen Sowjetrepublik, haben russische Militärs und Grenzschutzeinheiten die Aufgabe, als Friedensstifter zu operieren. Doch diese Region ist gleichzeitig ein Zentrum für den Anbau von Opium und den entsprechenden Drogenhandel, genauso wie ein zentraler Transitraum für Heroin aus Afghanistan. In diesem Umfeld »sind die russischen Truppen tief in den Handel mit Drogen involviert«, schreibt Lyubov Latypova in der Zeitung »Trud« am 10. Juni 1994. In einem Interview fragte ein Reporter der Moskauer Zeitung »Literaturnaja gazeta« den führenden Drogenhändler Zentralasiens, Alesha Gorbun, ob das russische Militär Drogen transportiert. Seine Antwort: »Natürlich.« Wenig später wurde der Drogenboß ermordet.

Sicher ist, daß die wichtigste Route im Drogenhandel in Richtung

Westen immer noch von den Militärs kontrolliert wird, zum Nutzen der jeweiligen Standortkommandanten.

Und so werden die »friedensstiftenden« Einsätze vieler russischer Militärs in der Kaukasus-Region eher zum blühenden Geschäft mit Waffen und Drogen, als daß sie wirklich ihrer Aufgabe gerecht werden. Die Verhaftung des früheren Chefs der Regierung von Südossetien, Oleg Teziyev, in Moskau 1994 wirft ein Schlaglicht auf jene Aktivitäten, die von Beobachtern als eine »kriminelle Gruppe, die in illegalen Waffenhandel, Erpressung, Gründung von kommerziellen Unternehmen (einschließlich einer Anzahl von Banken in Moskau) bezeichnet wird. Teziyev wurde zusammen mit seinem Partner verhaftet, einem ehemaligen Offizier einer Luftlandedivision. Letzterer nutzte seine militärischen Verbindungen dazu, Waffen aus dem Militärlager zu verkaufen. Auch hier reichten die Verbindungen der beiden bis in die höchsten Spitzen des russischen Generalstabs. (Aleksey Basayew in der Zeitung »Rossiya« vom 18. Mai 1994.)

Begonnen hatte alles ja bereits, als die Sowjetarmee noch in Ostdeutschland und den baltischen Staaten stationiert war. Hier begann eigentlich erst die kriminelle Karriere der russischen Armee. Inzwischen jedoch ist »eine neue Kaste militärischer Krimineller herangewachsen, die jetzt integrierter Bestandteil der Armee geworden ist«, schreibt Konstantin Isakov in der Zeitschrift »Novoye vremya« im März 1993. Insgesamt gibt es vier bedeutende Aktionsbereiche der »Mafia in Uniform«.

1. Waffenhandel, 2. Gründung von privaten Firmen, 3. Kriminalität an den Grenzen und 4. die Auftragsmörder.

Die ersten und sichtbarsten Anzeichen dieser kriminellen Trends innerhalb der sowjetischen Armee, die sich in der russischen Armee fortsetzten, war der hemmungslose Diebstahl und der nicht genehmigte Verkauf von Waffen, Munition und Ausrüstungsgegenständen. Jegliche Sicherheitsmaßnahmen in den jeweiligen Garnisonen fehlten, Sicherheitsmaßnahmen gegen den Ausverkauf russischer Waffen. Daran hat sich bis zum heutigen Tag wenig geändert. Und so können ungehindert militärische Ausrüstungsgegenstände, genauso wie Waffen und Explosivstoffe, aus Lagern mit Hilfe von Kriminellen gestohlen werden, häufig in Komplizenschaft mit Teilen der Armee.

Weil es in den letzten Jahren geradezu zu einem epidemischen Ausverkauf von Waffen und Munition innerhalb der russischen Armee gab, wurde der Waffenhandel staatlich sanktioniert, und zwar durch staatseigene Gesellschaften. Es sind Firmen mit der Genehmigung, Waffen zu verkaufen. Nun war auch der letzte Bann für skrupellose Militärs gebrochen, denn in den privaten Firmen agierten die finanzkräftigsten Mafiaorganisationen als Teilhaber. So wurde, um das Staatsmonopol des Exports- und Imports von Rüstungsmaterialien zu sichern, eine eigene Gesellschaft »A« gegründet, die offiziell der Kontrolle der russischen Regierung untersteht. Wie auch immer, wegen der hohen Profitrate in harter Währung haben Politiker, Bürokraten, Vermittler, Lobbyisten und andere versucht, in diesem lukrativen Waffenexportgeschäft mitzumischen. Da wurde ein Generalleutnant, mit wenig Erfahrungen im Waffenverkauf, zum Direktor ernannt. Gleichzeitig hat sich eine der mächtigen russischen Finanzoligarchien in dieses riesige Unternehmen eingekauft. Daran sind Spitzen der russischen Regierung beteiligt und natürlich die Mafia. So ist ein Pate der Russenmafia, der in Budapest lebt, über eine Tochterfirma an diesem Staatsunternehmen beteiligt, meldete das FBI in einem Bericht aus dem Jahr 1996. Er ist gleichzeitig zum Mitbesitzer der ungarischen Rüstungsindustrie geworden. Begonnen hat das kriminelle Geschäft zwischen diesem Mafiaboß und dem russischen Militär bereits im Jahr 1993. Damals war der begnadete Unternehmer aus Budapest an einem 20-Millionen-Dollar-Diebstahl von militärischen Einrichtungsgegenständen beteiligt. Durch Bestechung von hochrangigen russischen Offizieren gelang der große Deal.

Ein anderer bekannter Mafioso, der ebenfalls in Ungarn lebt und der mit dem Paten eng zusammenarbeitet, ist ein Aleksey A. L. Er ist sowohl in den Drogenhandel involviert als auch in das Geschäft mit der Prostitution und war einst Kommandeur einer Panzereinheit, die in Ostdeutschland stationiert war, so ein FBI-Bericht. Und man muß es sich genüßlich vorstellen, das ungarische Militär ist jetzt schon eng mit der NATO verbunden.

Um jedoch wieder nach Rußland zurückzukehren. Dort fragen sich inzwischen viele, was denn mit dem vielen Geld geschehen sei, das durch die massiven Rüstungsexporte in die Kassen des Unternehmens A. geflossen sein muß, aber bislang von einer Verbesserung der sozialen Infrastruktur der maroden russischen Armee niemand etwas erkennen kann. Die sensible Natur des Waffenexports, die seltsamen Figuren, die dubiosen Finanzgruppen, die mit der neuen staatlichen Firma verbunden sind, ihre Verbindungen zu kommerziellen Gesellschaften und die undurchsichtigen Geschäfte, sie haben jedenfalls in Rußland dazu geführt, daß man die Köpfe des russischen Waffenexportgeschäfts »Ros-vor« nennt. Es ist ein Wortspiel für »russische Räuber«, in Anlehnung an die »Diebe im Gesetz«, also die kriminellen Paten der Russenmafia.

Tatsache ist, so sieht es Charles J. Hanley in einem Bericht für Associated Press vom 30. März 1994, daß massenweise Rüstungsgüter illegal exportiert werden, scheinbar mit »staatlicher Genehmigung«, wobei der größte Teil der Erlöse seinen normalen Weg nicht zurück nach Rußland gefunden hat«.

Auf ausländischen Bankkonten werden sie wohl besser und sicherer lagern. Die Banken in Zypern zum Beispiel sind seit 1992 ein beliebter Anlaufort für gewaltige Bareinlagen aus Rußland oder der Ukraine geworden. Seit Mitte 1994 hält sich ein bekannter russischer Waffenhändler in Limassol auf, fährt in einer Luxuslimousine mit Chauffeur herum und ist gerngesehener Kunde bei verschiedenen Banken. Währenddessen meint ein zypriotischer Banker, er glaube, daß dieser Waffenhändler zu jenen Russen gehört, die große Summen von Bargeld in seiner Bank deponieren und von denen er weiß, daß es ehemalige russische Armeegeneräle seien. Denn, so der Banker: »Rußland ist bankrott und kann mit diesen Mengen von Bargeld, die durch Waffenverkäufe erwirtschaftet werden, überhaupt nichts anfangen. Das ganze Geld, das von Moskau kommt, ist illegal, aufgrund der russischen Gesetze. Und wir reden von Millionen Dollar, die hier bei uns landen, und die können nur aus dem illegalen Waffenhandel kommen, Waffen, die wahrscheinlich für den Iran und Irak bestimmt waren.« (Robert Fisk, »Moscow's Mafia Finds an Island in the Sun«, »The Independent«, 3. August 1994.)

Da wunderten sich doch auch viele in- und ausländische Beobachter, wie groß die Waffenbestände der Rebellen in Tschetschenien waren und daß sie sogar noch während des blutigen Krieges über ausreichend Waffennachschub verfügen konnten. Viele Militärexperten gehen davon aus, daß die Waffen durch offizielle russische Militärstellen an die »befeindeten« Tschetschenen verkauft wurden. Das hat, zynisch formuliert, den Vorteil, daß die Waffenindustrie floriert.

Diese fatale Entwicklung wurde erstmals öffentlich diskutiert, und zwar durch eine Stellungnahme der russischen Präsidentschaftsberater Emil Pain und Arkadi Popow. Sie erklärten im Februar 1995, daß der damals noch lebende Präsident von Tschetschenien, Dudajew, seine Waffen durch »smarte Händler in Militäruniform« erhalten hatte und daß darüber hinaus andere Kriminelle den Segen offizieller Stellen erhalten hatten, Kriminelle, die auch im Drogenhandel aktiv waren. So wurden im Mai 1995 Untersuchungen gegen die 106. Fallschirmjägerdivision eingeleitet, weil sie Granatwerfer, Munition und Plastiksprengstoff an die tschetschenischen Kämpfer verkauft hatten. Das ist lediglich *ein* Fall in einer ganzen Reihe ähnlicher Vorfälle.

Wenn denn die russischen Militärs derart in kriminelle Geschäfte verwickelt sind, stellt sich die Frage, wie gut oder vielmehr schlecht die russischen Massenvernichtungswaffen gesichert sind. »Es gibt gute Gründe, die Frage zu stellen, ob die persönliche Verantwortung im Militär, das für die russischen nuklearen, chemischen und biologischen Waffen zuständig ist, höher sei als die der korrupten Militärs, die bislang ungehindert ihren Geschäften nachgehen«, heißt es in der Studie des »Foreign Military Office« des US-Verteidigungsministeriums. Das heißt übersetzt, daß es allenfalls ein Wunder ist, daß nicht noch mehr Massenvernichtungswaffen oder Teile davon auf dem freien Markt angeboten worden sind.

Ein anderes Beispiel für die Macht und den Einfluß der »Mafia in Uniform« ist das Phänomen innerhalb der russischen Armee, daß immer mehr hohe Militärs an illegalen kommerziellen Unternehmen beteiligt sind. Sarkastisch werden sie auch »Geschäftsleute mit Rangabzeichen« genannt oder der »militärisch-unternehmerische Clan«.

Im Spätsommer 1994 gab der Moskauer Militärstaatsanwalt G. Nosov einen Einblick in diese neue Form unternehmerischer Interessen innerhalb der russischen Armee. »Eine Reihe der Untersuchungen gegen Militärs steht zweifellos in enger Verbindung mit der Armut, in der viele Offiziere leben, weil sie keine Löhne und Gehälter beziehen, in einem unwürdigen sozialen und kulturellem Umfeld leben müssen. Andere aber sind an geschäftlichen Unternehmen beteiligt, weil sie schnell viel Geld verdienen können.« Nach diesen Untersuchungen hat beispielsweise der Kommandeur einer Fliegereinheit ein Auto als Gegenleistung dafür erhalten hatte, daß er Helikopter für eine private Firma transportierte. Der Offizier einer Strategischen Raketeneinheit unterhielt ein Wechselbüro und einen Laden auf seiner Basis, wo er Lebensmittel zu inflationären Preisen verkaufte. In einem anderen Fall hat eine Gruppe von Offizieren, angeführt von einem Generalmajor der Pioniere, militärische Gebäude und die Ausrüstung aus Militärbeständen für eine Firma privatisiert, die seinen Familienmitgliedern gehörte. Ein Generalmajor wiederum hat illegal 2 Billionen Rubel an verschiedene private Firmen umgeleitet. Solche Fälle sind inzwischen kaum noch aufzuzählen, so zahlreich sind sie geworden.

»Eine finanzielle Mafia existiert, die Millionen aus dem Militärbudget in private Kanäle umleitet. Wo sie auch mit dem Finger hinweisen, überall stoßen sie auf Lügen, Heuchelei und Betrug in unserer höchsten militärischen Führung«, schreibt Stanislaw Baratynov in einem Artikel mit der Schlagzeile: »Die finanzielle Mafia macht Millionen aus dem Militärbudget«. (»Moskovski komsomolets«, vom 22. April 1994.)

Die Ermordung des Moskauer Journalisten Dmitri Kholodov war für viele ein Beispiel dafür, daß Angehörige der russischen Armee – einschließlich der Militärführung – hinter dem Tod des Reporters stehen mußten. Er wollte bekanntlich die korrupten Machenschaften im russischen Verteidigungsministerium aufdecken. Es war ein Auftragsmord, soviel steht jedenfalls fest.

Auftragsmorde sind ein Phänomen, das in Rußland im Jahr 1990 begann und sich heute so weit entwickelt hat, daß es eine spezielle Form der Kriminalität geworden ist. Ziele für solche Morde sind sowohl rivalisierende kriminelle Bandenführer wie auch Personen aus der neuen Klasse der Geschäftsleute, Finanziers und Banker, deren Aktivitäten sie in Konflikt mit professionellen kriminellen Banden brachten. Auch Offiziere wurden ermordet unter bislang ungeklärten Umständen.

Glaubt man den Quellen des russischen Innenministeriums, gab es 1993 ca. 65 Auftragsmorde in Moskau. In den ersten acht Monaten des Jahres 1994 waren es schon 50 russische Geschäftsleute, die allein in Moskau ermordet wurden. Für das gesamte Jahr 1994 schätzt der Föderale Sicherheitsdienst (FSB) die Zahl der Auftragsmorde in Rußland auf 562, gegenüber 102 im Jahre 1992.

Bereits Mitte 1994 erklärte der Moskauer Generalstaatsanwalt, daß von diesen professionellen Morden allenfalls 20 Prozent aufgeklärt worden sind. Und im Falle von Auftragsmorden gegenüber besonders prominenten Zielen (Politiker, Journalisten etc.) kein einziger Fall. Daran hat sich übrigens bis zum heutigen Tag überhaupt nichts geändert.

Inzwischen gehen die russischen Sicherheitsbehörden davon aus, daß sich die Zahl der Auftragsmorde pro Jahr verdoppeln wird. Auftragsmorde werden von professionellen Killern erledigt. Und der Pool dieser professionellen Killer besteht aus Angehörigen halblegaler professioneller Boxervereine, aus Veteranen des Afghanistankrieges, aus der OMON-Polizei, Ex-KGB-Offizieren und Beamten des Innenministeriums. Einige der rekrutierten Killer sind aktive Soldaten der Streitkräfte. Ein russischer Journalist, der sich seit einigen Jahren auf das Organisierte Verbrechen spezialisiert hat, geht davon aus, daß es sogar ein Klassifikationssystem für angeheuerte Killer gibt. An der Spitze der Hierarchie stehen die sogenannten »Superkiller«, die gegen die wichtigsten Ziele eingesetzt werden und in der Regel ehemalige Angehörige des Militärischen Geheimdienstes (GRU) sind oder aus der 1. Abteilung des KGB stammen. (Igor Baranovski, »Moskau News«, 31. Dezember 1993.)

Das erklärt ihre Professionalität. Denn in fast jedem Fall, wenn einmal Auftragsmörder verhaftet wurden, wurde deren wirkliche Identität bislang nur in Ausnahmefällen bekanntgegeben. Gesprochen wird in diesem Zusammenhang auch von »Todesschwadronen«, so die »Moskau News« vom 28. Oktober 1994, bezahlte Killer, die im Auftrag des Organisierten Verbrechens ihre blutigen Taten vollbringen, ohne Angst haben zu müssen, jemals gefaßt zu werden.

Die Präsenz von so vielem ehemaligem russischem Militär und Sicherheitspersonal in den kriminellen Banden zeigt jedenfalls, welch bedeutsames Rekrutierungspotential inzwischen die russische Armee für die Mafia geworden ist bzw. sie selbst Teil des kriminellen Systems geworden ist.

Zusammengefaßt dürfte es wohl eher ein Understatement sein, wenn man davon spricht, daß die Kriminalität in den russischen Streitkräften ein ernstes Problem geworden ist und eine tödliche Gefahr für die Demokratisierung, die wirtschaftliche Entwicklung und Stabilität in der gesamten Region darstellt.

Wenn Gangster Patrioten werden:
Belgrader Zustände

Anstelle der dirigistischen kommunistischen Staatswirtschaft sollten nach dem Zusammenbruch des real existierenden Sozialismus in den osteuropäischen Ländern ursprünglich demokratische Freiheiten das Leben der Menschen bestimmen. Nun sind zwar in einigen exkommunistischen Ländern demokratische Freiheiten durchgesetzt worden, aber um welchen Preis? In einigen der folgenden Kapitel geht es daher nicht um die Russenmafia. Beschrieben wird vielmehr die Organisierte Kriminalität in den osteuropäischen Staaten, die einst alle mehr oder weniger vom Kreml abhängig waren.

Was auf den ersten Blick für alle osteuropäischen Länder gilt – ob es nun um die rumänische, polnische, ungarische oder jugoslawische Variante geht, ihr gemeinsamer Nenner ist die Komplizenschaft der alten Nomenklatura mit dem Organisierten Verbrechen –, hat bei genauer Hinsicht doch unterschiedliche Konturen und einen unterschiedlichen Einfluß auf die Gesellschaft. Es gibt erhebliche Abweichungen, sowohl in der Kriminalitätsentwicklung als auch in dem Bestreben, das verbrecherische Monster zu bekämpfen.

Betrachten wir zum Beispiel die ehemalige Sozialistische Föderative Republik Jugoslawien, die sich früh von Moskau löste und einen vom Westen goutierten eigenständigen politischen Weg einschlug. Inzwischen ist die Republik auseinandergebrochen – durch den fanatischen Nationalismus ihrer Völker zerstört.

Als ich zum erstenmal nach Belgrad fuhr, drei Jahre nach Ausbruch des Bürgerkrieges, konnte ich mir nicht vorstellen, wie sich innerhalb kürzester Zeit hochkriminelle Gangster zu angesehenen Politikern mausern konnten. Der Weg nach Belgrad war mühsam.

Wegen des von den UN verhängten Embargos mußte man einen langen Umweg über Ungarn oder Rumänien in Kauf nehmen, um Belgrad zu erreichen. Einst im Vergleich zu den anderen osteuropäischen Metropolen eine reiche Stadt, macht Belgrad jetzt den Eindruck einer in grauer Armut versinkenden Metropole. Als »unwirkliche Stadt« skizzierte Dragan Popadic, Psychologieprofessor an der Belgrader Universität, die serbische Hauptstadt. »Die Leute hier verdrängen den Krieg, die weltweite Ächtung und die wirtschaftlichen Sanktionen.«

Dafür hat sich Belgrad zum Mekka für Schmuggler, Schieber und Gangster auch aus Rußland entwickelt. Der Krieg, das Handelsembargo und die Inflation haben Rest-Jugoslawien und seiner Hauptstadt eine wuchernde Schattenökonomie beschert, die jeden Bereich der Gesellschaft durchsetzt und alle Werte umgekrempelt hat.

Im Luxushotel »Hyatt«, das 500 Gäste unterbringen kann, sehe ich kaum einen Menschen. Beim Frühstücksbüffet wird mir klar: Ich bin einer von insgesamt zehn Gästen, die hier wohnen – eine absurde Situation. Ganz anders ist es dann am Abend. Luxuslimousinen fahren vor, denen junge Schnösel in teurer Designerkleidung entsteigen. Im Durchschnitt meist nicht einmal 25 Jahre alt, sind sie Schmarotzer der kriminellen Belgrader Gesellschaft. Selbstbewußt schlendern sie in der riesigen Halle umher, bevor sie entweder im Restaurant oder im Spielkasino verschwinden. Sie gehören zu jenen, die vom blutigen Krieg profitieren, Schmuggler, Gangster, die neuen Herren des Landes. Ein Bild, das in krassem Kontrast zu einer anderen Szene steht.

Jeden Mittwoch demonstrierten auf dem Belgrader Platz der Republik die »Frauen in Schwarz«. Sie klagten den mörderischen Krieg an, der von der Staatsführung inszeniert wurde. Ihr stiller Protest gegen Gewalt und Krieg wurde von den an ihnen vorbeilaufenden Belgradern nicht mehr wahrgenommen. Manchmal kam in einem Pulk von Leibwächtern der serbische Kriegsverbrecher Vojislav Seselj vorbei. Jeder in Belgrad wußte, daß Seselj das Kommando gab, Bewohner eines kroatischen Dorfes über Minenfelder laufen zu lassen, und daß er sich – wie viele andere auch – mit den Größen der Unterwelt zusammengeschlossen hat. Er würdigte die Frauen keines Blickes. Nur die Augen der Leibwächter musterten die Frauen, als würde von ihnen Gefahr für das Leben ihres Schützlings drohen. »Wir stellen uns dem Fatalismus in einem Moment entgegen, in dem die meisten die Hoffnung auf Veränderung verloren haben. Wir Frauen haben die Entscheidung des Krieges nicht getroffen, aber wir wollen Frieden schaffen«, erzählten sie jedem, der bei ihnen stehenblieb. Das taten nur wenige. Dabei sind es viele, die gegen den Krieg sind.

Denn wie immer und überall sind es die einfachen Menschen, die unter den Folgen des Krieges und des Wirtschaftsembargos zu leiden haben. Jeder zweite Bürger ist arbeitslos. Der Staat, der genügend Geld zur Kriegführung besitzt, gibt einem Rentner umgerechnet zehn Mark im Monat, einer Krankenschwester beispielsweise 20 Mark. Zigaretten werden auf den Märkten einzeln verkauft, für umgerechnet zehn Pfennig, viel Geld für einen Rentner mit zehn Mark Monatseinkommen. »Früher waren wir die reichsten Bürger in Osteuropa«, erklärt Jovan Teokarevic, Mitarbeiter am Belgrader Institut für Europäische Studien, »jetzt liegen wir auf dem Niveau Afrikas.« Fast 90 Prozent der Serben, hat der Wirtschaftsforscher Popovic errechnet, leben mit ihrem Einkommen nach den Kriterien der Weltbank unter der Armutsgrenze. Die Kriegsprofiteure, weit weg von diesem Ort der Armseligkeit, kümmert das nicht. Um die geht es aber, will man die Eigenheiten der sogenannten »Osteuropäisch Organisierten Kriminalität« beschreiben.

Belgrad ist eine Stadt im Zustand der Gesetzlosigkeit. Deshalb wird die Millionenstadt manchmal »Palermo an der Donau« genannt. Ein Vergleich, der hinkt: Palermo ist weitaus weniger vom Verbrechen und mafiosen Strukturen geprägt als die Metropole der Serben, einst Hauptstadt Jugoslawiens. Raub, Überfälle, Erpressung, Morde – die Polizei läuft einer Kriminalitätsentwicklung hinterher, die durch den blutigen Eroberungskrieg der Serben eine ganz eigene Dynamik entwickelt. »Was fühlst du, Reue?« wurde ein junger Soldat von der Polizei gefragt, nachdem er einen Mann erschossen hatte. Seine lapidare Antwort: »Das gleiche, als hätte ich einen Käfer zertreten.«

In den Jahren 1993 und 1994, vermeldet die karge Statistik, ist die Kriminalität in Belgrad um siebzig Prozent gestiegen. Dabei handelt es sich bei den Delikten überwiegend um Erpressungen, Raub, Überfälle und Entführungen. International operierende Gangstersyndikate haben schnell erkannt, daß durch den Krieg in Serbien ideale Kanäle für Drogen, prächtige Gelegenheiten zur Geldwäsche und ein geradezu unerschöpflicher Markt für Waffen vorhanden sind. Nachts heulen die Sirenen, preschen Polizeiwagen durch die Stadt – auf der Suche nach Verbrechern. Häufig werden sie fündig. Aber: Offensichtlich werden bloß die kleinen Freischärler der Verbrecherwelt gejagt. Und das sind fast immer jene, die das einträgliche kriminelle Geschäft stören, das sich Politiker und Gangsterbosse teilen. Vom großen Kuchen des Plünderns und Raubens möchten nämlich kleine Gauner, Mörder, Räuber und Diebe auch etwas abbekommen. Meist vergeblich. Sie sind die einzigen, die von der Polizei geschnappt werden.

Wobei die Polizei häufig selbst mitmischt. Der Belgrader Rechtsanwalt Borivoje Borovic beschuldigte die Polizei im Sommer 1995 in einem offenen Brief an die Regierung, beschlagnahmte Drogen selbst weiterzuverkaufen und überdies eng mit der Mafia zusammenzuarbeiten. Einige Belgrader Medien gingen sogar noch weiter: Sie bezichtigten die Regierung selbst des organisierten Drogenhandels; damit würde sie die zerrütteten Staatsfinanzen aufbessern. Tatsache ist auch, so erklärte die italienische Anti-Mafia-Kommission in einem Bericht vom August 1994, »daß der Drogenhandel in Belgrad zu einer wichtigen Einnahmequelle für den Staat geworden ist und beim Waffenhandel die führenden Gangstersyndikate in Belgrad mit der italienischen Mafia eng zusammenarbeiten.«[87]

In jeder Beziehung verloren sind da die Kinder, die man an vielen Straßenecken Belgrads sieht und die versuchen, Zigaretten zu verkaufen. Sie sind das Ende einer Kette des einträglichen Schmuggelgeschäftes mit Zigaretten. Für Familien sind solche Geschäfte auf dem Schwarzmarkt die einzige Überlebensmöglichkeit. Das große Geld, nicht nur im Zigarettenschmuggel, sahnen natürlich andere ab: Kriegsprofiteure und Embargobrecher, die Teil eines internationalen Banditentums geworden sind und von der Regierung gedeckt werden. Die Kinder Belgrads haben sich dem allgegenwärtigen Klima der Verherrlichung von Gewalt angepaßt. Selbst wenn sie an den Straßenrändern der trostlosen Wohngettos spielen, spielen sie Krieg. Was noch schlimmer ist: Ihre Idole sind hochkriminelle

Gangster. Schließlich haben die es zu etwas gebracht. Und sie werden nicht nur von den Kindern als Helden und Patrioten gefeiert.

Es war im November 1993. Mit großem Pomp wurde auf dem Belgrader Zentralfriedhof ein Gangsterboß beerdigt. Mitten im Geschäftszentrum Belgrads war er von Maschinenpistolengarben durchsiebt worden. Sein Name: Georg Stancovic, Besitzer von Immobilien, Boutiquen und Spielhallen. Stancovic wurde das Opfer in einem Krieg um die Macht im kriminellen Belgrader Milieu. Wie so häufig, wenn ein Boß der Unterwelt zu Grabe getragen wird, trauerte die Prominenz aus Gesellschaft und Politik am Grabe. Er war einer der ihren. »Man soll nicht mit Pistolen um die Herrschaft kämpfen, sondern sich daran messen, wer die meisten Hotels und Kasinos besitzt«, forderte Georg Stancovic seine Gangsterfreunde vor seiner Ermordung auf, in der beliebten Fernseh-Talkshow »Schwarze Perlen«. Diese Sendung der TV-Station »TV-Politika« zeichnet sich dadurch aus, daß es jeden Sonntag einen gepflegten Talk mit Gangstern der unterschiedlichsten Qualität gibt. Ihr Moderator Vanja Bulic erklärt mir im Gespräch, daß seine Gäste im Westen als Kriminelle verteufelt würden, während man sie hier als Helden feiere. Und er läßt sich in der positiven Beurteilung seiner »Helden« auch nicht beeinflussen, als ich ihm erzähle, daß seine Gäste für Morde in Europa verantwortlich sind.

Ein Jahr vor der Ermordung von Georg Stancovic war im Belgrader »Hyatt«-Hotel der Unterweltboß Alexander Knezevic erschossen worden. Auch seine Gangsterbande organisierte eine Beerdigung, die einem Nationalhelden zur Ehre gereicht hätte. In der Nacht nach dem Mord durfte in den Belgrader Nachtclubs keine Musik gespielt werden, Restaurants, von denen Knezevic und seine Bande Schutzgelder erpreßt hatten, gaben Hunderte von Traueranzeigen auf.

Furore machte auch der Tod des Gangsters Radojica Nikcevic. Offiziell Direktor des Großbauunternehmens »Sumadija«, war er in Wirklichkeit einer der Paten der Belgrader Unterwelt, bis er im Herbst 1993 erschossen vor seinem Mercedes aufgefunden wurde. Nikcevic pflegte beste Geschäftsbeziehungen zum kolumbianischen Drogenzaren Pablo Escobar, den er öffentlich als seinen guten Freund bezeichnete. Wie Nikcevic haben viele Gangster inzwischen Immobilien, Industriekonzerne und Medien aufgekauft.

Belgrads Zentralfriedhof ziert noch ein weiteres auffälliges Grab, das des einstigen Königs der Jugo-Mafia. Ljubas Magas lenkte ein Verbrecherimperium in Deutschland, Österreich, Belgien und Frankreich. Ein Bildhauer hat ihn überlebensgroß in Marmor verewigt. »Er hatte ein warmes Herz für die Kleinen. Feiglinge hat er verachtet. Er war als Führer geboren« steht in seinen Grabstein gemeißelt. 1986 erschoß ihn in Frankfurt ein anderes Mitglied der Jugo-Mafia. Der Mörder, Goran Vukovic, genannt Majum (der Affe), verzog sich nach Verbüßen seiner Gefängnisstrafe nach Belgrad. Dort wurde der als mittellos aus dem Frankfurter Gefängnis entlassene Gangster innerhalb weniger Monate Besitzer einer Diskothek und einer Pizzeria. Nach Polizeierkenntnissen bereitete Goran Vukovic sich darauf vor, wieder nach Deutschland zurückzukehren. Aber der Tod kam ihm zuvor: »Im Dezember 1994 durchsiebte eine Kugelladung aus einer Heckler-und-Koch seinen BMW 850 – jüngstes Opfer einer Kette von Abrechnungen eines Kriegs zwischen Banden von Plünderern, Schmugglern und Profiteuren des Chaos in der Belgrader Etappe.«[88]

Nachfolger des von Vukovic erschossenen Königs der Jugo-Mafia in Deutschland wurde ein Rade Caldovic, Spitzname Cento, Beruf Hilfsarbeiter. Man darf ihn bis zum heutigen Tag als ungekröntes Haupt der Jugo-Mafia in Deutschland bezeichnen, auch wenn es sie so geschlossen wie zu Magas' Zeiten wohl nicht mehr gibt. Jedenfalls ist Caldovic ein international berüchtigter Drogendealer und Schutzgelderpresser, mit engen Verbindungen zur italienischen und russischen Mafia. Aus Deutschland nach langem Hickhack ausgewiesen, lebt er, wenn er sich nicht mit gefälschten Pässen in Europa herumtreibt, in Belgrad. Er ist unter anderem Besitzer zweier Bäckereien, vor denen demonstrativ seine Mercedes-Flotte parkt. Was lehrt uns das? Europaweit gesuchte Verbrecher wie Caldovic dürfen sich in Belgrad offensichtlich sicher fühlen, erledigen sie doch zugleich Waffengeschäfte für die serbischen Freiwilligenverbände, finanziert über Heroinschmuggel. Und weiter: »Das sogenannte kolumbianische Syndrom entwickelt sich, eine wachsende Bindung an die Unterwelt und Mafia«, meint Dejan Popovic, Professor für Recht an der Universität Belgrad. Fazit des Rechtsprofessors: »Die Unterwelt hat die serbische Wirtschaft übernommen.«

Mord auf Anweisung der Staatssicherheit

Nur Lebensmüde und ahnungslose Toren würden das Risiko eingehen, sich nachts dem Belgrader Nachtclub »Nana« zu nähern. Dann vergnügt sich hier nämlich die kriminelle Elite Belgrads. Es ist ein Nachtclub mit einer berüchtigten Geschichte. Bereits 1990 wurde hier ein Mann ermordet. Er hatte im Auftrag des Belgrader Staatssicherheitsdienstes einen Exilkroaten in Belgien liquidiert. Eigentlich nichts Besonderes.

Der Vorfall wirft jedoch ein Schlaglicht auf die »jugoslawische Variante« des Organisierten Verbrechens. Es geht um die enge Verflechtung zwischen Nachrichtendiensten und hochkriminellen Gangstern.

Der Mörder, Darko Assanin, war ein Gangster, der lange Zeit in Deutschland gelebt und gleichzeitig für den Geheimdienst in Belgrad gearbeitet hatte, für den er auch Mordaufträge erledigt haben soll, so die deutschen Ermittler des Landeskriminalamtes Nordrhein-Westfalen. Mit dem in Deutschland und Belgien erbeuteten Geld baute er sich 1989 in Belgrad eine bürgerliche Karriere auf, war bald angesehener Besitzer einer Glaswarenfabrik. Daß er im Nachtclub »Nana« einen Konkurrenten ermordete, wen sollte das schon interessieren? Schließlich hatte er mächtige Fürsprecher. Sein Komplize bei der Belgrader Polizei war beispielsweise Miroslav Bizic, Leiter des Amts für Jugendkriminalität beim Städtischen Sekretariat für Innenangelegenheiten.

Diesen Bizic wollte ich natürlich in Belgrad sprechen. Als Unterlage hatte ich einen Artikel der Belgrader Zeitung »Ilustrovana Politika« dabei, in dem es hieß, daß das »Morden nach Dienstanweisung fortgesetzt wird. Den Ausländern müssen wir raten, flüchten Sie aus Jugoslawien, so schnell Sie können. Überall um Sie herum lauern die staatlichen Mörder nach Dienstanweisung.« Bizic sollte dazugehören. In einem Zeitungsinterview hatte er 1992 erklärt, daß seine Fahndungsberichte alle an einen Bozidar Spasic vom Staatssicherheitsdienst weitergeleitet und Kriminelle dann nach Bedarf auf freien Fuß gesetzt würden, um Aufträge für die Staatssicherheit zu erledigen.

Ich wollte mit ihm sprechen, weil ich hoffte, er würde mir, nach einigen Jahren Abstand von den Ereignissen, etwas über diese merkwürdigen Verbindungen zwischen Kriminellen und dem Geheimdienst erzählen. Zumal er inzwischen als selbständiger Privatdetektiv arbeitete, also eigentlich nichts mehr zu befürchten hatte, dachte ich damals etwas naiv. Da wußte ich noch nicht, daß in Belgrad zwar Polizei- oder Nachrichtenoffiziere reihenweise entlassen wurden, von ihrem Amt aber ein Abfindungskapital erhielten, um auch als Privatmann für die Dienste arbeiten zu können. Bizic hatte nichts gegen ein Gespräch einzuwenden, zumal ich ihm zu verstehen gab, daß mich in erster Linie seine Einschätzung der wachsenden Kriminalität in Belgrad interessiere.

In seinem Büro traf ich auf einen Riesen von Mann: Bizic ist mindestens 1,90 Meter groß und zwei Zentner schwer. An seiner Seite saß offenbar ein Kollege, der für das geplante Interview ein Tonband mitlaufen ließ. Das Gespräch – ich hatte eine Dolmetscherin dabei – verlief ungefähr drei Minuten ziemlich harmonisch, obwohl ich instinktiv fühlte, daß sein Vertrauen in mich nicht besonders groß war. Dann kam der entscheidende Moment. Als ich ihn auf die Zusammenarbeit zwischen Polizei, Geheimdienst und Kriminellen ansprach, veränderte sich blitzartig die gesamte Situation. Sein Gesicht verfärbte sich in tiefes Rot, er stemmte sich aus dem Bürosessel, zückte seine Pistole und richtete sie mit ruhiger Hand auf mich. »Sie werden hier nicht mehr rauskommen, wenn Sie nicht sofort Ihre Kassette mit dem Interview herausgeben.« Mit der Pistole im Anschlag verfügte er zweifellos über die besseren Argumente, und deshalb reichte ich ihm mit zitternden Händen das gewünschte Band. Danach flüchtete ich mit der Dolmetscherin aus dem Büro des Mannes, der für seine Dienste von dem Lohnkiller Assanin 500 000 Mark erhalten hatte und von dem wir naiverweise gehofft hatten, er könnte ganz gelassen seine Geschichte erzählen.

Wenig später traf ich mich mit einem Mann, der für die Zusammenarbeit zwischen Kriminellen, Polizei und Nachrichtendienst in Belgrad verantwortlich war und von Bizic auch als »Mann des Staatssicherheitsdienstes, für den ich gearbeitet habe«, bezeichnet wurde. Es ist Bozidar Spasic, hochdekorierter Offizier des jugoslawischen Staatssicherheitsdienstes. Seinen Job verlor er, nachdem er in der Fernsehsendung »Schwarze Perlen« etwas zu ausführlich über die Zusammenarbeit von Geheimdienst und Mafia geplaudert hatte. Seitdem ist er Besitzer der Privatdetektei SIS. Über die Zusammenarbeit von Nachrichtendienst und Kriminellen wollte er anfangs nicht viel erzählen: »Das ist die alte These, die bei euch im Westen aufgestellt wird. Sicher war es so, daß für eine Reihe von Morden in Deutschland die Direktiven direkt aus Belgrad kamen. Wir haben vor allem Aktionen gegen die kroatischen Extremisten durchgeführt. Mit denen haben wir abgerechnet und es ihnen zurückgezahlt. Da benutzten wir Leute aus dem Untergrund. Denn das war die einzige Möglichkeit, wie man sich den Ustascha-Extremisten nähern konnte.« Mehr war zu diesem Sachverhalt nicht aus ihm herauszuholen. Freizügiger war er mit Informationen über bekannte Gangsterbosse der Jugo-Mafia, die in Deutschland ihr Hauptquartier hatten oder immer noch haben. Sie seien, so erklärte er, besonders im Großraum Rhein-Main aktiv. Dort lebe auch ein bekannter Frankfurter Rechtsanwalt, der bis heute als »Botschafter der Jugo-Mafia« in Deutschland gelte und den Kriminellen falsche Pässe besorge. Diese Kriminellen seien Männer, die zwar von den europäischen Polizeidienststellen als »Gangster« bezeichnet würden, in Belgrad aber unauffällig seien, nicht einmal ein Parkverbot mißachteten, ehrliche Bürger eben, die nur ihrem Land dienten.

Was sich hinter dieser Einschätzung verbirgt, erzählte mir ein angesehener Professor für Kriminologie. Vladan Vasiljevic lebt und arbeitet in einer kleinen Belgrader Wohnung. Er ist eine der wenigen demokratischen serbischen Persönlichkeiten, die sich dem Druck der Regierung nicht beugen, einer der vehement die Kriegstreiber und mit dem Staat kooperierenden Kriminellen Serbiens anklagt. Vasiljevic hat überhaupt keine Zweifel, daß es bis heute die Zusammenarbeit zwischen Nachrichtendiensten und Kriminellen in Serbien gibt. »Ja. Wir haben schon im früheren Jugoslawien gesehen, daß insbesondere der Geheimdienst der Regierung Kriminelle für besondere Aufträge benutzte. Für den Staatssicherheitsdienst arbeiteten beispielsweise Personen wie Arkan oder Magas, die auch politisch Andersdenkende liquidiert haben. Als Gegenleistung wurden sie hier geschützt, wurden ihnen viele Sachen nachgesehen.«

Mafiosi und die Kriegsbeutezüge

Nicht weit vom Belgrader Hauptbahnhof entfernt ist der Stützpunkt jener Partei, die als Symbol für die Verbindung von Verbrechen und Politik gilt. Es handelt sich um die »Partei der serbischen Einheit«, gegründet vom 43jährigen Zeljiko Raznatovic, Spitzname »Arkan«. Ziel seiner Partei: ein großserbisches Reich. Er ist der Mann fürs Grobe, der im Auftrag des Ministerpräsidenten Milosevic für eine Vielzahl barbarischer Überfälle auf muslimische Zivilisten verantwortlich ist. Das massive achtstöckige Gebäude hat Symbolcharakter. Einst, als sich Jugoslawien noch nicht gespalten hatte, muß hier ein Kino gewesen sein – ein verwittertes Plakat hängt noch an der Außenfront. »Der Partisan« war demnach der letzte Film, der hier gespielt wurde. Jetzt ist im Kino ein Sexshop. Und in der obersten Etage residiert die Partei des Kriminellen und Kriegsverbrechers »Arkan«.

Der Gangster im Tarnanzug des Politikers ist ein Biedermann mit kurzgeschnittenen Haaren und einem glatten, jünglingshaften Lächeln. Auf der Kriegsverbrecherliste des US-Außenministeriums steht er an oberster Stelle, und Interpol sucht ihn nicht nur wegen Kriegsverbrechen, sondern auch wegen schnöder Raubüberfälle und wegen Drogenhandels in Schweden, den Niederlanden und Deutschland.

Die Akten nennen als Geburtsdatum und Geburtsort des Sohnes eines einstigen Tito-Partisanen und Luftwaffenoffiziers den 17. April 1952 und Brezice, einen slowenischen Ort nordwestlich von Zagreb. Arkans Strafregister beginnt mit dreizehn Jahren in einer Haftanstalt für Minderjährige, es folgen sechs Monate Gefängnis für den inzwischen 20jährigen: wegen Diebstahls. Danach verzog er sich ins Ausland. Seine Gerichtsakte verzeichnet eine zehnjährige Haftstrafe in

Brüssel wegen bewaffneten Raubüberfalls, die er durch Flucht abkürzte, und wegen des gleichen Delikts eine Verurteilung zu sieben Jahren 1980 in Amsterdam. Interpol Lyon sucht ihn seitdem wegen Raubes (Ref.Nr. D 2 S D4/c 261/93 jm), und das Amtsgericht im hessischen Städtchen Hanau erließ am 5. Januar 1993 einen Haftbefehl gegen ihn wegen Drogenhandels. Zweifellos ein hochkrimineller Typ, dieser Zeljiko Raznatovic, genannt Arkan.

Die Belgrader Wochenzeitschrift »Duga« berichtete, Arkan habe nach seiner Rückkehr nach Belgrad damit geprahlt, »fürs Vaterland gemordet« zu haben. 1986 machte er, anläßlich einer seiner zahlreichen Verhaftungen, vor dem Ersten Gemeindegericht in Belgrad ein entsprechend aufschlußreiches Geständnis: »Er gab zu, Mitarbeiter des jugoslawischen Innenministeriums in der Abteilung für politische Emigranten zu sein; sein Gehalt betrage 90 000 Dinar, und er habe mehrere Dienstwaffen erhalten. Tatsächlich trug er bei seiner Verhaftung einen entsprechenden Dienstausweis bei sich.«[89]

Nähert man sich heute seiner strengbewachten Luxusvilla in Belgrad, so wird man von seiner Leibgarde schon Straßen vorher aufgehalten und gezwungen, wieder umzudrehen, »sich zu verziehen«.

Arkan ist ein Gangster, der seine Komplizen in die Uniformen der Militärs steckte. Er nannte sie »Tiger«. Mit seinen »Tigern« schlachtete Arkan die Zivilbevölkerung bei seinen Eroberungsfeldzügen beispielsweise in Vukovar ab. Arkan ist jener Mann, dessen Untaten der im französischen Exil lebende serbische Autor Vidosav Stevanovic in seinem Buch »Schnee und schwarze Hunde« protokolliert hat. Stevanovic beschreibt in seinem Buch die entsetzlichen Folterungen bis hin zum langsamen Abschlachten und Ausweiden der Menschen, die von Arkan und seinen »Tigern« praktiziert wurden. Es waren wütende Desperados, Schlächter, die sich im Drogen- und Blutrausch ständig neue Arbeit beschaffen mußten durch Anzetteln neuer blutiger Konflikte, die dann im Westen als »Nationalitätenkonflikt« verharmlost wurden. Auf ihren Raubzügen griffen seine »Tiger« alles, was einigermaßen wertvoll erschien: Möbel, Geld, Juwelen, Fernsehapparate. Beutezüge haben Arkan zu einem der reichsten Männer Serbiens gemacht. Heute betreibt er eine Privatdetektei, besitzt Wechselstuben und Benzinstationen und kassiert von Geschäftsleuten und Restaurants Schutzgelder. Arkan ist einer der größten Kriminellen in Serbien – aber er genießt die Protektion des Präsidenten Milosevic. Und er ist dabei, von seinen Gangstern in Kriegsmontur symbolisch all jene – selbst im Ausland – liquidieren zu lassen, die etwas über seine kriminelle Vergangenheit in Europa aussagen könnten. Arkan – das ist die Symbiose zwischen hochgefährlichen Kriminellen und herrschenden Politikern in Serbien.

In den Archiven des staatlichen Fernsehens findet man ein besonderes Beispiel dieser Kooperation. Da klagte während einer Fernsehdiskussion der Vorsitzende der »Radikalen Partei«, Seselj, Arkan des Mordes an. »Ich habe den Brief eines Zeugen in der Hand«, sagte Seselj. »Darin steht, daß Sie den Bruder von Dzeja, Iso Leo, umgebracht haben. Dieser Brief wird Sie für 20 Jahre hinter Gitter bringen. Und was die Haftbefehle von Interpol angeht, werden wir sehen, wie es weitergeht. Die serbische Regierung hat verschwiegen, daß Jugoslawien nicht wegen der Sanktionen der UNO aus der Interpol ausgeschlossen wurde, sondern weil die Regierung Kriminelle wie Arkan unterstützt und nicht auf Haftbefehle reagiert.« Die einzige Reaktion des beschuldigten Arkan war: »Küßchen, du bist aber ein Schatz.« Wovor sollte er auch Angst haben? Hat doch Seselj, der Politiker, der Arkan im Fernsehen wegen Mordes so vehement anklagte, wie sein politischer Konkurrent Arkan mit seinen Freiwilligenverbänden ebenfalls Dörfer und Städte erobert und sie dann ausgeplündert, dabei systematisch Geld, Autos, Devisen beiseite geschafft. Berüchtigt ist seine Aussage: »Wir werden den Feinden Serbiens die Augen ausstechen.«

Der Kriminelle Arkan ging jedenfalls seinen Weg, wurde schließlich Politiker. In einem Interview beschrieb er die Motivation, die ihn in die Politik führte: »Präsident Milosevic hat auch mich aufgeweckt. Meine Fakultät ist der Asphalt der großen Städte. Die Intellektuellen liebe ich nicht, denn sie bilden einen geschlossenen Kreis. Ich liebe das Volk, denn es ist weitherzig.« So sehen ihn seine Anhänger als auch glücklich verheirateten Patrioten und liebevollen Vater, der sich rührend um seine vier Kinder kümmert und der nicht einmal eine Fliege zerdrücken könnte.

Beim Ausbruch des Bürgerkrieges war Arkan Präsident des Fanclubs des Belgrader Fußballvereins »Roter Stern«; aus den Reihen der Schlachtenbummler rekrutierte er auch seine Kämpfer. Für seinen Wahlkampf investierte er Millionen von Mark, mehr als jede andere Partei. In den zahlreichen Fernsehspots seiner »Partei der Serbischen Einheit« skandierten begeisterte Massen »Arkan-Arkan!«, den Namen aus der Unterwelt, der ansonsten überall nur Schrecken verbreitet. Zu seinen Ehren wurde in Ost-Slawonien der Ort Vapska in Arkanovo umbenannt. Die kroatische Bevölkerung war im Herbst 1991 geflüchtet oder vertrieben worden, als die jugoslawische Armee und die Milizen des Arkan das Gebiet einnahmen.

Bei den letzten Parlamentswahlen im Dezember 1992 wurde er von den Serben des Kosovo gemeinsam mit vier seiner Gangstergenossen in das serbische Parlament gewählt. Erst Ende Oktober 1995 wurde sein Name wieder in der internationalen Presse genannt. Da meldete das UN-Flüchtlingswerk sich tief besorgt über das Schicksal von bis zu 13000 vermißten Muslimen und Kroaten in der nordbosnischen Region um Banja Luka. Es gab Hinweise, die sich offenbar bestätigten, daß die Karadzic-Serben ihre berüchtigten Todeslager im Nordwesten Bosniens wieder geöffnet hatten und darin muslimische und kroatische Männer festhielten. In den Lagern hatten die Serben 1992 und 1993 Tausende von Männern zum Teil bestialisch gequält, sexuell mißbraucht und getötet. Die neuen Vertreibungen und Gewalttaten in der Region um Banja Luka brachten die UN vor allem mit dem Kriminellen Zeljko Raznatovic, mit Arkan, in Verbindung.

Eine ähnliche Karriere wie der Serbe Arkan machte der Kroate Fikret Abdic, Spitzname »Babo«, der Chef des ehemals größten staatlichen Agrarkonzerns im sozialistischen Jugoslawien. 1987 hatte er den größten Finanzskandal in der Geschichte Jugoslawiens verursacht. Als Direktor von Agrokomerz hatte er ungedeckte Wechsel über fast eine Milliarde Dollar ausgestellt und saß deshalb wegen Betruges ein Jahr im Gefängnis. Danach ging er in die Politik. Bei den ersten Mehrparteienwahlen in der damaligen jugoslawischen Teilrepublik Bosnien-Herzegowina, Ende 1990, war Abdic noch Mitstreiter des späteren Präsidenten Izetbegovic. Doch dann entschied Abdic, daß die uneingeschränkte Herrschaft in seinem überschaubaren Territorialfürstentum in Nordwestbosnien für ihn viel ertragreicher sei. Im September 1993 erklärte er daher den nördlichen Teil der Enklave zum Staat im Staate und schloß einen Separatfrieden mit den serbischen Belagerern. Sein Ziel war es, in aller Ruhe Öl, Waffen oder Lebensmittel verschieben zu können. Die kriminellen Geschäfte gingen so lange gut, bis er im September 1994 von den bosnischen Regierungstruppen geschlagen wurde. Er mußte aus seinem Fürstentum fliehen – und mit ihm über 30 000 Anhänger, unter ihnen 8000 Milizionäre. Während die Flüchtlinge unter menschenunwürdigen Bedingungen hausen müssen, genießt Abdic seitdem ein luxuriöses Leben in seinen verschiedenen Villen in Kroatien und macht über sein Unternehmen in der Nähe von Frankfurt auch weiterhin die bekannten Geschäfte.

Professor Vladan Vasiljevic stellte zu diesen Personenprofilen fest: »Die Situation mit der Politisierung der Kriminalität und der Kriminalisierung der Politik entwickelt sich in Belgrad, Serbien und Rest-Jugoslawien derart, daß Kriminelle immer mehr Einfluß auf die Politik haben. Das gilt umgekehrt auch für die Verbindung der Politiker mit den Kriminellen. Denn in den letzten drei Jahren, seit Kriegsbeginn, konnten viele Leute, die auch früher mit den Gesetzen in Konflikt kamen und die bekannte Kriminelle waren, einen enormen Reichtum anhäufen. Das gelang ihnen durch Plünderung und durch den Schmuggel von Rohstoffen, die man wegen des Embargos nicht einführen darf. Diese Leute haben jetzt einfach den Wunsch, sich auch politisch zu äußern.«

Es handelt sich um eine gefährliche Entwicklung, die sich sicher nicht nur auf Serbien beschränkt. Das menschenverachtende Klima wird auf Europa, insbesondere auf Österreich und Deutschland, ausstrahlen, weil hier die Jugo-Mafia seit über 15 Jahren ihre Stützpunkte aufgebaut hatte. Aber solange man im kaltblütigen Eroberungskrieg bessere kriminelle Geschäfte abwickeln konnte, hat sich die Jugo-Mafia weitgehend aus den europäischen Ländern zurückgezogen und sich in Serbien eingenistet. Das wird sich spätestens dann ändern, wenn der Krieg endgültig vorüber ist und die erwirtschaftete Beute gewinnbringend angelegt werden muß. Die kleinen und großen Kriminellen sind für diese Zeit bestens gerüstet.

»Die letzte Idee der jugoslawischen Kooperation wird die zwischen den jugoslawischen Kriminellen sein«, erzählte mir ein intimer Kenner der kriminellen Szene in Belgrad. »Wenn sie sich beispielsweise in Frankfurt aufhalten, werden Muslime, Kroaten und Serben Freunde sein, zum Beispiel, wenn sie eine deutsche Bank ausrauben. Sie verstehen sich untereinander und wissen, daß sie Professionelle sind. Sie wissen, wie man tötet. Das ist für sie nicht mehr, als würde man eine Fliege erschlagen.« Was damit gemeint ist, hat mit der wachsenden Brutalität der Kriminellen zu tun, die aus Ex-Jugoslawien nach Europa kommen werden. »Die Veränderung wird die sein: daß der Finger am Abzug viel leichter gekrümmt wird. Wer *einen* Mann tötet, wird vielleicht niemals mehr töten. Aber für Menschen, die gemeinsam Hunderte oder Tausende getötet haben, bedeutet es überhaupt nichts, immer weiter zu töten.«

Der Krieg hat viele Kriminelle, in Serbien wie in Kroatien, zu einflußreichen Politikern gemacht, skrupellose Gangster werden als Kriegshelden gefeiert. Sie müssen nichts mehr befürchten, schon gar nicht die Polizei. Einige wenige werden später vielleicht, wenn der blutige Eroberungskrieg der Serben oder Kroaten endlich erfolgreich abgeschlossen ist – das heißt durch die internationale Staatengemeinschaft abgesegnet wurde –, als Bauernopfer ins Gefängnis wandern. Arkan müßte eigentlich dazugehören. Die Drahtzieher jedoch, die sich der Verbrecherwelt bedienten, bleiben an der Macht, ob in Belgrad oder in Zagreb. Und es sind jene, mit denen europäische Politiker Verhandlungen führen, sogar davon sprechen, sie in die Europäische Union aufzunehmen.

Kriminalitätsboom in Prag, Bratislava, Bukarest...

Die Verhältnisse in Ex-Jugoslawien sind sicher eine Ausnahme im Bereich der wuchernden Kriminalität Ost- und Südeuropas. In der Tschechischen Republik fällt dazu auf, daß die »Mutter aller Städte«, wie Prag genannt wird, seit Ende der achtziger Jahre zu einem Zentrum italienischer und russischer Mafiaorganisationen aufstieg, richtiger: verkam. Schwarzgeld aus der Zeit des alten kommunistischen Regimes fließt mit frischen Profiten aus den Waffen- und Drogengeschäften in neue kriminelle Kanäle. Eine Goldgrube, die noch durch die Millionen Touristen vergrößert wird, die jährlich Prag besuchen. Da floriert natürlich auch die Geldwäsche. Bei den öffentlichen Versteigerungen früheren Staatseigentums der Tschechoslowakei an private Interessenten war die Mafia aus den verschiedensten Ländern, insbesondere aber aus Italien und Rußland, selbstverständlich dabei. Geschätzt wird, daß mindestens 25 Prozent der in Privathand übergegangenen ehemaligen Staatsbetriebe von den internationalen Mafiasyndikaten direkt aufgekauft wurden.

Organisierte Mafiagruppen mit mehr als 3000 Mitgliedern – ob russische, italienische, ukrainische, jugoslawische, bulgarische oder chinesische Banden – haben sich in und um Prag eingenistet. Eine große Rivalität bestand anfangs nicht zwischen den einzelnen Gruppen, weil man glaubte, sein Einflußgebiet abgesteckt und die verschiedenen Bereiche aufgeteilt zu haben, und man sogar miteinander kooperierte. Doch dann nahmen die Morde zu, und zwar zu einem Zeitpunkt, als die Mafiabanden aus Ost- und Südeuropa allmählich die tschechischen Gangs aus dem Rotlichtmilieu, dem Drogen- und Waffenhandel verdrängten. Allein im Mai 1993 hatte die Polizei in

Prag Dutzende von Morden registriert, die ihren Ermittlungen zufolge von Profikillern begangen wurden. Manchmal handelte es sich auch »nur um Abrechnungen« zwischen konkurrierenden Geschäftsleuten, bei denen große Geldsummen auf dem Spiel standen. Die professionellsten Killer, die pro Einsatz rund 60 000 Mark erhielten, stammten aus dem ehemaligen Jugoslawien. Inzwischen sind die Preise gesunken. Die Russenmafia stellte im Frühjahr 1995 für einen Auftragsmord nicht einmal 4000 Mark in Rechnung.

Heute nehmen in Tschechien die Russen die Spitzenstellung im kriminellen Umfeld ein. Vaclav Benda, Direktor des Ermittlungsamtes für kommunistische Verbrechen, erklärte sogar: Die Organisierte Kriminalität habe Strukturen schon vor der »Wende« geschaffen. Der sowjetische Geheimdienst KGB habe in Prag zehn Milliarden Kronen (etwa 500 Millionen Mark) deponiert, die die russischen Agenten jetzt wieder in Umlauf brächten, vor allem in der kriminellen Szene. Der Zentralen Kriminalpolizei der Tschechischen Republik liegen Informationen vor, nach denen sich eine Bande ukrainischer Straftäter in Prag niedergelassen hat und sich in großem Umfang an Immobiliengeschäften beteiligt. Gleichzeitig werden von Mitgliedern dieser Bande neue Handelsunternehmen gegründet, zusammen mit tschechischen Bürgern. Der Verdacht besteht, daß diese Firmen der Geldwäsche dienen. Bei der Stammfirma handelt es sich um die Firma Arigon, mit Firmensitzen in Budapest und Tel Aviv. Präsident der Firma ist Semion Mogilevich aus Budapest, jener führende Mann der Russenmafia, der auch in Wien aktiv geworden ist. Von der Firma Arigon, so behauptet die Polizei in ihren Ermittlungen, werden Gelder in die neugegründeten Unternehmen transferiert. Eines dieser Tochterunternehmen ist eine Firma Arotex-Im- und Export.

Diese Firma hat wiederum in Prag den bekannten Nachtclub »U Holubu« gekauft. Das Etablissement mit Restaurant ist nun der Treffpunkt ukrainischer Gangster, die für die Kontrolle russischer und ukrainischer Prostituierter in Prager Bars zuständig sind. In letzter Zeit kam es zu blutigen Konkurrenzkämpfen zwischen diesen ukrainischen Banden und »jugoslawischen« Gruppen, bei denen es um die Aufteilung der Rotlichtbezirke in Prag ging. Wie die

Polizei ermittelte, werden bei derartigen Revierkämpfen von der ukrainischen Seite sogenannte »Kampftruppen« bereitgestellt.

Waffengeschäfte florieren ebenfalls. Die Tschechische Republik bietet wegen ihrer geographischen Lage beste Voraussetzungen. Die »Frankfurter Allgemeine Zeitung« berichtete: »Viele der 75 000 ehemals dort stationierten sowjetischen Soldaten ließen gegen Devisen nur allzugern Teile ihrer Ausrüstung, bevorzugt Kalaschnikows, im Gastland zurück. Die einheimische Industrie, für die Produktion hervorragender Handfeuerwaffen in der ganzen Welt bekannt, liefert weiteren Nachschub. Und daß in der Tschechischen Republik unterderhand noch immer Bestände des mit technischen Methoden kaum aufzuspürenden Plastiksprengstoffs ›Semtex‹ zu haben sind, ist in den interessierten Kreisen nur zu gut bekannt. Der Schwarzmarktpreis des von Terroristen bevorzugten Explosivmittels liegt zwischen 3000 und 4000 Mark je Kilogramm.«[90]

Die russischen Banden beherrschen darüber hinaus die Prostitution; jugoslawische Gangs konzentrieren sich auf den Heroinhandel, während Banden aus ehemaligen sowjetischen Republiken in Zusammenarbeit mit Balkan-Gruppen Heroin aus Zentralasien nach Europa schmuggeln. »Die meisten Dealer sind ehemalige Geheimpolizisten aus kommunistischen Ländern und Kriegsveteranen«, berichtet Jiri Komorous, stellvertretender Leiter der Drogenbekämpfungseinheit der tschechischen Polizei. Komorous: »Die Banden sind bewaffnet und äußerst professionell.« Zwar hatte man bis 1994 immerhin 16 organisierte Banden ausgehoben, die alle Verbindungen zum Ausland unterhielten, doch ständig sind neue Mafiaunternehmen nachgewachsen. Zu leicht und zu schnell glaubt man hier viel Geld verdienen zu können. Daher meint das Prager Innenministerium, daß mit einem wachsenden Druck des Organisierten Verbrechens gerechnet werden müsse, vor allem im Drogenhandel, bei Finanzmanipulationen, durch Geldschmuggel und Geldwäsche, sowie illegalen Müllimport.

Was für Tschechien gilt, das trifft in noch größerem Umfang für die Slowakei zu. Die slowakische Hauptstadt Bratislava gilt bei den Polizeibehörden in Wien als »neue Hauptstadt des Organisierten Verbrechens in Europa«. Die Korruption blüht und damit das Organisierte

Verbrechen. Ob Mädchenhandel, Autoschiebereien, Drogen- oder Waffenhandel – wer Partner für diese kriminellen Geschäfte sucht, in Bratislava findet er sie immer. Wie hungrige Hyänen schlugen die Mafiabanden zu, als die Regierung die »Privatisierung« der staatlichen Unternehmen beschlossen hatte. Nach Schätzungen einschlägiger Finanzkreise stammten zwei Drittel der interessierten Kunden aus »mafiosen Kreisen«. Ein besonderes Beispiel für die Kriminalität in der Slowakei ist Libor Oller, ein immer vornehm gekleideter Mann mit einem großen Schnauzbart.

Im April 1990 überfiel er mit zwei Kumpanen einen Postwaggon der österreichischen Bundesbahn und erbeutete rund fünf Millionen Mark. Wenig später wurden sie geschnappt. Oller saß zuvor schon einmal 18 Monate im Gefängnis, wegen Autodiebstahls, sagt die Polizei. Er dagegen ist davon überzeugt, daß er wegen politischer Delikte verurteilt wurde. 1978 flüchtete er jedenfalls nach Österreich und fiel bei zwei Überfällen auf. Wegen Mangels an Beweisen mußte er jedoch freigelassen werden. Im Sommer 1990 kehrte er in die Slowakei zurück.

Hier begann nun der unaufhaltsame Aufstieg des einstigen Fenstermonteurs. Er gründete mehrere Unternehmen, kaufte einen Zeitungsverlag, war Mitbegründer einer Wirtschaftspartei und schließlich sogar als Innenminister der Slowakischen Republik im Gespräch. Wäre da nicht der unglückliche Postraub dazwischengekommen, hätte die Slowakei wahrscheinlich einen Gangster als Innenminister.

Auch im ehemaligen Ceauçescu-Horrorland Rumänien explodierte, nachdem die Einparteidiktatur zerschlagen wurde, eine neue Form der Kriminalität. Es ist nicht mehr der Staat allein, der die Bevölkerung erpreßt und bluten läßt, jetzt beteiligen sich organisierte Banden daran, die sich in Rumänien breitmachen konnten. Drogenhandel, Uranschmuggel, Waffengeschäfte und der illegale Handel mit Babys – alles ist ein üppig wuchernder krimineller Markt.

In Bukarest veröffentlichen die Medien ständig, sofern sie nicht von ehemaligen Securitate-Agenten daran gehindert werden, Berichte über das Organisierte Verbrechen. Besonders beliebt sind natürlich jene Berichte, die sich mit Roma beschäftigen und nicht mit den kriminellen Aktivitäten von Regierungsmitgliedern, die das Volksvermögen an sich gerissen haben. Rumänien – das ist ein Beispiel für Armutskriminalität, Ausdruck der massiven Verelendung der Bevölkerung.

Aus einem Gespräch mit einem abgewiesenen Asylanwärter in Deutschland berichtete die Zeitung »Romania Libera« am 19. 1. 1993: »Glaub mir, auch die Deutschen haben ihre Gangster. Sie sind scharf und smart. Drehen ernste Dinger. Arbeiten mit Drogen, Waffen, Frauen, teuren Autos, mit allem, was sich mit Profit verkaufen läßt. Mit Asylanten arbeiten diese nur, wenn das Geschäft es unbedingt erfordert. Von dem Augenblick an, von dem sie dich verwenden, bist du verurteilt. Wenn du zu schwach bist, bist du geliefert. Zuerst testen sie dich. Du nimmst an Ladeneinbrüchen, Schlägereien, bewaffneten Überfällen, sogar Mord teil ... Ich liege sicher nicht schief, wenn ich behaupte, es gibt eine rumänische Mafia in Deutschland. Ich sah Rumänen am Steuer von schicken Autos wie Ferrari Testarossa, Porsche, BMW 750. Clevere Typen sind das. Aber auch die Risiken sind hoch.«

Die Zeitschrift »Evenimentul zilei« berichtete 1993 in einer Artikelserie, was rumänische Asylsuchende an die Wände der Gefängnisse schreiben, wenn sie von Deutschland nach Polen abgeschoben werden. »Sie haben uns zum viertenmal gefaßt, aber jetzt haben wir einen todsicheren Tip und kommen trotzdem hinüber.« – »Wir Rumänen wollen Deutschmark! Jetzt ist der Moment, jetzt oder nie.« – »Bruderherz. Mich haben sie fünfmal gefaßt und mir trotzdem nichts getan. Habt keine Angst.« – »Rumäne erwache!«

In der Wochenzeitschrift »Flacara« vom 14. Juni 1993 berichtete ein Insider über die Kriminalität in rumänischen Asyllagern. »Ich war einigemal mit Rumänen beim Stehlen und zum Schmierestehen. Sie waren zu viert, trugen ebenfalls gestohlene Jogginganzüge, die oberhalb der Knöchel mit einem Gummi fest an den Fuß gebunden waren. Sie waren auf Zigaretten spezialisiert, die neben der Kasse standen. Einer sicherte den Rücken, der andere, der auch die wenige Ware, die wirklich gekauft wurde, bezahlte, sicherte die Vorderfront. Die beiden in der Mitte füllten ihre Hosen mit Zigaretten. Nachher, im Wagen, purzelten die Zigarettenschachteln aus den Hosen wie aus dem Automaten. Wenn sie 1000 Mark erarbeitet hatten, schickten sie diese nach Hause.«

Bulgarische Eigenheiten

Bulgarien als Kultstätte des »noblen Kommunismus« hatte in der Vergangenheit verächtlich auf den primitiven Nachbarn Rumänien hinuntergeschaut. Bis zuletzt hatte Staats- und Parteichef Todor Schiwkoff versucht, den ökonomischen und politischen Umbau nach sowjetischem Vorbild zu verhindern. 1991 gab es dann jedoch eine neue Verfassung, und wenig später wurde erstmals frei gewählt. Bei den letzten Wahlen gewann die Nachfolgepartei der KP die meisten Mandate. Von diesen alten oder neuen Machtverhältnissen profitieren – wie in der Vergangenheit – die Repräsentanten der Schattenwirtschaft. Unbekümmert gründen Manager von Staatsbetrieben ihre eigenen Privatunternehmen und leiten danach die interessantesten Aufträge auf diese um, oder sie arbeiten mit privaten Handelsmonopolen zusammen, denen sie bei angemessener Beteiligung zu überhöhten Preisen Rohstoffe abnehmen oder billige eigene Produkte verkaufen. Kosten und Verluste bleiben bei dieser wilden Privatisierung beim Staat hängen, die Gewinne hingegen wandern in private Taschen.

Öffentlich prangerte die amtierende Premierministerin Indschowa Ende Dezember 1994 die engen Verbindungen zwischen dem Staatsapparat und der Organisierten Kriminalität an. Was kann sie gemeint haben? Etwa das bulgarische Staatsunternehmen Kintex, ein Konsortium, das bereits in den siebziger Jahren durch den bulgarischen Sicherheitsdienst nahezu 50 Prozent des Drogenhandels mit dem Nahen Osten kontrollierte? »Gewaschene Drogengelder wurden in Waffenkäufe mit Kintex reinvestiert, die in den Schwarzmeerhäfen Varna und Burgas verschifft wurden. An dem Geschäft Drogen gegen

Waffen waren insbesondere devisenschwache Länder und finanzarme Guerillabewegungen interessiert.«[91] Kintex sei bis zum heutigen Tag, behaupten italienische Sicherheitsbehörden und Untersuchungsrichter, im gleichen kriminellen Drogen- und Waffengeschäft involviert. Insofern hat die »demokratische Erneuerung« nicht viel gebracht.

Das zeigt sich auch am Beispiel privater Holdinggesellschaften, die durch außerordentlich rasches Wachstum zu großem Einfluß gekommen sind und hinter denen Angehörige der ehemaligen kommunistischen Elite stehen. Sie hatten kurz vor dem Zusammenbruch des alten Systems Partei- und Staatsgelder auf ausländische Konten geleitet, ganz nach dem großen Vorbild in Moskau. Gern wird die Geschichte von Ilija Pawlow, dem Chef und einem der Hauptaktionäre einer Multigroup in Sofia, dem neugierigen Besucher vorgetragen. Nach der blumigen Erzählung seines Pressesprechers begann die Karriere des Chefs von Multigroup mit einem kleinen Handelsunternehmen, dessen Geschäftsraum seine eigene Wohnung war. Die Wohnung war klein – die Gewinne des kleinen Handelsunternehmens dagegen stiegen und wurden ständig reinvestiert. Auf diese Weise soll Multigroup seit 1990, als die Gesellschaft erstmals im schweizerischen Städtchen Zug registriert wurde, zu einem mächtigen Konzern herangewachsen sein, der drei Jahre später einen Jahresumsatz von rund einer Milliarde Dollar erzielte. Heute betreibt Multigroup mit rund 5000 Mitarbeitern eine Bank, zahlreiche Produktions- und Dienstleistungsbetriebe und vor allem einen umfangreichen Rohstoffhandel. Die bulgarischen Medien dagegen prangerten den Konzern an, er sei die größte Geldwäscherei der früheren bulgarischen KP, die in den Monaten vor und nach der Wende Milliarden Dollar außer Landes geschafft habe.

Eine Erfolgsgeschichte von ganz anderem Stoff ist die vom kriminellen Ehrgeiz hoher Polizeioffiziere, bei der es um gewaschene Gelder der KP, um Spielkasinos und Kokain geht. 1992 flüchtete der bulgarische Polizeioffizier Kyrill Y nach Peru. Er war Opfer der demokratischen »Säuberungen« bei den Sicherheitsbehörden und suchte sein Heil in der südamerikanischen Ferne. Dort baute er das ertragreichste Spielkasino des Landes auf. Anfang 1994 suchte er

Kontakt zu seinen früheren Kollegen in Sofia und unterbreitete ihnen seinen genialen Plan: Ganz Bulgarien sollte mit Spielkasinos überzogen werden. Kyrill lieferte Spielautomaten, ungefähr 50 000, und das Kapital. Innerhalb von zwei Monaten lief das Geschäft in ganz Bulgarien, in einem Land, das im allgemeinen vom sozialen Elend der Mehrheit seiner Menschen geradezu erdrückt wird. In Sofia selbst wurde das Kasino »Sewastopol« eröffnet. Das Geld fließt angeblich von Lima über Wien nach Sofia – dieselbe Route, über die zur gleichen Zeit immer mehr Kokain nach Bulgarien strömt. Dieser wirtschaftliche Erfolg verärgerte nun die bereits erwähnte Multigroup. In bulgarischen Sicherheitskreisen ist man davon überzeugt, daß auch Multigroup beabsichtigte, auf dem bulgarischen Markt das höchst einträgliche Glücksspiel zu beherrschen. Diese Rivalität war der Hintergrund für einen blutigen Mafiakampf, der Anfang 1994 in Sofia tobte und innerhalb von zwei Wochen acht Tote forderte. Gangster aus der Gegend um Plovdiv schossen in Sofia auf Leute von Kyrill Y, wo immer sie sie fanden. Und das Kasino »Sewastopol« wurde aus einem Jeep mit einer Maschinenpistole beschossen. Mittlerweile scheint die Multigroup als Sieger aus dem Kampf hervorgegangen zu sein, ein Unternehmen, das nach eigenen Angaben einer der größten Investoren in Bulgarien ist und eng mit führenden westlichen Konzernen und Banken zusammenarbeitet.

Die polnische Variante

Schwächen des Staatsapparates, Lücken in der Gesetzgebung und gesellschaftliche Konflikte waren mitverantwortlich für den Anstieg der Kriminalität in Polen. Polen ist auch für kriminelle Geschäfte eine wichtige Brücke zwischen dem Osten und dem Westen geworden, eine Brücke, die dem Schmuggel und dem Transit nicht nur von Drogen und psychotropen Substanzen dient, sondern auch von radioaktiven Materialien, Buntmetallen und Waffen. Noch 1993 tönte es selbstbewußt aus der Warschauer Polizeizentrale, so etwas wie eine Mafia gebe es in Polen überhaupt nicht. Inzwischen tragen selbst Verkehrspolizisten bei Kontrollen Maschinenpistolen und schußsichere Westen, nachdem mehrere ihrer Kollegen bei Verkehrskontrollen durch Autoschieber niedergeschossen wurden. Im Vergleich zu den achtziger Jahren stieg die Kriminalität in Polen 1994 um 84 Prozent. Das Organisierte Verbrechen konzentrierte sich auf Schmuggel von Kraftwagen, Waffen, Drogen und Kunstwerken, auf Geldwäscherei und die Herbeiführung des Konkurses der staatlichen Unternehmen, auf geplante Bankrotte und dergleichen mehr.

Die polnische Polizei definiert die Organisierte Kriminalität wie folgt: »Es ist ein verbrecherischer Zusammenschluß – organisiert aus Gewinnsucht, zur Durchführung verschiedenartiger Verbrechen –, der die Erreichung seiner Ziele über Korruption, Erpressung, Terror, die Anwendung von Gewalt und Waffen voraussetzt. Um die Existenz einer organisierten kriminellen Gruppe festzustellen, sind folgende Elemente unentbehrlich:

o ein Zusammenschluß, dessen Ziel es ist, Verbrechen zu begehen, um materielle Vorteile zu erzielen,

- fortgesetzte Straftaten,
- das Geheimhalten der Existenz,
- Erschweren oder Vereiteln eines Strafverfahrens,
- Gewalt oder Bedrohung der Zeugen, Bestechung eines öffentlichen Funktionärs, Anwendung von Gewalt oder Drohungen.«

Gegenwärtig gibt es in Polen nach diesen ausgewählten Kriterien 35 bis 40 große, gutorganisierte Banden. Die Gruppe der gefährlichsten polnischen Gangs, Organisatoren der größten Verbrecheraktionen, umfaßt mehr als 400 Personen. Dazu kommen weitere 60 Banden aus Rußland, der Ukraine und Litauen sowie mehrere internationale Organisationen, vor allem aus dem ehemaligen Jugoslawien. Einige Banden bestehen nur aus einer Handvoll Personen, dagegen verfügt etwa die berüchtigte Bande aus Prószków über einige hundert »Soldaten«.

Im polnischen Küstengebiet ist beispielsweise die Bande »Nikosia« aktiv. Sie hat sich auf Diebstähle, Schmuggel und die Legalisierung gestohlener und eingeschleuster Kraftfahrzeuge spezialisiert. Die Gruppe »Sandokan« aus Oberschlesien unternimmt Raubüberfälle, kontrolliert Agenturen zur Vermittlung von Frauen (sprich Prostitution) und ist im Erpressungsgeschäft tätig. In Lodz kontrollieren die »Fürsten« die Prostitution. Größte polnische Bande ist die Gang »Prószków« aus der gleichnamigen schlesischen Stadt. Sie bietet ein reichhaltiges kriminelles Sortiment an: von Alkoholschmuggel über Autodiebstahl, Schutzgelderpressung, Überfällen auf Lkws bis zur Produktion und dem Schmuggel von Amphetaminen. Sie soll außerdem mit kolumbianischen Drogenkartellen kooperieren. Auch die Banden »Jugoslawien«, »Schwarzenegger« und »Frühling« gehören zu den gefährlichsten polnischen Gangs.

In einem Polizeidokument heißt es über die weitere Entwicklung der Kriminalität: »Die kriminelle Straffälligkeit der Ausländer oszilliert in eine gefährliche Richtung. Anfangs hatte sie die Form von Vergehen gegen fremdes Eigentum, dann des Diebstahls von Autos, der Fälschung von Geld, der Forderung von Lösegeldern bei Entführungen und kleinerer Raubüberfälle. Zur Zeit mehren sich die Fälle der Geiselnahme, der Folterung der Opfer und des Totschlags. Die anfangs hermetisch abgeschlossenen kriminellen Gruppen aus dem

Osten beginnen feste Verbindungen mit polnischen Verbrechern einzugehen, was die Gefahr der Verbreitung der Einflüsse internationaler krimineller Gruppen real macht. So war in Poznan eine Gruppe von Russen in den illegalen Handel mit radioaktiven Stoffen verwickelt.«[92]

Eines der florierenden Geschäfte in Polen ist das mit Amphetaminen. Polen ist inzwischen – nach den Niederlanden – der zweitgrößte Amphetamin-Produzent der Welt. Die Amphetamine werden insbesondere nach Deutschland und Schweden geschmuggelt. Schon jetzt stammen 80 Prozent der in Schweden entdeckten Amphetamine aus polnischer Produktion. Denn diese sind wesentlich billiger als Konkurrenzprodukte aus den Niederlanden und außerdem »besser und sauberer«.

Im Westen zahlt man für ein Kilogramm des »weißen Pulvers« je nach Qualität zwischen 5000 und 10 000 Dollar. In Polen reichen für die Produktion von einem Kilogramm 200 Dollar. Es ist ein Markt, der sich allmählich aufgebaut hat. Bereits 1989 gab es erste Hinweise auf die industrielle Produktion von Amphetaminen in Polen. Damals wurden auf dem Hamburger Flughafen Fuhlsbüttel zwei polnische Piloten mit fünf Kilo der synthetischen Droge verhaftet. Zwei Produktionsbetriebe wurden dann im September 1994 in Polen zerschlagen. Aber die Produzenten und Händler von Amphetaminen bilden eine weitgehend konspirativ abgeschottete kriminelle Organisation. Den Zugang zu den Labors haben nur ein oder zwei Personen. Aus den Einschätzungen der Sachverständigen von Interpol und der UNO sowie aus Informationen der Polizei ist zu schließen, daß Polen im besonderen Interessenbereich internationaler krimineller Gruppen liegt, die auf der Suche nach neuen Strecken des Schmuggels von Kokain, Heroin, Haschisch und Marihuana sind. In Westeuropa tauchen immer häufiger Drogen auf, die illegal in den ehemaligen Sowjetrepubliken hergestellt wurden. Der kürzeste Schmuggelweg aus diesen Staaten auf die westeuropäischen Absatzmärkte führt durch Polen.

Und es gibt auch eine spezifisch polnische Variante der Kriminalität. Nach 1989 entstanden in Polen überall Detekteien, gegründet von entlassenen, politisch belasteten Geheimpolizisten, von Polizisten und geltungssüchtigen Rambos, die sich darauf spezialisierten,

Schulden einzutreiben. Wer nicht zahlen kann, der wurde und wird verprügelt – eine Art von Geschäft, das fest in die Hände mafioser Banden übergegangen ist. Die »Firmen« sind für ein Entgelt von 10 bis 15 Prozent der geschuldeten Summe bereit, für den Gläubiger die undankbare Arbeit des Geldeintreibens zu übernehmen. Die vergleichsweise harmloseste Art und Weise, derer sich mafiose Schuldeneintreiber bedienen, ist die Androhung physischer Gewalt und dadurch die Erpressung einer Unterschrift unter einen Vertrag, durch den der Eingeschüchterte etwa seinen Luxuswagen zu einem Spottpreis an den Gläubiger verkauft. Gern schildern die Schuldeneintreiber auch gängige Foltermethoden, denen auch Familienmitglieder der Schuldner unterworfen werden können. Zeigt sich der Schuldner noch immer nicht einsichtig, so kommt es zu einer Entführung, die laut einer Polizeistatistik 33 Personen allein im Jahr 1992 nicht überlebt haben.

Wenn es Nacht wird in Budapest

Budapest, die Hauptstadt Ungarns, glitzert in der Nacht inzwischen wie jede andere europäische Metropole. Touristenströme aus dem Westen haben neue und uralte Gewerbezweige wachsen lassen, besonders den der Prostitution. »In Ungarns Unterwelt ist Russisch Umgangssprache«, melden inzwischen die Medien. Vor allem das Budapester Rotlichtmilieu ist fest in russischer und ukrainischer Mafiahand.

»Zuerst«, sagt Oberstleutnant Laszlo Tonhauser, »haben unsere Jungs noch Widerstand geleistet. Aber die Russen haben alle Fragen schnell geklärt – in ihrem Sinn.« Ein paar Körper ohne Kopf wurden gefunden und ein paar Köpfe ohne Körper. Seitdem kontrollieren die Russen das Nachtleben. Tonhauser ist in der ungarischen Landespolizei Chef der Sonderabteilung gegen das internationale Organisierte Verbrechen. Nicht unbedingt ein Rambo, aber ein Mann, der ziemlich unbegrenzte Zugriffsmöglichkeiten hat. Er geht davon aus, daß die Verbrechersyndikate in Ungarn mindestens 6000 Mann stark sind und so viel umsetzen wie der Staat selbst: umgerechnet 20 Milliarden Mark. »Die Logistik für die Russensyndikate liefern entlassene KGB-Offiziere. Sie kennen unsere Arbeitsmethoden ganz genau und verkaufen ihr Wissen an die Verbrecher.«

Eines Tages treffe ich mich mit dem Stellvertreter Tonhausers, dem ein wenig Deutsch sprechenden Lajos Liktor. Seine offizielle Dienstbezeichnung ist »Taktischer Leiter der Einsatzabteilung« bei der Landespolizei. Mit ihm fahre ich durch Budapest. Dabei macht er mich auf die sich ständig vermehrenden chinesischen Lokale aufmerksam. »Die chinesische Mafia, die Triaden, haben sich hier alle ausgebreitet – die können wir überhaupt nicht mehr kontrollieren.« Danach fährt er am Hotel »Wien« vorbei. »Das ist der Stützpunkt der italienischen Mafia. Inzwischen hat sie enge Verbindungen mit den russischen Banden.« Als ich ihn darauf anspreche, daß das Lokal »Black & White« einem Mann gehören solle, der zu den russischen Mafiapaten gezählt wird, versiegt seine Mitteilsamkeit, und er murmelt nur: »Wir können ihnen nichts nachweisen, denn sie verletzen keine ungarischen Gesetze.«

»Seit 1989 haben wir Informationen über Verbrecher, die aus der ehemaligen Sowjetunion nach Ungarn gekommen sind«, berichtet Istavan Balantoni, Leiter der Kriminalabteilung des Landespolizeipräsidiums. »Begonnen hat es mit dem Schmuggel von Kaviar, Wodka und technischen Geräten. Seit Mitte 1991 haben sich russische Kriminelle auf den Rotlichtsektor spezialisiert. Nach außen sind die russischen Kriminellen als Geschäftsleute getarnt und führen ein normales gutbürgerliches Leben. Die Leute sind reich.« Es sind die Paten. Ihnen unterstehen »Geschäftsleiter«, denen wiederum die »Soldaten«: ehemalige Angehörige der sowjetischen Streitkräfte, besonders brutal agierende ehemalige Afghanistan-Kämpfer und Schwerkriminelle. So führt ein ehemaliger hoher Offizier eine Nachtbar, die als der Treffpunkt russischer Schwerkrimineller gilt. Das Wiener Fachblatt »Der Kriminalist« berichtet: »Die russischen Kriminellen arbeiten auch mit Gegenobservation, Bestechungsversuchen und Drohungen gegen Polizisten oder deren Familienangehörige. Oft mit Erfolg.«[93]

Die Russen lieben es, Gesellschaften und Genossenschaften zu gründen. Die zeichnen sich dadurch aus, daß sie »Künstlerinnen« aus den GUS-Staaten nach Ungarn einladen, um sie danach zur Prostitution zu zwingen. Bei der Vermittlung dieser »Künstlerinnen« spielt ein Mann mit dem Spitznamen »Alex« eine besondere Rolle. Er war während seiner Militärzeit in der DDR Kommandant einer Panzerdivision und später Polizeipräsident der Stadt Rowenkowskij. In einem internen Papier der ungarischen Landespolizei wird auch der Besitzer des Clubs »Black & White« genannt: Semion Mogilevich, Spitzname »Szewa«. Er steht in enger Verbindung zu »Alex«, dessen Hauptaufgabe es ist, die Mädchen aus der ehemaligen Sowjetunion auf dem

Markt zu plazieren und dafür zu sorgen, daß sie in Ungarn »legale« Arbeitsmöglichkeiten erhalten. Mitglied der Bande ist auch ein Vitja. Er beaufsichtigt die Leibwächter, die für den Schutz der Mädchen eingesetzt sind. In dem Landespolizeibericht heißt es: »Als Kopf muß eindeutig Mogilevich angesehen werden. Er hält sich seit etwa zwei Jahren legal in Ungarn auf. Der Pate Szewa hat ein recht kultiviertes Aussehen und ist ein Mensch mit kombinierendem Denkvermögen und ausgeprägtem Geschäftssinn, der sehr darauf achtet, nicht einmal in ein Verfahren wegen Ordnungswidrigkeit verwickelt zu werden. Sein gegenwärtiger Aufenthaltsort ist eine zweistöckige millionenteure Villa. Als seine wichtigsten Betätigungsfelder wurden bisher bekannt: das Hinausschaffen des Vermögens russischer Juden nach Israel durch Schmuggel, Rubelwechsel und andere Transaktionen. Das Waschen von schmutzigen Geldern durch verschiedene Geschäftsinvestitionen, vor allem in der Unterhaltungsbranche. Mädchenhandel, Veranlassung zur Prostitution, die Beschäftigung russischer Prostituierter in Ungarn, auch als Tänzerinnen. Erpressungen, Schutzgeld auf verschiedenen ungarischen Märkten. Damit kann man ein riesiges Vermögen erwirtschaften. Wer nicht zahlt, mit dem rechnen die Vollzieher der Organisation unbarmherzig ab.«[94]

Es sind gewiefte Topgangster. Im Herbst 1995 quartierte sich eine Einsatzgruppe des FBI in einem Budapester Luxushotel ein. Ihr Ziel: Semion Mogilevich alias Szewa. Der erfuhr sofort von den Angestellten des Hotels, wer sich eingemietet hatte. Daraufhin ließ er Abhöreinrichtungen in den Zimmern installieren und fotografierte die FBI-Agenten. Unverrichteterdinge mußten sie wieder abziehen.

Man glaubt zumindest zu wissen, daß unter der Leitung des »Paten« Szewa mehrere Gruppenführer stehen. Einer ist ein Igor Tacsenko. Er ist der Anführer der ukrainischen Mafia, der die »Soldaten« von Szewa leitet. Unter seinem Befehl stehen 200 »Soldaten«, denen er entsprechende Aufträge gibt: die Feinde der Organisation entweder zu bedrohen oder zu töten. Man sagt, daß in der Organisation eine regelrechte militärische Ordnung herrsche und die »Soldaten« 24 Stunden am Tage einsatzbereit seien. Bei den »Soldaten« handelt es sich entweder um ehemalige Sportler oder um frühere Afghanistan-Kämpfer. Viele dieser »Soldaten«, so wundert sich die Polizei,

»sind von so niedrigem geistigem Niveau, daß sie nicht einmal wissen, in welchem Land sie sich befinden.«

Außerdem gibt es noch andere Gruppen der Russenmafia. Sie zeichnen sich ebenfalls durch eine in sich geschlossene Hierarchie aus, in der absoluter Gehorsam gefordert wird. Mit hemmungsloser Aggressivität und Gewalt setzen sie ihre kriminellen Geschäfte durch. Die Banden haben sich inzwischen den Markt aufgeteilt, und nur selten kommt es noch zu bewaffneten Kämpfen zwischen ihnen. Das dürfte das Ergebnis eines Treffens der Führer der russischen, bulgarischen und jugoslawischen Gangs gewesen sein, das bereits am 14. Januar 1991 in der Tiama-Bar in Budapest beobachtet wurde. An diesem Tag kam es zu Schlichtungsverhandlungen, an denen auch die Vertreter des sogenannten »harten Kerns« der ungarischen Kriminellen teilnahmen. Ziel der Verhandlungen war die Revieraufteilung in Budapest. Nach Informationen der Polizei kam es später, 1994, zu einer entsprechenden Einigung. Wie so häufig.

Und auch in Budapest trifft man auf die jugoslawische Mafia mit ihrer enormen Gewaltbereitschaft. Im Sommer 1994 erschütterte eine Serie von Bombenanschlägen Ungarn. Es begann Anfang Juni im Grenzgebiet zwischen Ungarn und Rest-Jugoslawien. Nahezu zeitgleich explodierten Bomben vor der katholischen Kirche in der südungarischen Stadt Szeged und vor der katholischen Kirche in Subotica. Am 11. Juni explodierte ein Sprengsatz vor einem der Eingänge zum Budapester Parlament, und Ende Juli wurde ein Anschlag auf die Matthiaskirche in Budapest verübt. Der Hintergrund klärte sich erst nach und nach auf – die Anschläge stehen im Zusammenhang mit der Verhaftung eines serbischen Berufskillers in Ungarn. Der 31jährige sitzt im Gefängnis von Szeged. Sieben seiner Komplizen wurden jenseits der Grenze in Subotica ebenfalls verhaftet. Ihnen werden mindestens 14 Morde im ungarisch-serbischen Grenzgebiet zur Last gelegt. Die Opfer waren zumeist Waffen-, Gold- und Alkoholschieber.

Die Russenmafia auf dem Weg in den Westen: Station Wien

Die Russenmafia ist nicht nur zur führenden kriminellen Kraft in den osteuropäischen Ländern geworden, sondern sie hat auch innerhalb weniger Jahre in einem unaufhaltsamen Eroberungszug die westlichen europäischen Staaten überrollt. Ob Österreich, Deutschland, die Schweiz, Spanien oder Frankreich – aus all diesen Ländern kommen einschlägige Schreckensmeldungen, die vor der »Gefahr der Russenmafia« warnen.

Ohne Stau schafft man die Strecke Bratislava–Wien in ungefähr dreißig Minuten. Und so verziehen sich – während in Bratislava ihre Drogen-, Waffen-, Auto- und Menschenschmuggelgeschäfte freizügig organisiert und exekutiert werden – die Drahtzieher und Profiteure des industriell-kriminellen Komplexes vorzugsweise ins benachbarte Wien.

Alfons Tranninger ist Oberst der Gendarmerie in Wien, ein für Wiener Verhältnisse außerordentlich motivierter Polizeibeamter, zuständig für Organisiertes Verbrechen. »Wir haben das Gefühl, daß sich in dieser Hinsicht etwas aufbaut«, erzählt er mir. »Es kommen Personen zu uns, die nicht so leicht zu durchschauen sind. Sie werden hier seßhaft, sind mit sehr großen finanziellen Mitteln ausgestattet, wickeln Geschäfte ab, die für uns sehr schwer durchschaubar sind, und haben sicherlich bedeutsame internationale Beziehungen.«

Michael Sika, der Generaldirektor für Öffentliche Sicherheit in Wien, geht davon aus, daß pro Monat acht bis zehn Firmen unter dem Patronat der »Roten Paten« gegründet werden. Und es klingt ohnmächtig, wenn er sagt: »Daß die Bosse der russischen Mafia in Österreich nicht nur wohnen und ein luxuriöses Leben führen, sondern auch Geldwäsche in großem Stil betreiben, ist für die Behörden kein Geheimnis. Der Umfang der Transaktionen läßt sich anhand der Meldungen erahnen, die von den Banken aufgrund des Geldwäsche-Verbotsgesetzes über verdächtige Kontenbewegungen gemacht werden müssen. Sie hatten allein in den ersten drei Monaten 1995 die Behörden über offenbar illegale Geldgeschäfte in Höhe von rund sieben Milliarden Mark informiert.«[95]

Heimische Bankmanager schätzen die Menge des von der russischen Mafia in Österreich in Umlauf gebrachten schmutzigen Geldes auf rund 30 Milliarden Mark, mit steigender Tendenz. Inzwischen hat sich die Russenmafia flächendeckend rund um Wien niedergelassen, wobei den Gangstern kein Schloß oder Palais zu teuer ist, um es nicht zu kaufen oder wenigstens für horrende Summen zu mieten. Eingelebt haben sich nicht nur berüchtigte Bosse des kriminellen Syndikats Solnzewskaja, wie Sergej Michailow oder Wiktor Awerin. Manchmal trifft man sogar untadelige russische Geschäftsleute. Doch die Wahrscheinlichkeit ist ziemlich groß, daß es sich bei den dubiosen Geschäftsleuten mit viel Geld in der Regel um milliardenschwere Strohmänner handelt, die entweder das Geld des KGB und der KPdSU oder das der Mafia anlegen.

So gesehen, sind die kleinen kriminellen Lichter in der Verbrecherpyramide, obwohl sie zu den brutalsten gehören, eher die Ausnahme. Dazu darf man Alex Yaari zählen, ein Ex-Mitglied der sowjetischen Boxstaffel, der gleichzeitig Killer der russischen Karatemafia war, der »Dolgoprudnenskaja«. Im Juli 1989 schoß er in Moskau den Pariser Galeriebesitzer Basmadjan nieder, und knapp zwei Jahre später folterte er in Kanada einen Juwelier zu Tode. Anschließend flüchtete er nach Wien und baute hier eine Schutzgeldbande auf, die bis zum Dezember 1991 ziemlich erfolgreich gearbeitet haben dürfte. Dann jedoch wanderte Yaari erstmals hinter Gitter. Der Inhaber eines Kindermodengeschäftes in Wien war mit schweren Kopfverletzungen ins Krankenhaus gebracht worden. Er erklärte: »Mitglieder einer russischen Mafiabande erpressen mich. Weil ich kein Schutzgeld zahlen wollte, wurde ich zusammengeschlagen.« Sein Warenlager und seinen Mercedes habe er dem Erpresser Alex Yaari bereits »überlassen«. Doch der habe noch einmal 100 000 Dollar verlangt und deshalb seinen »Kunden« mißhandelt. Nach Yaaris Verhaftung fand die Polizei in seiner Wohnung Schmuck im Wert von rund 140 000 Mark, der nachweislich aus dem Raubmord in Kanada stammte. Alex Yaari bestritt die Vorwürfe und trat sogar in den Hungerstreik, um seiner Unschuld Nachdruck zu verleihen. Eine Wiener Richterin sprach ihn frei, konnte jedoch nicht verhindern, daß er sofort in Auslieferungshaft genommen und in Kanada wegen Mordes verurteilt wurde.

In der Gemütlichkeit des Wiener Milieus fühlte sich lange Zeit auch ein Sergej Hodscha Achmedow besonders wohl. Offiziell stellte er sich als Geschäftsführer und Teilhaber der Firmen »Intermotor« und »BAK« vor. Er handele mit Autoersatzteilen und Bananen. In Wirklichkeit unterhielt er Geheimbordelle, in denen russische Mädchen Freier bedienten. Die Mädchen nahmen pro Monat bis zu 55 000 Mark ein, von denen Hodscha Achmedow rund 40 Prozent einkassierte. Außerdem, so die Ermittlungen, führte er den Bossen der österreichischen Zuhälter in Wien, die den gesamten Mädchenhandel kontrollierten, ständig neue russische Prostituierte zu.

Im September 1994 lauerten bislang Unbekannte dem »Geschäftsmann« auf, als er gerade nach Hause kam. Achmedow wurde von mindestens zwölf Schüssen durchlöchert. Seine beiden Mörder sitzen nun in Wien eine lebenslange Gefängnisstrafe ab. Für die Polizei ist damit der Fall nicht abgeschlossen. Denn durch Zeugenaussagen sind sie darauf gestoßen, wer hinter dem Mord zu stehen scheint: die Größen der Wiener Unterwelt, für die Hodscha Achmedow die russischen Mädchen nach Wien brachte. Ein gefährliches Minenfeld für jene, die weiter ermitteln – Anfang Februar 1996 schleuderten Unbekannte eine Handgranate auf das private Fahrzeug eines Ermittlers.

Nun gilt bei der Russenmafia im Grunde das gleiche wie bei der italienischen Mafia: Je mehr geschossen wird, um so nervöser und sensibler wird die Polizei, und die stößt dann auf Verbindungen zu Geschäften, die man möglichst im stillen abwickeln wollte. Deshalb versuchen die Paten der Russenmafia, solche blutigen Aktionen nach Möglichkeit zu vermeiden. Denn die ganz dicken kriminellen Geschäfte, die wirkungsvoll mit legalen durchmischt werden, die dürfen nicht behindert werden. Das gilt im übrigen nicht nur für Österreich.

Gold, Juwelen, Rubel –
Finanzplatz Schweiz

Noch 1992 meldete Interpol Schweiz an das Wiesbadener Bundeskriminalamt, daß bis dato in der Schweiz keine organisierten kriminellen Aktivitäten von Bürgern aus der ehemaligen Sowjetunion festgestellt worden seien. Es habe allenfalls Einzeltäter gegeben, die bei Diebstählen erwischt worden seien.

Drei Jahre später, Weihnachten 1995. Der Schweizer Nobelkurort St. Moritz im Engadin wird geradezu von vermögenden russischen Bürgern überschwemmt. Man hat den Eindruck, die gesamte Jeunesse dorée aus Moskau und St. Petersburg sei gekommen, um sich bei Skilauf und Après-Ski zu erholen. Bündelweise ziehen sie Hundertdollarnoten aus den Taschen, wenn sie beim Flanieren auf den Luxusmeilen wie der Via Maistra die Geschäfte betreten. »Die Russen verlangen häufig nach Uhren der Marke Patek Philippe für 8000 Franken und mehr«, erzählt ein etablierter Uhrenhändler, und die Geschäftsführerin eines Pelzgeschäftes ist glücklich darüber, daß »hauptsächlich Mäntel und Jacken aus Zobel – und zwar ausschließlich die exklusiven Stücke zwischen 5000 und 50 000 Franken – gekauft werden.« Schon ein halbes Jahr zuvor hatten russische Millionäre im sonnigen Tessin sämtliche Villen, die zum Verkauf standen, aufgekauft.

Die Schweiz, sie übt nicht nur auf russische »Touristen-Millionäre« eine große Attraktion aus. Seit langem ist sie weltweit magnetischer Anziehungspunkt für all jene, die ihr Geld vor dem Zugriff nationaler Finanzbeörden in Sicherheit bringen wollen, sowie für internationales Drogen- und Fluchtkapital und die Strohmänner, die das Geld anlegen. Mit einiger Verspätung sind jetzt die Russen dabei, diese Vorzüge in Anspruch zu nehmen. Dafür spricht, daß zwischen 1993 und 1995 in der Schweiz und im Steuerparadies Liechtenstein 10 000 Unternehmen mit russischer Beteiligung gegründet wurden. Davon geht Wladimir Goriunow aus, der ehemalige Chef der sowjetischen Außenhandelsbank. Bei diesen »Unternehmen« handelt es sich fast immer um unscheinbare Repräsentanzen, deren Geschäftszweck im Handelsregister diskret mit »Warenhandel aller Art« umschrieben wird. In Wirklichkeit sind es Briefkastenfirmen, die nur aus einem Aktenordner bestehen, der in Zürich, Zug oder Vaduz in einer noblen Anwaltskanzlei steht.

Genau betrachtet, ist in der Schweiz eine schleichende Infiltration der Russenmafia zu registrieren. Da werden Firmen ohne jegliche normale Geschäftstätigkeit gegründet, finanzielle Beteiligungen, Immobilien und Luxusgüter erworben. Beliebt sind biedere Import- Export-Geschäfte. Die Russen geben vor, mit Rohstoffen und seltenen Metallen zu handeln, betreiben jedoch in erster Linie Geldwäsche, organisierten Mädchenhandel und Waffenschiebereien. »Insider sind sich indessen sicher, daß die Mehrzahl der russischen Tarnfirmen in der Schweiz und in Liechtenstein letztlich nur dem Zwecke der Kapitalflucht dienen.«[96]

Ein Sammelpunkt für die russische Mafia scheint das Grenzgebiet zwischen Schweiz und Frankreich in der Nähe von Genf zu sein. In einem Geheimbericht der Genfer Staatsanwaltschaft heißt es: »Dieses relativ neue Phänomen, daß sich russische Staatsbürger an der Grenze zur Schweiz niederlassen, verdient erhöhte Aufmerksamkeit, einmal wegen der Nähe zum internationalen Flugplatz Genf, der als Weltdrehscheibe für Handelsgeschäfte gilt, und andererseits wegen der großen Anzahl russischer Staatsbürger (schätzungsweise etwa 300 Personen) in diesem schweizerischen Kanton, die den Behörden des Landes zufolge Kontakte zur Organisierten Kriminalität haben.«[97] Die Polizei verfolgt mit Argwohn, wie sowohl auf französischer als auch auf schweizerischer Seite des Juragebirges ein reger Tauschhandel von Waren aller Art, angefangen von Lebensmitteln bis hin zu spaltbarem Material, stattfindet. Argwohn allein reicht jedoch nicht aus, um die Russenmafia zu bekämpfen.

Inzwischen haben die Schweizer Behörden immerhin beschlossen, jene erwähnten 300 Staatsbürger der ehemaligen UdSSR (die verdächtigt werden, mehr oder weniger intensive Kontakte zu westeuropäischen Mafiabanden zu unterhalten) zu zwingen, ihre Konten bei Schweizer Banken zu schließen und ihre in der Schweiz deponierten Guthaben auf Konten anderer Banken zu transferieren. Sollten sie diesen Anweisungen nicht nachkommen, wurde ihnen mit Zwangsschließung der Konten gedroht. Es geht um Beträge, die von den zuständigen Behörden auf insgesamt 800 Millionen Mark geschätzt werden. Und doch ist es nur ein kleiner Teil des in der Schweiz deponierten Geldes aus der Ex-UdSSR.

Wenn es denn stimmt, daß nach Erhebungen des Internationalen Währungsfonds (IWF) seit dem Kollaps des Sowjetimperiums rund 100 Milliarden US-Dollar außer Landes geschafft wurden – Experten sprechen sogar von 300 bis 400 Milliarden US-Dollar –, dann hat die Schweiz dabei kräftig mitkassiert. »Mit Sicherheit fließen mehr als fünf Prozent des Kapitals hierher«, meint, herunterspielend, der Handelsbeauftragte der Russischen Föderation in Bern. Für den langjährigen Rußlandkenner und Ostschweizer Textilunternehmer Knut Schoenenberg ist dagegen klar, daß »mindestens die Hälfte der aus Rußland abfließenden Devisen in der Schweiz geparkt werden«. Und er ist davon überzeugt, daß die Russen nichts anderes tun, als ihr Schwarzgeld hier anzulegen. In einem Expertenbericht des eidgenössischen Justiz- und Polizeidepartementes steht zu lesen, daß die Ost-Einlagen, gemeint sind Gelder aus den GUS-Staaten, von zwei Milliarden Franken im Jahr 1992 auf 4,4 Milliarden Franken im Jahr 1994 gewachsen sind. Diese Entwicklung ist wahrscheinlich einer der Gründe, weshalb die sonst so vornehm zurückhaltende Schweizer Bundespolizei deutlich sagt, daß das kriminelle Kapital aus den GUS-Staaten in der Schweiz zu einer Gefahr für die legale Wirtschaft geworden sei.

Zur Erholung an die Côte d'Azur?

Die Polizei der Grande Nation ist nun ebenfalls mit diesem neuen Phänomen konfrontiert. Bis 1993 hatten die französischen Sicherheitsbehörden jeden Hinweis aus Moskau auf das Vorhandensein russischer Mafiasyndikate in Frankreich voller Inbrunst von sich gewiesen. Knapp zwei Jahre später ist die Präsenz russischer Syndikate nicht mehr abzustreiten.

Besonders gern investieren russische Mafiosi in Immobilien. Dabei konzentrieren sie sich auf vier geographische Gebiete mit potentiell starkem wirtschaftlichem oder touristischem Wachstum. Und zwar auf die Pariser Region, insbesondere die Hauptstadt selbst, auf den Süden Frankreichs, die Côte d'Azur, auf das Elsaß und auf die Gegend um Barr und das Pays de Gex im Département Ain, wegen der direkten Nähe zur Schweiz.

Aufgefallen ist den französischen Sicherheitsbehörden dieses Phänomen erstmals im Sommer 1994. In den Nobelhotels der Côte d'Azur tauchten damals zahlreiche »Moskauer Touristen« auf, die ihr Geld regelrecht verpraßten. Bei den Behörden fragte man sich anfangs, ob es sich um eine saisonbedingte touristische Erscheinung handelte oder um die Ankunft russischer »Investoren«, die über enorme Schwarzgeldbeträge verfügten. Und plötzlich erschienen manche russischen Geschäftsleute, die man bislang als »gewöhnliche« Unternehmer betrachtet hatte, in einem ganz anderen Licht.

Wladimir Ponomarenko ist einer dieser Unternehmer. Er residiert bereits seit 1991 an der Côte d'Azur. Für die Öffentlichkeit galt er als Paradebeispiel einer neuen Generation russischer Geschäftsleute, die mit dem alten verknöcherten System nichts mehr zu tun haben, die stolz ihren neuen Reichtum zeigen und dazu ihre Besucher in luxuriösen und prächtigen Räumen empfangen. Ponomarenko zum Beispiel im teuersten Geschäftszentrum von Nizza. Der einstige Ingenieur erzählte seinen französischen Gästen, er habe in Moskau die erste private Apotheke gegründet und sich dann dem ertragreicheren Kupfer- und Erdölhandel zugewandt. Zusammen mit einem Artion Tarassov (auch Artjom Tarassow, vgl. S. 157), einem ehemaligen Abgeordneten und Millionär aus London, investierte er zehn Millionen Mark in zwei in Monaco ansässige Gesellschaften. Außerdem gründete das unternehmerische Talent in Nizza zwei Gesellschaften (die Sarl POCA und SA GIMS), kaufte zwei Wohnungen und drei Luxushäuser in Nizza (geschätzer Wert je acht Millionen Mark) und investierte so insgesamt mehr als 200 Millionen Franc in Frankreich und Monaco. Seinen Gästen listete er einige Großprojekte auf, die er für die Zukunft plante: die Eröffnung der ersten Flugverbindung Nizza–Moskau–Kiew–St. Petersburg, die Niederlassung einer Tochtergesellschaft der größten Moskauer Bank in Nizza sowie den Erwerb von Hotels. Gleichzeitig fungiert er als Berater für russische Investoren, die den AGROPROMCHI-Komplex leiten. Geht das mit rechten Dingen zu? fragte man sich zumindest im russischen Generalkonsulat in Marseille.

»Durch Erdöl- oder Pharmatransaktionen allein so viel Geld zu verdienen ist unmöglich«, sagen russische Konsulatsangestellte. Sie glauben, daß das Vermögen »nur aus illegalen oder geheimen Aktivitäten wie dem Verkauf von Drogen, Medikamenten oder Erdölvorräten durch eine örtliche Mafiabande, aus unterschlagenen Geldern offizieller Gremien der ehemaligen Sowjetunion oder von Versuchen stammen könne, Gelder zugunsten der russischen oder sizilianischen Mafia zu waschen«.

Im September 1993 wurde Ponomarenko aufgrund von belastenden Informationen russischer Behörden – für ihn vollkommen unerwartet – aus Monaco ausgewiesen. Der Hintergrund erklärt einiges. Denn nach diesen Informationen soll Ponomarenko, der früher sogar Minister in Moskau war, in dieser Funktion damit beauftragt worden sein, russisches Erdöl zu verkaufen – was er auch prompt tat. Leider vergaß er, den Erlös für das Erdölgeschäft an die Staatskassen zu überweisen. Er war wohl der Meinung, daß es auf seinem Privatkonto besser aufgehoben sei. Sein Freund Artion Tarassov wird derweil von den russischen Justizbehörden wegen Unterschlagung öffentlicher Gelder, illegaler Eröffnung von Investitionsbüros in Rußland und wegen Kontakten zu Gelderpressern der russischen Mafia gesucht, behauptet die französische Polizei.[98]

Von der französischen Presse wird der Geschäftsmann Arcadie Gaydamac als »erfolgreicher russischer Milliardär« gefeiert. Der ehemalige russische Staatsbürger hat inzwischen die französische Staatsangehörigkeit angenommen. Bis zum 30. September 1989 arbeitete er, nicht gerade mit materiellen Gütern gesegnet, als selbständiger Übersetzer in Frankreich. Dann muß er sich einen Ruck gegeben haben: Im August 1990 wurde er Geschäftsführer der Firma CITI. Heute ist er Vorstandsvorsitzender der Firma »Network Corporation Ltd.« in London und Hauptaktionär der luxemburgischen Gesellschaft Extrainvest in Luxemburg. Außerdem soll er Inhaber der Firma Mokba in Moskau sein. Soweit sein unternehmerischer Werdegang.

Viel kritischer betrachten ihn die französischen Polizeidienststellen: »Er hat sein Vermögen auf den Trümmern des sowjetischen Regimes aufgebaut und gilt in Frankreich als zentrale Figur eines undurchsichtigen und internationalen Netzes, das auf dem besonders spekulativen Markt russischer Kunstwerke tätig ist. Diesbezüglich wird über illegales kaufmännisches Gebaren berichtet. Außerdem hat Herr Gaydamac die Aufmerksamkeit der Behörden auf sich gezogen, weil er vielfältige, zuweilen dubiose Geschäftsbeziehungen zu Sergej Gorchkow unterhält. Der gilt als Mitglied der russischen Mafia.«

Auch Stanislav Beliaev ist plötzlich und unerwartet zu viel Geld gekommen. Etwas naiv kontaktierte er einen Bankier im Elsaß. Er wolle zahlreiche Immobilien für reiche russische Familien erwerben, erzählte er diesem, »die ihr Geld aus dem Land bringen wollen«. Die Polizei erfuhr von diesem Gespräch und überprüfte den Kapitalanleger. Beliaev ist Geschäftsführer zahlreicher Firmen, sowohl in Rußland wie in den USA, und Neffe des früheren Präsidenten des Olympischen Komitees der UdSSR. Bei so viel Geschäftsglück ist es klar, daß er sich ein Schloß kaufen konnte, im Wert von gerade mal 600 000 Mark.

Im Dezember 1993 versuchte Levon Petrossian, der Vertreter der Moskauer Firma Veresk Ltd., bei einer Bank in Frankreich die Summe von 100 Millionen Dollar anzulegen. Das Geld stamme aus »Zuckertransaktionen« zwischen Rußland und den Ländern der Europäischen Union. Merkwürdig war nur, daß Petrossian bei den französischem Handelspartnern, die mit der ehemaligen UdSSR seit langem Geschäftsbeziehungen unterhielten, überhaupt nicht bekannt war. Außerdem, so die Rohstoffhändler, seien »Zuckertransaktionen« mit Rußland bislang kaum vorgekommen. Als sich herausstellte, daß die von Petrossian angegebenen Referenzen bezüglich seiner Handelsbeziehungen zu der internationalen Abteilung einer inzwischen verstaatlichten Großbank in Moskau gefälscht waren, war den Sicherheitsbehörden klar, daß es bei den »Zuckertransaktionen« in Wirklichkeit um Geldwäsche für die Mafia ging.

Paris hat sich inzwischen zur neuen Hochburg der Russenmafia entwickelt. Von Zeit zu Zeit schaut die französische Polizei gebannt auf Flugzeuge, die aus Moskau landen. Zuletzt im Sommer 1995. Da eilten aus der First Class der Air France bekannte Mafiagrößen zu den bereitstehenden Limousinen. Sie kamen, um pompös den Geburtstag eines »Diebes im Gesetz«, der in Paris lebt, zu feiern.

Die Freunde des Mafiabosses investieren seit geraumer Zeit in französische Restaurants. Ermittlungen zufolge kaufte Sergej Lissovsky, ein Bekannter des flüchtigen Alimzan Tochtachunow, Anfang März 1994 das Restaurant »Les Florentins« in Paris auf. Die Kosten: zehn Millionen Mark. Die Zeiten ändern sich schnell: In den achtziger Jahren firmierte »Les Florentins« noch als Restaurant »Lamazere« und war berühmt für seine Trüffel und Gänseleberpastete. Heute befinden sich unter den Aktionären der Betreibergesellschaft die Namen mehrerer Anteilsinhaber, die wegen ihrer mutmaßlichen Verbindungen zur Mafia polizeibekannt sind. Sei es Sergej Lissovsky, der nach Darstellung der französischen Behörden »Kontakte zur Organisierten Kriminalität in der ehemaligen UdSSR haben soll«, oder ein Stephano Monti. Dessen Name tauchte bereits im Zusammenhang mit undurchsichtigen Firmen und Geschäftsbeziehungen des italienischen Bauträgers Giancario Casaccia auf. Casaccia kam ins Gerede, als der »Aubert-Bericht«, eine Dokumentation über das Organisierte Verbrechen in Frankreich, den Namen entsprechend würdigte. Auch das Pariser Restaurant »Le Telegraphe« hat seine Besitzer gewechselt. Finanzier war ein Sergej Gorchkov, von dem Expertenkreise sagen, daß er ein Vertrauter der russischen Kasan-Bande sei.

Nicht nur in Hotels, Immobilien oder Restaurants investiert die Russenmafia. Kriminell erwirtschaftetes Geld wird gerne auch in neuen Joint-venture-Unternehmen angelegt. Ein typisches Beispiel wurde aus der Champagnerhauptstadt Reims bekannt. Bei einem französischen Unternehmen, spezialisiert auf die Herstellung und den Vertrieb von Alkohol, trafen im Sommer 1994 eines Tages russische Geschäftsleute ein. Sie wollten Äthanol zur Wodkaherstellung exportieren. Das Geschäft wurde auch abgeschlossen. Polnische und russische Lastwagen transportierten das Äthanol nach Rußland, insgesamt 10 000 Fässer im Verkaufswert von fast drei Millionen Mark. Mit dem bei der Firma in Reims gekauften Äthanol wurden rund drei Millionen Flaschen Wodka hergestellt, die danach auf dem Schwarzmarkt für ungefähr 30 Mark pro Stück weiterverkauft wurden. Der Gewinn allein aus diesem Geschäft wird auf rund 90 Millionen Mark geschätzt. Inzwischen hat die Staatsanwaltschaft in Reims herausgefunden, daß die Gewinne aus dem Schmuggelgeschäft privaten Unternehmen zugute kommen, die in der Mehrzahl von der russischen Mafia kontrolliert werden. Diese Unternehmen wiederum sind dabei, wenn es um den Transport und Verkauf von Alkohol, Tabak, Kaviar und Gold geht. Aber noch haben nicht alle die goldenen Regeln des wilden Kapitalismus übernommen. Die Dinosaurier der Kriminalität mischen immer noch kräftig mit.

Im Juni 1994 wurden in dem französischen Städtchen Muy drei russische Staatsbürger festgenommen. Vorgeworfen wurden ihnen Morddrohungen, Kindesentführung und versuchte Unterschlagung. Der Erpreßte, ein französischer Unternehmer, hatte sich von den Russen betrogen gefühlt und war nicht bereit gewesen, die geforderte Million Mark zu bezahlen. Daraufhin hatten die Russen zu den Methoden gegriffen, die in Rußland an der Tagesordnung sind. Dazu gehört auch kaltblütiger Mord.

Sergej Majarov war ein leidenschaftlicher Spieler, der regelmäßig die Spielkasinos von Divonne, Nizza und Cannes aufsuchte und hohe

Dollarbeträge beim Spiel setzte. Im November 1994 wurde er in seiner Pariser Wohnung erschossen. Die französischen Zeitungen beschrieben ihn als Mafioso, der das Opfer einer internen Abrechnung der russischen Mafia geworden sei. Tatsächlich hatte Majarov einen entscheidenden Fehler begangen: Er hatte eine Million Dollar einer russischen Bank unterschlagen. Diese Bank hat enge Beziehungen zur Mafia. Schlüsselfigur und Auftraggeber des Mordes war Vyatcheslav Ivankov, der große russische Mafiaboß in New York. Er ließ seinen Kumpan abknallen, weil der damit gedroht hatte, kompromittierende Informationen über die Mafia-Bank zu veröffentlichen.

Nicht nur deutsche Kontakte des »Taiwanesen«

Alimzan Tochtachunow alias »Der Taiwanese« – es kristallisiert sich immer deutlicher heraus –, ist einer der größten russischen Mafiapaten, der trotzdem bislang nicht verhaftet wurde. Eingeweihte Beamte im Bundeskriminalamt sehen in ihm eine Art »Aufsichtsratsvorsitzenden« der verschiedenen russischen Gangstersyndikate, die in Europa aktiv sind. Selbst in den USA ist er bekannt. In einem Bericht des amerikanischen FBI vom 25. Mai 1995 heißt es über ihn: »Alimzan Tochtachunow wird in Europa als sehr mächtiger ›Dieb im Gesetz‹ eingestuft. Seine Rolle und Stellung sind nicht genau definiert, aber aktuelle Informationen deuten darauf hin, daß er eine Schlüsselrolle für eurasische Kriminelle spielt, die in Europa operieren. Möglicherweise fungiert er als Schlichter bei Streitigkeiten.«

Tochtachunows Verbindungen in die USA reichen mindestens bis August 1993 zurück. Da hatte ihn die Firma »American Russian Enterprises, Inc.« eingeladen und die Botschaft in Moskau um ein Visum für die USA ersucht. Die Firma »American Russian Enterprises« gehört Boris Sorkin, einem bekannten Führer der russischen Mafia. Das amerikanische FBI über Boris Sorkin: »Er ist Leiter der russischen OK-Gemeinschaft in Boston, Massachusetts. Boris Nayfeld wurde als einer der engsten Partner von Boris Sorkin gelistet.« Boris Nayfeld wiederum war einer der Topgrößen der Russenmafia in den USA.

So schließt sich der Kreis der hochkriminellen Paten der Russenmafia. Gerade deshalb sind die Verbindungen, die dieser Topmann der Russenmafia unterhält, für die Polizeibehörden so wichtig. Sie gehen mit Recht davon aus, daß Tochtachunows Kontaktpersonen ebenfalls zu den führenden Größen der Moskauer Unterwelt gehören. Und das führt direkt nach Deutschland.

1989 kam Tochtachunow erstmals in die Bundesrepublik. Obwohl er keiner geregelten Arbeit nachging, leistete er sich in Köln eine Luxuswohnung, für die er monatlich 1600 Mark Miete zahlte. Auch für seine Geschäfte war er dort bestens ausgerüstet: mit zwei Telefaxgeräten und drei Telefonen. »Ach, was wollt ihr denn«, antwortete er zynisch Beamten des BKA, die ihn einmal bei einer Fahndung nach einem anderen Kriminellen der Russenmafia aufsuchten. »Ich finanziere mein Leben durch Spenden von Landsleuten.« 1992 war der arme Spendenempfänger bereits Teilhaber eines Kölner Import- und Exportgeschäftes, der Pickwicks GmbH.

Tochtachunow fühlte sich in Deutschland so sicher, daß er gegenüber russischen Landsleuten mit seinen »ausgezeichneten Kontakten« zu Politikern, Geschäftsleuten und kriminellen Banden in der ehemaligen UdSSR prahlte. Seine Gäste aus Rußland werden von ihm bevorzugt im feinen Kölner SAS Royal Hotel untergebracht, wo sie als »Geschäftspartner« seiner Firma Pickwicks bevorzugt behandelt werden. Bekanntlich war auch der »Dieb im Gesetz« Rafail Bagdassarian eng mit Tochtachunow befreundet und hielt sich bei ihm in Köln auf. Doch im Frühjahr 1993 gelang es den Behörden, Tochtachunow auszuweisen. Wenig später tauchte er in Paris auf. Am 7. April 1993 kaufte er sich dort ein Luxusappartement im 4. Stock eines noblen Wohnhauses in der Rue du Conseiller Colligon und bezahlte umgerechnet 1,5 Millionen Mark, bar, versteht sich. Tochtachunow verfügt darüber hinaus über zahlreiche Konten bei einer englischen Bank. Renovierungsarbeiten ließ er über Gesellschaften begleichen, die ihren Sitz in Steueroasen haben, so zum Beispiel die Firma REM-INVEST in Rotterdam und ICC in Tortella Bvi auf den Jungferninseln. Nach Angaben der französischen Polizei betreibt er, nachdem er Deutschland offiziell verlassen mußte, »undurchsichtige Geschäfte« mit zwei anderen Russen, die beide Verbindungen zur russischen Mafia haben. Diesen Polizeiinformationen zufolge investieren sie mit Hilfe von Strohmännern in Immobilien an der Mittelmeerküste, insbesondere in Parkhäuser in Marseille. Ihre Investitionen, durch illegale Gelder finanziert, sind wiederum die logistische Basis, um andere kriminelle Aktivitäten ausführen zu können. 1994 war Tochtachunow dabei, in den Waffenhandel einzusteigen. Er hatte mehrere Kampfhubschrauber aus russischen Armeebeständen verkauft.

Ein weiterer intensiver Kontakt besteht zwischen Tochtachunow und Semion Mogilevich, dem Paten des Mafiasyndikats Solnzewskaja in Ungarn.

Verweilen wir jedoch noch einen Moment bei den Freunden von Tochtachunow. Die Recherchen führen uns beispielsweise zu einem im lauschigen Saarland lebenden usbekischen Unternehmer. Er unterhält Büros nicht nur in einem kleinen saarländischen Dorf, sondern auch in Singapur, Riga, Taschkent, Cannes und Monaco. 1988 kam er nach Deutschland, arbeitete zuerst als Angestellter und ist inzwischen millionenschwerer Unternehmer. Verbindungen zur Russenmafia werden ihm nachgesagt, vielleicht, weil er ins Drogengeschäft einsteigen wollte. Nach Informationen des LKA in Saarbrücken soll er so etwas Ähnliches sein wie der »Berater der usbekischen Polizei« für Deutschland. Mit diesem Status ist man selbst beim Saarbrücker Innenminister gern gesehener Gast. Als »Berater der usbekischen Polizei« soll er auch im Sommer 1994 an einer internationalen Tagung von Interpol in Rom teilgenommen haben. Also einer Runde von Polizeibeamten aus über hundert Ländern, die nur eines wollen: gemeinsam das Organisierte Verbrechen bekämpfen. Entsprechend vertrauliche Informationen wurden auch bei den internen Diskussionen in Rom unter den Gästen gierig aufgenommen. Schließlich waren ja dort Polizeibeamte oder Repräsentanten von Interpol, und die gelten alle als extrem vertrauenswürdig. Der Interpol-Tagung lauschte auch ein Freund des Saarbrücker Unternehmers, ein Italiener aus Duisburg. Auch er war als »Berater der usbekischen Polizei« bei der Interpol-Tagung in Rom angemeldet worden. Weniger bekannt dürfte sein, daß er gleichzeitig Kapo des italienischen N'drangheta-Clans »La Minore« ist und an einem 400-Kilo-Kokain-Deal beteiligt war. Sicher werden beide bei der Interpol-Tagung einiges für ihre künftige Arbeit gelernt haben.

Im November 1995 fiel der Mann aus dem Saarland dummerweise in Monaco auf. Die Polizei erwischte ihn mit 40 Gramm Kokain – für den Eigenverbrauch. »Was wollt ihr denn«, soll er den Polizeibeamten gesagt haben, »ich verdiene in Deutschland eine Milliarde Mark im Jahr.« Ob er das hochgestapelt hat, sei dahingestellt. Jedenfalls fand die Polizei einmal bei einer Hausdurchsuchung in seiner Wohnung Goldmünzen und Bargeld im Wert von fast 300 000 Mark. Wahrscheinlich alles Cash-Zahlungen für Baumwollgeschäfte, die er ganz legal abwickelte. Das führt dann automatisch zu einer Firma in Mainz, die ebenfalls »Geschäfte mit Baumwolle« macht. Da werden Überweisungen von 250 000 oder 500 000 Mark registriert, obwohl es nicht einmal Geschäftsräume gibt, sondern die Firma unter der Privatadresse der beiden usbekischen Unternehmer zu finden ist.

Einen weiteren aufschlußreichen Kontakt unterhält Tochtachunow offenbar zu einem »Unternehmer« in Düsseldorf. Jedenfalls rief Tochtachunow von seinem Telefon in Paris ziemlich häufig bei dem Mann in Düsseldorf an, der ein nicht unbedeutendes Mitglied der kriminellen Organisation sein soll. Bislang konnte ihm die Polizei in Nordrhein-Westfalen jedoch nichts nachweisen. Kurz nachdem Tochtachunow nach Frankreich kam, im Mai 1993, jettete er schon nach Monte Carlo und fuhr sofort ins »Hôtel de Paris«. Hier wollte er sich mit N. N. treffen. Auch der ist in Deutschland bekannt, nicht nur weil er seit 1975 die deutsche Staatsangehörigkeit hat, sondern weil er ein erfolgreicher Geschäftsmann war.

Auch hier bewegt man sich wieder auf schwankendem Boden, bei dem man nicht weiß, ob man in einen unergründlichen kriminellen Sumpf fällt oder einer Täuschung unterliegt. Denn wie kann es sein, daß so viele hochkarätige Gangster der Russenmafia zwar polizeibekannt sind, in aller Regel aber nicht mehr strafrechtlich verfolgt werden können? Es geht um Einblicke in die Top-Etage der russischen Syndikate, deren Mitglieder sich vom dumpfen kriminellen Geschäft längst zurückgezogen haben.

N. N. kam bereits 1975 mit seiner damaligen Frau aus der Sowjetunion nach Bergisch Gladbach. 1979 zog er nach Köln. Dort fiel er der Polizei zum erstenmal am 23. Mai 1979 auf – wegen Urkundenfälschung. Kurz darauf wurde er mit einem Ikonendiebstahl in Bayern in Verbindung gebracht. 1983 wurde erneut gegen ihn ermittelt, diesmal im französischen Lille, wegen Verdachts auf Betrug. Anfang der achtziger Jahre muß er sich in den USA aufgehalten haben. Denn dort wurde er, zusammen mit einem Alexander Blinkin und dem iranischen Staatsangehörigen Babeck Seroush wegen eines versuchten Raubüberfalls auf ein Schmuckgeschäft festgenommen. Mitte der achtziger Jahre tauchten N. N. und Seroush wieder in Köln auf. Seroush hatte inzwischen den Ruf eines international bekannten Waffenhändlers erlangt. 1985 führte die Staatsanwaltschaft Düsseldorf gegen N. N. ein Verfahren wegen des Verdachts der nachrichtendienstlichen Agententätigkeit, bei der auch Seroush eine Rolle gespielt haben soll. Im April 1990 wurde N. N. in Deutschland erneut kurzfristig wegen eines gefälschten Reisepasses festgenommen. N. N. hatte inzwischen die deutsche Staatsbürgerschaft angenommen und sein Freund Seroush in Köln eine Firma gegründet. N. N. war für sie als »freier Mitarbeiter« tätig. Die Geschäfte müssen blendend gelaufen sein, denn 1992 vermittelte Seroush im Auftrag einer deutschen Firma ein Bauprojekt mit einem Volumen von 180 Millionen Mark in die ehemalige Sowjetunion. Kurz nach Abschluß dieses Millionendeals kam Seroush jedoch unter bislang ungeklärten Umständen ums Leben.

N. N., der Mann aus Nordrhein-Westfalen, hatte mehrere teure Immobilien in ganz Europa aufgekauft, so sehen es zumindest die polizeilichen Fahnder vom BKA: in Köln, Marbella, Lugano, Riga, Paris und Monaco. Unter anderem war er Besitzer einer Firma im schweizerischen Locarno. Offizieller Geschäftszweck des Unternehmens: »Import und Export von Textilien, Industriemaschinen und Ausrüstungsgegenständen«. Außerdem war der rührige Unternehmer Mitgesellschafter einer Firma in Marbella. Er hatte es also innerhalb kurzer Zeit zu etwas gebracht, sozusagen – nach Darstellung des Bundeskriminalamtes – vom kriminellen Tellerwäscher zum Dollarmillionär. Für seine Geschäftstüchtigkeit spricht wohl auch seine Verbindung zu Tochtachunow, mit dem er bereits in Köln enge Kontakte pflegte. Angeblich hatte er ihm sogar geholfen, in Paris Fuß zu fassen. Beide feierten jedenfalls in Monaco Wiedersehen. Angeblich wollten sich die beiden mit einem Alikhan Mankaev treffen, einem Mann, der aus Köln angereist kam. Nach unbestätigten Informationen des FBI soll an dem Treffen im sonnigen Monaco auch der damals noch in

Freiheit befindliche amerikanische Capo der Russenmafia, Vyacheslav Ivankov, teilgenommen haben. Sicher keine Zufälle.

Inzwischen hatte die französische Polizei folgende Erkenntnisse gewonnen: »Erkundigungen zufolge ist Monsieur Tochtachunow der Kopf einer Bande russischer Verbrecher, die auf deutschem Boden tätig ist. Sie gilt als Spezialist für Entführungen und Lösegeld-Erpressungen von im Ausland lebenden russischen Geschäftsleuten.« Im Frühjahr 1995 war sein Aufenthalt in Frankreich beendet – er wurde ausgewiesen. Seitdem hält sich Tochtachunow vorwiegend in Israel auf. Der Grund für seine Ausweisung: Er war möglicherweise an der Ermordung des russischen Emigranten Sergej Majarov beteiligt, der im November 1994 erschossen wurde.

Auch der Mann aus Nordrhein-Westfalen hat Deutschland inzwischen verlassen. Prahlend sieht man ihn auf einem Foto der spanischen Tageszeitung »El Pais«, als »erfolgreichen Geschäftsmann«. Im September 1994 heiratete er dort seine langjährige Lebensgefährtin. Großzügig, wie er ist, lud er zu diesem Freudenfest 350 seiner Freunde ein. Die spanische Polizei hat diese »Freunde« – viele wurden aus Deutschland eingeflogen – säuberlich aufgelistet. Zahlreiche Gäste sind demnach polizeibekannt. Unter anderem ein Mann aus Köln und – viel wichtiger für die weitere Spurensuche – ein bekannter russischer Unternehmer aus Düsseldorf. Zu dem Profil der Gäste heißt es in einem Dokument des Bundeskriminalamtes: »Zu den weiteren auf Marbella anwesenden Personen kann folgendes gesagt werden: Die aus dem Bereich Köln/Düsseldorf stammenden Personen sind alle untereinander bekannt. Einige sind bereits kriminalpolizeilich in Erscheinung getreten.« Insbesondere der Mann aus Düsseldorf, so heißt es in dem Dokument, verfüge nachweislich über Kontakte zu Führungspersönlichkeiten der Organisierten Kriminalität.

Derartige Erkenntnisse jucken diese Führungspersonen der Russenmafia kein bißchen. Sie glauben, sie seien unantastbar geworden und die Polizei könne ihnen nichts mehr anhaben. Womit sie ja nicht ganz unrecht haben.

Das Netzwerk der Russenmafia
in Deutschland

Wenn man sich bis vor kurzem dubiose Typen aus der Russenmafia, die allein in Nordrhein-Westfalen das Sagen hatten, einmal anschauen wollte, genügte es, ins Kölner Dorint-Hotel zu gehen, dem bekanntesten Treffpunkt der Russenszene, nicht zuletzt wegen der beliebten Sauna. Inzwischen hat die Szene aber wohl mitbekommen, daß die Polizei sie dort observierte. Deshalb soll sie sich jetzt ins Kölner Bonotel in der Bonner Straße verzogen haben, ein vergleichsweise billiges Hotel. Abends geht es dort jetzt sehr lebhaft zu. An der Pianobar sind die Herren »Geschäftsleute« wieder unter sich.

Fast in jedem Bundesland hat sich die Russenmafia fest etabliert, mit Schwerpunkten in München, Düsseldorf, Frankfurt und Hamburg. Nicht zu vergessen Berlin. 1991 kam die Tschetschenen-Mafia, die Abtrünnige samt ihren Familien liquidieren, nach Berlin. Wenig später die Mafiaorganisation Dolgoprudnenskaja – brutale Schläger aus dem Boxer- und Ringermilieu. Danach die georgische Mafia.

Generalmajor Anatolij Olejnikow war bis Ende 1993 Vertreter des russischen Sicherheitsministeriums, des ehemaligen KGB, in Berlin. Der Experte für Verbrechensbekämpfung bekennt: »Ich teile durchaus die Nervosität der Vertreter der Polizeibehörden. Denn die Kriminalität wächst enorm schnell und dringt nach Westeuropa vor, vor allem nach Deutschland. Ich kann sagen, daß das, was bei uns an Erkenntnissen gesammelt wurde, auch bei der Polizei in Deutschland vorhanden ist. Demnach gibt es in Deutschland zur Zeit 300 Mafiabanden, die unmittelbar mit der Mafia in Rußland zusammenarbeiten. Diese Gruppen haben inzwischen internationalen Charakter. Es gibt große Banden mit allen Merkmalen Organisierten Verbrechens, aber auch kleine Gruppen, die sich mit Erpressung oder mit Diebstahl beschäftigen.«

Kaltblütige Morde wie in Rußland sind für die Russenmafia in Deutschland inzwischen eine Randerscheinung. Das große Geld ist eine weitaus wirkungsvollere Waffe. Aber trotzdem kommt es immer wieder zu brutalen Morden in Deutschland. Jürgen Albrecht vom Landeskriminalamt Brandenburg meint dazu: »Wir sprechen durchaus von organisierten Strukturen einer Vielzahl von Gruppen. Es ist nicht eine Gruppe russischer Mafia, sondern es sind viele Gruppen, zum größten Teil ethnisch strukturiert, also nach Landsmannschaften sortiert. Tschetschenische, ukrainische Gruppen, russische Gruppen – die sich hier die Märkte aufteilen. Und die schwere Kriminalität, die manchmal zutage tritt – Mord, Totschlag –, diese Schwerstkriminalität spielt sich in erster Linie untereinander ab. Das heißt im Rahmen von Auseinandersetzungen, von Verteilungskämpfen.«

Wer kennt schon Waltershausen im thüringischen Landkreis Gotha? Es ist der 27. September 1995, kurz nach Mitternacht. Plötzlich zerreißen Schüsse aus Maschinenpistolen die ländliche Stille. Zuhälterbanden liefern sich ein Shoot-out. Eine Stunde später wird in Waltersleben, am Autobahnanschluß Erfurt-West, auf ein Auto gefeuert, in dem die »Opfer« der vorhergehenden Schießerei nach Hause fahren wollen. Ein Mann wird getroffen.

Am 10. Oktober, gegen 23 Uhr, wird dann in Erfurt ein Türke auf offener Straße erschossen. Durch den Hinweis einer Zeugin wird einer der insgesamt vier Täter erkannt und wenig später in Erfurt festgenommen. Es handelt sich um einen ukrainischen Staatsbürger. Im Verlauf ihrer Ermittlungen entdeckt die Polizei, daß der Mörder des Türken einer ukrainischen Mafiabande angehört, deren Anführer Igor Sitnikov sein soll. Der lebte bislang ziemlich unbehelligt im thüringischen Werningshausen. Bei den Opfern dagegen handelt es sich um Mitglieder einer türkischen Bande.

Der Grund für den Schußwechsel ist daher leicht auszumachen. Beide Banden konkurrieren nämlich im Erfurter Rotlichtmilieu und um Beteiligungen an bordellähnlichen Betrieben im gesamten Thüringen.

Seit geraumer Zeit ist es hier zu Bandenkriegen zwischen konkurrierenden Mafiabanden gekommen. Dabei kooperieren sie mit Deutschen, Vietnamesen und Jugoslawen nicht nur um die Vorherrschaft im Rotlichtmilieu, sondern auch beim Waffen- und Drogenhandel. Angeblich sollen zur Ausführung des Mordes »Russen« von außerhalb angereist sein. Außerdem ist bekannt geworden, daß es eine »Todesliste« der Russen gibt, auf der mehrere Personen gestanden haben sollen. Im Zuge der weiteren Ermittlungen durch das Landeskriminalamt Berlin wurde dann festgestellt, daß der zeitweise in Erfurt lebende B. G. im April 1995 den damals in Berlin lebenden Russen André beauftragt hatte, den Boß der Türkenbande in Erfurt zu »beseitigen«. B. G. und der Türke Inan haben bislang harmonisch im Erfurter Zuhältergeschäft zusammengearbeitet. Der in Erfurt erschossene Türke Yapici, einer der Bandenmitglieder, soll, so behauptet die Polizei, zu ungewohntem Reichtum gekommen sein. Dafür spricht u. a., daß er sich einen 150 000 Mark teuren BMW 730i leisten konnte. Außerdem wurde ihm durch einen Erfurter Immobilienhändler ein Kredit in Höhe von 50 000 Mark eingeräumt. Kreditgeber waren Inan und ein Partner. Yapici versprach die Rückzahlung von 100 000 Mark innerhalb zweier Wochen und übergab als Sicherheit den BMW des Immobilienhändlers. Die Rückzahlung blieb jedoch aus. Wenn man sich die allgemeine Lage in Erfurt ansieht, dann haben couragierte Polizeibeamte, wie in einem anderen Fall, schlechte Karten. Engagierte Polizeibeamte wollten einen verdeckten Ermittler in die kriminelle Szene einschleusen, um herauszufinden, wer die Drahtzieher des Mafiakampfes sind. Der LKA-Chef lehnte die Bitten der Beamten brüsk ab: »Ob ihr 100 Gramm Kokain und ein paar Waffen mehr oder weniger vom Markt holt, interessiert mich nicht. Es gibt kein Geld.« Die engagierten Ermittler sind inzwischen versetzt worden, und der Bandenkrieg zwischen der russischen und der türkischen Mafia wird so lange weitertoben, bis die Machtverhältnisse »ausgeschossen« sind.

Ähnlich ist die Situation in Stuttgart. Dort wurden im Sommer 1995 die beiden Brüder Radomir und Zivomir Panrtic ermordet. Die beiden Stuttgarter Nachtclubbesitzer hatten einen schwungvollen Menschenhandel betrieben und vor allem junge Frauen aus Rußland an Bars, Bordelle und Zuhälter verkauft. Bei diesem Millionengeschäft kamen die Brüder jedoch einem großen Boß der Russenmafia in die Quere, der sie, so vermutet die Polizei, einfach liquidieren ließ. Auch bei anderen kriminellen Geschäften, in denen die Russenmafia um die Vorherrschaft kämpft, ist die archaische Form des mafiosen Machtkampfes in Deutschland noch nicht zu Ende.

Am 17. Juli 1994 wurde in München der usbekische Staatsbürger Alexej Agujewski in seiner Münchner Wohnung durch Schläge auf den Kopf und Messerstiche ermordet. Agujewski gilt in eingeweihten Kreisen als Mann, der gute Kontakte zur Russenmafia unterhielt und mit allem handelte, was Geld bringt. Er hatte auch mit Zirkonium gehandelt, einem Metall, das zur Ummantelung von Atomwaffen dient. Sein Mörder war ein gewisser Wladimir Tarassow. Dieser wurde einige Zeit später bei einem Kaufhausdiebstahl erwischt, wobei sich herausstellte, daß der von ihm gefahrene BMW dem Mordopfer gehörte. Als Polizisten ihn abführen wollten, konnte Tarassow entkommen. Mitte Oktober wurde er per Zufall von einer Polizeistreife kontrolliert. Auf die Frage nach seinen Ausweispapieren erklärte er in gebrochenem Deutsch, er habe sie nicht bei sich, sie befänden sich in seiner Bleibe in der Studentenstadt Freimann. Als seine Aussagen immer widersprüchlicher wurden, wollten ihn die Beamten nach Waffen durchsuchen. Tarassow griff in seine Jackentasche und feuerte auf die Polizeibeamten. Ein Beamter wurde am Arm getroffen. Tarassow konnte entkommen. Eine Großfahndung nach ihm mußte ergebnislos abgebrochen werden. Inzwischen wurde er in Moskau festgenommen, nachdem er zuvor einen Polizeibeamten angeschossen hatte, der eine Querschnittslähmung davontrug.

Berlin gleich Palermo?

Das achte Opfer des Machtkampfes zwischen mehreren Mafiabanden allein in Berlin registrierte die Polizei Anfang 1995. Opfer war der 27jährige Pjotr Leontschikow. Die Tat, so vermutet die Polizei, geht auf das Konto der Russenmafia. Ermittler des Kommissariats in Berlin sagen inzwischen etwas so Bedrückendes, daß es die Politiker endlich zum Handeln auffordern müßte – doch die kümmern sich nicht darum: »Berlin steht bereits auf einer Stufe mit der Mafia-Hochburg Palermo. Und wir sind genauso hilflos wie unsere Kollegen.«

»Noch scheint es eine Russenmafia im Sinne der italienischen Mafia nicht zu geben, keinen ›Paten‹, keine straffe Hierarchie, sondern eine Vielzahl kleinerer um kriminellen Profit rivalisierender Gruppen«, schrieb der Berlin-Korrespondent der »Frankfurter Rundschau« im Sommer 1993. Da muß er wohl die Wirklichkeit bereits in großem Umfang verdrängt haben. Denn Berlin war zu diesem Zeitpunkt bereits einer der bedeutsamsten Stützpunkte der russischen Mafia außerhalb Moskaus, neben New York und Wien. Berlin wird daher bis zum heutigen Tag »die zweite Hauptstadt der Russenmafia« genannt, weil sich hier die verschiedensten russischen Mafiaorganisationen fest etablieren konnten. Mindestens 30 000 Angehörige hatte die russische Kolonie im Berlin der frühen zwanziger Jahre. Heute dürfte die Zahl für den Großraum Berlin bei 20 000 liegen, eine Zuwanderung, die durch den Fall der Mauer und die Auflösung der UdSSR in Gang gekommen war. Natürlich kamen nicht nur Gangster und ihre Helfershelfer in die deutsche Hauptstadt – doch die kriminellen russischen Syndikate sind zur alles beherrschenden kriminellen Kraft geworden.

Wenn man sich dieses Konglomerat der verschiedenen Verbrechersyndikate vor Augen führen will, ist eine Fahrt durch die Berliner Kantstraße in Charlottenburg angesagt. An diesem Ort hatte bis Anfang 1992 nur eine kriminelle Gruppe etwas zu sagen: die Exilrussenmafia. Auffällig ist die Vielzahl russischer Import- und Exportgeschäfte in dieser Straße. Firmen, von denen keiner genau sagen kann, wem sie eigentlich gehören. Dafür weiß man, daß über die Import- und Exportgeschäfte kriminelle Deals aller Schattierungen, bis hin zum Drogen- oder Falschgeldhandel abgewickelt werden. Das Bundeskriminalamt behauptet, daß hier außerdem die Prostitution organisiert wird sowie Waffengeschäfte großen Stils abgewickelt und gestohlene Antiquitäten geschmuggelt werden. Die Veränderung der Szene in der Kantstraße begann Ende der achtziger Jahre. Die »Frankfurter Allgemeine« berichtete: »Die alteingesessenen Geschäftsleute der Kantstraße kennen die Trupps von fünf, sechs osteuropäischen Männern, die den Laden betreten, sich forsch umschauen und schließlich einen Untermietvertrag fordern. Fünf- und sechsstellige Summen bieten sie an, wenn der Inhaber sich zurückzieht. Das Geld, so wird berichtet, kommt aus der Plastiktüte frisch auf den Ladentisch. Wer sich sperrt, dem werden Konsequenzen angedroht. In manchen Fällen wird gar das gesamte Haus kurzerhand gekauft.«[99]

Bereits 1991 wurde festgestellt, daß sich tschetschenische Mafiabanden in Deutschland, vor allem in Berlin ausbreiteten. Einer der wesentlichen Gründe dafür dürfte darin liegen, daß in der Bundesrepublik lebende wohlhabende exilrussische Geschäftsleute lohnende Erpressungsopfer darstellten, die zudem nahe Verwandte in den GUS-Staaten haben, die den Tätern bei einer Zahlungsverweigerung hilflos ausgeliefert sind. Inzwischen haben die Tschetschenen bei Erpressungen eine Variante entwickelt, die als »Erpressung von innen« bezeichnet wird. Sie treten dabei in bestehende deutsch-russische Joint-venture-Unternehmen mit einer finanziellen Beteiligung ein und nutzen dann das im Rahmen der Geschäftsbeteiligung erlangte Wissen – beispielsweise über unternehmerisches Fehlverhalten der Partner oder illegal erwirtschaftete Gewinne – aus, um die Unternehmer zu erpressen. Selbstbewußt fühlen und geben sie sich als die »Aristokratie« der Gangster. Deshalb werden selbst Lappalien von ihnen oft als Angriff auf ihre Ehre oder gar als Ehrverlust gewertet. Die Folge sind massive Vergeltung, rohe Gewalt oder hohe Entschädigungsforderungen.

»Haupteinnahmequellen der tschetschenischen Mafia in Deutschland sind Erpressungen von Privat- und Geschäftsleuten, Schutzgelderpressungen und Abschöpfung von Gewinnen durch die Kontrolle der Prostitution«, so die Berliner Polizeibehörde. Die Gewaltbereitschaft, besonders der Tschetschenen, trifft inzwischen auch ermittelnde Polizeibeamte. Auf einer Pressekonferenz des Bundes Deutscher Kriminalbeamter berichtete deren Berliner Landesvorsitzender am 24. November 1993: »Ausländische Banden aus dem früheren Ostblock und aus Ex-Jugoslawien haben ›Kopfgelder‹ auf Kriminalbeamte ausgesetzt, die gegen die Banden ermitteln.« Und der damalige Leiter der Zentralen Ermittlungsstelle Regierungs- und Vereinigungskriminalität (ZERV), Uwe Schmidt, meinte: »Innerhalb der ausländischen Banden werden Abtrünnige durch angedrohte Einsätze tschetschenischer Killerkommandos eingeschüchtert.«

Auch die Dolgoprudnenskaja spielt in Berlin eine nicht unwichtige Rolle. Ihr Anführer in Deutschland soll ein Alexander Naumow sein. Diese Mafiaorganisation wiederum breitet sich vornehmlich im Rotlichtmilieu aus. Und nicht zu vergessen gibt es die Exilrussen – und damit sind wir wieder in der Berliner Kantstraße, dem einstigen Zentrum der Exilrussenmafia. Erst die Analyse dieser Unternehmer macht verständlich, wie und warum sich die Russenmafia explosionsartig in Berlin, in Europa, ausbreiten konnte. Für Andreas Pahl, den ehemaligen Leiter des Referates Organisierte Kriminalität bei der Berliner Kripo, steht fest: »Der Schmuggel ist eine Domäne russischer Verbrecherorganisationen. Illegal eingeführte Antiquitäten, Zigaretten und Gold in allen Variationen sichern den Tätern Millionengewinne. Aber auch im Drogenhandel und bei der Schutzgelderpressung haben die mafiosen Ost-Clans ihre Finger im Spiel.«

Die meisten dieser Geschäfte wurden und werden in der Berliner Kantstraße abgeschlossen. Und hier regierte einst unbelästigt von konkurrierenden russischen Banden die Exilrussenszene.

Exilrussen – das sind vorwiegend Geschäftsleute, die zu einem großen Teil bereits vor ihrer Aussiedlung aus der damaligen UdSSR untereinander bekannt waren und dort auch schon durch Geschäfte legaler und illegaler Art beträchtlichen Wohlstand anhäufen konnten. Aufgrund der geschäftlichen und der guten finanziellen Verhältnisse fühlt sich diese Gruppe als Elite und kehrt dieses Gefühl gegenüber den Landsleuten, die neu nach Deutschland gekommen sind, deutlich nach außen. Im Laufe der letzten Jahre kamen immer mehr exilrussische Geschäftsleute nach Berlin und ließen sich hier mit ihren Familien nieder. Sie gründeten Joint-venture-Unternehmen. Bevorzugt wurden die Elektronikbranche, der Textil- und Antiquitätenhandel, meist mit dem Zusatz »Import–Export«, Restaurants und ganz besonders der Betrieb von Spielhallen. Die Exilrussenmafia kontrolliert die Spielhallen Berlins fast hundertprozentig. Gerade mal zehn Prozent der Spielhallen dienen ihrem eigentlichen Zweck, der Geldeinnahme aus legalem Automatenspiel. Überwiegend sind sie ein Paradies für Geldwäsche. In diesem Zusammenhang wurden Gesellschaften unterschiedlichster Art gegründet, wieder aufgelöst, auf andere Personen übertragen, einzelne Gesellschafter überhöht ausgezahlt (freiwillig oder unter Zwang) und bei Konkursverfahren die Ehefrau mit neuer Gesellschaft eingesetzt, wobei nun der Ehemann als Gesellschafter fungiert. Der Wohlstand der Exilrussen war natürlich nicht zu übersehen, zumal sie ihn besonders plakativ demonstrieren. Man kutschiert Autos der Luxusklasse, man trägt nur die teuerste Kleidung und entsprechenden Goldschmuck und wohnt selbstverständlich in den feudalsten Wohngegenden. Dieser demonstrativ zur Schau gestellte Reichtum wird nach russischer Mentalität als »Stärke« der Exilrussen-Männer angesehen. Hatten sie trotzdem oder gerade deshalb Probleme – zum Beispiel durch Erpressungen oder Bedrohungen –, dann lösten sie diese selbst. Denn wer die deutsche Polizei anspricht, der hat seine Ehre verloren. Doch dunkle Punkte in ihrer geschäftlichen Vergangenheit und die nur zu oft gefälschten Abstammungs- und Personaldokumente, die sie deutschen Behörden vorgelegt haben, machen die Exilrussen zwangsläufig angreifbar für Täter, die an diesem Wohlstand partizipieren wollen. Und da kommt nun die Tschetschenen-Mafia ins Spiel. Spätestens seit 1991 häuften sich in Berlin nicht nur die Hinweise auf Erpressungen durch die Tschetschenen-Mafia, sondern auch die Einbindung russischer Staatsangehöriger in illegale Waffen- und Drogengeschäfte.

Als Umschlagplatz für Waffengeschäfte wurde bei der Polizei die Firma BOMA-Elektronik Import–Export GmbH in Berlin denunziert. Die Firma unterhielt in Berlin eine Wohnung, die sie als Zweigniederlassung auswies. Tatsächlich wurde die Wohnung als Treffpunkt und Anlaufstelle sich illegal in Deutschland aufhaltender Tschetschenen genutzt. Der Besitzer der Firma wird zwar der Gruppe der etablierten Exilrussen zugerechnet, scheint aber, clever, gleichzeitig mit der Tschetschenen-Mafia zusammengearbeitet zu haben. Im Mai 1991 flüchtete er nach Israel. Jetzt erst stellte sich heraus, daß er eine größere Geldsumme aus seinem Unternehmen entnommen und einen schwunghaften Handel mit Kraftfahrzeugen und Computern betrieben hatte, die er in die Sowjetunion lieferte.

Im Mai 1991 wurde der Inhaber des Joint-venture-Unternehmens ASCO-Moden in Berlin auf offener Straße von mehreren russischen Staatsangehörigen zusammengeschlagen und mit Waffen bedroht. Die Täter wollten ihn um fünf Prozent seiner laufenden Geschäftseinnahmen erpressen, was nach Angaben des Geschädigten einer Summe von rund 50 000 Mark entsprochen hätte. Die Täter waren Mitglieder der Dolgoprudnenskaja, die eigens für die Erpressung aus Moskau angereist kam.

Und von einem eher heruntergekommenen Geschäft in der Kantstraße weiß man, daß es ein Stützpunkt russischer Killer war, vielleicht immer noch ist.

Im Geschäft erzählt uns eine Angestellte, daß doch nicht jeder russische Geschäftsmann zur Russenmafia gehörte. Dabei sollte sie eigentlich wissen, daß gerade ihr Geschäftsführer gesucht wird und polizeilich gesuchte Killer hier ein und aus gingen, wie auch die Polizei bestätigte.

Jürgen Fätkinheuer, Oberstaatsanwalt in Berlin, antwortet auf die Frage, ob es direkte Kontakte zwischen den Exilrussen und Kriminellen aus der GUS gibt: »Davon gehen wir aus. Wobei diese Kontakte entweder Täter-Opfer-Kontakte sind oder Täter-Täter-Kontakte. Oftmals verwischen sich da die Spuren, besonders im Bereich der Schutzgeldvorkommnisse, die wir hier in Berlin festzustellen hatten. Wo es letztlich überhaupt nicht mehr so recht klar ist, ob diejenigen, die erpreßt worden sind, nun reine Opfer waren oder Opfer-Täter.«

Morde und die unbekannten Hintergründe

Die Morde, die der Russenmafia zugeschrieben werden, sind keine tragischen Einzelerscheinungen. Dahinter steckt System, auch wenn es lange gedauert hat, die Hintergründe zu erhellen. Nie ging es um heißblütige Leidenschaft, Rache oder ein Blackout. Immer ging es um kriminelle Geschäfte, und immer gibt es Verbindungen zur Exilrussenmafia.

Am 18. Juni 1990 wurde in Potsdam die Leiche eines Alexander Kamkin gefunden. Das Opfer war, mit Steinen beschwert, im Heiligensee versenkt worden. Zuerst stand die Polizei vor vielen Rätseln. Dann ergaben weitere Ermittlungen, daß Kamkin im Auftrag ehemaliger Angehöriger der russischen Westtruppe, die in die Heimat zurückgekehrt waren, Ikonen in die Ex-DDR einschmuggeln sollte, um sie später an Abnehmer in Westberlin zu verkaufen. Kamkin hatte sich wohl gedacht, diese Geschäfte auch auf eigene Rechnung machen zu können. Das war sein Todesurteil. »Die jetzigen Fälle zeigen, daß darüber hinaus offensichtlich auch rivalisierende Gruppen aus den GUS-Staaten, also beispielsweise Tschetschenen, Leute aus Kiew oder aus Moskau hier in Berlin agieren und sich gegenseitig ins Gehege kommen, also Revierstreitigkeiten und Konkurrenzkämpfe entstehen«, so ermittelnde Polizeibeamte in Berlin.

Am 17. August 1990 erschossen Unbekannte vor einem russischen Munitionsdepot den Soldaten Oleg Kobsar. Seine Maschinenpistole wurde später, zusammen mit 400 russischen Granaten, bei zwei bekannten Gangstern in Bremerhaven gefunden.

5. Januar 1991: Der deutschstämmige Russe Eduard Beck wurde, mit Stichverletzungen übersät, im Kofferraum seines ausgebrannten

Fahrzeuges bei Potsdam tot aufgefunden. Beck betrieb in München ein Büro für Arbeitsvermittlung und Projektberatung. Nebenher rüstete er billig erworbene Gebrauchtwagen auf und verkaufte sie an russische Militärangehörige in den neuen Bundesländern. Außerdem war er bemüht, in Joint-venture-Geschäfte mit Computern und Software einzusteigen, mit russischen Firmen zusammenzuarbeiten.

7. Juli 1991: Aus dem Töpchiner See, unweit der Sowjetgarnison Wünsdorf, wurden die Leichen zweier russischer Soldaten geborgen. »Zwei aufgedunsene Leichen liegen im Wasser, eigentümlich gefesselt an einen rot-weiß geringelten Betonpfahl, mit dem die russischen Streitkräfte für gewöhnlich ihre Gebiete markieren. Bei den Toten handelt es sich um den Russen Jurij Bulgakow, genannt ›Tolstjak‹, der Dicke, und den Tschetschenen Ruland Beretschetow. Am 2. Juli 1991 – so ergaben die bisherigen Ermittlungen – waren sie auf bestialische Weise ermordet worden: Die Killer zerstachen ihre Lungen, schnitten ihnen die Kehlen durch und schlugen ihnen anschließend noch die Schädel ein. Dann banden sie die beiden an einen Grenzpfahl, ihre Münder gegeneinander, was nach Ansicht von Experten eindeutig auf einen Ritualmord schließen läßt.«[100]

Warum mußten sie sterben? Beide waren in Geschäfte mit ehemaligen sowjetischen Soldaten verstrickt. Es ging um den Handel mit in Belgien und Holland billig erworbenen Kraftfahrzeugen. Seitens der russischen Militärstaatsanwaltschaft wurde der Verdacht geäußert, daß zumindest einer der Toten aufgrund seiner Spitzeltätigkeit für den KGB beseitigt worden sein könnte. Der weitere Hintergrund ist von größerer Bedeutung.

Im Zusammenhang mit diesem Mord führten Journalisten der Illustrierten »Quick« Recherchen im Umfeld der Opfer durch. Eine Zeugin erklärte ihnen, daß sie unter unverhohlenen Morddrohungen gezwungen werden sollte, Stoffe für ihre Boutique bei der Firma Schwarz-Import-Export-Gesellschaft in Hanau zu kaufen. Diese Drohungen wurden auf dem Gelände der Garnison Wünsdorf ausgestoßen. Der Zwang gegenüber der Zeugin, auf das vorgeschlagene Geschäft einzugehen, wurde kurz nach dem ersten Vorfall durch den in Berlin lebenden Wadim Kossinskaja verstärkt. Ihr habe man gesagt, für den Fall, daß sie sich weigern sollte, Stoffe bei der Firma Schwarz-

Import-Export zu kaufen, könne sie ja in der Zeitung nachlesen, »was einem so alles zustoßen könne«.

Ein R. S, als einer der Inhaber dieser Firma genannt, soll auch 32000 Mark an Mafiaboß Tochtachunow überwiesen haben. Wahrscheinlich war es eine der »freiwilligen Spenden«, von denen der Mafiaboß erzählte, daß er sie von Landsleuten für seinen Unterhalt geschenkt bekäme. Maßgeblich beteiligt an dem Deal, »Stoffe« der Firma Schwarz zu kaufen, sei eine Person namens Jürgen Ulmann gewesen. Der soll, bestätigen Exilrussen, innerhalb des sowjetischen Standortes großen Einfluß bei einigen Offizieren gehabt haben und bei ihnen hoch angesehen sein.

Jürgen Ulmann, genannt Jura, änderte seinen ursprünglichen Namen, Jura Chudis, 1985 in Hamburg in den so schön deutsch klingenden Jürgen Ulmann ab. Später lebte er in einer luxuriösen Villa in Köln, die eine aufwendige Videoanlage überwachte. Es könnte ja irgendein Krimineller kommen, um dem Hausbesitzer sein hart erarbeitetes Vermögen abzunehmen. Angaben aus Polizeikreisen zufolge besitzt Ulmann nämlich nicht nur 15 Spielhallen, sondern noch drei weitere Firmen. Das alles erklärt sicher seinen Monatsverdienst, der nach Darstellung aus Kreisen der Exilrussen auf rund eine Million Mark geschätzt wird. Angestellt in einer der Firmen von Ulmann war ein Schtscheltschkow. In Köln fiel er häufig dadurch auf, daß er sich mit Langwaffen, vornehmlich Pump-Action-Guns und Jagdgewehren eindeckte, um diese auf dem Postweg nach Moskau zu exportieren. Die Darstellung des Bundeskriminalamtes zu einer Besonderheit dieses Waffenfans, der natürlich einen Mercedes der S-Klasse fährt: »Nach verläßlichen Informationen unterhält er enge Kontakte zu dem ›Dieb im Gesetz‹ Rafail Bagdassarian.«

Andere Morde bieten ebenfalls tiefe Einblicke in das kriminelle Netzwerk der Russenmafia. Vor dem italienischen Restaurant »Da Gianni« am Fasanenplatz in Berlin, bekannt als Treffpunkt der Exilrussen, tobte am 22. Juli 1991 ein Feuergefecht à la Palermo. Der von der tschetschenischen Mafia offensichtlich als »Killer« angeheuerte Egor Balachov eröffnete das Feuer auf eine bestimmte Gruppe im Lokal. Aus der heraus, es handelte sich um Angehörige der georgischen Mafia, wurde das Feuer erwidert. Drei Russen und ein unbeteiligter

Deutscher brachen im Kugelhagel zusammen. »Balachov, der selbst verletzt wird, kann später in einem Krankenhaus von der Polizei festgenommen werden. Er schweigt bis heute über Hintergründe und Hintermänner. Am 18. Juni 1992 verurteilte das Berliner Landgericht Balachov zu sieben Jahren und drei Monaten Gefängnis.«[101]

Über die Hintergründe kann inzwischen mehr gesagt werden, seit man weiß, wer der Mann war, der sofort auf die Angreifer zurückfeuerte. Es handelte sich dabei um den Georgier Tengis Marianaschwili, Bandenführer der georgischen Mafia in Berlin. Nach dem Attentat flüchtete er. Die Bande hatte sich darauf spezialisiert, den von den Tschetschenen und Mitgliedern der Moskauer Mafiagruppe Dolgoprudnenskaja erpreßten Exilrussen ihren Schutz gegen diese Erpressungen aufzudrängen, ohne jemals wirklich den versprochenen und bezahlten Schutz zu gewähren.

Einer, der unter dem Schutz der Gruppe um den Georgier Tengis Marianaschwili stand, war einer der Gesellschafter der Firma »American Eagle«. Aber statt den versprochenen Schutz zu bekommen, wurde der Gesellschafter von dem Georgier aufgefordert, sich besser der Polizei anzuvertrauen. Zwei Festnahmen von tschetschenischen Mafiaangehörigen waren die Folge. Mit diesem Schachzug beging Tengis Marianaschwili eine eklatante Verletzung des Ehrenkodex russischer Mafiosi, niemals mit der Polizei zusammenzuarbeiten.

Spuren zu einem Drogenring

Das wollte und konnte der damalige Führer der Tschetschenen-Mafia in Berlin, ein Letschi Altemirow, nicht hinnehmen. Es galt, ein Exempel zu statuieren, Marianaschwili mußte als Verräter liquidiert werden. Marianaschwili war inzwischen nach Holland geflüchtet und wohnte dort abwechselnd bei einer seiner Bekannten oder im Antwerpener Hotel Plaza. Von hier aus kontaktierte er sowohl einen Ex-Offizier der russischen Streitkräfte wie den Inhaber der Firma Globus-International Import-Export in Antwerpen. Am 21. April 1994 wurde Marianaschwilis Leiche in einem Kanal bei Amsterdam gefunden, er war durch zwei Kopfschüsse getötet worden. Diesmal gelang es der Polizei, den Täter festzunehmen. Er gab bei der Polizei zu, für seinen Auftrag 20 000 Mark erhalten zu haben.

Die Nachforschungen über Marianaschwilis Aktivitäten in Belgien führten mitten hinein in die neuen kriminellen Unternehmungen der Exilrussenmafia, den Drogenhandel. Man stößt auf eine neue Qualität innerhalb der Russenmafia. Die auf Wirtschaftsverbrechen hochspezialisierte Exilrussenmafia hat sich mit den klassischen Mafiaorganisationen verbündet.

An dem Unternehmen Globus ist eine Ben-David-Familie beteiligt, die nach Informationen des Bundeskriminalamtes eine führende Stellung in der kriminellen Szene der Exilrussen in Antwerpen einnimmt. Als jüdische Emigranten mit dem georgischen Namen Davidaschwili (Sohn von David) ließ sich der Clan später unter dem Namen Ben David nieder. Der Clan steht im Verdacht, in Drogengeschäfte großen Stils eingebunden zu sein, und unterhält in Berlin eine Firmenniederlassung mit dem Namen Mibes Großhandel GmbH. Im

Verlaufe von Ermittlungen der Berliner Zollfahndung wegen des Verdachts der Abgabenhinterziehung stellte sich heraus, daß die Familie Ben David gewaltige Geschäfte mit den in Deutschland stationierten russischen Truppen getätigt haben muß. Außerdem wurden Geschäftsbeziehungen nach Österreich, Großbritannien, Israel und Hongkong festgestellt. In dem internen Papier des BKA wird behauptet: »Die Familie Ben David nimmt eine führende Stellung in der kriminellen Szene der Exilrussen in Antwerpen ein. Sie hat zusammen mit weiteren Familienangehörigen ca. 15 Firmen in Antwerpen und tätigte Geschäfte mit den in Deutschland stationierten russischen Truppen. Belgische und israelische Dienststellen verdächtigen den Ben-David-Clan, heute im großen Stil in den internationalen Drogenschmuggel verwickelt zu sein. Der Clan trat wiederholt im Zusammenhang mit der Verbreitung von Falschgeld in Erscheinung. Gegen einen Vertrauten der Ben-David-Familie, den David Khakamshvili, wurde von Mai bis November 1991 durch die PP Berlin wegen Verdachts des Kokainschmuggels ermittelt. Das Kokain sollte mit Bekleidungslieferungen der diversen Import-Export-Firmen des Familienclans geschmuggelt werden.«

Der Verdacht des Drogenschmuggels durch diesen Clan in Antwerpen verdichtete sich, als am 24. März 1992 in Antwerpen ein Schiff aufgebracht wurde, mit 650 Kilo Kokain, bestimmt für Israel. Bei der Observation fiel auf, daß sich Benjamin Ben David, das Familienoberhaupt, in »auffälliger Weise« in der Nähe des Containers herumtrieb, in dem wenig später die 650 Kilo Kokain entdeckt wurden. Benjamin Ben David wurde im Frühjahr 1995 in Berlin kurzfristig festgenommen, ist seitdem aber wieder auf freiem Fuß.

In vergleichbarer Weise wie der Ben-David-Clan agiert von Antwerpen aus ein Oscar Donat. Auch er hat seine Wurzeln in Deutschland. Bis Mitte der achtziger Jahre war er in Deutschland wegen Kunst- und Schmuckdiebstahls, Kreditkartenbetrugs und Kfz-Verschiebung aufgefallen. Von Antwerpen aus führt er inzwischen eine Vielzahl von Firmen unter Leitung der DTI-Holding, mit Niederlassungen in Rußland. Donat wird von deutschen, belgischen, israelischen und russischen Drogenbehörden verdächtigt, mit seinen Firmen in den internationalen Kokainschmuggel von Südamerika nach

Europa verwickelt zu sein. Ein klassisches Beispiel dafür wird von den Polizeibehörden angeführt: Am 21. Februar 1993 wurde an der finnisch-russischen Grenze bei Wyborg (Rußland) ein Lkw-Container durchsucht. Die Ladung bestand aus 26 000 Dosen Corned beef. In Wirklichkeit war in den meisten der Dosen, so wie in anderen Verstecken des Containers, eine Tonne Kokain im geschätzten Verkaufswert von 320 Millionen Mark versteckt. Die Ladung sollte über die Firma DTI nach Westeuropa weitergeleitet werden. Das Kokain gehörte einem überwiegend aus israelischen Staatsangehörigen – teils russischer Herkunft – bestehenden Drogenring mit Stützpunkten in Kolumbien, Antwerpen, Amsterdam, Tel Aviv, Moskau und St. Petersburg, der in den ganzen letzten Jahren bereits tonnenweise Kokain nach Westeuropa geschmuggelt haben dürfte.

Die Zusammenarbeit zwischen der Russenmafia und den Kokainkartellen geht noch weiter. »Nach Erkenntnissen des Bundesnachrichtendienstes BND arbeiten kolumbianische und russische Tätergruppen jedoch nicht nur im Drogenhandel, sondern auch – so eine Meldung im Mai 1993 – bei der Geldwäsche zusammen. Goldbestände des Kokainkartells sollen mit russischen Prägestempeln versehen und verkauft worden sein. Für diese ›Dienstleistung‹ kassierte die Russen-Mafia angeblich 25 Prozent; das Kartell hatte dafür ihr schmutziges Drogengeld in eine saubere Währung umgewandelt.«[102]

Wieder zurück nach Deutschland. Am 24 Juni 1992 wurden die Berliner Michael Miosga und seine Freundin durch Kopfschüsse hingerichtet. Miosga war mit seiner Firma in Brandenburg in millionenschwere Transferrubelgeschäfte mit ukrainischen Firmen verstrickt. »Der Spiegel« recherchierte: »Er kaufte im Juni 1990 auf Rechnung eines ostdeutschen Unternehmens rund 400 neue russische Lada-Limousinen für drei Millionen Mark und lieferte sie an die Firma Uralmasch in Jekaterinburg im Ural. Uralmasch zahlte dafür 7,8 Millionen Rubel. Das waren nach dem damals gültigen Umrechnungskurs 36,4 Millionen DDR-Mark. Wenige Tage später, als die Währungsunion aus der ostdeutschen Alu-Mark harte West-Mark zauberte, standen 18,2 Millionen auf dem Konto der Lada-Verkäufer. Die restlichen 15 Millionen aus dem Reibach verschwanden. Daß Miosga dann plötzlich im Geld schwamm, ist für die Kripo noch kein Beweis für sein falsches Spiel. Aber wohl für die anderen Monopoly-Mitwirkenden. Sie befanden ihn für schuldig und vollzogen auch gleich das Urteil.«[103]

Ähnliche Morde folgten jetzt ziemlich rasch aufeinander.

18. Juli 1992: Eine junge in Berlin lebende Weißrussin wurde bei Oranienburg mit eingeschlagenem Schädel und durchtrennter Kehle aufgefunden. Sie beschäftigte sich mit Bankbetrügereien. Ein Streit um den Beuteanteil endete für die junge Frau tödlich. Bekannt war, daß sie zu einer Gruppe junger Russen gehörte, die sich regelmäßig im »Billard-Café« trafen.

Am 1. Dezember 1992 wurde dann der Ukrainer Garri Dshibu in seiner Berliner Wohnung von Unbekannten durch mehrere Schüsse ermordet. Die Wohnung, in der er lebte, war von seiner Cousine angemietet worden, der Ex-Ehefrau des im September 1991 in München ermordeten Efim Laskin. Vom Tatort ließ sich eine ca. 70 Zentimeter lange Blutspur bis zu einem Parkstreifen auf der Straße verfolgen, woraus die Polizei schloß, daß sich einer der Täter verletzt haben mußte. Dshibu war im Besitz eines russischen Passes auf den Namen Igor Issa und einer Maschinenpistole mit zwei gefüllten Magazinen. Igor Issa alias Garri Dshibu galt als Boß einer in Kiew aktiven Bande und war dort bereits mehrfach wegen Raubes und Erpressung aufgefallen. In der Vergangenheit besuchte er häufig Berlin und hielt sich dann meistens monatelang bei Freunden auf. Seine letzte Reise führte ihn am 24. April 1992 nach Berlin. Der Grund: Er wollte sich einem blutigen Machtkampf zwischen rivalisierenden kriminellen Banden in Kiew entziehen. Einer dieser Banden gehörte er als »zweiter Mann« an. Wieder taucht das »Billard-Café« auf. Denn als er in Deutschland war, besuchte er fast täglich diesen Treffpunkt illegal eingereister Tschetschenen. Warum ist das aber so wichtig?

Besitzer des »Billard-Cafés« waren ein Aviva Lavitas, Spitzname »Wolodja«, und ein Siegfried H., der gleichzeitig ein anderes Unternehmen, die Firma Alex 14, leitete. Lavitas soll nun Dshibu und seine Leute um Schutz vor den Tschetschenen gebeten haben und dafür bereits 30 000 Mark gezahlt haben. Um die geschäftlichen Unklarheiten zu klären, traf sich am 16. November Dshibu mit dem Bandenchef der Tschetschenen-Mafia in Berlin, einem Magomed Mutalibow, im russischen Restaurant »Rossija«. Gelöst wurde das Problem nicht, vielmehr kam es zum Streit um die Aufteilung von Geschäfts- und Revieranteilen. Deshalb fand später ein weiteres Gespräch statt, diesmal in der Wohnung von Mutalibow. Für Dshibu muß auch diese Verhandlung wenig erfolgreich beendet worden sein, denn nun forderte er aus Kiew Unterstützung an. Doch seine Komplizen kamen zu spät. Am 1. Dezember lösten die Tschetschenen das Problem auf ihre Weise.

Einen Monat später, im Januar 1993, mußte die Polizei einen weiteren Mord aufklären. Im Zimmer 634 des Berliner Esplanada-Hotels lag der Russe Alexander Nikulin, Mitarbeiter der Moskauer Firma Intercom JSC., erschossen auf dem Teppichboden. Der Mann, der ihm das Zimmer gemietet hatte, war ebenjener Siegfried H., Mitgeschäftsführer der in der Berliner Kantstraße residierenden Firma Alex 14. Bei ihren ersten Ermittlungen ging die Polizei davon aus, daß es sich um einen Racheakt der Russenmafia handeln könne. In Wirklichkeit war alles etwas komplizierter. Diese komplizierten Verbindungen zeichnen jedoch die Organisation der Exilrussenmafia aus.

Mit Hilfe eines Tatzeugen konnte die Polizei ziemlich schnell den Mörder identifzieren. »Marko«, so sein Spitzname, hatte bereits in der ehemaligen Sowjetunion zwei Auftragsmorde verübt und war zur Fahndung ausgeschrieben. Weitere Ermittlungen ergaben schließlich, daß sowohl Opfer wie Täter enge geschäftliche und persönliche Kontakte zu den Inhabern der Berliner Firma Alex 14 in der Kantstraße pflegten. Tatmotiv könnten, so die Polizei, geschäftliche finanzielle Streitigkeiten zwischen der Firma Alex 14 und Intercom gewesen sein, bei denen es auch um den Diebstahl von 200 000 Mark ging. Zumal auch der am 1. Dezember ermordete Garri Dshibu enge persönliche Kontakte zu dem Geschäftsführer der Firma Alex 14 hatte. Erneut in den Mittelpunkt polizeilicher Ermittlungen trat die Firma Alex 14 im Zusammenhang mit einem erpresserischen Menschenraub und einer Geiselnahme Anfang Dezember 1992.

Es war der 3. Dezember 1992. Der ukrainische Staatsbürger Michael Nakonetschny fuhr in Begleitung seiner Ehefrau nach Posen, um dort mit einem aus Moskau anreisenden Inder ein größeres Teegeschäft abzuschließen. Auf seine Reise nahm er einen Barscheck über 19 500 Dollar mit. Von Posen aus lockte man ihn am nächsten Tag nach Warschau. Hier warteten bereits Angehörige einer ukrainischen Mafiabande. Sie nahmen ihn als Geisel, schlugen Nakonetschny zusammen und folterten ihn mehrere Stunden lang. Ihre Forderung: 50 000 Mark Lösegeld, das seine Geschäftspartnerin in Münster zahlen sollte. Während das Opfer wieder nach Posen zurückgebracht wurde, fuhr Viktor Zhyganov, eines der Bandenmitglieder, nach Münster, um das Geld zu kassieren. Er erhielt auch prompt 25 000 Mark in bar und 29 600 Mark als Barscheck und machte sich sofort auf den Rückweg nach Posen. Inzwischen hatte aber die polnische Polizei die Geisel befreit und drei der Bewacher festgenommen. Am Grenzübergang Frankfurt/Oder klickten daher bei Zhyganov die Handschellen. Es könnte eines der grassierenden Entführungs- und Erpressungsgeschäfte der Russenmafia in Berlin gewesen sein. Was hat das aber mit der Berliner Firma Alex 14 zu tun? fragten sich die Polizeibeamten.

Zu den Mitgliedern der Erpresserbande gehörte Oleg K., der in Warschau maßgeblich an den Folterungen des Opfers beteiligt war. Während der gesamten Entführung stand er in telefonischem Kontakt zu einem Miron Gorstein, Spitzname »Marek«, den er ständig über die aktuelle Lage unterrichtete. Unter den bei der Festnahme von Zhyganov gefundenen Unterlagen fand sich auch ein Scheinvertrag zwischen Zhyganov und Nakonetschny, wonach die erpreßte Summe von 50 000 Mark als Bezahlung einer gelieferten Ware ausgewiesen wurde. Die Zahlung sollte auf ein Konto der Firma »Alex Establishment« in Liechtenstein erfolgen. Alleinverfügungsberechtigter des Kontos war die Firma Alex Establishment des Siegfried H., der Geschäftspartner von Gorstein und wie dieser an der Berliner Firma Alex 14 beteiligt war. In dieser Firma war das Mafiamitglied Viktor Zhyganov zwischen September und November 1992 sogar angestellt. Im August 1995 wurde einem der Entführer, eben Viktor Zhyganov, der Prozeß gemacht. Siegfried H. wurde als Zeuge geladen. Dabei verwickelte er sich in erhebliche Widersprüche. Der Vorsitzende Richter: »Sie haben, salopp gesprochen, bei der Polizei ganz schön gemauert. Hochdeutsch würde man es gelogen nennen.« – Natürlich wieder einmal alles Zufälle, diese Verbindungen.

Der mächtigste russische Mafiaclan in Europa?

Als die Berliner Polizei am Abend des 11. August 1996 alarmiert wird und die Beamten am Tatort, einer Tiefgarage, ankommen, finden sie nur noch die Leiche des 56jährigen Schakro Kakatschija, ermordet durch mehrere Kopfschüsse. Bislang galt der in Berlin lebende Georgier als ein ehrenwerter Geschäftsmann. Doch nur wenige Tage später stellte sich heraus, daß alles perfekte Tarnung war. In Wirklichkeit war Kakatschija einer der führenden Mafiabosse Rußlands, der zum Beispiel illegal Autos in den Osten verschoben hatte und über enge Verbindungen zum Kopf der russischen Mafia in den USA, Vyacheslav Ivankov, verfügte.

Einen Monat früher, am 11. Juli 1996, war auch in Wien ein georgischer Geschäftsmann, David Sanikidse, von zwei Killern erschossen worden. Bis zu seinem Tod war er ein unbeschriebenes Blatt, man wußte nur, daß er Besitzer einer Fluggesellschaft und mehrerer Hotels in Rußland und Georgien war. Erst nach seinem Tod fanden die Wiener Ermittler heraus, daß der ehrenwerte Geschäftsmann einer der Großen der georgischen Mafia gewesen war, der insbesondere von Schutzgelderpressung gelebt hatte. Pikant wurden die Enthüllungen wegen seiner guten Verbindungen zu österreichischen Ex-Politikern, die er in seine Unternehmen eingebunden hatte. Natürlich wußten die nichts von der kriminellen Potenz ihres georgischen Geschäftspartners. Einer der österreichischen Unternehmer, ein großer Bauunternehmer, mit dem der Pate aus Georgien Hotelketten aufgebaut hatte: »Es stimmt, die Hotels haben etwa 30 Millionen Mark Versicherungssumme für den Schutz der Häuser bezahlt.« Daß es eine direkte Bezahlung an die Mafia war, darüber macht er sich keine Gedanken.

Wenige Tage nach dem Mord in Wien wurden zwei junge Georgier in Budapest verhaftet, als sie mit Geldbündeln um sich warfen. Ihr Killerlohn: 100 000 Dollar. Merkwürdig nur: Kaum waren sie verhaftet, kamen zwei der besten Anwälte Budapests, um ihre Interessen zu vertreten. Und noch seltsamer: Wenig später meldete sich die Botschaft Georgiens in Budapest und erklärte, daß die beiden Killer unter falschen Namen reisten. Man habe ihnen in Moskau zwei falsche Pässe gegeben. Dabei wußte noch niemand, wer die beiden Killer eigentlich wirklich sind. Sicher ist jedenfalls, daß beide georgischen Mafiabosse, die in Berlin und Wien ermordet wurden, enge und persönliche Beziehungen sowohl zu Staatspräsident Schewardnadse wie zu dem Mafiaboß von Georgien, Dschaba Ioseliani, unterhielten, jenem Mann also, der einst Schewardnadse an die Macht gebracht hatte und im letzten Jahr in Ungnade gefallen war.

Politik und Mafia – in Georgien liegt beides so eng beieinander, daß es keine Trennlinie mehr gibt. Und die blutigen Machtkämpfe werden dort ausgetragen, wo sich die Russenmafia inzwischen fest etabliert hat. Wären die beiden Georgier nicht ermordet worden, hätte niemand daran gezweifelt, daß die beiden Unternehmer hochanständige Geschäftsmänner seien. Beide Personen sind Musterbeispiele dafür, daß sich im kriminellen Milieu der Russenmafia in Europa sowohl das kriminelle Kleinvieh, die mittlere Ebene der Vollstrecker und jene ehrenwerten Unternehmer tummeln, an denen sich Polizei und Staatsanwaltschaften, ob in Deutschland oder anderen europäischen Ländern, die Zähne ausbeißen. Die Morde und ihre Hintergründe machen dabei deutlich: wie engmaschig das kriminelle Netzwerk der Russenmafia hier bereits gestrickt ist.

Hochrangige Polizeifachleute sprechen daher von der Metakriminalität in bezug auf die Russenmafia in Deutschland. Da gibt es auf der untersten Stufe die einfachen Straftäter. Ihre Identifizierung bereitet wenig Schwierigkeiten, wobei sie diejenigen sind, die das allergrößte Risiko tragen. Auf der nächsten Stufe sind jene Straftäter aktiv, die planerische Tätigkeiten entfalten, die ihren Mitarbeitern die entsprechenden Anweisungen geben und die Durchführung durch permanente Kontrollen sicherstellen. »Ihre Aufgabe ist mit der des Managements in der Marktwirtschaft zu vergleichen, wobei auch der

Profit dieser ›Manager‹ ungleich größer ist als der ihrer Untergebenen. Dank der Arbeitsteilung gelingt es ihnen fast immer, im Hintergrund zu bleiben«, so der österreichische Russenmafia-Experte, Hofrat Heinz Wilhelm Dorn. Im obersten Stock der Pyramide residieren jene »Ehrenmänner«, denen in der Regel ein Tatzusammenhang mit konkreten Einzelfällen nicht mehr nachgewiesen werden kann. Sie würden – zur Rede gestellt – jeden diesbezüglichen Vorwurf empört und lautstark zurückweisen und alle ihnen zur Verfügung stehenden rechtlichen Möglichkeiten ausschöpfen, um ihre »Verleumder« zur Rechenschaft zu ziehen. »Es ist in der Regel nicht möglich, Metakriminelle gemäß dem Gesetz in Haft zu nehmen. Telman Chorenowitsch zeigt auf den Kreml als auf das Zentrum der Interessen der Mafia«, schrieben bereits 1991 russische Polizeifachleute in einem Artikel mit dem Titel: »Wird die Mafia einen würdigen Gegner haben?«

Und damit ist man bei den Ehrenwerten der Russenmafia zum Beispiel in Österreich und in Deutschland, die mit allen Mitteln versuchen, hier unangreifbar zu werden.

Da gibt es den bereits mehrfach erwähnten Sergej Michailow, mit Sitz in Wien. Ein einstmals kleiner Gangster. Beinahe wäre er diplomatischer Vertreter von Costa Rica geworden. Den Diplomatenpaß glaubte er bereits in der Tasche zu haben, als er im Winter 1994 im Moskauer Nobelrestaurant »Silbernes Zeitalter« an einem Fest teilnahm. Anwesend waren unter anderen Mitarbeiter verschiedener ausländischer Missionen in Moskau, ein hochrangiger Beamter des russischen Außenministeriums sowie die Gattin des Gesandten eines lateinamerikanischen Landes in Israel. Doch wer jene imposante Figur, jener kräftige Mann war, der die Runde anführte, blieb für die Beobachter ein Rätsel. Dafür erkannten die anwesenden Vertreter der russischen Unterwelt von allen Angehörigen aus der Runde lediglich einen: den Anführer der bekannten Moskauer Unterweltgruppe Solnzewskaja mit dem Spitznamen »Michas«. Der Anlaß für das Diner: Die Republik von Costa Rica hatte ihn zu ihrem Honorarkonsul in Moskau ernannt. Und zwar auf Empfehlung des damaligen stellvertretenden Außenministers des Landes, Carlos Biancini. Erst durch die Veröffentlichung dieses Skandals in der Moskauer Tageszeitung

»Iswestija« wurde Monate später seine Berufung zurückgezogen. Mit einem Diplomatenpaß wäre »Michas« für alle Polizeidienststellen unangreifbar geworden.

Aber warum Costa Rica? »Hier laufen die besten Kokaingeschäfte ab«, so ein Ermittler. Und nicht ohne Grund gründeten 1995 verschiedene Unternehmer, die mit der Mafiaorganisation der Solnzewskaja in Verbindung stehen, Handelsfirmen in Costa Rica, Ecuador, Kolumbien und Panama.

Auch der bekannte Shabtei Kalmanovich, befreundet mit Michailow, bereits Besitzer zweier Staatsbürgerschaften, der Rußlands und Israels, bemühte sich, Ehrenkonsul Costa Ricas in St. Petersburg zu werden.

»Michas« oder Kalmanovich sind nicht die einzigen aus der Verbrecherwelt, die versuchten, einen Diplomatenpaß oder einen ausländischen Paß zu erhalten. Viele in Deutschland lebende russische Paten oder dubiose Geschäftsleute besitzen bekanntlich außer ihren heimatlichen russischen Dokumenten heute Reisepässe verschiedenster Nationen, oder sie haben sich, was viel besser ist, einbürgern lassen, entweder in Deutschland oder in Österreich oder der Schweiz.

Ein panamesischer Diplomatenpaß kostet 65 000 Dollar, ein ungarischer Diplomatenpaß 125 000 Dollar, einer aus Paraguay 75 000 Dollar, der von Costa Rica übrigens 95 000 Dollar. Gekauft wird auch die Aufenthaltserlaubnis. In Kanada blättern die »ehrenwerten Männer« der Organisation immerhin 250 000 Dollar hin. Interessant dabei ist, daß das Land, das die Staatsbürgerschaft gewährt, von den Einzubürgernden größere Summen verlangt, die etwa in die örtliche Wirtschaft investiert werden sollen. Oder es müssen hohe Geldsummen auf der Landesbank deponiert werden. Auch der Kauf von Liegenschaften wird empfohlen sowie die Schaffung von Arbeitsplätzen. Alles mit dem kriminellen Geld der Mafiapaten aus Rußland.

Viele kriminelle Anführer der Russenmafia besitzen daher in Deutschland einen deutschen Reisepaß oder sind eingebürgert. Wie das gelungen ist – Geld spielt schließlich für sie keine Rolle. Denn für sie ist ein deutscher Reisepaß unendlich wichtiger als ein russischer. Um ihre kriminellen Geschäfte in Rußland zu kontrollieren, müssen sie jederzeit Inspektionsreisen durchführen. Der eine macht das mit einem paraguayischen Diplomatenpaß, der andere mit einem deutschen oder israelischen Reisedokument.

Ihr ehrgeiziges Ziel ist es, außer der politischen und wirtschaftlichen Anerkennung, ihre kriminelle Vergangenheit vergessen zu machen. Sie alle wollen »Ehrenmänner« sein.

Ein Beispiel. Da gibt es in einem Bürohaus am Berliner Kurfürstendamm, natürlich teuerste Lage, eines der bedeutendsten Unternehmen der russischen Mafia. Die Geschäftsräume im zweiten Stock sind für Unbefugte unzugänglich, abgeschottet, und der Eingang wird von einer Videokamera überwacht. Über dieses Unternehmen wurden in den letzten Jahren durch betrügerische Manipulationen Gewinne in Millionenhöhe erwirtschaftet. Und über dieses Unternehmen führt der Weg direkt zu einem der ganz Großen aus der alten Garde der Russenmafia, die seit langem in Europa lebt.

Es ist ein langer Weg, verwinkelt und manchmal kaum zu überblikken. Dabei steht im Vordergrund die Aussage des Geschäftsführers des Unternehmens, des Berliner Kaufmanns M. B.: »Warum sitze ich denn nicht im Gefängnis, wenn ich ein Mafioso bin?« Er fühlt sich zu Unrecht von der Berliner Polizei verfolgt, die ihn für einen der Großen der Russenmafia hält. Dieser »Ehrenwerte« ist heute mehrfacher Millionär. Dabei hatte alles ganz einfach begonnen. 1983 fiel er in Augsburg erstmals auf. Da wurde er vom Amtsgericht zu einer Geldstrafe wegen Beleidigung verurteilt. Wenig später, am 8. 12. 1983, verurteilte ihn das Landgericht Augsburg zu drei Jahren Gefängnis wegen Betruges. 1984 erhielt er eine Geldstrafe wegen Körperverletzung, und 1989, inzwischen war er nach Berlin umgezogen, brummte ihm das Amtsgericht Berlin-Tiergarten eine Freiheitsstrafe von einem Jahr auf, wegen gemeinschaftlicher Urkundenfälschung. Im Herbst 1993 – mittlerweile hatte er Karriere gemacht – wurde er in Moskau vom Bundeskriminalamt festgenommen wegen Steuerhinterziehung in Millionenhöhe im Zusammenhang mit Handelsgeschäften der Westgruppe der sowjetischen Streitkräfte.

Hier beginnt nun die Metamorphose eines kleinen Kriminellen zu einem »Ehrenwerten«. Im April 1991 wurde seitens der Militärstaatsanwaltschaft Wünsdorf ein Ermittlungsverfahren wegen Bestechlichkeit gegen den stellvertretenden Chef der Handels- und

Dienstleistungsverwaltung eingeleitet. Grund war die Tatsache, daß freiwerdende Liegenschaften der sowjetischen Garnison an exilrussische Geschäftsleute aus Westberlin zu auffällig großzügigen Sonderkonditionen vermietet wurden. Beim weiteren Nachstochern stießen die Ermittler auf Unregelmäßigkeiten bei der Abrechnung gelieferter Waren an die damaligen sowjetischen Streitkräfte. So hatten die Lieferanten den Kunden unüblich kurze Zahlungsfristen von gerade mal fünf Tagen eingeräumt. Wer aber läßt sich auf solche Fristen ein? Doch wohl nur einer, der damit eine Überprüfung der Qualität und eine damit verbundene Rücknahmeverpflichtung der gelieferten Waren verhindern will. Hinzu kam, daß auf den sogenannten Abwicklungsscheinen die Abnahme größerer Warenmengen bestätigt wurde, als tatsächlich geliefert wurden. Lieferanten, die bei solchen krummen Geschäften mit der Westgruppe in Erscheinung traten, waren unter anderem die Firma M & S International in Antwerpen. Die wiederum stand in enger Geschäftsbeziehung mit dem Berliner Unternehmen. Aber nicht nur mit ihm. Ein anderer ist Rachmiel Brandwain, über den Polizeibehörden behaupten, er sei wohl einer der mächtigsten Bosse der Exilrussenmafia in Europa.

Parallel zu den Ermittlungen der Militärstaatsanwaltschaft stießen die Berliner Zollbehörden auf gravierende Unregelmäßigkeiten bei der Mehrwertsteuerrückvergütung aufgrund der vorgelegten Abwicklungsscheine und der angeblich gelieferten Waren. Insgesamt 41 exilrussische Firmen hatten so durch betrügerische Manipulationen Gewinne in Millionenhöhe eingesackt. Und zwar ganz einfach dadurch, daß mit Hilfe korrupter sowjetischer Offiziere und Generäle Liefermengen nichtexistenter Waren auf Abwicklungsscheinen bestätigt wurden, mit deren Hilfe dann eine Rückvergütung der Mehrwertsteuer beim deutschen Finanzamt ermöglicht wurde. Es war die hohe Form der Wirtschaftskriminalität, wobei sich dann herausstellte, daß sowohl der Berliner »Ehrenwerte« wie auch Rachmiel Brandwain diese betrügerischen Manipulationen perfekt beherrschen. Es war der Grundstein für ihr kriminell erwirtschaftetes Geld.

1991 geriet die Firma des Berliner »Ehrenwerten« in anderen Zusammenhängen in den Mittelpunkt polizeilicher Aufmerksamkeit. Visitenkarten seiner Firma wurden bei zwei in Berlin festgenommenen Erpressern der Tschetschenen-Mafia gefunden sowie bei zwei in Frankfurt Verhafteten, die einer internationalen Falschgeldbande angehörten, und schließlich bei dem in München ermordeten Efim Laskin.

In diesem Zusammenhang taucht ein weiterer Name auf: Ricardo F., der in Luxemburg lebt und momentan noch ein Großimporteur von Wodka ist. Er kann mit einer kriminellen Biographie aufwarten, die sich sehen lassen kann: Urkundenfälschung, schwerer Diebstahl, schwerer Raub, Vergewaltigung und Freiheitsberaubung. Das hat seiner Karriere ganz sicher nicht geschadet – im Gegenteil. Zusammen mit Rachmiel Brandwain hat er in Luxemburg Zugriff auf vier Firmenkonten: von American Eagle, M & S International, Broder Trading und Capital-Management.

Am 27. Januar 1992 lief bei der Interpol-Dienststelle in Luxemburg eine Anfrage des Wiesbadener Bundeskriminalamtes ein. Die BKA-Beamten wollten wissen, ob und welche Erkenntnisse es über M. B., Rachmiel Brandwain und Ricardo F. gebe. »Sie besitzen zahlreiche Firmen«, faxten die Luxemburger Kollegen an das BKA zurück, »die alle miteinander verflochten sind.« Das BKA spricht daher von »verworrenen Firmengeflechten«, ein Zeichen für die Perfektion der kriminellen Tarnoperationen. Eine andere Information aus Luxemburg besagte, daß der Luxemburger Rechtsanwalt der drei »Ehrenwerten« bislang eher für einen anderen mächtigen Mandanten gearbeitet habe: die italienische Mafia. Die habe ihm sogar sein Jurastudium finanziert, was die Anhänglichkeit des Anwalts zu Kriminellen aller Art erklärt.

Die Betrugsgeschäfte der Exilrussenmafia schienen jedoch nur dazu zu dienen, die Anschubfinanzierung für Drogengeschäfte zu sichern. Bereits 1988 trat Ricardo F. im Zusammenhang mit Kokaingeschäften in Erscheinung. Der US-Drogenabwehrbehörde DEA liegen anscheinend gesicherte Erkenntnisse vor, wonach ein in den USA berüchtigter Drogendealer enge Kontakte zu F. unterhält. Vehement, wie es sich in diesen Kreisen gehört, weist er jeden Verdacht von sich. Er mache vielmehr gute Geschäfte mit Polen, baue dort sogar eine Autowaschanlage auf.

F. ist inzwischen ein reicher Mann. Seine Villa in Antwerpen hat ihn mindestens drei Millionen Mark gekostet. Und nun kommt wieder der ermordete Marianaschwili aus Berlin ins Spiel. Man kannte sich, hatte sich einst im Berliner Lokal »Chez Alex« kennengelernt. Zuletzt hatten sie am 16. April 1992 bei Geschäftsverhandlungen zusammengesessen.

Dabei erfuhr F., daß sein Freund Marianaschwili nach Amsterdam reisen wollte. Am 20. April hatte er sich auch aus Amsterdam gemeldet und für den gleichen Abend ein Treffen mit Ricardo F. vereinbart. Doch zu diesem kam Marianaschwili nicht mehr. Seine Killer hatten ihm zuvor aufgelauert.

Um wieder auf den »ehrenwerten« Unternehmer M. B. in Berlin zurückzukommen: Als die polizeilichen Ermittlungen gegen M. B. auf Hochtouren liefen, wurde seine Firma in Berlin offiziell aufgelöst. Zugleich firmierte in denselben Geschäftsräumen ein neues Unternehmen: Stars & Striper. Als Gesellschafter und Direktor fungierte diesmal ein Walerij C. Der betreibt in Berlin außerdem ein kleines Antiquitätengeschäft und gilt in Kreisen der Exilrussen als »Autoritätsperson«. Eine Autorität wiederum mit einschlägiger Vergangenheit. Das Bundeskriminalamt stellt ihn folgendermaßen dar: »Im Verfahren der Staatsanwaltschaft Düsseldorf (Az: 810 Js 1169/88) war er der Mitgliedschaft in einer kriminellen Vereinigung beschuldigt. Gute Kontakte seinerseits zu kriminellen Kreisen in St. Petersburg bestehen nach hiesigen Erkenntnissen bereits seit Jahren.«

Tatsächlich schien dieser Walerij C. bei dem neuen Unternehmen in Berlin nur vorgeschoben zu sein. Eigentlicher Inhaber ist nach wie vor der »Ehrenwerte«. Er selbst sagt, daß er das Unternehmen aus steuerlichen Gründen umbenannt habe. Das kann die US-Drogenabwehrbehörde DEA so nicht sehen. Denn der eigentlich Verantwortliche des Unternehmens sei in Wirklichkeit Boris Nayfeld, und der ist ein russischer Topkrimineller. So findet sich in Berlin zusammen, was eine international operierende Organisation auszeichnet.

Es wundert niemanden, daß dieser Nayfeld ebenfalls eine erfolgreiche kriminelle Karriere hinter sich hatte, bevor er erfolgreicher Unternehmer wurde. Laut seiner Kriminalakte kam er als jüdischer Flüchtling in den siebziger Jahren in den USA an. Bereits im Dezember 1980 wurde er in New York erstmals verhaftet, wegen Diebstahls.

Später diente er als Leibwächter und Fahrer eines Evsei Agron. Der wird in den Dokumenten des amerikanischen FBI als »Godfather« (Pate) der exilrussischen Mafia in den USA eingestuft. Doch 1985 wurde Agron erschossen. Als Verdächtiger floh Nayfeld daraufhin aus den Vereinigten Staaten und suchte in Europa Unterschlupf. Doch nach kurzer Zeit kehrte er wieder nach New York zurück. 1986 wurde er bei einer Schießerei zwischen rivalisierenden russischen Banden in New York leicht verletzt. Er blieb weiterhin im Geschäft und wurde jetzt Fahrer und Leibwächter des neuen russischen Mafiabosses der Exilrussenmafia von New York, einem Marat Balagula. Dem gelang es immerhin, mit sage und schreibe vier verschiedenen einflußreichen Cosa-Nostra-Familien zusammenzuarbeiten. Es wurde die erste bekannte Geschäftsallianz zwischen zwei unterschiedlichen ethnischen Mafiaorganisationen in Amerika.

1989 wurde Balagula in Frankfurt verhaftet, an die USA ausgeliefert und dort wegen Kreditkartenbetruges verurteilt. Sein Nachfolger: Boris Nayfeld. Hatte sich sein Vorgänger auf die Kooperation der hochkriminellen Organisationen in den USA beschränkt, stieß Nayfeld nun in neue Dimensionen des Organisierten Verbrechens vor. Er wurde Chef der Unterwelt in der russischen Gemeinde von Brighton-Beach in New York, der größten Ansiedlung von Exilrussen in den USA. Gleichzeitig baute er die internationalen Verbindungen der kriminellen Russenszene weiter aus. Russische Behörden berichten, daß Nayfeld Chef einer organisierten Verbrechergruppe ist, deren Betätigungsfeld sich über die USA, Deutschland und Österreich erstreckt. Sie sei hauptsächlich in den Deliktbereichen Erpressung, Drogenhandel und Falschgeldherstellung aktiv. Jetzt arbeiteten das Innenministerium der Russischen Föderation und die amerikanischen Behörden zusammen. Dabei stießen sie auf einen internationalen Drogenring, der sowohl in New York als auch in Europa operierte. Drahtzieher: Boris Nayfeld und die Unternehmensgruppe M & S. Bis 1993 lief dieses Drogengeschäft blendend.

Doch Nayfeld spürte, daß die neue Mafia aus Moskau an dem kriminellen Superdeal mit Drogen beteiligt werden wollte und die »Jungen« überhaupt nicht mehr bereit waren, sich den Markt mit den alten Mafiaclans zu teilen. Das war der Grund, weshalb Nayfeld die

USA verließ und nach Belgien emigrierte, zu seinem Freund Brandwain. Schnell wurde Nayfeld in Belgien Vorstandsmitglied einer Gesellschaft namens »Park-Residence«. Das ging bis Anfang 1994 gut. Doch dann wurden siebzehn Mitglieder seiner Organisation, einschließlich Nayfeld, auf dem John-F.-Kennedy-Flughafen in New York verhaftet. Seitdem sitzt Nayfeld hinter Gittern.

Nayfeld war ein Krimineller der alten russischen Mafia, mit engen Beziehungen zu in Deutschland lebenden Exilrussen wie zu deren Repräsentanten in Rußland. Und die haben längst die billige Kriminalität abgestreift. Das durch ihr kriminelles Vorleben angehäufte Vermögen haben sie in westlichen Währungen angelegt. Mit ihren westlichen Pässen sowie dem im Westen erworbenen Wissen auf dem breiten Sektor der Wirtschaftskriminalität sind sie erste Wahl als Ansprechpartner für die neue korrupte Clique des russischen Staatsapparates geworden. Sie investieren in Immobilien, in Baugeschäfte, Hotels und Freizeiteinrichtungen; sie kaufen in Deutschland über deutsche Strohmänner marode Firmen auf. So betrachtet, ist es kein Wunder, daß ihr Hauptbetätigungsfeld auf dem Gebiet der GUS weniger ihre Verstrickung in traditionelle Formen der Organisierten Kriminalität ist, sondern sie mehr zum Lehrmeister für die Organisierte Wirtschaftskriminalität geworden sind. Sie gründen Joint-venture-Unternehmen, um mit diesen Firmen, in Kooperation mit staatlichen Organen, im großen Stil Wirtschaftsgüter illegal aus dem Land zu bringen sowie Waren aller Art illegal in Deutschland einzuführen. Nicht immer, aber immer öfter geschieht das wiederum – auch in Deutschland – unter dem Schutz und in Zusammenarbeit mit den lokalen Mafiabanden.

Und wer sind nun einige der Personen, die sich mit diesen Geschäften profiliert haben? M. B. aus Berlin, Rachmiel Brandwain aus Belgien und – bis zu seiner Verhaftung – Boris Nayfeld aus den USA.

Verdachtsmomente

Rachmiel Brandwain, 1950 in dem Städtchen Zdolbunow in der Ukraine geboren, ist Geschäftsmann. Von Mitte bis Ende der achtziger Jahre verkaufte er in Berlin elektronische Ausrüstungsgegenstände. Danach half er der sowjetischen Armee, sprich den korrupten Offizieren, sich hemmungs- und skrupellos zu bereichern. Mit dem Geld der Armee kauften die Offiziere alles ein: von Stereoapparaten bis zu gestohlenen Mercedes. Dafür verkauften sie Metalle, Maschinen, Rohstoffe, alles, worüber sie kraft ihres Amtes verfügen konnten. Brandwain war damals ein Vermittler. Seine Gesellschaften halfen den Offizieren, die gestohlenen Millionen auf Off-shore-Konten zu transferieren. »Warum nicht«, sagte Brandwain dazu, »es ist ein Geschäft.«

Rachmiel Brandwain äußerte sich freimütig zu den Geschäften mit der Sowjetarmee, die ihm seinen Reichtum seit 1989 ermöglichten: »Die Armee bestellte Bettwäsche im Wert von über zehn Millionen Mark. Für ein Laken wurden zehn Mark bezahlt, obwohl das Stück auch für vier Mark erhältlich gewesen wäre.« Natürlich mußten die verantwortlichen Offiziere in Wünsdorf bestochen werden. Brandwain: »Beide Seiten profitierten von diesem Deal: die Militärs, die dafür schätzungsweise 500 000 Mark kassiert haben, und wir. Wenn die Ware zum Preis von vier Mark angeboten wird, die Militärs aber vorschlagen, zehn Mark zu berechnen, wird kein Geschäftsmann ablehnen. Außerdem interessierten sich die Armee-Einkäufer kaum für Qualität und Menge der Ware – ihre einzige Sorge war, wieviel für sie abfiel.« Das ist leider nur ein Teil der Wahrheit. Den Abwicklungsscheinen zufolge wurde Brandwains Firmen die Abnahme erheblich höherer Warenmengen bestätigt. Versuche seitens der ehemaligen sowjetischen Militärverwaltung, wegen der gelieferten minderwertigen Ware im nachhinein eine Rückvergütung geltend zu machen, verliefen ergebnislos, da die Firmen inzwischen in Liquidation gegangen waren.

Nach Beendigung der Geschäftsverbindungen zu den Firmen Brandwains schloß die russische Militärhandelsorganisation neue Lieferverträge mit der Firma American Eagle, also mit Moshe Ben Ari. Das Unternehmen lieferte in der Hauptsache Textilien, Heim- und Unterhaltungselektronik. Nur der Firmenname hatte sich verändert – die Besitzer waren dieselben: Moshe Ben Ari und Rachmiel Brandwain. Ihre Profite waren überwältigend. Allein im Jahr 1993 erhielten sie von der russischen Militärverwaltung 13 Millionen Mark, ohne dafür irgend etwas geliefert zu haben. Aber als die sowjetische Armee aus Osteuropa, auch aus Ostdeutschland, abzog, da war Brandwain erst mal aus dem Geschäft. Gegen seine ehemaligen Kunden in der Armee sollte wegen Korruption in Moskau ermittelt werden.

Jetzt half die unheimliche Allianz von Mafia und Militär in Moskau. Gegen keinen der korrupten Militärs wurde wirklich ermittelt, natürlich auch nicht gegen die Anführer der Exilrussenmafia. Sie genossen inzwischen den Segen höchster Generäle und Minister in Moskau: »Das Know-how und die internationalen Verbindungen der M & S-Gruppe steht ihren Geschäftsfreunden in Generalsuniform seit Jahren zur Verfügung. Diese haben ihrerseits Hunderte von Millionen, wenn nicht Milliarden in die mafiose Infrastruktur investiert, die sich nach dem Untergang der Sowjetunion in Deutschland und den Benelux-Staaten etablierte und in der M & S eine wichtige Rolle zu spielen scheint.«[104]

Brandwain schaute sich nun nach neuen Kontakten und neuen Geschäften um. Da traf es sich gut, daß ihn sein alter Freund Nayfeld aus den USA ansprach. Brandwain:»Ich habe ihn bereits 1986 in Berlin kennengelernt, da ich damals ein Geschäft für elektronisches Material besaß. Später schlug mir Nayfeld vor, zusammen Geschäfte zu machen. Er hatte gute Beziehungen nach Rußland, ich nicht, da ich Rußland im Alter von neun Jahren verlassen hatte. Ich sagte zu ihm: Schau, Boris, du scheinst ein normaler Typ zu sein, ich bin bereit, dir zu helfen, wenn du mir hilfst, Verbindungen nach Rußland herzustellen. Aber mache keinen Scheiß. Damals lief alles gut, er machte mich mit verschiedenen Russen bekannt. Er kannte die russische Mentalität aus jener Zeit des Kampfes gegen den Kommunismus.«

Es war die Zeit des Überganges von der alten Exilrussenmafia zur neuen russischen Mafia, als ihn sein alter Freund Boris Nayfeld anrief und seinen Besuch ankündigte, um seine neuen Ideen vorzustellen. Glaubt man Brandwain, dann benutzten Nayfeld und dessen Freunde seine Firma M & S International, um ein weltweites Netzwerk für Drogen aufzubauen, ohne seine, Brandwains, Kenntnis. Die Polizei sieht das anders. Brandwain war ein wichtiger Teil dieses neuen Geschäfts geworden. Dafür spricht sein Engagement in Litauen. Am 9. September 1992 wurden der Anführer einer Mafiabande sowie dessen Kumpane durch Schüsse aus einem AK 47 Schnellfeuergewehr im litauischen Vilnius (Wilna) erschossen. Mordverdächtiger war der russische Staatsangehörige Igor Tiomkin, einer der Anführer der Vilnius-Brigade. Tiomkin hat beste Kontakte zu Boris Dekanidze, dem Paten der Vilnius-Brigade, und Josef L., einem, so stellt es Interpol Vilnius dar, »Mitglied dieser Bande«.

L. und Dekanidze betreiben in Düsseldorf eine Firma. Beide haben darüber hinaus in Litauen und Polen mehrere deutsch-litauisch-polnische Joint-venture-Unternehmen gegründet, die nach Erkenntnissen von Interpol der Geldwäsche dienen sollen. Und L. wiederum steht in enger Verbindung mit der Firma M & S International. Bereits im Dezember 1991 bestätigte Rachmiel Brandwain in einer in Antwerpen notariell beglaubigten Erklärung, daß Josef L. sowie ein David K. Repräsentanten der Firma M & S International für die baltischen Republiken, die Region Kaliningrad und Rußland sowie bevollmächtigt seien, im Namen der Firma Geschäfte zu tätigen und finanzielle Transaktionen durchzuführen. Zusammen mit Tiomkin waren L. und Dekanidze in der Vergangenheit bereits Gegenstand von Polizeiermittlungen, im Zusammenhang mit organisierten Kraftfahrzeugverschiebungen nach Litauen. Außerdem gab es Hinweise, die bislang nicht weiterverfolgt wurden, daß die drei in den internationalen Kokainschmuggel verwickelt sein sollen. Doch L. zumindest lebt unbelästigt in Düsseldorf. 1994 nahm Brandwain an einem »Treffen in Litauen teil«, bei dem entschieden wurde, Vitas Lingys zu ermorden, einen Journalisten der Zeitschrift »Republika« in Litauen. Lingys wurde durch drei Kopfschüsse getötet, gerade als er seine Recherche abgeschlossen und begonnen hatte, eine brisante Artikelserie zu veröffentlichen. Es ging um die Verbindungen zwischen der Firma M & S in Litauen und der berüchtigten Vilnius-Brigade sowie um ein Waffengeschäft zwischen der Firma M & S und korrupten Regierungsmitgliedern in Litauen.

Brandwain selbst bestätigte zwar ein Treffen mit dem Chef der Vilnius-Brigade, dem Topgangster Dekanidze. Aber: »Wir haben niemals über einen Mord oder so etwas Ähnliches gesprochen.«[105] Als die Zeitschrift »Republika«, trotz der Ermordung ihres Journalisten, weiter über die Firma M & S schrieb, ärgerlicherweise mit einem gefährlichen antisemitischen Unterton, klagte der örtliche M & S-Repräsentant erfolgreich gegen die Zeitung. Seitdem ist es in Litauen ruhig um die Firma M & S und Rachmiel Brandwain geworden. Dabei gehen die von dem Journalisten beschriebenen Geschäfte, wie man so hört, ungehindert weiter. Sein Geschäftspartner Boris Dekanidze zumindest wurde verhaftet und zum Tode verurteilt – und das Urteil wurde, trotz Androhung von Terroranschlägen auf ein Atomkraftwerk, vollstreckt. Der Mörder Igor Tiomkin sitzt in einem deutschen Gefängnis. Er schweigt.

Sicher ist außerdem ein anderes Faktum, das die Unschuldsbeteuerungen von Rachmiel Brandwain wenig glaubhaft erscheinen läßt: seine enge Beziehung zu dem Mafiaboß in den USA, Vyacheslav Kirilovich Ivankov. Russische Untersuchungsbeamte stießen auf Transfers von Millionen Dollar, die von der Moskauer M & S-Filiale an eine New Yorker Firma überwiesen wurden. Diese Firma gehörte Ivankov. Trotzdem genießt Brandwain – noch – die Sicherheit, daß ihn höchste politische Entscheidungsträger in Moskau, mit entsprechenden Verbindungen nach Israel und Europa, vor Belästigungen durch Polizeiermittlungen schützen. Manchmal lebt er jetzt in seinem Bungalow in Antwerpen, der, ein Klotz aus Beton und Granit, mehr einem Bunker gleicht, mit Fenstern wie Schießscharten. Dann wieder residiert er in Tel Aviv in einem Luxushotel. Hier kann er sich vor seinen Verfolgern sicher fühlen, denn Israel, so das ungeschriebene

Gesetz der russischen Mafia, ist Ruheraum, in dem nicht gemordet wird. Das ist wohl einer der Gründe, warum sich so viele hochkriminelle Bosse der russischen Mafia in Israel niederlassen. Unter anderem Tochtachunow, der sich sogar bemühte, einen israelischen Paß zu erhalten.

In Tel Aviv gewährte Brandwain einem Reporter des US-Magazins »Newsweek« sogar ein Interview. »Ich bin selbst Opfer der Russenmafia«, jammert er. »Sie haben mir mein Geschäft gestohlen.« Mitleid heischend behauptet er: »Ich bin ein unglücklicher Geschäftsmann, der von der russischen Mafia nur benutzt wurde.« Und voller Überzeugung: »Ich gehe zu jeder Polizeidienststelle auf dieser Welt und rede. Aber bislang hat mich niemand gefragt oder gar verhaftet.«

»Er ist Teil eines Drogenringes zwischen Europa, Lateinamerika und Israel«, behauptet dagegen selbst die israelische Polizei. »Aber er ist kein Drogenhändler, sondern ein Finanzier, ein Vermittler bei den Finanzoperationen in Lateinamerika.« Als sei das weniger kriminell.

Brandwain ist ein Beispiel dafür, wie sich die Exilrussenmafia, lange Zeit praktisch unbeachtet von den Polizeibehörden, ein weltweites Firmengeflecht aufbauen konnte, das eine tragende Stütze verschiedenster krimineller Aktivitäten war. Anfangs wurden von ihnen fast ausschließlich Wirtschaftsdelikte im Zusammenhang mit den sowjetischen, dann den russischen Streitkräften begangen. Danach legten sie ihr Kapital in Joint-venture-Unternehmen an, die wiederum als Deckmantel für andere illegale Geschäfte dienten. Entstanden ist ein kriminelles Imperium, das unangreifbar zu sein scheint. »Die Entwicklungen machen deutlich« – diesen Erkenntnissen von Berndt Georg Thamm kann man sich nur anschließen –, »daß sich in den letzten Jahren ganz Europa, vom Atlantik bis zum Ural, zu einem riesigen kriminalgeographischen Großraum entwickelt hat, in dem nicht nur neue, gewalttätige Tätergruppen aus der Gemeinschaft Unabhängiger Staaten und Osteuropa hochaktiv sind, sondern es darüber hinaus zu neuen, hochorganisierten Täterverflechtungen gekommen ist, deren Einflüsse für die demokratische Staatenwelt Europas bedrohliche Züge angenommen haben.«

Weltmacht Russenmafia
oder Boten einer neuen Gesellschaft?

Am 6. Juli 1994 tauchte im deutschen Generalkonsulat in Moskau ein aufgeregter und zugleich äußerst verängstigter Angestellter einer großen deutschen Spedition auf. Den Konsulatsbeamten erzählte er, ihn habe eine Mafiaorganisation gezwungen, für verschiedene Personen eine Firmeneinladung auszustellen, damit sie ein Besuchervisum für Deutschland erhalten können. Eine der drei Personen, die auf diese etwas dubiose Weise versuchten, nach Deutschland einzureisen, war Alexander Kapustine. Die Botschaft setzte ihn und die beiden anderen sofort auf die schwarze Liste. Wenige Tage später, am 19. Juli, trudelte erneut eine Einladung für Kapustine im Generalkonsulat ein. Absender war eine Düsseldorfer Firma Innova. In dem Schreiben hieß es: »Sehr geehrte Damen und Herren, hiermit laden wir für die Durchführung der Geschäftsgespräche in Düsseldorf vom 20. 7. bis 20. Oktober 1994 folgende Person ein: Alexander Kapustine. Alle mit dem Aufenthalt verbundenen Kosten, inklusive medizinische Behandlung im Notfall, werden von uns übernommen.« Unterschrieben hatte ein A. S. von der Innova Marketing GmbH in Düsseldorf.

Die Innova Marketing GmbH ist im Handelsregister Düsseldorf unter der Nummer HRG 19612 eingetragen. Als Zweck der Firma werden »Förderung des Absatzes neuer Produkte, Meinungsforschung, Dienstleistungen aller Art, Betreiben von Freizeitzentren (Spielhallen u. a.) und Gastronomie« genannt. Außerdem gibt es unter derselben Firmenadresse eine Innova Film GmbH, Mina-Unterhaltungselektronik GmbH, Klab Unterhaltungselektronik GmbH und Innova Produkte Haushaltswaren GmbH.

Bereits 1985 gründete ein gewisser F. B. die Firma Innova, die inzwischen als einer der größten deutschen Spielautomatenaufsteller gilt. Viel Geld muß er jedenfalls eingenommen haben, was Fragen aufwirft, insbesondere beim Bundeskriminalamt in Wiesbaden. Zum Beispiel die: Warum werden F. B. und seine Firma Innova in dem Lagebericht 1993 so ausführlich erwähnt? Denn F. B. selbst läßt erklären, daß er mit der Russenmafia überhaupt nichts zu tun habe.

Das werden auch jene sagen, die sich zwischen dem 21. und 22. Juni 1996 im teuersten Hotel Deutschlands, im Schloßhotel Bühlerhöhe, aufgehalten haben. Bereits Wochen vorher lag ein geheimnisvoller Schleier um die Gäste des noblen Sechs-Sterne-Hotels, zwölf Kilometer von Baden-Baden entfernt. »Wir sind komplett ausgebucht« bekamen Gäste zu hören, die zwischen dem 21. und 23. Juni eines der sündhaft teuren Zimmer (395 DM für das Einzelzimmer, 505 DM für das Doppelzimmer) mieten wollten. »Komplett ausgebucht«, ist eine harmlose Umschreibung gewesen. Denn die Gäste hatten, um unliebsame Zaungäste fernzuhalten, gleich das gesamte Hotel gemietet. Keiner sollte die erlauchten Gäste stören. Wer wissen wollte, wer das Hotel gemietet hatte, traf auf eine Mauer des Schweigens. »Wir sind zur strikten Geheimhaltung verdonnert worden«, meint ein im grauen Anzug gekleideter leitender Angestellter des Schloßhotels. Und die 1. Hausdame des »besten Hotels von Deutschland« erzählt am Telefon: »Das ist absolut geheim.« Davon wiederum will der Direktor des Hotels nichts wissen. »Das war eine ganz normale Hochzeit.«

Wären da nicht zwei Beamte des Bundeskriminalamtes aus Wiesbaden und drei weitere Kollegen des Landeskriminalamtes aus Stuttgart gewesen, dann hätte man sich vielleicht wirklich wenig gedacht. Doch die Polizei observierte drei Tage lang die Heimlichtuer. Sie ging nämlich davon aus, daß da ein hochkarätiges Treffen der Russenmafia stattfand – und die Gelegenheit der Observierung wollte man nutzen.

Die Angestellten des Schloßhotels wußten davon nichts. Ihnen war nur merkwürdig vorgekommen, erzählen sie, daß im Hotel alle wertvollen Einrichtungsgegenstände, die nicht einbetoniert waren, aus dem Hotel entfernt worden waren. Eine Veränderung gab es lediglich in der Eingangshalle. Dort stellt ein Baden-Badener Juwelier seine edlen Schmuckstücke aus. Normalerweise im Wert von rund 40 000 Mark. Diesmal wurde der Schrank mit Brillanten und Gold im Wert von zwei Millionen Mark bestückt. Denn die Gäste hatten Geld und waren dafür bekannt, daß ihnen nichts zu teuer ist. Deshalb erhielten die Bediensteten des Schloßhotels von der Direktion auch eine strikte Anweisung: »Die Gäste dürfen kein Nein hören.«

Bereits am Freitag nachmittag fuhren die edlen Limousinen der Mercedes-S-Klasse vor, ungewöhnlich viele mit Berliner Kennzeichen. Am Eingangstor wurde streng kontrolliert, von Bodyguards der Gäste. Selbst der öffentliche Feldweg, sinnigerweise heißt er Philosophenweg, war für jeden, der nicht dazugehörte, tabu. »Da dürfen Sie nicht gehen, denn Sie sind zu nahe am Hotel«, warnten die Bewacher.

In der Zwischenzeit verschwanden die Limousinen über einen kleinen Waldweg, der zu dem Schloßhotel führt. Jetzt waren sie endlich unter sich. Beim Begrüßungscocktail der 160 geladenen Gäste wurden 50 Flaschen und 20 Magnum-Flaschen Champagner sowie 50 Flaschen Wodka weggeputzt. Wobei die Gäste auch noch auf eigens mitgebrachten Wodka umstiegen.

Eigentlich sollte – so die offizielle Version, die den Bediensteten mitgeteilt wurde – eine Silberhochzeit gefeiert werden. Und zwar die von Juri. K. Der hatte vor 25 Jahren in der UdSSR geheiratet, dann aber, um eine Ausreisegenehmigung zu bekommen, die Ehe aufgelöst. Jetzt sollten die Hochzeitsfeierlichkeiten nachgeholt werden. Finanziert hatte alles sein Schwiegersohn, Serge R., ein erfolgreicher russischer Geschäftsmann. Ihm gehört in Berlin eine Außenhandels-GmbH. Der 25jährige Unternehmer wurde innerhalb weniger Jahre mehrfacher Millionär. In Berlin besitzt er millionenschwere Immobilien und fährt manchmal in seinem Rolls-Royce herum. Häufig hält er sich in Monaco auf. Wie er in so kurzer Zeit zu so viel Geld gekommen ist, darüber rätselt man derzeit im Bundeskriminalamt.

Um sich für die Feierlichkeiten am Samstag richtig einzustimmen, trafen am Freitag abend aus Holland vier Croupiers mit der gesamten Spieleinrichtung ein. Es war die Zeit zum Zocken. Tausender wurden gesetzt, bis es einen Zwischenfall gab. Einer der zahlungskräftigen Gäste setzte 1000 Mark auf Zahl und gewann. Doch die Croupiers wollten ihm das Geld nicht in bar auszahlen. Fast wäre es zu einer Schlägerei gekommen. Die Croupiers aus Holland jedenfalls verzogen sich daraufhin fluchtartig. Und mit der fröhlichen Stimmung war es erst mal vorbei.

Höhepunkt für die meisten Gäste war jedoch der Samstag. Für die Heiratszeremonie von K. am Samstagnachmittag wurde eigens ein Schauspieler engagiert. Er spielte den Pfarrer. Eine weiße Hochzeitskutsche und zwei Schimmel waren auch da. Dummerweise regnete es so stark, daß das Brautpaar nicht in der Hochzeitskutsche zur Tennishalle fahren konnte. Die war für das Treffen extra umgebaut worden. Damit sie wie ein Prunkpalast aussah, wurden, so wird geschätzt, zwei Millionen Mark investiert.

»Sie können ja alles kaufen, aber das Wetter nicht«, freute sich später hämisch ein Arbeiter, der bei den Festvorbereitungen beteiligt war, die von der Berliner Firma Wittke gemanagt wurden. Insgesamt, so schätzt man beim Bundeskriminalamt, hat Serge R. sich das Fest an den beiden Tagen über fünf Millionen Mark kosten lassen. Für ihn wahrscheinlich ein Trinkgeld.

Doch trotz des vielen Geldes schien, zumindest bei den Bediensteten des Hotels, die zahlungskräftige Kundschaft durchaus kennen, keine rechte Fröhlichkeit aufzukommen. Dafür sorgten die über 20 Bodyguards der Gäste, die schwer bewaffnet auf dem Gelände herumpatrouillierten und, so sagt es später ein Angestellter, »ein Klima der Angst verbreiteten«. Das änderte sich auch nicht, als eine Stunde vor Mitternacht die amerikanische Soulgruppe »Temptations« und danach die aus Moskau eingeflogene Rockgruppe Alex Kolcow für Stimmung im neugebauten Palast sorgten. Die Feier dauerte bis in den frühen Morgen hinein.

Daran jedoch nahmen ganz bestimmte Gäste nicht mehr teil. Die versammelten sich in einem separaten Raum, um über Geschäfte zu sprechen. Wahrscheinlich wußten die meisten der russischen Gäste, bekannter unter den Namen die »neuen Russen«, wie sie sich selbst nennen, nicht, wer da unter ihnen war. Darüber scherzten in der späten Nacht die Arbeiter, die an den Festvorbereitungen beteiligt und in einem heruntergekommenen Hotel untergebracht waren. »Das ist die Russenmafia.« Ganz falsch lagen sie bei einigen Gästen sicher nicht.

Unter anderen kamen aus Berlin Anatoli R. und Aleksey P. (die beiden gelten bei der russischen Polizei als »Diebe im Gesetz« und leben in Berlin) sowie zwei Unternehmer, die dubiose Spielhallen besitzen. Sie werden, so fand das BKA bereits vor drei Jahren heraus, überwiegend zur Geldwäsche benutzt.

Erwartet wurde eigentlich auch Josef Kobson aus Moskau, ein enger Geschäftspartner von Serge R. Kobson wehrt sich bekanntlich vehement gegen den Verdacht, einer der Topleute der Russenmafia zu sein. Ein Verdacht, der vom Moskauer Ministerium für Sicherheit mit immer neuen Informationen genährt wird. Zum Beispiel jener Information, daß er, Kobson, enge Beziehungen zu dem berüchtigten Gangsterboß Ivankov habe und kürzlich in die Firma Oltis AG aufgenommen worden sei, als »Verwalter der Diebeskasse«.

Von besonderem Interesse für die heimlichen Späher des BKA war ein Wagen mit ungarischem Diplomatenkennzeichen. Zwischen den Bodyguards glaubten sie einen bekannten Mann ausfindig gemacht zu haben: Semion Mogilevich aus Budapest. Der gilt nach Polizeierkenntnissen als einer der ganz Großen der »Russenmafia«. Mogilevich behauptet von sich selbst, alle führenden OK-Personen der Russenszene in Europa zu kennen und mehrfach mit ihnen zusammengetroffen zu sein. Vielleicht gab es im Schloßhotel Bühlerhöhe ein Wiedersehen?

Auf jeden Fall feierten die russischen Neureichen gut abgeschottet ihr ganz großes Fest – unter den Augen der deutschen Polizei, die jedoch nur wenig mitbekam.

Mit ihrem Geld haben sich die »Neuen Reichen« alles gekauft: das Hotel wie das Schweigen der Bediensteten, und sie sahen sich bereits, wie es einer der Kellner später erzählte, als die »Herren hier an, gegen deren Befehle kein Widerspruch geduldet wird«. Ganz zu schweigen von der tödlichen Aura der Bedrohung, die von den Wachmannschaften der Russen ausging. Und das Ganze fand mitten in Deutschland statt.

Das dürfte übrigens eine neue Entwicklung markieren. Immer offensiver operieren die russischen Geschäftsleute, die von der Polizei verdächtigt werden, Topgrößen der Russenmafia zu sein, in Deutschland. Deutsche Unternehmer werden inzwischen genauso erpreßt wie russische Geschäftsleute. Es gibt den Fall großer Betrügereien im Warenverkehr. Da beschwert sich die Versicherung über ein Unternehmen in Berlin, das bekannterweise im Besitz der Russenmafia ist. Das Unternehmen habe Elektronikartikel aus Singapur bestellt und hoch versichert. Die Elektronikartikel sollten dann über Berlin nach Moskau geliefert werden. Dort sind sie jedoch nie angekommen, und die Moskauer Firma entpuppte sich als gar nicht existent. Als die Versicherung sich weigerte zu zahlen, wurden Angestellte des Versicherungsunternehmens massiv bedroht. Darauf wurde die Versicherung ausgezahlt. »Obwohl wir wissen, daß wir damit die Mafia bezahlt haben«, erzählte mir die Anwältin des Versicherungsunternehmens.

Und aus Berlin sind bereits über 100 alte jüdische Familien geflüchtet. Sie wurden so schamlos von russischen Gangstern erpreßt, daß sie keine andere Alternative mehr sahen als die Flucht.

Für den Siegeszug der Russenmafia spricht jedoch auch ein anderes seltsames Ereignis. Das fand bereits am 21. März 1996 in Berlin statt. Da logierte sich im Hotel Intercontinental, aus Moskau kommend, ein Sergej Donzow ein. Der ist in Moskau verantwortlicher Leiter der Dienststelle zur Bekämpfung des Organisierten Verbrechens. (Auf Seite 16 in diesem Buch wird er noch als ehrenwerter Polizeibeamter beschrieben.) Er war nicht allein. Bei ihm war der Leiter der Wirtschaftsabteilung der russischen Botschaft in Berlin, und aus Bonn kam ein Mann vom Föderativen Sicherheitsdienst dazu, der Nachfolgeorganisation des KGB. Sie trafen sich mit zwei Beamten des Landeskriminalamtes Berlin. Donzow erzählte ihnen, daß er seinen »jetzigen Beruf nicht mehr lange ausüben werde, weil ich als Sicherheitsberater zum Stab von Staatspräsident Jelzin wechseln werde«. Sein eigentliches Ziel war jedoch ein Treffen mit dem bereits erwähnten Semion Mogilevich aus Budapest. Der befände sich bereits im Hotel und sei bereit, Fragen der Polizei zu beantworten. Die Kripobeamten waren schockiert. Schließlich war für sie Mogilevich ein hochrangiges Mitglied der Russenmafia.

In dem schriftlichen Bericht des Berliner Landeskriminalamtes, der nach dem Besuch geschrieben wurde, heißt es: »Er, Donzow, hatte sich vor kurzer Zeit bereits mit ›Advocat‹ getroffen. In diesem konspirativen Treffen gab der ›Advocat‹ dann an, daß Rachmiel Brandwain nicht durch die Gebrüder Ssadov betrogen wurde, sondern die Gebrüder durch den Brandwain. Brandwain selbst betreut zur Zeit Schmuggelgeschäfte über die baltischen Staaten nach Rußland. Hierbei sollen u. a. Drogen aus Südamerika in die baltischen Staaten geschmuggelt werden. Von hier aus nach Rußland und weiter über die Transportwege von Brandwains Alkoholhandel nach Westeuropa.« Und zu Mogilevich: »Es ist bekannt, daß bei deutschen Dienststellen Erkenntnisse vorliegen, daß Mogilevich ein sogenannter »Dieb im Gesetz« ist und als sehr hochrangige OK-Person der internationalen russischen OK-Szene angesehen wird.«

Aber Donzow beruhigte sie. Mogilevich sei ein guter Geschäftsmann, Besitzer von neun Wodkabrennereien in der Ukraine und einer Bank, der Petrov-Bank in Moskau. Außerdem, so Donzow, wolle Mogilevich in Deutschland »nur legale Geschäfte machen und sich den deutschen Markt durch kriminelle Geschäfte nicht zerstören lassen«.

Mogilevich selbst erklärte, daß ihm die Personen Brandwain und M. B. gut bekannt seien von diversen Geschäften. Ihm sei auch bekannt, daß diese Personen kriminelle Geschäfte machen. Immerhin durften die Ermittler einige schriftliche Fragen an Mogilevich richten. Zum Beispiel: »Gehören Sie der Russenmafia an?« Oder »Haben Sie etwas mit den Morden an den vier Prostituierten in Frankfurt zu tun?« Nein, ließ Mogilevich über sein Sprachrohr, einen der höchsten OK-Bekämpfer Moskaus, mitteilen. Und mit dieser klaren Auskunft verabschiedete sich der Fürsprecher aus Moskau in Berlin.

Doch sie ließen der Berliner Polizei noch einige Informationen zurück. Zum Beispiel welche der in Moskau »bekannten« Personen Deutschland regelmäßig besuchen. Darunter ist der »Dieb im Gesetz« Schapolvalow, dann ein Sergej Michaijowitch (Chef der Bande Kunzewskaja), Derga Viktor Iwanovitch (zuständig für Autoschmuggel); der Chef der kriminellen Organisation »Mazutkinskaja«, der Chef der Bande »Podolskaja« und Alexandr Porifor, der für Geldwäsche zuständig sei.

Denn es geht ja in der Tat darum, die ungeheuren, illegal erworbenen Geldsummen der russischen Mafia zu legalisieren. Und die »wichtigste Form der Legalisierung der Mafia besteht in der Gründung eigener Strukturen«, so die Moskauer Soziologin Olga Krychtanowskaja. »In die Interessensphäre der Kriminellen fallen alle Geschäftszweige, die den meisten Gewinn abwerfen, der Export von Öl und Metallen, der Import von Lebensmitteln u. a. Die wirklichen Unternehmensbesitzer sind äußerst konspirativ und nur einem sehr kleinen Personenkreis bekannt.«

Beim Versuch, die kriminellen Geschäfte der »Neuen Russen« und ihre legalen auseinanderzuhalten, beißen sich europäische Polizeiermittler die Zähne aus. Ohnmächtig verfolgen sie, wie in kürzester Zeit aus dem Nichts mächtige Unternehmenskonglomerate entstehen. Und niemand kann sich erklären, woher die enormen Finanzspritzen für diese Unternehmen gekommen sind. Das führt nun geradezu zwangsläufig zu einem der bedeutendsten russischen Konzerne. Anfang 1990 wurde er im Schweizer Steuerparadies Zug gegründet, der Firmensitz jedoch nach Österreich verlegt. Inzwischen zählt der Konzern zu den zehn größten russischen Privatbetrieben. Auf dem Sessel der Holding in Zug sitzt ein junger Wirtschaftsanwalt, der in der Vergangenheit bereits in die Schlagzeilen der internationalen Wirtschaftspresse geriet. So schreibt das Schweizer Wirtschaftsmagazin »Bilanz«: »Sein Name wird im Zusammenhang mit Raketenlieferungen an Saddam Hussein oder mit der Verschiebung von schwerem Wasser nach Südafrika erwähnt.«

Weitaus schillernder als diese »Marionette« ist der in Österreich lebende Präsident der Holding.

Und zwar deshalb, weil sein Name in vielen Ermittlungsakten diverser europäischer Polizeidienststellen auftaucht. Dabei dürften er und sein Konzern mit den Begriffen der traditionellen Mafia oder des Organisierten Verbrechens nicht mehr zu beschreiben sein. Vielmehr repräsentiert er die inzwischen legalisierte Form krimineller Macht der ehemaligen UdSSR. Und damit dürften er und sein Unternehmen, was die gesellschaftliche Entwicklung angeht, noch um einiges gefährlicher sein als die herkömmlichen Mafiasyndikate.

Dieser Präsident der Holding ist jedenfalls dem Bundesnachrichtendienst (BND), dem Bundeskriminalamt (BKA), der kanadischen, amerikanischen, britischen, schweizerischen und österreichischen Polizei kein Unbekannter. Vermutlich, weil diese Dienststellen zu der für sie einleuchtenden Erkenntnis gelangten, daß die »rote Mafia« zu einem industriellen und politischen Machtfaktor transformiert und damit so gut wie unantastbar geworden ist.

Denn wer wird sich schon mit dem mächtigen Jelzin-Clan anlegen, denn eben in ihm hat der Präsident dieser Holding immerhin seine mächtigsten Freunde gefunden. Sie ermöglichten ihm, in der Vergangenheit zu günstigsten Preisen Rohstoffe zu beziehen, natürlich gegen entsprechende Gegengeschenke. Premierminister Wiktor Tschernomyrdin soll ihm zu Diensten gewesen sein, genau wie Moskaus einflußreicher Bürgermeister oder der korrupte Ex-Staatspräsident der Ukraine, Leonid Krawtschuk. Der ehemalige ZK-Sekretär für Ideologie hat es nämlich in seiner kurzen Regierungszeit verstanden, den Marxismus-Leninismus auf seine Weise zu überwinden. Indem er sich hemmungslos bereicherte.

Der Konzernchef aus Österreich verfügt darüber hinaus über intime Beziehungen zum Präsidenten Kasachstans. Hier herrscht wie in der Ukraine, so erzählte es mir der ehemalige Untersuchungsrichter Telman Gdlyan, ein durch und durch korruptes politisches System. »Wir hatten Beweise, daß während der Herrschaft des Kreml die Sekretäre bis hin zu den führenden Politkadern alle korrupt waren. Diese Tradition der Mafiastrukturen ist bis heute erhalten geblieben. Verdienten sie damals Millionen, so sind es heute Milliarden.«

Der angesehene amerikanische Politologe Peter Reddway von der George Washington University in Washington, D.C., erklärte: »Jelzin stützt sich seit langem auf Mafiaclans, die zentrale Entscheidungen in Politik und Wirtschaft beeinflussen. Die meisten Clanführer in Industrie, Landwirtschaft und Banken wollen keine Demokratie oder Wirtschaftsreform. Sie möchten nur ihre akquirierten Reichtümer behalten, insbesondere jene, die ihnen beim Auseinanderbrechen der Sowjetunion zugefallen sind.« Und der Vorsitzende eines US-Senatsausschusses, Benjamin Gilman, gab im April 1996 zu Protokoll: »Es ist unmöglich, zwischen dem russischen Organisierten Verbrechen und dem russischen Staat zu unterscheiden. Sie kaufen Parlamente, manipulieren den Markt, die Währungen, waschen Geld und handeln darüber hinaus mit Drogen genauso wie mit Waffen, bis hin zu Massenvernichtungsmitteln.«

Daß die korrupten kommunistischen Seilschaften heute ein tragendes Korsett für die neue politische Oligarchie geworden sind, darüber berichteten bereits im April 1990 Polizeioffiziere aus Moskau während der 20. Europäischen Regionalkonferenz von Interpol in London. In ihrem Bericht heißt es: »Mächtige Mafiagruppen führen in Zusammenarbeit mit Geschäftskreisen und diversen staatlichen Einrichtungen große, illegale Export-Import-Geschäfte mit ausländischen Partnern auf Kosten des Staates durch.«

Wenig hat sich daran geändert. Mitte der achtziger Jahre mußte die Mafia ungefähr 30 Prozent ihrer Profite für die Bestechung von Regierungsbeamten, Politikern und der Justiz ausgeben. Inzwischen beläuft sich dieser Anteil nach Angaben des russischen Innenministeriums auf sage und schreibe 50 Prozent.

Aber wieder zurück zu dem mächtigen russischen Unternehmer in Österreich. Als er aus der damaligen Sowjetunion nach Wien kam, war er nicht unbedingt mit Reichtümern gesegnet. Trotzdem gelang es ihm, innerhalb weniger Jahre, ein milliardenschweres Unternehmen aufzubauen. Alles nur das Glück des Tüchtigen? Das darf bezweifelt werden. Die Firmengründung fiel in eine Epoche, als die Moskauer KPdSU und der KGB dabei waren, das Partei- und Staatsvermögen aus dem zusammenkrachenden Riesenreich in Sicherheit zu schaffen. Die Kommunistische Partei wurde so zur einzigen politischen Partei in der Weltgeschichte, der es durch ihre Beerdigung gelungen ist, sich noch in grandiosem Umfange zu bereichern.

Der Unternehmer aus Österreich dürfte wahrscheinlich nur der Handlanger dieses mächtigen politischen Machtblocks gewesen sein, oder er war dessen Instrument. Schon wenige Monate nach der Firmengründung zählten zu seinen Partnern staatliche Eisenhüttenkombinate, Kupferhütten und Erdölraffinerien. Derzeit investiert er in den Bau von Hafenterminals, Automobilen und ins Luftfahrtgeschäft.

Vergessen ist die Zeit, als er, so sah es zumindest die amerikanische »National Security Agency«, nukleares Material nach Nordkorea und in den Iran geschmuggelt haben soll. Doch die entsprechenden Beweise, um ein Verfahren zu eröffnen, fehlten den US-Behörden bislang.

Der Konzernchef sieht daher nur Neider am Werk, die es nicht verwinden, daß ein russisches Großunternehmen erfolgreich auf dem Weltmarkt agiert. »Das weckt Neidgefühle«, so verteidigt er sich: »Insbesondere bei der noch immer existierenden alten kommunistischen Garde, die nicht wahrhaben will, daß das kommunistische System mit seiner Staatswirtschaft am Ende ist. Immer wieder werden von diesen Ewiggestrigen Gerüchte gestreut.« Das ist der pure Zynismus, wenn es stimmt, daß er seinen Aufstieg ebendiesen Kräften zu verdanken hat.

Gerüchte sind dann wohl auch die Ergebnisse einer Studie des Bundesnachrichtendienstes. Der hatte bereits 1994 einen 100seitigen Bericht an das Bundeskanzleramt geschrieben. Zitat: »Die Holding wurde Ende der 80er Jahre mit dem Ziel gegründet, Devisen für den KGB zu erwirtschaften. Vieles spricht dafür, daß sich die Holding mittlerweile zu einer zumindest teilweise kriminalisierten Organisation entwickelt hat. So sollen Unternehmen der Holding russische Betriebe bzw. den russischen Staat jährlich um mehrstellige Millionenbeträge in harten Devisen betrogen haben und in Geldwaschaktivitäten im Auftrage Dritter und anderer krimineller Aktivitäten verstrickt sein. Sie gibt ein Beispiel für die konsequent betriebene Bereicherung von Kriminellen, Beamten und Politikern auf Kosten eines wirtschaftlich wie auch politisch labilen Staates und zeigt die Verflechtung krimineller Strukturen mit der alten und teilweise neuen Nomenklatura auf dem Gebiet der früheren Sowjetunion.«

Der so Beschuldigte wehrt sich vehement gegen die schweren Vorwürfe und klagt verbittert, daß er gegen eine »übermächtige Maschinerie« ankämpfen müsse. »Westliche Geheimdienste verfolgen uns wie im Kalten Krieg, und in Rußland streut ein bestimmter Teil der Sicherheitsdienste ganz bewußt Belastungsmaterial gegen uns aus.«

In einem Zeitungsinterview brüstete er sich geradezu damit, daß seine Telefonate abgehört würden und eine Vielzahl von Spionen ihn sogar auf der Straße verfolgten.

Dabei steht die Pullacher Regierungsbehörde BND mit den Beschuldigungen nicht allein. Am 30. April 1996 fand in Washington ein Hearing vor dem »Ausschuß für internationale Beziehungen« des US-Senats statt. Tagungsordnungspunkt: »Die Bedrohung durch die russische Organisierte Kriminalität.« Anwesend war neben dem FBI-

Chef auch John Deutsch, der Direktor der CIA. Ausweislich des Protokolls der Sitzung fragt bei dem Hearing ein Senator den CIA-Direktor: »Mr. Deutsch, in welche kriminellen Aktivitäten ist die russische Gesellschaft aus Österreich verwickelt?«

Antwort des CIA-Direktors: »Ich kann hier, während der öffentlichen Sitzung, nicht in alle Einzelheiten gehen. Aber es ist ein Beispiel dafür, wie russische kriminelle Organisationen oder Organisationen mit Verbindungen zu russischen Kriminellen außerhalb Rußlands agieren.«

Ähnliche Vorwürfe sind einem Protokoll des Bundeskriminalamtes vom 21. August 1995 zu entnehmen. Damals besuchte ein hoher Beamter des »Britischen Secret Intelligence Service« (SIS) aus der Bonner Botschaft Großbritanniens das BKA in Wiesbaden. Zum Hintergrund: Der britische SIS ist auch für Kriminalitätsaufklärung und -bekämpfung zuständig. In einer Arbeitsgruppe des SIS werden derzeit Analysen zur international tätigen Holding aus Österreich erstellt. »Diese Firma soll im internationalen Ost-West-Im-und-Export-Geschäft tätig sein. Dabei soll sie legale mit illegalen Aktivitäten kombinieren und insbesondere die illegalen Aktivitäten unter dem Deckmantel der Legalität initiieren und betreiben. Durch die bisherigen Entwicklungen konnten in England bereits vorgesehene Finanztransaktionen gestoppt werden. Für die nähere Zukunft ist daran gedacht, strafprozessuale Maßnahmen gegen den Firmenkomplex in Großbritannien durchzuführen. Ziel einer nun auch international anzustrebenden Kooperation soll es sein, die Holding zu penetrieren, um zum einen ihre Aktivitäten zu erhellen, zum anderen auch, um eine Gegenstrategie zu entwickeln, um die Aktivitäten der Firma auf Dauer zu unterbinden.«

Der Botschaftsmitarbeiter des SIS übergab dem BKA, zu Händen des damaligen BKA-Chefs Zachert, außerdem wichtige Dokumente. »Einmal Hintergrundinformationen zur Holding und einen ausführlichen Bericht zu den weltweiten Aktivitäten der Firma.«

In London hat nun der rührige Unternehmer schlechte Karten. Als er einmal nach London einreisen wollte, wurde er auf dem Flughafengelände bereits gestoppt und sechs Stunden lang von der Polizei vernommen. Dann wurde er, trotz seiner Proteste, in das nächste

Flugzeug nach Österreich gesetzt. Seitdem versucht er herauszubekommen, was denn die britischen Behörden eigentlich gegen ihn haben. Bislang hat er keine ihn befriedigenden Auskünfte erhalten.

Denn langsam, aber sicher schwimmen zumindest einem der Repräsentanten der neuen kriminellen Oligarchie die Felle weg, auch wenn er in Moskau noch immer gute Freunde in der Führungsspitze des Präsidenten hat, die bislang schützend ihre Hände über erfolgreiche, wenn auch dubiose Unternehmer halten. Schließlich profitiert man noch von ihm.

Wenn sich so viele internationale Polizeibehörden mit der Firma beschäftigen und bislang zu keinem Ermittlungsergebnis gekommen sind, dann hat das wohl damit zu tun, daß die Moskauer Ermittlungsbehörden in ihrer Arbeit behindert werden – und zwar von ganz oben. Dagegen meint der Unternehmer in dem Interview einer russischen Zeitschrift: »Die Legende von der russischen Mafia brauchen diejenigen dringend, die sie mit russischen Firmen gleichsetzen, die aktiv und in großem Umfang in den westlichen Markt einbezogen sind. Diese Legende wird auch von den Geheimdiensten benutzt, die damit ihre Existenzberechtigung beweisen wollen. Hier auf diesem Gebiet fallen die Interessen der westlichen und östlichen Geheimdienste zusammen.«

Doch mit dieser billigen Verschwörungstheorie kann der milliardenschwere Unternehmer niemanden mehr betören, trotz aller Versuche, sich gegen die »hinterlistigen Angriffe« westlicher Behörden zur Wehr zu setzen.

Tatsächlich geht es hier um die Protagonisten einer neuen wirtschaftlichen Supermacht, für die demokratische Spielregeln nicht mehr gelten, weil sie sich jeder Kontrollmöglichkeit entzogen haben. Es handelt sich, überspitzt formuliert, um einen totalitären Vampirismus. Er wird gestützt durch die politische Supermacht der Russischen Föderation, deren Menschen sowohl von kriminellen Organisationen als auch von einer mit ihnen verbündeten skrupellosen Oligarchie ausgesaugt werden. Deshalb gehört der fragliche Unternehmer zu den auf internationaler Ebene von vielen Polizeibehörden und Nachrichtendiensten argwöhnisch beobachteten Objekten.

Bereits 1991 schrieb Andrej Illesch von der Moskauer Tageszeitung »Iswestija« sein Buch »Die roten Paten«. Darin heißt es: »Unsere Mafia, oder ihr realer Vorläufer, ist nicht nur Organisierte Kriminalität, es ist vielmehr die staatliche Kriminalität. Das ermöglicht ein ganz anderes Organisationsniveau. Das sind keine bewaffneten Banden, die ein paar Beamte bestechen. Ernsthaft über unsere Mafia zu reden hat nur im Kontext mit der realen staatlichen Macht einen Sinn, wenn alle ihre Attribute wie Staatskasse, Armee, Miliz und Gericht einbezogen werden.«

Wenn es außerdem stimmt, daß – nach Angaben des Moskauer Innenministeriums – Anfang 1996 bereits 95 Prozent aller Banken von dieser Mafia kontrolliert wurden und bis zum Ende des Jahres 1996 wahrscheinlich das gesamte Finanzsystem von mafiosen Organisationen beherrscht wird, dann darf man die Globalisierung der Weltwirtschaft in einem ganz anderen Licht sehen. Dann wäre es korrekter, von der Globalisierung der kriminellen Weltwirtschaft zu sprechen.

Andrej Illesch kam zu dem Schluß, daß die Mafia nur dann bekämpft werden kann, wenn es in den GUS-Staaten eine Reform der Staatsverwaltung gibt, Demokratie und Rechtsstaatlichkeit das Leben bestimmen und nicht eine Person herrscht, sondern das Gesetz. Davon träumte Anfang der neunziger Jahre eine kleine demokratische Minderheit. Und klein ist sie bis heute geblieben.

Angesichts solcher Verhältnisse ist es keine besonders pessimistische Prognose, davon auszugehen, daß wir es am Ende dieses Jahrhunderts mit einer neuen Verbrechenskultur zu tun haben werden. Es droht die Diktatur der Kriminellen.

Ein kärglicher Hoffnungsschimmer ist zumindest in Rußland derzeit erkennbar. Der neue Sicherheitsberater des Präsidenten Jelzin, Alexander Lebed, könnte ja sein Versprechen einlösen, gegen Korruption und die Mafiasyndiakte zu Felde zu ziehen und den Staatsanwaltschaften zu ermöglichen, ihre Ermittlungen frei von politischen Fesseln zu führen. Die Frage ist nur, ob er sich dabei nicht mit den Mächtigen des Staates anlegt, die Rußland bislang unbehelligt ausplünderten.

Tätowierungen russischer Krimineller

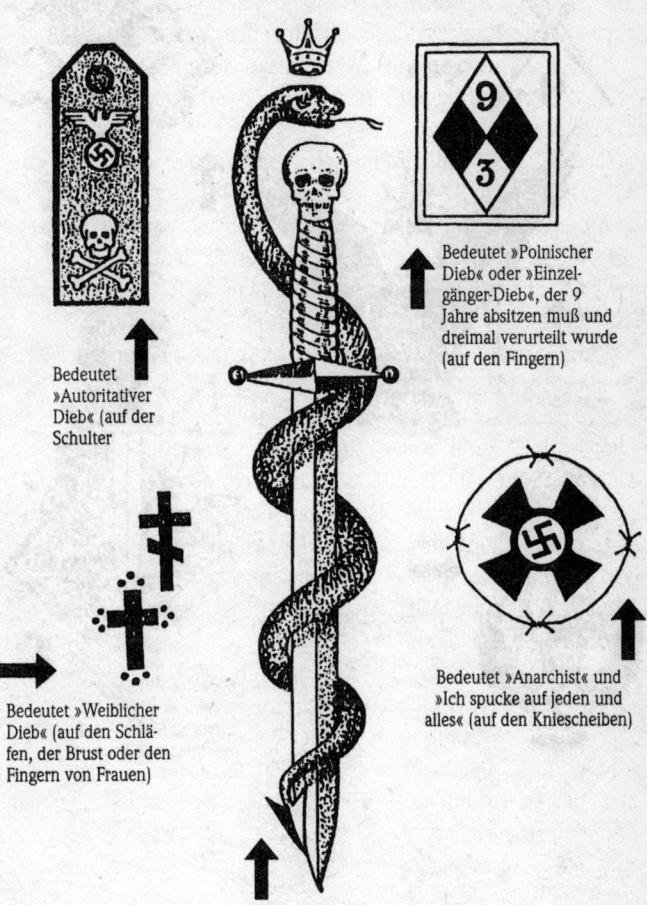

Bedeutet »Autoritativer Dieb« (auf der Schulter

Bedeutet »Polnischer Dieb« oder »Einzelgänger-Dieb«, der 9 Jahre absitzen muß und dreimal verurteilt wurde (auf den Fingern)

Bedeutet »Weiblicher Dieb« (auf den Schläfen, der Brust oder den Fingern von Frauen)

Bedeutet »Anarchist« und »Ich spucke auf jeden und alles« (auf den Kniescheiben)

Bedeutet »Habe angefangen, zu stehlen und zu rauben« und kann den Anführer einer Diebesgruppe kennzeichnen (auf Schulter, Vorderarm oder Hüfte)

Anmerkungen

1 Marc Frey, Infodienst Terrorismus, Extremismus, Organisierte Kriminalität, September 1993, S. 2
2 Africa Confidential, Paris, 24. Juni 1987, S. 2
3 SEG, Source Report, Johannesburg, Februar 1988
4 Lagebericht des BKA, Osteuropäische Organisierte Kriminalität, Wiesbaden, 1993, S. 120
5 Berndt Georg Thamm, in: Suchtreport, 4/94, S. 43
6 F. M. Dostojewski, Aus einem Totenhaus, Reinbek 1963, S. 210
7 Die Autorität soll die Interessen der Gesellschaft ignorieren, ihr gegenüber keine Verpflichtungen haben, keine sozialen Verhältnisse unterhalten, sich nicht an der Tätigkeit gesellschaftlicher Institutionen beteiligen oder zu deren Wohlergehen beitragen. Für Autoritäten gilt Staatsdienstverweigerung unter jeder politischer Macht. Die Autoritäten dürfen weder mit Geheimdiensten noch mit Rechtsschutzorganisationen zusammenarbeiten. Geraten sie dennoch einmal in deren Abhängigkeit, müssen sie doppeltes Spiel ausschließlich zugunsten der Kriminellen betreiben. Die Autorität darf an den verbrecherischen Aktionen selbst unmittelbar nicht beteiligt sein. Sie darf sich die ›Hände nicht schmutzig machen‹. Darum scharen sich um jede Autorität immer einige ausführende Kriminelle. Alle Autoritäten sind untereinander gleichberechtigt. Sie haben die gleiche ›Ehre‹. Deshalb müssen sie jegliche direkten Konflikte vermeiden und alles daransetzen, einander nicht in Mißkredit zu bringen. Die Autorität muß furchtlos, grausam und selbstsicher sein.
8 Ulrich Fichtner, in Frankfurter Rundschau, 9. Juni 1995
9 Neue Zürcher Zeitung, 23. Juli 1993
10 Dorinda Elliott, Melinda Liu, in: Hostile Takeover, Newsweek, 2. Oktober 1995
11 Jerusalem Post, 29. Juni 1995
12 zitiert nach Frankfurter Allgemeine Zeitung, 19. Oktober 1995

13 Le Soir, Brüssel, 10. März 1993
14 Arkadi Waksberg, Die Sowjetische Mafia, München 1991, S. 290
15 Kerstin Holm: Unrecht und Unordnung, in der Frankfurter Allgemeinen Zeitung, 22. September 1995
16 Wladimir Miljutenko, Vortrag über die Rote Mafia, Manuskript, S. 33
17 Bericht des Canadian Security Intelligence Service, Toronto, September 1994, S. 7
18 Arkadi Waksberg, Die sowjetische Mafia, München 1991, S. 213
19 Willi Flormann, »Die Russen-Mafia auf dem Weg nach Westen?!«, Der Kriminalist, September 1994, S. 411
20 Celestine Bohlen, New York Times, 21. 1. 1994
21 Die russische Nachrichtenagentur ITAR-TASS meldete am 18. November 1994, daß nach Aussage von UN-Experten das russische Finanzsystem von der Mafia als Geisel genommen wurde. Banklizenzen könne man zum Preis einer Luxuslimousine kaufen. Die meisten dieser Banken, wenn nicht alle, gehörten kriminellen Organisationen.
22 Michael Sika, Generaldirektor für die öffentliche Sicherheit im Wiener Innenministerium, in einem Interview in der Zeitschrift Wirtschafts Woche, Wien, 18. November 1995
23 FBI-Report, Washington D.C., 25. Mai 1995
24 Hannes Reichmann, Das Netzwerk der Wiener Paten, in Wirtschafts Woche, Wien, 18. November 1995
25 Hannes Reichmann, WirtschaftsWoche, Wien, 18. November 1995, S. 55
26 Berndt Georg Thamm, Suchtreport, 4/1994, S. 41
27 Jürgen Roth, Marc Frey, Die Verbrecherholding – Das vereinte Europa im Griff der Mafia, München 1992, S. 69
28 Marc Frey, in: Terrorismus, Extremismus, Organisierte Kriminalität, September 1993, S. 3
29 Berndt Georg Thamm, Suchtreport, 4/1994, S. 42
30 Christian Schmidt-Häuer, Die Zeit, Hamburg, 28. Oktober 1994
31 Hans Graf Huyn, unveröffentlichtes Manuskript, 1995
32 Marc Frey, Russische Tätergruppierungen und Organisierte Kriminalität, in: Terrorismus, Extremismus, Organisierte Kriminalität, Informationsdienst, September 1993, S. 1
33 Erich Buchholz u. a. in: Sozialistische Kriminologie, Berlin 1971, S. 220
34 Heinz Dorn, Nasse Angelegenheiten, in: Öffentliche Sicherheit, Innenministerium Wien, Juni 1995, S. 8
35 Alexander Gurow, in: Erpressung, Bestechung, Mord auf Bestellung, Elfie Siegel, Frankfurter Allgemeine Zeitung, 4. März 1995

36 Arkadi Waksberg, Die Sowjetische Mafia, München, 1991, S. 146
37 Karl Marx, Kritik des Gothaer Programms, in: Karl Marx/Friedrich Engels, Werke, Berlin, Bd. 19, S. 20
38 Christian Schmidt-Häuer: Der Niedergang des Dritten Rom, Merian, 9/43, S. 54
39 Berndt Georg Thamm, Suchtreport 3/1994, S. 47
40 Pino Arlacchi, Weltweite Korruption, Organisiertes Verbrechen und Geldwäsche, Vortrag, Fünfte internationale Anti-Korruptions-Konferenz, Amsterdam, März 1993
41 Arkadi Waksberg, Die Sowjetische Mafia, München 1991, S. 331
42 Werner Pirker, Mafia blosche njet, Konkret, August 1994, S. 30
43 Walter Lotter u. a., Killergrüße aus Moskau, Profil, Wien, 26. September 1995
44 Jewgenija Albaz, Geheimimperium KGB – Totengräber der Sowjetunion, München 1992, S. 85
45 Arkadi Waksberg, Die Sowjetische Mafia, München 1991, S. 330
46 Andrea Möchel, Knete aus Kasachstan, Cash-flow, Wien, Mai 1995
47 Gabriel Kolko, Le Monde Diplomatique, Dezember 1995
48 Bernhard Schmid, Die Rache der Sowjets, Arbeiterkampf, Hamburg, 1. Juli 1995, S. 34
49 Wadim Malchitow, Sergej Sokolow, Sergej Plusnikow, unveröffentlichtes Manuskript, Moskau, 1994
50 Confidential Report, erschienen im Informationsdienst Terrorismus, Extremismus, Organisierte Kriminalität, 1994
51 Gabriel Kolko, Le Monde Diplomatique, Dezember 1995
52 Vladimir Pankov, Grassierende Wirtschaftskriminalität in Rußland, Neue Zürcher Zeitung, 13. September 1995
53 Oleg Kalugin, zitiert nach J. Michael Waller, Organized Crime and the Russian State, in: Demokratizatsiya, Washington, 1994, Nr. 3, S. 364
54 Ian Verchére, in: The European, 19. Mai 1995, S. 17
55 Stephen Handelman, Comrade Criminal, London, 1994, S. 85
56 Gorbatschow in einem Interview mit Jeschednewnaja Gaseta, Radio Moskau, 11. November 1994
57 Victor Yasmann, Jamestown Foundation, Washington D.C., 14. Juli 1995
58 Arkadi Waksberg, Die Sowjetische Mafia, München 1991, S. 289
59 Arkadi Waksberg, Die Sowjetische Mafia, München 1991, S. 317
60 Neue Zürcher Zeitung, 8. Mai 1993
61 Christian Schmidt-Häuer, Rußland in Aufruhr, München 1993, S. 242

62 Françoise Thom, The Russian Elites, Vortrag bei der Hanns-Seidel-Stiftung, Wildbad Kreuth, 9.–11. November 1994

63 Peter Schuler, Leiter des Moskauer Büros der Friedrich-Ebert-Stiftung, Neue Gesellschaft/Frankfurter Hefte, 4/1995

64 Andrzej Rybak, Die Mafia im Parlament, in: Die Woche, 7. Juli 1995, S. 18

65 Andrzej Rybak, Der Mob, der aus der Kälte kam, in: Die Woche, 11. Mai 1994, S. 22

66 Viktor Kriwulin: Hilfe, das Dach kommt ins Rutschen, Frankfurter Allgemeine Zeitung, 20. Juni 1995, S. 33

67 Christian Schmidt-Häuer, Rußland in Aufruhr, München 1993, S. 271

68 Barbara Kerneck, Wer regiert Rußland? Die Mafia!, in: Die Tageszeitung, Berlin, 16. Juni 1994

69 Ulrich Schmid, Geburt des Rechtsstaates aus dem Geist der Mafia?, in: Neue Zürcher Zeitung, 18. August 1994

70 Thomas Urban, Brutstätte des Verbrechens, Süddeutsche Zeitung, 23. Dezember 1994

71 Internationale Gesellschaft für Menschenrechte, Deutsche Sektion, Brief an das Magazin Focus, v. 28. November 1994

72 Tod und Terror aus dem Labor, Der Spiegel, 22. 8. 1994, S. 23

73 Il Messaggero, 16. November 1994

74 zitiert nach: Bundeslagebild Organisiertes Verbrechen 1993, Verschlußsache, Bundeskriminalamt Wiesbaden, 1994, S. 91

75 Vortrag von Leonid L. Fituni, Center for Strategic and Global Studies, Moskau, 1993

76 Seymour M. Hersh, The Wild East, in: The Atlantic Monthly, Juni 1994, S. 10

77 Barbara Kerneck: Uran im Fausthandschuh, Die Tageszeitung, 29. Juli 1994

78 Nuclear Smuggling on the Rise, Intelligence Newsletter, Nr. 271, 14. September 1995, Paris

79 Annette Schaper, Harald Müller: Die Kontrolleure verfügen nicht einmal über ein Kopiergerät, Frankfurter Rundschau, 4. Januar 1993

80 Tod und Terror aus dem Labor, Der Spiegel, Nr. 34/1994, S. 19

81 Vera Bueller, Die strahlenden Gifte, die aus dem Osten kommen, Die Weltwoche, Zürich, 25. Februar 1993

82 Peter Brod, Atomsprengköpfe zu verkaufen, Süddeutsche Zeitung, 25. Juni 1994

83 Gerd Rosenkranz, Bomben für die ganze Welt, Die Zeit, 22. Juli 1994, S. 10

84 Der Spiegel, 22. August 1994, S. 20
85 Vera Bueller, Die strahlenden Gifte, die aus dem Osten kommen, Weltwoche, Zürich, 25. Februar 1992, S. 35
86 zitiert nach: Bundeslagebild Organisiertes Verbrechen 1993, Verschlußsache, Bundeskriminalamt Wiesbaden, 1994, S. 92
87 Penetrazione nei Paesi dell' est Europeo della Criminalita Organizzata, Rom, 1994, S. 5
88 Bernhard Küppers, Süddeutsche Zeitung, 28. 12. 1994
89 Karen Thürnau, Die Tageszeitung, 17. Dezember 1993, S. 9
90 Berthold Kohler: Der Preis der Freiheit, Frankfurter Allgemeine Zeitung, 8. September 1993
91 Berndt Georg Thamm, in: Suchtreport 1/94, S. 23
92 Brunon Holyst, Referat zur Fachveranstaltung Kripo International 1994, 10.–11. November 1994, Veranstalter: Bund Deutscher Kriminalbeamter
93 Willi Flormann, Die Russen-Mafia auf dem Weg nach Westen?!, in: Der Kriminalist, September 1994, S. 413
94 Bericht des Ungarischen Landespolizeipräsidiums, Budapest, Juni 1991
95 Erich Grolig, Mafia-Belagerungsring rund um Wien, Stuttgarter Zeitung, 30. Mai 1995
96 Bilanz, 6/1994, S. 24
97 Geheimbericht der Genfer Staatsanwaltschaft, 12. September 1995
98 Ausführliches zum Fall Tarassov beschreibt Claire Sterling in ihrem Buch: Verbrecher kennen keine Grenzen, München 1994, S. 126–129
99 Johannes Groschupf, Die zweite Eroberung. Frankfurter Allgemeine Zeitung, 8. Mai 1993
100 Jürgen Roth, Marc Frey, Die Verbrecherholding – Das vereinte Europa im Griff der Mafia, München 1992, S. 67
101 ebda., S. 66
102 Berndt Georg Thamm, in: Suchtreport 4/1994, S. 47
103 Alarm, jetzt kommen die Russen, Der Spiegel, 21. Juni 1993
104 Aleksandr Nadeshdin: Die Russen gehen. Die Mafia bleibt, in: Wochenpost, Berlin, 16. Juni 1994, S. 9
105 Le Soir, Brüssel, 30. 12. 1994

Der authentische Report über den größten Versicherungsskandal der Bundesrepublik

In diesem Bestseller-Report offenbart Reinhard Schmidt-Tobler, gelernter Versicherungsmathematiker, schonungslos die bedenkenlose Praxis mancher Versicherer, im Kampf um Marktanteile oder zur Befriedigung persönlicher Eitelkeiten Gelder der Versicherten freizügig zum Fenster hinauszuwerfen.
»Die spannend geschriebene Story verzichtet nicht auf pikante Details.«

Wirtschaftswoche

Reinhard Schmidt-Tobler
Tatort Glaspalast
Der authentische Report über den größten Versicherungsskandal der Bundesrepublik
312 Seiten
Ullstein Taschenbuch 35388

Ullstein Taschenbuch

Spionage konkret:

Kid Möchel
Der geheime Krieg der Agenten
Gebunden mit Schutzumschlag
ISBN 3-89136-614-0

Wien war nicht nur in der heißen Zeit des Kalten Krieges Schauplatz spektakulärer Spionage-Operationen, erbitterter Agentenkämpfe und hintergründiger Verratsaffären. Die Donaumetropole ist nach wie vor die wichtigste Spionagedrehscheibe. Kid Möchel zeichnet die Top-Spionageaffären der jüngsten Zeit nach und führt die untergründige und geheime Stadtansicht des geopolitischen Zentrums Wien vor.

RASCH UND RÖHRING VERLAG

GROSSER BURSTAH 42 – 20457 HAMBURG – FAX 040/371389